向坂逸郎評伝

上巻 1897~1950

石河康国

Geshichte Seines Lebens

社会評論社

向坂逸郎評伝　上巻　１８９７〜１８５０＊目次

向坂逸郎評伝　下巻　1951～1985＊目次

凡例

一、敬称はすべて略させていただいた。
一、戦前の著作で戦後再刊ないし再録されていないもの及び書簡類については、旧かな使いのままにした。警察の尋問調書類は、カタカナ表記をひらがなにした。『文藝春秋』、『文藝戦線』等の定期刊行物の表記は、旧字でなく『文芸春秋』、『文芸戦線』等とした。
一、引用典拠については、単行本は原則として書名と発行年だけを示した。紙誌類については、戦後に単行本ないし紙誌に再録されたものは論文名だけを示し、その初出誌紙と再録された書名は、下巻末に付した「誌紙など発表の主要論文・再録一覧」に示した。

はじめに――『資本論』の探求と変革への意志

向坂逸郎をサキサカと読める人も少なくなった。しかし戦前から活躍した日本の『資本論』学者をあげれば、向坂は五指に入るだろう。一番ポピュラーな邦訳『資本論』は岩波文庫のそれであるが、訳者は向坂逸郎である。

向坂は『資本論』学者だっただけではない。九州帝大経済学部教授のとき「赤化教授」として京大の河上肇らと同時に大学を追われ、以降山川均に従い、「労農派」の一員として世界で初めて『マルクス・エンゲルス全集』を完結させ、人民戦線事件で検挙され、出獄後は農耕でファッショ下をしのいだ。戦後は、九大に復職し、『資本論』を翻訳し、社会党や労働組合に理論的に寄与。六〇年三池闘争は向坂を抜きに語れない。そして社会主義協会を率いて社会党内外のさまざまな論争に打って出て、生涯を終えた。彼くらいマルクスの理論を究めつつ実際運動に関与し、毀誉褒貶の人生を送った学者もめずらしい。

そういう人生だから、「向坂イズム」と悪意も込めて呼ばれることもあった。個人の名を冠した同類は、「レーニニズム」、「スターリニズム」、「山川イズム」など、そう多くはない。その当否はべつとして、理論的にも政治的にも強い存在感を示した人物に、この冠はかぶせられるようだ。

『資本論』第一巻一五〇年を記念して、『資本論』やマルクス関係の文献が数多く刊行されている。ソ連崩壊で「歴史の終焉」が宣言されたものの、早合点だったことに世界が気が付いたからであろう。大著『資本論』には、さまざまな惹かれ方がある。格差と貧困を解明する書として、グローバリズムの預言書として、経済の長期停滞の謎を探る書として等々、多様な関心の的となっている。そして『資本論』自体の解釈をめぐる経済学者の議論は今もつきない。

本書は、向坂逸郎がどのように『資本論』に惹かれていき、、その結果どのような人生を送ったのか、出来るだけ克明にたどろうとした。

『資本論』は人間マルクスが書いたものである。そしてマルクスは、「人が生産した物に人が振り回される」という世の転倒を正そうと、人類の学問的な到達点を咀嚼し、革命運動に身を投じ、時代と格闘しながらこの書に到達した。『資本論』は論理の書ではあるが、それを生み出したものはマルクスの人生なのである。

そのことを常に心にかけ、マルクスの爪の垢でも煎じて生きようと志したのが向坂逸郎であった。

マルクス主義の権威が論壇を制していた時代には、『資本論』をいわば聖書のように敬い、その牽強付会を以って政治方針を正当化する学者はたくさんいた。向坂が、そういう欠陥を強く意識し、社会変革への意志と冷静な論理的思索を総合すべく心がけたことは、日本資本主義論争や戦後の日本共産党方面との論争、さらには河上肇と山川均を対照的に論じた人物論などから、感じていただけると思う。


向坂の生きた時代は、マルクス主義のもっとも権威のある時代であった。一九二〇年代初からファシズムの支配前まで、『中央公論』、『文藝春秋』などの総合雑誌には、マルクス主義者が必ず登場した。治安維持法とファシズムが社会を覆う時代であっても、労働者・農民が天下を取った労農露西亜の存在は輝いていた。弾圧はむしろマルクス主義の精神的権威を高め、「転向」しないマルクス主義者は尊敬された。戦後は、ソ連をはじめ社会主義世界体制の経済的・文化的発展も資本主義を凌駕するやに見えた。社会主義への賛否を問わず、社会主義のリアルさは誰も否定しなかった。

向坂のなした仕事も、この時代を抜きにしてはありえない。だから今、その説いた道がそのまま通用するとは言えない。とりわけ社会党・総評ブロックとソ連社会主義の発展の見通しは、全くはずれてしまった。向坂の文献にふれる機会の多かった六〇~七〇年代の諸運動に参加した世代には、当時の向坂のイメージが強く、今の時代にはそぐわないと思うであろう。しかしレーニンはローザ・ルクセンブルクを「鷲は鶏より低く飛ぶことができる」と評した。その人物の業績の総体を見ずに、後知恵だけですましては知の蓄積はない。そこで本書では、さまざまな時代における向坂の姿を、掘り起こそうと試みた。あまり顧みられることのない仕事もできるだけ紹介した。戦前の地代論論争、行動主義論争、自由主義論争、戦後の民主化論と巾広い政治評論、文学評論、三池闘争をはじめとする労働運動へのかかわりなどである。ファシズムへのしぶとい抵抗の姿勢と、獄中の訊問調書類も精査した。これから向坂とは異る時代に何をなすべきか、自分で考えるための糧を得ていただければ幸である。

どのような事業を成し遂げた人物でも、その評価は相対的でなければならない。マルクスとエンゲルスのように、異なったセンス、異なった考えの大きな人物同士の緊張関係があってこそ、人はすぐれた仕事ができる。向坂の周囲には理論的にも実践的にも大きな人物が大勢いたのは幸いだった。もっとも大きな存在は山川均である。運動の師であったと同時に、レーニンやソ連社会主義の評価などでは大事なバランサーであった。櫛田民蔵、猪俣津南雄、宇野弘蔵からは理論面での緊張関係を得た。宇野との学風のちがいが二人の間にどれほどの深淵をもたらすか、不勉強な私には手に余る問題であった。それでも二人を対立させるだけの多くの論評とは一味違う、向坂—宇野関係を示せたと思う。大森義太郎、荒畑寒村、大内兵衛等との関係も味わい深いものである。書簡などを素材に追ってみた。

また、向坂の大著『マルクス伝』を、メーリング、E・H・カー、マクレランなどの『マルクス伝』と比較し、その相対的位地を探ってみた。

総じて、一九二〇年代から七〇年代にかけての、マルクス主義インテリゲンチャの切磋琢磨の中の向坂を描こうと心がけた。一昔前のインテリゲンチャたちのマルクスとの猛烈な格闘ぶりが刺激になり、今日マルクスに惹かれ始めた若い皆さんがマルクスにさらに挑んでいただければ嬉しい。

以上、出来るだけ客観的かつ公平に本評伝を仕上げたつもりではある。しかし私にとっては、今なお向坂先生であって、この半世紀惹かれてきたのである。だから本書にもその匂いはつきまとうであろう。けれども、違う育ちの人びとのえがく向坂像も、多かれ少なかれ誤解や思い込みが含まれているように見える。

本評伝が、少しでもリアルな向坂像の継承に寄与すれば幸いである。

二〇一七年一一月

石河康国

第一章　晩生の若木

一　幼少〜第五高等学校時代

1　幼少期

向坂逸郎は一八九七年二月六日に福岡県大牟田町（現・大牟田市）下里に生まれた。

祖父・向坂多仲（黙爾）は三池藩の下級武士の漢学者で、明治になってから三池藩の藩校の教師となった。三池では名士であった。多仲は維新で藩校が廃止されると、呉服商、養豚、果樹などてがけ、進取の気性に富み、寺子屋も開いたという。彼は逸郎が生まれる前年に没した。

祖母・シケは三池藩の御殿女中だった。父は賀録。多仲の三男として生まれ、小学校を出て仕事につき、逸郎が生まれたときは三井物産大牟田支店に勤務していた。一九歳で長男となる逸郎を産んだ母・コハル（旧姓・石橋）は柳川藩の下級武士の長女だった。

兄弟姉妹は九人（逸郎、次郎、花子、秀子、三郎、八郎、元子、正男、里子）だったが、里子は赤子のうちに、花子は向坂が留学する前に、三郎は向坂が留学から帰朝してすぐに、病没した。成人まで生きながらえたのは次郎、秀子、正男、八郎、元子だった。

のちに向坂と交わる人びとでは、堺利彦が一八七一年、山川均が一八八〇年、櫛田民蔵が一八八五年、荒畑寒村が一八八七年、大内兵衛が一八八八年、猪俣津南雄が一八八八

尋常小学校時　7歳前後　左・次郎、右・花子

九年、鈴木茂三郎が一八九三年、有沢広巳が一八九六年に生まれている。向坂と同年以降では、宇野弘蔵が一八九七年、大森義太郎が一八九八年、稲村順三が一九〇〇年、高橋正雄が一九〇一年に生まれている。

向坂が幼少期を過ごしたのは大牟田（川端の借家、後に上官に家を建てる）で、日本一の炭鉱・三井三池炭鉱を中心に三井の関連企業が多く、三井様の城下町といわれていた。向坂が生まれたころの大牟田の人口は一万八千人だったのが、三池炭鉱の発展とともに炭鉱労働者が増え、向坂が高等小学校に入るころには労働者は一万二千人を超えていた。

父・賀録はやはり三井物産大牟田支店社員として、一九〇四年に向坂が尋常小学校（向坂は、それぞれ四年制の尋常小学校と高等小学校に分かれていた制度の最後の小学生だった）に入るとまもなく島原半島の港町・口之津支店に転勤し、一時大牟田にもどったが、向坂が八女中学（現・八女高校）一年のときに北海道の小樽支店に転勤した。

母は逸郎の学校の成績が良くなかったので、小学校の先生だった自分の妹に来てもらい、読本を読ませようとしたが、「三日たっても読もうとしなかった。「叔母のほうが根負けして、この子は駄目だというわけで、翌日から来なくなった」。

こうして誰にも手に負えない子の家庭教育は、もっぱら祖母のシケがみることになったが、男の初孫としてとくに逸郎をかわいがった。シケは維新の激動を下級藩士の娘として潜り抜けた女丈夫だった。その厳格なしつけが、向坂の成長に影響を与えたことは、本人もよく回想していた。小学校のときは「知能の発達が遅れて」いて、汽車に乗るときに下駄を脱いだような向坂は、祖母としてもスパルタ教育のやり甲斐があったろう。何時敵が攻めてくるかわからぬから、便所も飯も三分で済ませなさいといった具合だった。口之津は港町でイギリス人の船長達の「洋妾」屋敷もあり、逸郎も悪友と垣根からのぞきにいくなどした。心配した母は、大牟田の祖母に向坂だけをあずけたこともあった。

賀録は三井物産社員としてある程度の暮らしを維持しており、文学には関心はないが見栄から文学書を沢山書棚にならべていた。中には『ロミオとジュリエット』もありそれを読んだのは向坂だった。母親は封建的大家族の重荷を一身に背負って耐え、石油ランプの下で縫い物をしながらいつも座ったままで居眠りをしていた。向坂はこういう母にも「思いやりのある息子ではなかった」が、母が小姑などから嫌みを「言われるのを見るのはいやだった」。父親にたいする感情については、向坂の青少年期の性格形成にも大きな影響があったと思われるので、後で触れる。

祖母のスパルタ教育が功を奏したのか、一九〇七年に高等小学校に入ると、頭角をあらわしはじめる。下級生の時はもっぱら兵隊ごっこに熱中していたが、一年上級の子とけんかをして勝ってから自信をつけ、勉強にも熱心になり学級の組長になってみんなに号令をかけるようになった。

腕力では負けぬようになっても、勉学の方はなまけて講談本ばかり読んでいた。通信簿に「甲」は「暁天の星のように数少なかった」が、音痴なのに唱歌だけは甲だった。高等小学校は二年で中学校に入学する資格はできるが、親が「知能が遅れている」と考えて三年になってから中学に入れた。その際、久留米の明善校という秀才中学の受験に失敗して、一九一〇年に八女中学校に進学し、大牟田から汽車で通った。一学期の修身の成績は「丁」だった。

一年の夏に父の転勤で一家は小樽に移り住み、向坂は小樽中学校（現・小樽潮陵高校）に転入した。当時の小樽は港町で「気の荒い早熟の少年が沢山いた。…私は、まるで気おされしたかたちで、隅の方に小さくなっていた」。

一年のとき、近所の子にあわい恋心をいだいた。英語を習うために教会に通った。だが長つづきはせず、「ただ…同年輩の奇麗な（と思った）令嬢が、熱心にお説教をきいていたのが印象に残っている」。

同級生や上級生に水彩画のとてもうまいのがいて、雑誌『白樺』や『みずゑ』を切り抜いたりして、西洋絵画の複製画の蒐集をはじめる。絵画への興味は向坂の終生をつらぬくが、この頃かららしい。三級上に平沢貞通という雄弁な美青年でまわりから「英雄」視されていた男がいた。絵がうまく、向坂は「この『天才』を羨望」していたが、のちに世間を震撼させる帝銀事件の被告にされるとは知る由もなかった。

中学三年くらいまで、「唱歌」と「軍歌」の本をあつめ「大きな箱いっぱい」になった。歌はからきし下手なのに歌集だけあつめるなど、収集癖が子どものころからあったらしい。これらの本は、三井物産社員の息子という信用で、

小樽中学時　15歳前後　右・次郎

月末払いの掛けで買うことを覚えたが、父親にばれて大目玉を食った。

また中学の友人たちと、押川春波の冒険小説をテキストにして自宅の三畳で子供相手の寺子屋の真似事をしたり、手作りの同人雑誌を出すなどなかなかの早熟ぶりを示した。しかし毎日近所の子をあつめて野球ばかりしていたので、成績は最下位だった。二年生の時、好きな学科は何かというアンケートに「体操」と書いた。ほかは「数学」「国語」などもっともらしく書いているのに変だと思った教師が理由を聞くと「予習も復習も必要じゃないから」と答えてあきれさせた。

一二、三歳ころと思われるが、デフォーの『ロビンソン・クルーソー物語』を「夢中になって幾度読んだか知れない」。本書は成人しても読みかえす愛読書の一つとなる。

そのころ大逆事件が世間を騒がせていた。一四歳になっていた向坂の耳にも入ったが、関心はまったくなかった(以上、「腕白時代」などの回想から)。

2　八女中学から第五高等学校へ

一二年夏、向坂は妹とともに大牟田にもどった。絵に熱中する二人の同級生とのつきあいで、学業をなまけると母親が心配し、また大牟田の祖母にあずけたのだ。親からにらまれた「悪友」とはよほど仲がよかったらしい。二人の内の一人西川俊郎は小樽中学をでて船乗りになったが、向坂が八女中五年生のとき、船が九州の港に寄港した際に徒歩で何里も歩いて会いに来た。その後交流は途絶えたが、半世紀ほどのちに向坂が『流れに抗して』という回想記で西川たちのことに触れると、それを読んだ西川から手紙が届き、「悪友」たちとの交流が復活する。

さて、大牟田に帰ってきた向坂を、祖母は柳川の伝習館中学に転入させようとしたが、成績不良でかなわなかった。そこで以前通った八女中学に頼んで四年生として入れてもらった。向坂は発奮して猛勉強をはじめた。中学の芹沢校長は、のちに向坂と同じ道を歩むことになる芹沢彪衛の父だった。彪衛も一年に在学していた。同じく同志的なつながりを持つことになる塚本三吉も一年生で在学していて、成績の優秀さは向坂の耳にも入った。塚本の三年下には、のちの九大教授・田中定がいたし、彼の同級に後に向坂秀子と結婚する坂梨忠がいた。さらにあとになるが向坂の弟子となる川口武彦、平田喜久雄も同窓だった。

八女中学でも当初成績は最下位だったが、一年たって五年生になると一番になり、サッカーの主将もやるようになった。しかしへそ曲がりは相変わらずで、一番になった成績表を母親に見せようとした際、「よくならなくっちゃ困るじゃないの」と言われたものだから、見せる気がしなくなった。一方、父親は小学校の先生を家に招いて成績表を見せるように命じたが「その命じ方が気に入らなかった。私は即座に『いや、見せる必要はないでしょう』といってひきさがった。今考えると、なんてにくたらしい子供であったことだろう」（『夏目漱石と社会主義』）。なお、当時は自転車通学が普通だったが、近いものだから徒歩でいけた。そのため向坂は自転車には乗れなかった。

五年生になって、「大阪朝日新聞」に連載された京都帝大助教授・河上肇の「日本民族の血と手」に惹かれ、学究生活と経済学への漠然とした憧れをいだくようになった。河上自身がまだ人道的愛国主義で世間に影響を与えていたのだが、向坂も御多分にもれずしばらくは愛国青年だった。

ちなみに、堺は一五歳で政治家を志望して単身上京し、山川は一六歳で同志社で学園騒動を起こして放校になり、荒畑は一六歳で職工になり社会主義に目覚めはじめていた。彼らにくらべると向坂は晩生だった。

一方、三井物産小樽支店の主任だった父は、支店の経営がうまくいかぬ上司の責任をかぶって、向坂が中学四年のときに退職を余儀なくされた。そして退職金を元手に大牟田に帰り、叔父・向坂由久馬とともに耐火粘土の事業を経営しはじめた。向坂は父の会社員生活や事業に汲々とする姿を見て反発を感じ、同じ道は歩むまいと考えるようになった。そして法科に進み官吏になる決心をし、一五年六月に熊本の第五高等学校を受験して、九月に文科に入学できた。

しかし父の事業はかたむきはじめ、高校入学のころは書画・骨董・家財を売り払うようになった。それまでは経済的な不自由は感じなかった向坂にとっても、経済的な問題はしだいに深刻になってゆく。

向坂は、入学のために九月に大牟田を離れ熊本の寄宿舎に入った。交遊関係にはあまり積極的ではなく人見知りするタイプだったようだ。もっぱら散歩と読書の生活だった。一年生の夏には、勉強のために人づきあいの煩わしい寄宿舎を出て下宿した。授業ではドイツ語教師の小島伊佐美に傾倒した。おかげでドイツ語は一所懸命に勉強できた。老成してからも「小島先生」と呼び、「名利を求めるところが少しもなく、あふれるような実力を押しかくして田舎の高等学校の教師で終始」した人物として、なつかしく回想している。とくにファシズムの支配が迫り教育にも国粋的な説教が目立ったころに、こう述べていた。「小島先生は怒りもせず、おだてもせず、へつらいもせず、静かな科学者として、倦むことを知らぬ熱心さで、この『精神』をつぎこまれたやうである」。「私は人々の心をいつまでも動かすものは、大声疾呼するいはゆる精神家流のお説教から生まれないで、却って静かな科学的精神から生まれると思ってゐる」（第五高等学校雑誌部『南竜』三七年一〇月）。向坂が好感し、見習おうとした人物像の一つの典型であった。向坂戦後も「小島先生」（『青年文化』）などたびたび懐かしく筆にする。

読書は河上肇から津田左右吉、筧克彦など神道関係にいたるまで雑多に読みあさった。向坂が入学する数年前まで漱石は五高の教師だったから、漱石には早くから興味をもち、二年生のころ没後すぐの全集が刊行されはじめると学校の図書館で借りて読みふけった。友人と小天温泉の宿に泊まり、『草枕』の主人公の残り香を楽しんだ。

三年生の時、国文学者の高木市之助が赴任してきた。彼の影響で俳句に惹かれ、時々高木先生の自宅まででかけていって俳句の話を聞くのが楽しみだった。以降、俳句には興味を絶やさず、高木とのつきあいは戦後もつづき、NHKで対談したこともある。『高木市之助全集』月報4には「高木先生のこと」を寄せた。

壮健で、子供の時父の鉄砲をかくれて扱っていて、軍事教練の実弾演習ではメダルを取ったこともあった。野球が大好きで相撲も強かった。体格の良さを見てボート部の選手に勧誘された。

後年、一女子高校生の「人生とは何か」という問いに答えた小文「人生について」（八女高校生徒会『泉陵』）でこう述べている。

「月末になって学資が送ってこない時は『人生とは何か』というようなことを考えこむこともあった」が、学資が届くと「『人生論』の方は一時中断して、まずは汁粉屋に行ってたらふくのんだ」。それから「ドイツ語の本を開いて辞書を引いて読みふけった」。「私の『人生論』はこのようにして毎日の生活の中で解決されているのであった」。「トルストイの『人生論』を読んで、あの深刻な否定的な態度にうたれなかったわけでもないが、私のような平凡な男にとっては、人生は常に肯定的に日常の生活の中にあった」。

こういう「肯定的」な態度は成人してからの向坂の態度の原点であった。とはいえ、こういう余裕のある回想は大成してからのものであって、多感な青年期には、家庭の窮状や父への反発など懊悩が汁粉で消えたわけではあるまい。あとで触れるように、屈折した気配もある向坂のキャラクターは、苦労知らずの育ちのいい楽天性とは一味違うものであった。

汁粉と言えば、向坂の甘党ぶりは有名になるが、高校時代からだったようだ。「毎土曜日の午後散歩して帰りに、五高の前にあった汁粉やによって食べた。後にはこの汁粉やのお婆さんには信用されて、自分で大きななべの所にいって、自分で茶碗についでのんだ。何しろ三年間欠かさず通った」（「麩まんじゅう」『旅』七二年一一月号）。

また、父の事業はますます傾き学資の送金もか細くなってきた。夏休みというと、同僚達はほとんどが連れ立って旅行にでかけたが、金がないので、一年生の夏には大牟田に帰省し勉強にはげんだ。その際、丘浅次郎の『進化論講話』（ダーウィンの紹介）を読破した。これは「はじめて感激をもって読み終わった自然科学の本だった」（『学燈』五四年二月）。

一年のときの仕送りは一三円で、八円が寄宿料に、残り五円が小遣いだった。それも父の事業の不振でしだいに削られていったのであろう。「多少とも貧乏を自分の問題としはじめた」とよく回想していたが、社会問題、経済問題に関心が向いていった。時代は大正デモクラシーに入っていた。その風は保守的な熊本にも吹いてきた。

一六年五月、一年生の終りころから、「大阪朝日」に河上の「貧乏物語」の連載がはじまった。それは人道主義にたつものであったが、熱心に読んで、アダム・スミスやマルクスの名前だけは覚えた。「大正六年から七年六月までの私の読書は、熊本の保守的空気から、私を脱出させたようである」（「暗いファシズムの嵐の中で」『エコノミスト』七四年一一月）。

二年生に進学するころ、学費が払えなくなったので退学して就職することを考えたが、祖母から怒られた。祖母は向坂の苦境を知ると、すぐに父の二番目の弟にあたる三井物産社員の叔父・松岡熹次（松岡家に養子入り）に学資援助を命じ、その援助は東京帝大入学後までつづいた。向坂は帝大生時代にはよく阿倍野にいた松岡叔父宅に逗留した。松岡とは長い付きあいになる。

母方の叔父（実家の一人息子）は絵の才能があり、向坂にたくさん絵を描いてくれた。絵かきになる志を懐いていたが、「あとつぎが絵かきになるなどということは九州の小さな炭鉱町では許されないこと」で父母の反対で断念し、一時やけくそで乱暴になり学校も放校され、三池炭鉱の下級職員としてさみしい生涯を送った。義兄にあたる向坂の父は、彼に絵かきを断念させるために、短刀を突きつけていさめた。向坂は「大学を出てからもこの叔父とは大変仲がよかった。この叔父の志望をとげさせてやらなかった母方の祖父母やその長女のむこである私の父に反感をもった」（以上「にんじん」）。後年、今の社会は人の才能を朽ち果てさせるというたとえに、よくこの叔父のことを語った。

なお次郎は絵の道に進み、秀子は画学生と結婚するが、いずれも親の反対を向坂が説得した。

賀録が共同で事業を起こそうとした叔父（父方）の由久馬は、三井物産を退職して阿蘇に金鉱を掘り当てようとした山師的人物で、向坂の父親に借金の保証人の判を押させて向坂家の没落の一因をつくった人物である。手がける事業にすべて失敗し、最後は孤立無援で大正末に寂しく死んだ。小島恒久によれば「親戚中からきらわれた伯父が、しかし逸郎は好きで、その『大志』に向かって一途に進む生き方を、むしろ尊敬さえしていた」（小島恒久『向坂逸郎』二〇〇五）。

第五高等学校時　後列右から３人目

総じて向坂の第五高等学校時代は楽しいものではなかった。当時の彼の憂鬱さを吐露した回想がある。下宿していた家が不幸に見舞われ、女家主が向坂にかくれるように深夜まで内職をするようになったが「その家のくらいあり様と、私の母の苦しい暮らしを思うにつけて」いたたまれなくなり、下宿を移ったと言うのである（「第五高等学校時代」『社会主義』八一年九月号）。

こうして河上肇の影響もあって、経済問題に目を向けるようになった。当時は法律万能で帝国大学には法科しかなかった。向坂もはじめは法科志望だった。東京帝大も法学部の下に経済学科がおかれていた。経済学科をめざそうというのは、五高では彼一人だけだった。一旦進むべき道を決めたら、徹底的にそこを歩み続けるという性格は、このころから目立っていたらしい。

なお、向坂は一生下戸ですごした。五高時代のクラス会で周りから囃し立てられて茶碗酒を二杯やってひどい目にあって以来、「こんな苦しい思いをするなら、なにも呑めるように練習することもない」と割り切ったのである。アルコール・アレルギーではなかったようだ。

3　家長と長男

賀録は小学校を出ただけの、口では向坂にかなわぬ存在だったかもしれないが、当時の社会的規範では家長は大きな権威であった。また家督権をもつ長男という立場も責任感を強いるものであったろう。父親に反発しつつも、八人の弟妹のいる家族を守っていかねばならなかったという事情は、ある種の屈折した強靭なキャラクターを育てたと思われる。

むろんその後の社会的経験と理論的研鑽が、彼の人格を大成させるのであるが、その楽天的にみえる性格が、のんきなものではなく、家族関係の苦労と責任を真正面から受け止めるなかからも熟成された様を探ってみよう。

向坂の自伝的な回想類の多くは六〇歳代に入ってから書かれた。だから、小学校を出てすぐ三井物産に入り主任になったものの首になり、その後は失敗ばかりした父の「涙ぐましい苦労もわかる」、「根本的には正直な、いい人であることを知らないわけではありませんでした」(『流れに抗して』一九六四)と、ゆとりをもった回想が多い。しかし父への反発は生々しく述べられているのである。およそ向坂の自伝的エッセイでは他者への反発はあまり示されない中で異色なのだ。

たとえば中学二年くらいのとき父の持ち物から「沢山のワイセツな写真」を見つけ「父を不潔に感じた」こと。高等学校二年くらいの時、借金取りが家に来て母をおどしているのに父が裏口から逃げたのを見て、「父に強い憤りを感じた。母に対しては強がりの父を知っているだけに、おれは大人になっても、こんな無責任なざまはさらけださないぞ、と心に誓った」こと。立身出世競争の激しい会社で苦労し、「小心であるだけに強がりでもあり、性格が弱いだけに、無知な母にたいしてだけは強い人」になり、大卒社員への見栄で読みもしない『ロミオとジュリエット』を本棚にならべたこと、等々。

さらに、伯父に強引に画家をあきらめさせたこと。帝大一年生になってからも、社会主義の勉強をやめさせようときかない日が幾日も続いた」こと、などが回想されている。「親孝行の錦の御旗で高圧的に出てきた」ので「父と口をきかない日が幾日も続いた」こと、などが回想されている。

さすがに上級になると口は出さなくなったらしい。次郎が上野の美術学校に入るのも父は猛反対したが、向坂が父を説得した。長男として弟たちを庇護する立ち位置は確保されたのであろう。

しかし帝国大学助手ともなると、今度は父は金銭面で頼ってきた。ドイツ留学のために文部省から支給された金を、事業に失敗した父の借金返済のために貸す羽目になる。向坂は筆にしていないが、向坂の留学中にも、次男の次郎らが父の借金の整理に苦労し、向坂の帰国後もなにかと始末を要したらしい。

一方、「父のもとで委縮し」、「深夜まで家事に追われ疲労困憊」していた母親には少年時代から強い愛着を感じていた。

「もし、自分がなまじっかえらい父をもっていたら、自分のようなぐうたらな少年は、どう成長していたであろうか、と思ったりします。両親は私に借金以外に残しませんでしたが、父が、いわば身をもってしめした教訓と母のがまん強い性格とは、ふたりが私に残してくれた大きな遺産と思います」(『流れに抗して』)。

むろん成人になってからの向坂は、父母に実によくした。母は敗戦の少し前に薬も手に入らず栄養失調の状態で亡くなったが、九〇歳まで生きた父には晩年、資力の許す限り出来るだけのことはできた。「しかし、私は父に対しては、母に対するほどやさしい心が湧かなかった」(「私の父と母」)。

向坂は他人とは徹底的に論争した場合でも、自分から交遊を断つようなことはなかった。しかし身内のおこないにはとても厳しかった。あとで触れるが伯父の一人と母方の叔母には絶交を申し渡す。

ただ家長への発だけであったら、家を飛びだせばよかった。しかし母と大勢の弟妹たちをおいて自分の好きな道を行くことはできなかった。並な父親離れ、現実逃避であったら、向坂の人間に深みと巾はできなかったろう。

長男としての責任感はどうであったか。第五高等学校二年生から東京帝大生まで松岡叔父の援助はつづくが、こう述べている。「私は、叔父からもらっていた学資を一文も母に渡しませんでした。大学を出ること…勉強することに一所懸命でした。むだづかいもしませんでした。母には冷たい子どもであったことでしょう。しかし、私は、大学をでたら家の生活を背負ってやる、そのかわりいまは一心に勉強させてくれ、という心の中の願いだったようです」(『流れに抗して』)。

家計のやりくりに苦労した母にさえ一文も渡さなかったという、学問への意欲は半端ではない。困窮する大家族の生活をいつかは面倒みるという思いをバネに、遊興を排してすべてを学問に費やす姿勢は、ドイツ留学でもつらぬかれる。父親は借金だらけ、出立前に長女花子を亡くし、病にかかった三郎は帰国するとすぐ没するという状態の家族を残して、海の向こうへ行くというのは、後ろ髪を引かれる思いもあったのではなかろうか。

ベルリンでの勉学の真剣さは、遠く海を隔てた家族への責任感と裏腹だったと思われる。

そして帰国して九大助教授に就任すると、一家の生活を実際に背負いはじめるのである。次男として苦労をかけた次郎をはじめ、正男、秀子、元子、さらには養子に出た八郎への物心両面にわたる援助を誠実に実行してゆく。九大を追われてからも、その姿勢に変わりはない。それらは、困窮の一家を残して留学したことを償ってあまりあるものであったことは、本評伝で折に触れてみていこう。

こうした一〇代から二〇代前半にかけての体験は、向坂のキャラクターにある種の陰影をつけた。鈴木鴻一郎は「アンバランスの風格」といううまい表現をしている。

留学中に東京の婚約者・嶺ゆきにあてた手紙にこうある。向坂の帰国を待ちわびる一八、九の乙女にそっけないような手紙しか書けないことを弁解したもののようだ。

「…僕の手紙の中に見出されるものは嘲笑か皮肉かせいぜいで味のない屁理屈位のものだろう。君の要求するものは外にあろう。それは僕の悪い癖だとは自分にも解る。僕は誰の前でもすぐ皮肉や馬鹿笑ひをやる悪い癖がある。許してくれ給へ。…真剣に考へる気持ち、情熱の泉、これ等が涸れるときは死だね。…だが僕はすぐ例の悪い癖を出す。それは少し誇張して云へば、社会の事実は吾々が常に緊張した心持でのみ面接するには余りに真面目であり真剣であるんだよ。もっと誇張すれば僕はそれに耐えられないんだろう。尤もそれには僕の永年の境遇も教育も多少は責任をとって呉れてもいいと思ふ」。

若き日の体験から、人のいやな面を直視するがゆえに「深刻ぶり」を排し、時には笑い飛ばし時には皮肉りながら人物を見定める姿勢は、のちに組織者としてすぐれた力を発揮させるのである。

二　東京帝大入学、貪欲に知を吸収

1　物足りぬアカデミズム

一八年六月に五高を卒業した向坂は、東京帝大の法学部法科を受験し合格した。当時法学部の経済学科の受験資格は英・仏語を専修したものに限られていたので、ドイツ語の向坂は法科で入っておいて、のちに経済学科に転科したわけである。入学（当時は九月）まで大牟田の実家で、東大教授で重鎮とされていた山崎覚次郎の『経済原論』を読んだが「これが経済学なら、その学科を選んだことは間違いであったのかと、少しガッカリした」（「その頃」『東大経済学部五十年誌』一九七六）。ただ入学してすぐ、東京高商（のち一橋大）の福田徳三の著作を読んで興味を深めた。福田は、ドイツ留学で歴史学派のブレンターノに師事し、マルクス経済学を含めた学殖では河上肇に並ぶ第一人者だった。

上京して本郷森川町に下宿した。下宿代は毎月のように値上げされ、その都度、松岡叔父に援助を要請したというから、大牟田からの仕送りは乏しかったのだろう。

向坂をとりまく環境は、あらゆる面で活気に満ちたものであった。前年のロシア革命は世界を震撼させつづけていた。七月には米騒動が全国をおおった。大正デモクラシーはたけなわだった。一二月には吉野作造、福田徳三、麻生久らによって「民本主義」の司令塔として、黎明会が旗上げされた。向坂は黎明会の講演会は毎回のように聴きにいった。福田徳三は熱心に聴き、『資本論』を「日本で通読したのは自分だけだろう」などという「博識にはどぎもをぬかれた」(『わが資本論』一九七二)。

1918年大牟田に帰省途中　八女中同期の友人・北村正俊の神戸の自宅で　北村正俊撮影

一方、堺利彦、山川均、大杉栄、荒畑寒村らは、なおマルクシズムとアナルコ・サンディカリズムが未分化で渾然とした先鋭な社会主義者集団として、吉野らの「民本主義」を批判しつつ活発な理論活動をしていた。一九年に入ると、一月に河上肇の『社会問題研究』、長谷川如是閑・大山郁夫の『我等』が創刊され、二月には大原社会問題研究所が設立された。経済学界では福田と河上がスターダムにのぼった風だったが、河上もなお人道主義であった。マルクス経済学は堺利彦と山川均がアカデミズムに一歩先んじていた。大内兵衛によれば、河上・福田の両大家も、堺からは「隣のおじさんが、坊やをからかうように」あつかわれていた(『経済学五十年』)。山川は二〇歳代初の長い入獄期間中に、古典派経済学などの膨大な著作を原書で読み込み、出獄するとすぐに『資本論』第一巻を読破して日本で初めて「大阪平民新聞」(一九〇七)に紹介したくらいだから、基礎知識においても学者を抜いていた。四月に山川によって刊行をはじめられた『社会主義研究』は理論的水準も高く、向坂も愛読するようになった。

東京帝大でも、一八年末には、政治学科の吉野作造教授を顧問に、赤松克麿、宮崎龍介らによって東京帝大新人会が旗あげされた。しかし経済学科の古手の教授連には、高野岩三郎を別にして、山崎覚次郎などあまり期待できるような人物はいなかった。河上肇や福田徳三とくらべても、東京帝大教授連はかなり見劣りした。

向坂は後年、当時の経済学界を次のように回想した。「支配的になったのは、ドイツの歴史学派であった。私が学生であった頃は、ドイツでこの流れを勉強してきた先生が多かった。帝国主義の時代の俗論的経済学の時代にはいっていた。資本主義の冷徹な分析探求を止める時代であった」（「その頃」）。後発資本主義の日本では、「分析探求」ではなく国家官僚のための政策論が必要とされた。当時の東大の経済学に不満を持ったのは向坂だけではなく、同期の学生だった宇野弘蔵や有沢広巳も同じだった。三〇年後に、この三人が往時を回想した座談会（「僕たちの経済学」『評論』四八年三月号）ではこんなやりとりがされている。

宇野「日本の経済学には…経済学らしい経済学はなかった」。

向坂「…一応飛びついてみるが、いい加減で済まして、あとは具体的な日常の、明日をどうするというのに追われ、根本的な研究をしていない。…ドイツに較べても、英国は勿論のことだが、日本の大学のブルジョア経済学は非常に手薄だった…。逆にマルクシズムが出て、それに対抗する為に河合栄治郎さんが、資本主義の理論体系をもたねばならぬと言い出した…」。

有沢「だから河津先生の経済学にしても、山崎さんの経済学にしても、システムローズだ。…一つの学説で一貫しておるようなものじゃない」。

二一年に留学から帰って経済学科の反マルクス経済学者の中堅となった土方成美はこう回想している。「当時の日本の学会の長老の間には、マルクス旋風を受けて立つ準備に欠けていた事もマルクス旋風をして吹き荒ぶに任せた一つの要因であったろう。…東大で経済理論の講義に関係ある金井、山崎、河津の諸先生は全然無関心ないし無防備であった」（『学界春秋期』一九六〇）。マルクス派の方が古典派経済学を真剣に咀嚼したのであって、反マルクス派は無理論だった。

しかし東京帝大でも、一九年には高野の努力で法学部から経済学部が独立してようやく活気づきはじめる。助教授や助手には、高野の庇護のもとに、矢内原忠雄、森戸辰男、大内兵衛、櫛田民蔵、舞出長五郎など気鋭の若手がそろいはじめ、政治学科では吉野作造が気を吐いていた。向坂の同期にも有望な青年が大勢入学してきた。宇野弘蔵、土屋喬雄らが、向坂と長いつきあいになる（渋沢敬三、諸井貫一も同期で立場は違うが関係はつづく)。

講義では「学生に不平を言わせなかったのは高野岩三郎教授の統計学のみ」で、他の教授連のそれは「理論的に考え抜かれたとはどうしても感じられなかった」。高野の講義のノートは、戦後まで大事に保存した。向坂はのちに高野のことを「学界の幡随院長兵衛、けちくさい学界に稀に見る包容力の大きさと若い人に対する親切心の深さとを以って…多数の人々から恩師として親しまれている」(「櫛田民蔵」)と高評した。

大正デモクラシーの旗手として高名だった吉野作造の講義は「小生意気な自分の態度から三四回で出ることを止めてしまったのを、今になって惜しいことに思ってゐる」と回想している(「吉野博士と大正デモクラシー」『改造』三三年五月号)。すでに山川の文章に親しんでいたから、吉野にははじめから批判的だったのだろう。

新渡戸稲造についても「講義も…神話の話ばかり」で「たいへんつまらぬ講義と思っておりましたが…あとになって振り返ってみるとたいへん尊いことを教えていただいた」と回顧した(「三十年前の経済学」東大『経済学論集』四九年一一月)。

大内兵衛助教授は「銀時計組」(首席卒業)で秀才の誉れ高く、向坂も注目していた。はじめて遠目に見たのは、経済学部として法科から独立した祝賀式で、「いかにも頭のよい祝辞を述べた」時で、学生たちは「大きな希望をかけた」(「大内兵衛論」『中央公論』三一年七月号)。宇野弘蔵は大内の講演会を聞いて「非常な感激と興奮をおぼえ、病床にあってこの講演を聞くことが出来なかった向坂君にその要旨を詳しく話してやった」(「日本における経済学の履歴書としての大内兵衛」)。

大内は向坂より九歳年上で、淡路島の大地主の家に生まれ、向坂と同じ五高に進み東大経済学科に入った。銀時計で卒業したから引く手あまただったであろうが、高野岩三郎に見込まれて東大に残ることになった。しかし教授の専横な態度が気に食わないので大蔵省に入ったが、ふたたび高野の強い勧誘で東大に教授として戻った。この育ちはいいが「おぼっちゃん」ではなくどこか芯の通った大内には、向坂は好感をもつようになる。財政学の単位はすでにとっていたので、大内財政学の聴講は数回程度だったと言う。

大内とは仲のよかった助手に、京都帝大で河上の弟子だった櫛田民蔵がいた。彼は同志社の学部長をやめて高野岩三郎の招きで東京帝大に助手として来ていた。向坂はそのドイツ語経済学の講義を受ける機会はなかったが、「学生の間では、櫛田民蔵という助手がいて、これはマルクシズムを深く研究している偉い人であるといったような噂が語られていた」（前掲「大内兵衛論」）。

2　早熟の宇野、晩生の向坂

指導教官であった矢作栄蔵という農業経済学の教授の講義に出席したのは宇野弘蔵と二人だけだった。広い教室で先生のあらわれるのを待っていてもなかなか来ない。向坂はこう回想している。「向こうの隅っこで英語の本を読んでおる奴がおる。勉強家だなあと思って近づいて見たら、クロポトキンの『パンの略取』を読んでおる。…それで仲良くなった」（「僕たちの経済学」）。矢作教授は現れても原書の講読を指示するだけで、あとは居眠りをしていた。そこで二人で一年間、J・S・ミルの『経済学原論』を輪読してすごし、とても親しくなった。宇野はこう回想している。「彼のうちが大学の裏にあって、ぼくは小石川の下宿先から大学へ弁当もって通っていたが、食べるところがないから向坂君のうちへ行ってお茶を出してもらって昼食をとっていた。その後また相当しゃべって帰るということが多かった。学校でも毎日のようにほとんどぼくがしゃべってた。…彼は自己を語らない人だった」。「向坂君は僕にとっては大学時代のほとんど唯一の友人だった」（「『資本論』五十年」上）。

ともに講義にはあきたので、一八年末ころから、二人でアメリカから取りよせた禁断の書『共産党宣言』と『空想より科学へ』の英語版の読みあわせをはじめた。

宇野は山川と同郷で岡山県倉敷の出身。早熟で、社会主義運動にいち早く関心を持っていた。彼の育ちは向坂とは対照的だった。家業は本屋と印刷屋をかねた文化的なもので、父親は大原孫三郎のところに出入りするインテリだった。くらしの苦労もなく、向坂のように俗物の父親に反発し、学資に困る暗い青年期も過ごさなかった。向坂は高校時代に河上肇の『貧乏物語』から己の体験に照らして大きな影響を受けたが、宇野は『貧乏物語』を手にすることもなかったらしい。

しかし思想的には向坂よりずっと早熟だった。中学の五年ですでに大杉栄の『生の闘争』を手にして、同書の堺利彦の序文で社会主義なるものを知った。石川啄木も早くから愛読した。それというのも岡山の高梁中学の友人に西雅雄がいたからである。西はその後山川均の高弟の一人となる人物だが、中学の時からロシア文学に親しむ文学青年だった。彼は中学を出るとすぐに朝鮮に渡り、大杉派アナキストの運動に参加したが、彼に刺激され宇野も堺の雑誌『新社会』を読むようになった。高校生になるとクロポトキンも原書で入手し読んだ。堺も大杉も、アナキズムもボルシェビズムも混然としていたので、宇野はアナキズムにも惹かれたようだ。

向坂はそのころダーウィンの『進化論』に感心し、河上の『貧乏物語』の新聞連載を愛読していた。向坂が『新社会』に出会うのは大学生になってからである。

宇野が東大に入学した時には、西は大森の山川宅に寄宿していた。西は宇野を山川に引きあわせ、山川は郷里の倉敷から来た青年ということで歓迎した。そして一九二一年から山川宅で開かれていた研究会「水曜会」にも参加した。また同じ頃発足した大杉派アナキストの研究会「北風会」にまで顔を出した。宇野は向坂を水曜会に誘った。しかし向坂は、「山川氏の同郷の一友人が、山川氏を訪ねることを勧めてくれたことがあったが、人、殊に偉い人に会ふことに慣れてゐない田舎者の私は、どうも億劫でついに行かなかった」(「山川均論」『中央公論』一二一年八月号)。

このように宇野は向坂より二、三年速いテンポで実際運動家たちと接していたのである。しかし宇野は、西がどんどん非合法的な世界に入り込むのを身近に見るにつけ、いちはやく理論の世界に己を限定していく。宇野自身のキャラクターもあったろうが、実際運動との窓口が西雅雄だったことも、宇野の人生の選択に影響を与えたと思われる。

ちょうど二一年から二二年にかけて、コミンテルンの密使が東京の堺と山川の身辺にあらわれ、秘密結社としての日本共産党結成への熱気が山川の周辺の若者に渦巻いていた。西は山川門弟の一人としてそこに深くかんでいた。西の身辺にも非合法活動の匂いがたちこめていた。堺や山川などの古参社会主義者は用心深かったが、若者にはスリルを味わうような傾向もあった。宇野にとって、自分と非合法の世界とは清水の舞台の上と下くらいの断絶を感じたであろう。「元気な青年社会主義者の異様に興奮した空気」に戸惑い、「永く実践活動をする人々に対し、いわゆるコムプレクスを持たせることになったのである。ことによると私の『資本論』研究は、このコムプレクスからの脱却の努力が、その支えの一つをなしていたかも知れない」(宇野「山川さんと私」『図書』一九六二年一月)。

二二年七月には、堺を事実上の委員長にして日本共産党が結党されて西も参加していた。九月には宇野は大原社研からドイツ留学に出立した。こうして二人のつながりは切れたものと思われる。

これに反して汁粉を飲めば幸せな向坂は、清水の舞台から飛びおりるか否かなどといった煩悶も経験したことはなかったろう。失敗をくりかえす父や病身の母、大勢の兄弟の生計も考えねばならなかった。清水の舞台から飛びおりるような決意をしなければできないことなど、ろくな結果にならないという人生訓をすでに身に着けていたようだ。

実際運動界との窓口となるような人物は、すくなくとも学生時代にはおらず、助手時代の二二年四月に大森義太郎と知りあい、留学から帰国してはじめて大森から運動界のことを聞かされる。大森はマルクス主義を勉強しながらも山川の周辺の人物や共産党結成に加わる人びととは無縁で、二四年になって鈴木茂三郎が組織した政治研究会などの合法的な政治運動に参加していた。大森が山川と対面するのは、二七年夏ころと思われる。そして向坂が大森を介して数年後に山川と親しくなるときは、山川は非合法共産党とは絶縁し、自らのもとを去っていった西雅雄にたいしては、去るものを追わずという態度になっていたのである。向坂は宇野のような「コムプレクス」を感じる暇もなく、大森の導きで社会主義運動に接してからは、非合法運動にはコムプレクスではなく冷徹な批判眼をもってあたるようになっていた。

向坂と宇野のキャラクターや学風のちがいは、壮年になってからかなり大きくなるが、両人の岐路は二一年から二二年の辺りにあったのではなかろうか。

宇野と読み合わせをしたマルクス・エンゲルスの古典は向坂に刺激を与えた。「特に後者（『空想より科学へ』）から自分の思考方法に決定的な革新を感じた。従来の思想的な暗中模索から明るい処に出た様な感銘を受けた。従来の読書になかった緊密なる大系を持った理論という点で充分満足できた」（人民戦線事件の獄中における訊問調書。第五章二で詳述するが、人民戦線事件での向坂の調書は、「片岡聴取書」「井本聴取書」「予審訊問調書」の三種類がある。ほぼ同じ内容なので以下一括して「訊問調書」とする）。

3　大家族の上京

一九年になると、両親と弟妹たち全員が大牟田から上京してきた。次男の次郎が上野の美術学校（現・東京藝術大学）に入学し、その費用の軽減と、父と叔父・出久馬の事業が失敗して財産を使い果たしたために、東京にいた三井物産時代の友人と商事会社を興すためだった。向坂は森川町の下宿を引きはらい同じ本郷の弥生町の借家に一家と合流することになった。

すでに妹の里子は幼いときに結核で、花子はスペイン風邪で亡くなっていた。次郎は八女中学を卒業してから上京して美術学校に通い、画学生の梁山泊で中川一政や、秀子と結ばれる大牟田の坂梨忠らとくらす。

正男、八郎も大学に進む。母コハルはすでに結核で臥せがちになっていた。学資はあい変らず叔父に頼らざるを得なかった。

社会主義の勉強を父はやめさせようとした。「激しい私の抗論を、母はおろおろと見ているばかりであった」（「私の父と母」）。母はいつも向坂の気持ちを尊重した。マルクスの『経済学批判』の高価な原本を古書店でみつけ、わずかの蔵書を売り払って買おうかどうか迷っていたとき、母親が紙屑やボロを売ってたくわえていた一〇円をくれたというエピソードはよく筆にした。

生活の困難な中にあっても古本屋通いはつづけた。当時は書物は貴重品で簡単には手にできなかった。とりわけ洋書は翻訳もほとんどなく原書だけ。古典派経済学書は英語だが、ドイツやロシアものは英訳されていても悪訳が多かった。洋書は大学研究室か、篤志家が取りよせるほかなかった。東大研究室の蔵書も、エンゲルやブレンターノなどの個人文庫を買い入れた中に、わずかにマルクスのものが混じっているくらいだった。

向坂にとって、古本屋は全世界への窓であった。さいわい東京帝大前の本郷通りには、古本屋が延々と軒を連ねていた。安く掘り出し物を見つけるのは上野広小路の夜店の屋台だった。土曜の夜というと夜店を漁り、カウツキーの『エルフルト綱領解説』を一〇銭で手に入れた。

向坂の読書の範囲は広く、トルストイ、ゲーテ、漱石、鴎外、啄木はほぼすべて読破した。赤門前にあった古本屋の大橋書店で世話になった小僧さんは高野忠勝だった。向坂は「忠どん」と親愛の情を込めて呼び長い付きあいとなる。大橋書店で漱石全集（六〇円）を内金を払って購入したあと残金が払えず、上京前の大牟田の父親に「冬服を新調するから金送れ」と頼んだが、洋服の旧いのを仕立て直して送ってよこした。あてがはずれた向坂は、忠どんに月賦で支払うと話をつけてもらった。ちなみにのちに経済学部助手になったときの初月給は六四円だった。

また、藤村、花袋、秋声、直哉、真山青果、菊池寛、久米正雄、長塚節も読み漁った。斎藤緑雨なる作家も全集まで買って読んだ。そして自然主義文学について、つぎのように回想している。

「この人たちの描く、希望のない小市民の生活、発達する資本主義の分解作用におしつぶされてゆく小市民の生活、じめじめした痴情の、…やりとりが延々としてつづく。私はこんな退屈な小説を読んでなんのためになるか、と思いながら読みました。今にして、私は、それらの退屈な小説が、人生のあり方やの一面をよく教えてくれたと思います。人間はどんな『偉人』でも、田山花袋や岩野泡鳴描くところのあのけちくさい『小人物』や『俗物』の一面を持っている。それでなくては人間ではない、と考えるようになりました。これは、いつまでも、私の生き方や自分を知るうえで、深い教訓となっています。私の成長の糧となっています」（『流れに抗して』）。「社会主義とその運動に巨視的になりがちな自分に、人間性の含む微小さを忘れてはいけないという心がけのようなものを教えた。これは自然主義文学の私へのよき置土産のように思う」（「文学と私」）。

読書だけではなく、講演会もよく聞きにいった。福田徳三、吉野作造など黎明会の講演会、三宅雪嶺、海老名弾正、山室軍平、有島武郎、武者小路実篤、青山菊栄（後に山川菊栄）など幅広く聞いた。

ただ、向坂は学生としては普通であった。向坂と東大の同期だった石浜知行は「当代学生気質」（『中央公論』一九年七月号）でこう述べていた。「大正九年前後は学生思想の一大転回期」であり、「トルストイ、ニイチェ、ショウペンハウエル、等の哲学を読み、ツルゲネフ、イプセン、ドストエフスキー、漱石等の小説を耽読して、人生を談じ、恋愛を語り、無抵抗主義を論じ、煩悶し、賛美し、憧憬」していた学生が、「マルクスを読み、エンゲルスを読み、クロポトキンを読むようになった」と。向坂は特段に頭抜けた知的関心の持ち主ではなくむしろ平均的だった。宇野のように早熟な学生が惹かれたのは、大杉栄流のアナルコ・サンジカリズムだったが、その方面には魅力を感じなかった。

ただ彼がほかの学生とすこしばかり違っていたのは、どれを読んでも「煩悶し、賛美し、憧憬」することもなく、ゆっくりと消化していったことであろう。

三　マルクス主義の道へ

1　新カント派と格闘、堺利彦・山川均に傾倒

このように、向坂の実際運動やマルクシズムへの接近は、ゆっくりとしていたといってよい。向坂らしいのは、東京帝大新人会とはほとんど付きあいがなかったことである。

新人会は向坂が入学した年の暮れ（一八年一二月）に旗あげされた。吉野作造を顧問格に、政治学科（法学部）の学生が中心になった。民本主義を旗印にし、日本社会主義同盟、労働運動や普通選挙権要求運動、セツルメント運動など、無産階級運動になんらかの形で飛びこんでいく学生は、ほとんどここから育っていった。多くは「社会思想社」を結成し『社会思想』という雑誌を発刊する。そこには佐々弘雄、石浜知行など、留学先で向坂と親しくなる者も含まれていた。しかし『社会思想』同人の多くは学者か戦後社会党の中間派、右派の幹部になっていく。

向坂は、法学部でも経済学科で、政治学科の面々とは接点があまりなかったこともあり、新人会にも関与する機会

はなかった。それだけではない。「宇野弘蔵や私は…社会思想という集団をあたたかい目で見ていたが、同時に少し冷たい目でもあった。…この集団に不足しているのは、経済学であると思っていたからである。…この集団から一人も本格的なマルクシストは出なかった。しかし、私には個人的に親しい友人が出た」(『わが資本論』)。大森義太郎も新人会へは入会しなかった。

ナロードニキ的な熱気からは一線を画して、マルクス経済学の研鑽に集中していく向坂であった。

二年生になると、研究室への出入りが自由になった。研究室で『資本論』(エンゲル文庫の中にあった)の現物と初対面した。「黒光りのする皮の装丁の『資本論』三巻四冊を並べて、これはちょっと分かりそうにないといって、恐れをなしておった」(「僕たちの経済学」)。すこし読んでみたが、最初からしてさっぱりわからなかった。「これは見たのであって読んだのではない」(『思想』五三年六月号座談会)。

『資本論』の第一巻はすでに〇七年に山川が「大阪平民新聞」に紹介をしていたが、向坂がこれを当時読んでいたかどうかわからない。同じころ高畠素之がカウツキーの『資本論解説』、山川均がエヴェリングの『資本論大綱』を刊行した。後者は第一巻の詳細な解説で、世界的にも『資本論』の手引書として評価の高いものであった。エヴェリングのものをベースにしているが山川がかなり補強しており、山川著といってもいい。山川は二一年にはブディンの『マルクス学説体系』の翻訳も出した。これには第三巻にかかわる生産価格論や、ゾンバルト、シュミット、バヴェルク等の所説への反論も含まれているから、はじめて全三巻にわたって紹介をしたものと言える。原書を前に「恐れをなした」向坂はこれら『資本論』への邦訳手引書は片端から手にしたであろうが、そのほとんどが山川によってなされているので、彼に一目おいたのではなかろうか。

向坂が『資本論』の現物を手にした一九年初夏は、堺利彦や福田徳三らが高畠に本格的な翻訳を斡旋したころだった。アカデミズムでは、『資本論』の大きな位置だけは知られ、河上肇や福田徳三が独自の立場から注目してはいたが、福田はその「難解さ」を売りにしていた節があり、また河上はきわめて主観的な解釈に走っていた。これに反して、『資本論』を咀嚼し民衆の物にしてゆく作業は、在野の社会主義者であった高畠、山川が先達だったのである。アカデミズムで『資本論』を落ち着いて理解しはじめるのは、数年遅れて櫛田民蔵の登場からであった。

向坂は研究室の書庫から、エンゲルスの『イギリスにおける労働者階級の状態』、スパルゴーの『マルクス伝』なども見つけ出して読んだ。経済学部助教授であった森戸辰男が大内助教授とともに一九年一二月に経済学部の紀要『経済学研究』を発刊したが、そこに掲載された森戸訳のクロポトキン「パンの略取」は熟読した。

三年になると、国内で入手できるものでは物足りなくなり、友人の兄が船乗りでハンブルグに行くので書籍購入を依頼し、『資本論』第一巻（カウツキー版）、『剰余価値学説史』の一部、エンゲルスの『反デューリング論』を入手した。『資本論』原本を入手したのはこれが初めてだった。

『剰余価値学説史』と『反デューリング論』を原書で読んだことは大きかったのではないだろうか。すでに『反デューリング論』は英訳で読んでいたが悪訳でよくわからなかった。また、『学説史』についてはこう回想している。

助手になりたての向坂は、「『剰余価値学説史』に夢中になっていた。…その頃、研究室では毎土曜日助手仲間でアダム・スミスのキャナン版で研究会をやっていた。スミスの価格や価値に関する理論が、私には分からなかった。…『剰余価値学説史』のスミスの所を読んでスミスの議論に興味をもった。マルクスは、スミスの間違いと正しさを、すじ道を立てて説き分けてみせた。マルクスがペティやスミスの古典学派を継承した意味が、私の考えをどんなに広く導いてくれたことか！」（前掲「その頃」）。

研究室の書物と並んで、大きな影響を与えたのは、堺と山川の著作、翻訳物だった。

堺は一九一二年に『新仏教』という雑誌にカウツキーの「社会主義倫理学」を一年間かけて訳載し、一三年に単行本として刊行した（『倫理と唯物史観』）。これにはマルクスの「経済学批判序文」も収められ、よく読まれた。向坂は三年生のころ読み「考えに飛躍をもたらした」（訊問調書）。堺は一五年に『へちまの花』を改題し『新社会』を刊行した。この月刊誌には山川や高畠素之が『資本論』の紹介やサンジカリズム批評で健筆をふるうなど、マルクス主義理解のレベルを一段と高めた。後年、向坂は『新社会』の役割を高く評価したが、当時はまだ読んでいなかったと思われる。

山川は一九年に『社会主義の立場から―デモクラシーの煩悶』、『社会主義者の社会観』という二冊を上梓し、その名は世に知られ始めていた。前者は吉野作造をはじめとする「民本主義者」への批判、後者は福田徳三や河上肇への軽妙な批評文を含んでいた。論壇のスターをもやっつける山川の文章は、向坂の目のうろこを一枚一枚はいでいったにちがいない。

「山川氏の著書の中で最初に読んだのは『社会主義者の社会観』であった。当時、私にとりては、エンゲルスの

『発展』は相当に難解に感ぜられたのであった。之に反して山川氏のこの著書は、…鈍感私の如き者をもぐいぐい氏の考へ方の中にひっぱり込んで行った。…読み終わって、私は何だか自分の頭が急に清澄になって、誰かと議論して一本やりこめてやりたい様な衝動にかられたことを今でもはっきり思ひ出す」。「私はまるで山川教授の講義で大学を卒業した様なものだと考へたりした」（前掲「山川均論」）。学生の間では河上肇の人気が高かったが、向坂は「山川の書を読んでからしばらく、彼らの議論を片っぱしからやっつけることができた」（「先生を憶う」）。向坂が愛読したのは山川の月刊誌『社会主義研究』（一九年四月創刊）だった。吉野作造らの民本主義批判、ロシア革命やレーニンとカウツキーの論争、プロレタリア独裁論などについては、当時の最先端をゆく論評が載ったのだから、若き向坂はおおいに刺激された。

哲学の方面での向坂の模索も堅実だった。当時、大学では新カント派が盛んで史的唯物論への批判をしきりに加えていた。新カント派のフォアレンダーの『マルクス伝』や、オーストリア・マルクシストのマックス・アドラーの書は邦訳されよく読まれていた。

すでに堺と山川の書に親しみはじめていたとはいえ、「唯物論や唯物史観となると…なかなか腹に落ちなかった」（前掲『思想』座談会）。そこで文学部哲学科の講義を聴講し、リッケルトやデューイなどを濫読した。哲学の講義でも「唯物論は廃物のように取り扱われていた。否、唯物論者は、物欲に明け暮れる腐敗堕落の徒として排撃された。…フォイエルバッハは哲学史の講義の中では、やはり『死んだ犬』であった。私は独りで模索した。今日考えると、この模索は、私の思想に多くのものを与えた」（月刊『エコノミスト』七四年一一月号）。

これら、観念論から史的唯物論への批判に対する「解答の工夫研究は大学を出てから東大助手時代迄熱心に続けられた」（訊問調書）と供述しているように、かなりの時間をかけた。

こうも供述している。「私共の時代の多くの人はマルクス主義に接した後でも哲学に於いては観念論の体系に常に付きまとって居ると、私共には感ぜられた矛盾は、観念の恒久不変な実在、即ちカント哲学の所謂超絶的真理と、自然の一部分を為す人間とその思考にして持つ相対的な又経過的な観念的存在、即ち『科学的真理との間を如何に調和するか』と云うことであります。私はこの点で…史的唯物論の優秀性を認むるものであります。人類をも含む自然の全体と、この全体の部分として自然に条件付けられ乍ら、人類全社会の発展の特殊性を歴史として認識する考え方に、矛盾なき全体的の有機的関係を認めざるを得ませんでした。更にこの見地から歴史の発展に法則性を認識した点に史的唯物論の魅力がありました」（訊問調書）。

当局による筆記なのでわかりにくい表現ではあるが、自然と社会の区別と関連、自然に条件付けられた人間社会の発展のあり方を考えるという問題意識は、カント哲学の克服で湧き出した若き向坂の思索の水源であった。

「こういう心の動揺に、決定的な一撃で不動の土台が与えられたように感じたのは、エンゲルスの『反デューリング論』とレーニンの『唯物論と経験批判論』をドイツ語で読んだことができてからのように思う。そのときはすでに年齢は三十歳に近づいていた」（前掲『思想』座談会）。

『唯物論と経験批判論』（同書はカント認識論に言及していた）は、山川均監修の『レーニン著作集』におさめられた佐野文夫訳で二七年頃に読んだ。しかしこれも「ぜんぜん何をいっているかわからなかった。これは訳者がロシア語ができても哲学を知らなかったこともあるであろう」。そこでドイツ留学中にドイツ語で読んで理解できたと回想している（「レーニン主義と私」）。しかし留学はもっと前であるからこれは記憶違いで、山川が『唯物論と経験批判論』を英訳から訳出する際（一九二九年刊）、大森とともにドイツ訳をもとに手伝ったときであろう。

向坂は、学生が「てっとり早く」マルクシズムを知るようになった戦後になって、こう述べている。

マルクシズムの古典が日本語で読めるようになり「若い人々の理論的な水準が、私共の学生時代に比べてはるかに高くなっています。しかし、容易に消えることがないでもありません。少ない本を多国語で辛苦して読み、考えに考えて、やっと理解するとき、その辛苦してやっと理解したことが、いわば身についてしまう…。労苦して考えただけに、その考えが深くなっているということがあるかもしれません」（「若きマルクシストへの手紙」）。「昔の学生は、マルクスに辿りつくまでに、いろいろの道を迷ってきている。とんでもない本まで、マルクシズムではないかと思って読んでいる。…しかし、その間にいろいろの本や考えを通じてマルクシズムの確信を深め」ていった。それにくらべ「万事がマルクスから始まる」今日、「世の中をマルクス学教科書の型通りにしか見ない危険がないだろうか」（「手さぐりで勉強した昔」）。

堺や山川もそうであったが、さまざまなイデオローグによるマルクス主義理解の模索も自分で追体験し、広大な土壌の上に自分の考えをねりあげていく姿勢は、後年大量に生まれる若き「マルクス主義者」の多くが、マルクス主義を経済学、哲学、歴史学、政治学と専門化して、しかも

「帝国主義の時代のマルクス主義」と定型化された「レーニン主義」として習得していったのとは、かなりに趣を異にしたと言ってよい。

2　森戸事件、経済学部助手になる

右翼団体が『経済学研究』創刊号に掲載された森戸辰男のクロポトキンの翻訳紹介を問題とし、二〇年一月に朝憲紊乱罪で森戸と編集責任者の大内兵衛が起訴され、教授会で休職処分になった。これを森戸事件という。

この事件は東大経済学部の転機となった。法学部から経済学科を独立させて経済学部とした高野岩三郎は、河上肇の推薦を受けて櫛田民蔵を京都帝大から助手に受け入れるなど開明的であった。しかし森戸事件の前に、国際労働機構への代表問題のゴタゴタの責任を取って辞任してから、保守派のボス教授連の策動がはじまっていた。

森戸事件が起こるころの経済学部の学閥としては、山崎覚次郎を中心に土方成美、河合栄治郎、矢作栄蔵ら保守派と、高野岩三郎系の上野道輔、大内兵衛、舞出長五郎、矢内原忠雄ら進歩派があった。

高野学部長時は、彼の研究室に櫛田、大内、森戸らの若手教授・助教授があつまり気焔をあげていられた。その様を東大総長の小野塚喜平次が冗談に「レーニン村」と命名したように、学部は自由でおおらかであった。ところが高野辞任とつづく森戸事件で森戸、大内も追われ（後に復職）、助手ながら実力があった櫛田民蔵はサッサと辞表を出し、大内が戻るまでは没理論的で頑迷な教授連が幅を利かせることになる。

さて、事件勃発当時、向坂は病床で問題の森戸論文を読んでいた。事件が起こると病をおして動き、学生団体である経友会の二年生の委員として諸井貫一らと「吾人は学問の独立を期す」という決議案を起草し、一月一六日の学生大会に提案した。決議の提案には他の学生委員に反対論が強かったが、向坂はそれを押し切ったらしい。けれども大会でも反対意見が多く採択にはいたらなかったので、学生委員を辞した（訊問調書）。なお戦後の回想では、自分は脇役で、決議は採択されたように述べていることが多い。

このとき生れてはじめて大勢の前で演説したらしいが、「これで自分が扇動演説の能力なく大衆に訴えることに興奮を感じないことを知り、大衆運動に不適格なるを痛感した」（同前）。「演説」嫌いはこのときからだった。

右翼学生として向坂たちと対決したのは、上杉慎吉の「興国同志会」に所属する岸信介だった。六〇年三池・安保闘争で両人はまた対峙し、名指しで批判し合うようになる。

向坂は処分された大内助教授の自宅を訪問した。「これが、私が大内先生に個人的に近づいた始めである」（「大内先生」『山麗集』）。また学生委員として向坂と協力した安井富士三（画家・安井曽太郎の弟）と親しくなり、戦後までつきあいはつづき、彼を介して曽太郎に大内兵衛の還暦記念の肖像を頼んだこともあった。

森戸事件のあった年の夏休み、はじめて木曾の上松をおとずれた。弟の美大生・次郎が夏に上松の農家を借りて勉強していたところに遊んだのである。そして信州の風土を気に入った。とくにその村の小学校の先生たちと接して「驚いたのは、これまで私の知っていた小学校の先生と全くちがっていた」ことだった。当時の信州は、白樺派、「自由教育」などの影響が強く、「あのころの信州の教育界ほど小学校の教師が自主性を持ち、教育に熱情を注いだのを、私は知らない」と回想している（「教育は権力の侍女か」）。こうして夏になると勉強や執筆で木曾、のちには松本の奥の扉温泉にいくのが、晩年までの慣わしとなる。

木曽からの帰りと思われるが、祖母のいた大牟田に帰省の途中京都で下車し、京都大学の河上肇の講義を聞き、研究室をたずねて一時間ほど懇談した。しかし「この個人的対談では、少し失望して帰りました。文章のように、人の心をつかむ迫力が感じられず、また、やさしい親しみのようなものも、感じませんでした。一時間の対談では無理だったのでしょう」（『流れに抗して』一九六四）。もはや河上の感化には収まらない向坂になっていた。河上詣では当時の流行だったらしく、親友の土屋喬雄も四年生の夏休みに会いにいった。

二一年三月、楽しい学生生活も終り、めでたく卒業した。夏にはまた信州上松で二カ月間、ブディンの『カール・マルクスの理論体系』、ウンターマンの『マルクス主義経済学』などを読みふけった。ともに山川も翻訳していたマルクス経済学の入門書である。

指導教官の矢作教授は、向坂と宇野に、研究室に残るか住友銀行に就職するかと打診した。向坂は残ると即答した。宇野によれば、土屋、向坂、宇野の三人が助手を希望しても枠は二人だから「一人が止めなければならない。大原（大原社会問題研究所―引用者）でもとるといっているから、向坂君は自分が大原に行ってもいいという。いやそれだったら僕が大原に行くということになって」云々（『資本論五十年』上一九七〇）という経過があったようだ。宇野は大原社会問題研究所に入り、一年後にドイツに留学した。

向坂は矢作教授の下で農業政策の助手となったが、矢作教授が読むように指示したゴルツの『農業政策』は、机の上に立てておいただけで、実際は『剰余価値学説史』を勉強した。そして助手仲間では、アダム・スミスの『国富論』の研究会をした。

同じ助手には土屋喬雄、中西寅雄がいた。土屋は父親を早くなくして家が没落し、貧乏や養子入りなど苦労を重ねながら懸命に勉強をして仙台二高から東大に入ってきた。福田徳三を尊敬し彼の示唆で日本経済史の研究を志していた。その徹底的に実証的な調査・研究の姿勢は、向坂にとって宇野と並んで別の次元ではあるが学問的な刺激を受ける人物となっていった。苦労に培われた性格からしても、向坂と一脈通じるところがあり、親友となる。

3　山川均、櫛田民蔵の刺激

助手のときに新たな関心分野が開ける。「レーニン国家論でプロレタリア独裁の思想を知り多大な感銘を受けた。このころからレーニニズムとしてのマルクス主義、即ちコンミュニズムの理論体系を追求し始めた」(訊問調書)のである。

一七年ロシア革命は日本でもビッグ・ニュースであり、レーニンの名だけは革命の首魁として知られていくが、「無政府主義者レーニン」と報じられたようにその思想はほとんど知られていなかった。レーニンの理論を紹介して、理解を一気に引きあげたのは山川だった。向坂が助手になる直前(二一年初春)から、山川は『社会主義研究』に「カウツキーの労農政治反対論」(二月)、「レーニンの生涯と事業」(四月)、「賀川豊彦氏の挑戦に応ず」(六月　レーニンのプロレタリア独裁批判への反批判)など、立てつづけに執筆した。また単行本として『レーニンとトロツキー』(六月)、『労農露西亜の研究』(九月　菊栄と共著)を上梓した。これらを向坂は熱心に読んだ。ただ、「レーニン国家論」云々と言っても、『国家と革命』を読むのはドイツ留学時であって、助手のころはまだ山川のカウツキー批判で理解した段階だったと思われる。また「コンミュニズムとしての理論体系の追求」と言っても、第二インター流のマルクス主義への批判的な眼が開けはじめたというところだったであろう。

山川は二二年一月から、月刊雑誌『前衛』を発刊し、七月号に「無産階級運動の方向転換」を発表していた。この論文は社会主義者や労働運動家に衝撃を与えたのだが、しかし当時『前衛』を購読したという向坂の回想は見あたらない。やはり向坂の当時の関心は政治運動の方面にはなく、純理論方面にあったと思われる。「方向転換論」は後年の向坂はきわめて重要視する論文だが、「その頃ドイツ留学が決まって心もそぞろで留学準備にせわしく、この山川論文を読んで、その日本の労働運動の中にもつ意義を理解することはできなかった」（「山川均」『わが師』一九五八）。

当時「心もそぞろだった」もう一つの理由は、嶺ゆきとの出会いがあったのだが、あとで触れよう。

助手時代の向坂が刮目したのは、レーニンの紹介よりも、山川が二二年五月に『社会主義研究』で「反マルクス主義者の古証文」と題して小泉信三のマルクス価値論批判への反批判の火蓋を切ったことだった。

ブルジョア経済学陣営から、はじめて体系だったレベルの高いマルクス価値論批判（ベーム・バヴェルクの受け売り）をひっさげて論壇に登場したのは慶応義塾大教授・小泉信三の「労働価値説と平均利潤率の問題」（『中央公論』二二年一月号）だった。これにたいし三カ月もの間、「学界」からは殆ど反論がないうちに、山川がかみついたのだ。これに小泉が『中央公論』で反論し、さらに山川が『社会主義研究』で再反論した。「マルクスの労働価値説を少しばかり理解しかけていた私は、手に汗をにぎる思いで、この激しい論争を読んだ。研究室でも土屋喬雄や大森義太郎、有沢広巳やその他の助手の間では、この論争の話でもちきりであった」（「山川均」「総評新聞」）。

山川によるレーニンの紹介、エヴェリングやブディンのマルクス経済学解説の訳出、そして小泉との論争は、当時のマルクス主義者のなかでは抜群の先駆的仕事であった。

山川とならんで向坂が感心したのは櫛田民蔵である。大原社研からドイツに留学した櫛田は二二年夏に帰国し、向坂の留学とはすれちがいになるが、彼はのちに向坂が「先生」と呼ぶ数すくない一人となる人物だった。

彼は短命にして倒れ、単独の著書を出さなかったので、忘れられがちな人物である。しかし大正期のマルクス経済学者といえば、河上肇と櫛田民蔵であった。櫛田は河上を師として尊敬していたが、事、理論問題となると容赦せず河上をやっつけた。とくに留学で唯物史観と『資本論』を本格的に勉強してからは、河上を完全に乗りこえる力をつけていた。櫛田の「社会主義は闇に面するか光に面するか」（『改造』二四年七月）を読んで河上は「急所をつかれていると思わざるを得なかった…私は大奮発をなしこれから一つ出直して、ぜひともマルクス主義の精髄を把握してやろうと決意した」（『自叙伝』）。天下に名をはせた河上を、人道主義からマルクス主義へと転換させたのである。

向坂は、櫛田の「唯物史観の公式に関する論文から、労働価値説に関する論文まで、私のマルクシズムの理論的研究の上で、私を一段と引き上げてくれたものと思う」（『わが資本論』一九七二）と述べている。

向坂がまず注目したのは「唯物史観の公式に於ける〝生産〟及び〝生産方法〟」（『大原社会問題研究所雑誌』二二年

八月号）である。彼は留学の直前に櫛田宅をおとずれた際にこれを原稿で見せられた。留学から帰ってからこの論文を熟読して「学界を威圧するに充分なるものであった。それは櫛田氏の存在を学界に刻印したものであったといってよい」（『櫛田民蔵』）と感じた。

唯物史観については、堺利彦がすでにカウツキーの著作などを紹介していた。だがそれは『経済学批判』の「序言」に依拠した下部構造と上部構造の関係とそれに対応した社会構成の段階を論じることが主であった。ただ経済構造が政治や思想を規定するというだけでは、経済史観と大差なきものと受けとめられかねない。しかし櫛田は唯物史観と労働価値説の不可分の関係を明らかにしようとした。すなわち、古典派経済学の超歴史的な労働価値説とマルクスのそれとの根本的な違いを解明しようという問題意識で臨んだのである。

櫛田は唯物史観の研究に専念した成果として、「唯物史観の公式に於ける〝生産〟及び〝生産方法〟」を公にした。「経済学批判序言」だけでなく、後年公表されたマルクスの遺稿『『経済学批判』の序説』（当時日本では殆ど論じられていなかった）をとりあげて全面的に考察したのである。それは「生産関係」「生産力」「労働対象」「労働手段」などの概念を読み解き、「人と自然の相互作用」を通じて「社会を生産」する人間労働が、生産関係を必然的に変化発展させ歴史的に異なった形態をもたらすことを明らかにした。そして労働のもつ一般的・抽象的性格が、資本主義社会において究極の形態をとり、「人の関係が物の関係となる」と説いたのである。下部構造と上部構造の関係だけでなく、下部構造自体の運動を、人間労働の社会的性格をベースにして論理的に解明したのは画期的であった。

向坂はこの論文を「驚きの目で熟読した。唯物史観をたんなる経済史観と考える思想を排撃すると同時に、唯物史観の論理的構造を明確にする意図の下に書かれた長論文である」（『わが資本論』）と評価した。

また、エンゲルスの「『資本論』第三巻補遺」にも、小泉信三や河上肇との論争で櫛田が日本ではじめて言及した（「マルクスの価値法則と平均利潤」『大原社会問題研究所雑誌』二七年三月）。向坂は、『資本論』劈頭「商品」の理解や差額地代の源泉問題などでは、櫛田の誤解をこえて考究を進めていくが、唯物史観をしっかりと据えて『資本論』を探求する姿勢を教えた点で、櫛田は向坂にとって大きな人物であった。

なお、向坂のはじめての公表論文は、保険学会『保険雑誌』の「独逸社会保険沿革」（二一年四月、六月に連載）と思われる。森荘三郎演習でのレポートで、森の「非常に優れた論文だと思いますから本誌に掲載願うことにしました」という前書きが付されている。

4　大森・有沢・土屋　留学の勧め

向坂は、山川をはじめ名を成している「偉い人に会うのは慣れていない田舎者」を自認していて、「売り込み」は是としなかったらしい。大内は二一年一〇月から、櫛田は二〇年一〇月からドイツに留学したので、交流を深めるのは彼らと行きちがいに留学した向坂が帰国してからだった。しかし同世代や後輩には交友関係は広がっていった。二一年には、八女中学、五高と同窓の塚本三吉が経済学部学生として入学し、何かと相談に乗る関係になる。塚本からゼミの論文のテーマについて聞かれ、彼の将来を考えて保守的な教授連を刺激せぬよう、マルクスではなくカール・ラムプレヒトをとりあげるよう助言した。

二二年四月には助手に大森義太郎と有沢広巳が加わった。大森は、日本郵船社員の子として横浜で生まれた。向坂より二歳年下だった。東京に落ち着いたのは、牛込（現・新宿区）市谷仲ノ町だった。そこは男爵、子爵らの屋敷や文化人が住む高級住宅地だった。彼の通った小学校（余丁町小学校）には同じ頃、東郷青児、林武もいた。四中（現・戸山高校）から一高を経て東大にきたのだが、家はそれなりに裕福で生活の苦労は知らずに読書や酒をたのしむことができた。高校時代から浅草の「活動」に通い、のちの映画評論家の片鱗をみせていた。東大で同期だった大佛次郎（野尻清彦）とは幼馴染だった。知的関心は哲学にあり、哲学科に進もうとしたくらいだった。助手の専攻も経済哲学だった。むろんマルクス主義ではなく、当時の青年の御多聞にもれず、新カント派かぶれで桑木厳翼に影響されていた。しかし河上肇に惹かれて、哲学科ではなく経済学科に入り、しばらくしてから山川にほれ込んでいく（大森映『労農派の昭和史』一九八九）。

このように田舎育ちの貧乏な向坂とはすべてにわたって好対照だった。学生時代は二級下だったので面識はなかった。この大森とは、彼が有沢広巳とともに、四月ころ新任の助手として研究室に挨拶にあらわれた時が初対面だった。

そのときの印象をこう記している。「四角な顔をした、頭の大きい、しかし、顔には知性のあふれている、あごの張った、意思の強そうな男がいた。…一見して都会人の聡明さをもち、服装にも江戸っ子の張りと、気取りがある」。

向坂は助教授たちと同じ部屋に机をおいたが、大森と有沢は一年後輩なので、教授たちの部屋に同居させられ、おしゃべりも気を使った。そこで助手の仕事であった新聞の切り抜きの際には、向坂のいる部屋にやってきた。「大森が一番おしゃべりだったね。映画の話なんかして、新聞の切り抜きなんてちっともしないで、帰る間際にダーッと一遍にやっちゃって」（向坂の回想「僕たちの経済学」）。

向坂は大森と新カント派の哲学論争をするなかで仲良くなった。出会ってから八カ月後に留学するので、しばらく間があくが、帰国してから本格的な交流がはじまり、もっとも親しい友人として政治的にも行をともにしてゆく。

「大森義太郎は、私の友人の中で、最も都会人らしい都会人であった。最も『気が利いた』人間であった。どこにもすきのないような人間であった。私の方は田舎者で、すきだらけの人間だからうまくいったのだろう、と思う。堺利彦さんは、『一度、「大森と向坂」というのを書こうと思う。テニスのダブルスみたようで、性格のちがった男が二人のれんらくをまことによろしくやっている』といわれたことがある」（「大森義太郎」『中央公論』三二年九月号）。

大森も新人会には入会しなかったが、助手になってからは新人会の研究会の講師を引きうけ、ブハーリン『史的唯物論』、マルクス『経済学批判』、エンゲルス『フォイエルバッハ論』などをテキストに使用した。福本イズムにかぶれた学生達が猛然と噛みついてきた。「僕のほうも大学の講義などは、どうかすると出掛ける電車の中で考えていったりしたけど、新人会の研究会は、よほど準備してかからねばならなかった」（大森「彷徨する現代学生群」『中央公論』三五年一〇月号）。

大森は交友関係が広く、向坂は大森を通じて経済学部生だった佐多忠隆や岡田宗司とも面識をもつ。

なお、ドイツにいった大内は、ドイツ社民党のブレーンだったエミール・レーデラーを東大経済学部教授に推したが、彼を東大で助手として世話したのは大森と有沢だった。

向坂より一歳年上の有沢は大森のように華やかではないが、向坂とともにマルクス経済学の道を歩む一人となった。後年有沢はこう回想している。

「向坂君の机の上にはもっぱら資本論やマルクスの著書がたてならべてあって異彩をはなっていたものです。それほど研究態度をはっきりさせることは、当時は一般にはまだはばかられていたからです」。そして自分は、「研究室ではボエーム・バーヴェルクやヴィーザー、リカードやミル」を、自宅に帰ってマルクス経済学を紐解いた（有沢『学問と思想と人間と』一九五七）。一歳上だが運動の面では弟分にあたる有沢のこういう性格を向坂はわきまえ、政治的な分野にはかかわらせず、大学に残れるように気配りをしていく。

こうして経済学部の助手連には、向坂、土屋喬雄、中西寅雄、大森、有沢と錚々たる若手が揃った。若手との間でクッションになりそうな人物はおらず、教授は土方成美をはじめ保守的固陋な者ばかりとなったなかで暴れたのは、大森だった。向坂によれば、「土方教授も、当時一助手であった大森との研究室での論争では…殊に経済学の方法論では、私のきいていた数度の論争でも、全く壁に押さえつけられてぎゅうぎゅう言っているといったかっこうであった。一寸気の毒で聞いていていられないといふ感じすらあった」。助手でこうだから、助教授になると議決権はなくとも教授会には参加できたので、「彼のその勇猛さのためにも東大経済学部の教授会がいかにひきずりまわされたことか」（前掲「大森義太郎」）。

保守的教授連からすると、助手連は危険な暴れん坊の集団のように見えた。そういう中で、二二年夏ころと思われるが、学部長の山崎覚次郎から、新設される九州帝大の法文学部に助教授として着任することを前提にして、留学が打診されたのだ。後年、山崎学部長が「森戸事件の二の舞」が引きおこされることを心配し、「それほど大物とはおもわれなかったが」自分を留学させようとしたと回想している（「ドイツ留学時代」）。向坂はそういう下心は承知のうえで「マルクス・エンゲルスの国にいけるのがうれしい」という一念で受けいれた。期間は二五年一月一二日までの二年間であった。

当時、ドイツ社会民主党の重鎮ヒルファーディングの『金融資本論』がドイツの雑誌で紹介されているので捜したが、研究室にもなかった。その手の話題の文献もベルリンは宝庫だった。

しかし世間は向坂の心境を知る由もない。その年に入学した高橋正雄は、東大構内の「薄暗い掲示板の隅に、『向坂逸郎助手を守れ！』といった張り紙が出ていた」と述べている（『私の造反』一九七〇）。また大新聞であった「萬朝報」（一一月二八日）は「保守派の教授が敬遠的に　向坂助手を海外に追ふ　第二の森戸事件」との見出しで「助手として研究室に勤務僅かに二年で留学を命ぜられたのは、大学として異例である。これは向坂氏が純然たる唯物史観の立場を執るところにより、保守的教授等は同氏の永く大学に在るを快しとせず、敬遠的に留学させるに至ったのである」と報じた。

もっとも、新設の九州帝大法文学部の教授に内定して東大からヨーロッパ留学に出されたものは、石浜知行、佐々弘雄、鹿子木員信など沢山いた。彼らは「ベルリンに集まり、お互いに理想的な学園つくりについて論じあった」。そして九大に赴任したら「新しい学風を創設して、日本の学界に新風を送りこもうと情熱に燃えていた」（「追放事件の周辺」）。

向坂がドイツに立つ直前に櫛田民蔵をたずねたことは先にふれたが、その際にベルリンのシュトライザント書店のことも聞いたかと思われる。櫛田はソ連邦マルクス・エンゲルス研究所所長のリヤザノフと、シュトライザント書店を舞台にして文献蒐集で猛然と競争したので、リヤザノフと親しくなっていた。

世間の「第二の森戸事件か」というさわぎをよそに、本人は留学の準備に着手した。けれども父親の二つ目の事業も傾き、文部省から支給された留学支度金と旅費の大半を失業した父親に貸す羽目になった。そこで例の忠どんに相談し、向坂の蔵書を見積もらせ、手放したくない書籍はカタとして自宅に置いたまま質屋から金を借りるという妙案も教示された。手許に残したのは、母親のへそくりを貰って買った『経済学批判』の原書と、森戸論文で発行不能になった東大経済学部『経済学研究』創刊号と、河上『貧乏物語』などわずかだった。その中にはジャック・ロンドンの『野生の呼び声』（堺訳と思われる）などもあり、留学中に婚約者・ゆきに読むようにと置いていったものだった。ゆきはその内の一冊を除いてすべて読んだ。

ゆき夫人によると、「本を買っても売ることは決してしない人でしたが、この時ばかりは例外」だった。

1922年11月頃　留学直前に弥生町の自宅で　後列右から、祖母シケ、嶺ゆき、秀子、向坂
前列中、元子　男子は三郎、八郎、正男　次郎が撮影か

5　嶺ゆきと婚約、すぐ船上の人

留学準備で最大の仕事は、伴侶の内定だった。「向こうからすてきなのを連れてくるかもしれない」と冗談に母親に言ったのを真に受けられてしまい、「外国人だけはやめてくれ、日本でさがしていってくれ」と請われたとあとで回想しているが、実はこれは照れかくしで、本人もその気はあったかもしれない。まず同僚の土屋喬雄に相談し、彼から『美人』ではないが感じのいい人」を紹介されたが、婚約者がいることがわかり、淑徳女学校の生徒だった妹・秀子が、同校の裁縫の教師・嶺きくの娘はどうかと紹介した。

「一生を学究として送るつもりでいたから、学校教師の娘がいいのではないかと思っていた」。「特別頭の悪いのは困るが、特別の秀才である必要は感じなかった」。「学問がある場合には、同じ専門でない方がいいと考えていた。……家に帰ればまた政治と経済を細君と語ることになるのは少々ゆううつだと思ったからである」等々、向坂の方はかなり虫のいい理想像を抱いていた。

彼女の名は嶺ゆき。東京府立第二高女（現・竹早高校）を卒業したばかりだった（以上「新仲人論」）。

父は成城中学の英語教師。弟の嶺卓二は英文学者となり、戦後東大の教授となる。住居は牛込区（現・新宿区）早稲田南町で、本郷区（現文京区）弥生町の向坂の借家から徒歩で四〇分程度の近くだった。向坂は土屋喬雄に「調査」を頼んだ。土屋は第二高女に出向き担任教師と会い、いろいろ聞いてきた。

二二年秋にはいよいよ嶺家の知人に連れられて嶺家をたずね、茶菓をもって出て来た当時一七歳のゆきをチラリと（？）見たが、一言も口を利かなかった。ゆきはご一行が帰ったあと「あの人何しに来たのでしょうね」と聞いた。一方、向坂は帰り道に「あれでいいからよろしく頼む」と言ったので、知人は嶺きくにその旨を伝えた。ところが嶺家の祖母が向坂の「血統」の調査が必要と言い出したので、即決とはならず、婚約まで約一カ月かかった。その間、向坂の方は「まだですか、まだですか」と催促。やっとのことでお許しが出た。

きくはしっかり者だったらしく、向坂は「あっち（母親）をもらえばよかった」などと後々まで公言していた。留学中の向坂とゆきの関係にも、きくは大きな存在であったことはあとで触れよう。向坂は「第二の森戸事件」と書きたてた例の「萬朝報」（一一月二八日）を嶺家に持参し「こういう記事があるが心配するな」と安心させることも忘れなかった。父親も記事を見て「海外にやれば虎を野に放すようなものじゃないか」と口にしたというから、なかなかの人物だったらしい。

一〇月に婚約したが、結納などはなし。指輪とカフスボタンを交換しただけだった。それからというもの、向坂は数日おきに嶺宅に顔を出したが、もっぱらきくと話をしていた。

ゆきの早稲田南町の実家は漱石の家の下にあった。漱石はすでに死んでいたが、長女の夏目筆子とは近所付きあいがあり、漱石家のことはゆきからもいろいろ聞いたらしい。

向坂はいよいよ出立の間際になって、きくに「ゆきさんを門司につれていってもいいか」と談判した。当時は海外旅行は船便で門司から乗船した。

こうして一一月末に東京駅から門司に向けてゆきとともに汽車でたった。東京駅には有沢はじめ大勢の友人が見送りに出て「きぬぎぬの別れだな」とはやし立てた。門司には、叔父がいたので、そこに泊まり、翌日（一二月一日）乗船しマルセイユに旅立った（以上、向坂ゆき「思いであれこれ」）。文部省は旅費として一等船室の額を支給したが、二等船室を利用した。旅費を父親の事業失敗の後始末に貸したので自分で借金を余儀なくされたために旅費を浮かせた。困窮の度を加えつつあった一家を残しての旅立ちだったのである。

なお、同じ船に、イギリス留学の河合栄治郎（東大経済学部助教授）も乗っていた。一カ月以上の長旅だから船中で会話したろう。河合の日記に依った江上照彦の『河合栄治郎教授』（一九七〇）には、船中で「向坂とはずいぶん話した。立派な人だと栄治郎は感心する」とあるのだが、向坂はまったく回想していない。しかし留学中はロンドンとベルリンの間で頻繁に文通したり、河合がベルリンに来た際に世話をしたり緊密だったことは、後で触れる。

四　ドイツ留学時代

1　社会主義諸潮流が渦巻くベルリン

二三年一月、マルセイユに上陸し、パリ経由でベルリンに向った。一一日に到着すると、石浜知行、佐々弘雄ら一足先に留学していた同僚達が出むかえた。大原社研の留学生だった宇野弘蔵も合流した。

当時のベルリンは、ワイマール共和国の一時的安定期に入るころであり、マルクス主義と社会主義運動の諸潮流の生きた見本市だった。一八年一一月、労働者・兵士によるドイツ革命が帝政を打倒し、社会民主党と独立社会民主党による臨時人民政府が樹立されていた。独立社会民主党の最左派は、ブルジョワ共和制をこえて革命の徹底的推進を求め、ドイツ共産党を結成し一九年一月にベルリンで武装蜂起を組織したが鎮圧された。一月一五日には社民党政府の軍隊の手でローザ・ルクセンブルクとカール・リープクネヒトが虐殺された。

以降、社民党、独立社民党（カウツキー、ヒルファディングなど）、共産党が労働者政党として鼎立し複雑な経過をたどるが、二〇年秋に独立社民党は分裂し、左派は共産党と合同し、残った部分は二二年九月に社民党に合流した。労働組合は一千万人近くを組織し、社民党も共産党も日刊紙を出していた。

向坂がベルリンに着いたころは、社民党は二百人近い国会議員を擁し、同党のシュトレーゼマンの下に保革連立政権が成立していた。しかし、連合国の賠償請求で経済的には困難におちいり、二三年夏から極度のインフレーションが進行していた。一方、戦勝国への反発でゲルマン民族主義的な傾向も復活し、二三年一一月には早くもヒトラーがミュンヘン一揆を起こしていた（失敗）。二四年三月の総選挙では社民党は百議席に減り共産党が六二議席へ伸びたが、両党合わせても前の議席を大きく下回った。

かつてマルクス主義の理論指導者的な地位にあったカウツキーやヒルファディングは、独立社民党の右派として社会民主党に吸収され、精気を失っていた。オーストリー社会党は独特の存在感を維持していた。しかし共産党員には「左翼小児病」患者も多く、哲学的にはルカーチやコルシュなどによる第二インタナショナル系の哲学の欠陥への指摘が話題となっていた。またローザ・ルクセンブルクの党組織論や『資本蓄積論』にもとづく帝国主義の理解など、レーニンとの異同も問題とされていた。総じて第二インターナショナルの優等生であったドイツ社会主義運動が、第三インターナショナルの攻勢と論争のうちに分化を遂げている混沌が向坂を出むかえたわけである。

一方、アカデミズムの世界では「カビの生えた国民経済学」が支配していてマルクシズムは無視をされていた。数年後にはむしろ日本のアカデミズムの方がマルクス経済学が羽振りをきかせるようになる。

けれども日本とは異なり、マルクシズムはエンゲルスの努力によって強力な労働者政治運動の中で理論家をはぐくみ、「講壇」ではなく数百万単位の実際運動の中で理論を点検されていたのである。名だたるマルクス主義者は、フランツ・メーリングにせよ、カウツキーにせよ、ヒルファディングにせよ、ローザにせよ、マックス・アドラーにせよ政治運動家であった。ドイツ・オーストリアに限らず、プレハーノフやレーニンやトロツキーやリヤザノフやブハーリンもそうであった。実際運動とは離れたアカデミズム出の理論家が重きを成す日本のマルクス主義の方が、妙であったのだ。

このような理論と実践の壮大な統一の試行錯誤を見聞できたことは、向坂に大きな何かを与えたものと思われる。帰国してから直面するようなあらゆる論争が、壮大なスケールでかわされていたのだから、まがい物を識別する豊かな判断材料を向坂のうちにたくわえたであろう。

さて、ベルリンに着いてすぐに、ポンドをマルクに両替したが、マルク価が下落していたので重くて持ちきれず、自動車を雇って運ぶ有様だった。

落ち着いた下宿は、バルバロッサプラーツ二丁目にあった法学博士の肩書きのある役人の家で、典型的な小ブルジョアの家庭だった。主人は向坂が間借りする直前に亡くなり、シェフラー夫人という未亡人が家主だった。彼女は、異国の人物に興味をもっていろいろ聞き出し、許嫁がいるならなぜ婚約指輪をしていないのか、フラウ（妻）の写真を飾らないのはおかしいなど、おせっかいだったらしい。「社会民主党と共産党の機関紙の購読を彼女に頼んだら、『ローザは殺人鬼で幾人もの男と関係した品行の悪い女で、そんな女がつくった』いかがわしい新聞を取るわけにはいかないとことわられた」。そこでローザのカウツキー夫人宛の『獄中書簡』を読ませたところ「こんなに美しい文章を書く人に悪い人はいない」というわけで、新聞購読も許可された。シェフラー夫人の機関銃の如きドイツ語に閉口し、ドイツ語の勉強のためベルリッツ会話学校に通い、週二回家庭教師について文学書の輪読にとりくんだ。そこでも向坂がテキストに希望したハイネは、「マルクスの友人だから好ましくない」と講師に拒まれ、レッシングにした。

大学はベルリン大学に入った。そこでクーノー、ゾンバルト、シューマッヘル、ワーゲマン、グスタフ・マイエルなどの講義を聞いたが、耳が慣れておらずよく聞き取れないこともあり、おもしろくないのですぐに退学した。グスタフ・マイエルの講義は分かりにくかったが、彼の大著『エンゲルス伝』は読み、高く評価した。ゾンバルトは日本では有名だったが、帰国してから、彼と福田徳三を対比させた短文をものしたことがある。「両者の類似は…両者の短所にもあった。その面白さ、明快さは、単に部分的のもので、その色々の知識の集合にも拘わらず、記述された全体的の論旨の何処にあるかが見失われはしないかといったような危険…その説明の間に余りに多くの自家広告と他人の批評とが混入する為に…はらはらするような場合、私は…両者が学会と世間の人気者である点についても思いを馳せた」（「ゾンバルトと福田徳三」）。

2　プレハーノフ、カウツキー、レーニンも吸収

こうして、午前中は『資本論』、午後は読書と美術館めぐりなどという毎日をすごすことになった。

音楽にはあまり縁のなさそうな向坂だが、当時のベルリンは、フルトヴェングラー、ワルター、クナッパーブッシュなどが割拠し、トスカニーニも客演していた。フルトヴェングラーの第九とトスカニーニとワルターを聴いたと本人も自慢していた。リゴレットの一部を口ずさんでシェフラー夫人に笑われたというから、音楽にかけてもまったくの唐変木ではなかったらしい。

重要な読書は『資本論』と『反デューリング論』と『金融資本論』だった。『資本論』は留学前に原書をかじり、高畠訳全巻を読んではいたが、ベルリンではじめて原書三巻を毎日午前中を使って三カ月かけて通読した。その後「一週間くらいは人生が楽しかった」し「そこらじゅうの人に話しかけたくてしようがなかった」。宇野も留学中にはじめて『資本論』を読破した。日本では手に入らなかった『金融資本論』は、ベルリンについてすぐ宇野とともに探し求め、シュトライザントで取りよせようとしたが、一九一〇年刊の同書は絶版で二、三カ月かかった。『反デューリング論』も、ドイツでやっと完全な原本を読破して納得した。

エンゲルスについては、文献だけからではなく、ドイツの労働者運動に接してその存在の大きさを肌で感じたのではなかろうか。日本では実感できない経験である。いかにドイツでも『資本論』を消化するのは簡単ではない。マルクスの史的唯物論の各種手稿類もなお未公刊であった。それらを『フォイエルバッハ論』や『反デューリング論』でかみくだいて労働者運動に届けたのはエンゲルスであった。カウツキー、ベーベル、ヴィクトル・アドラー、ベルンシュタイン、メーリングら指導部はみなエンゲルスの薫陶を受けた。メーリングの『マルクス伝』に並んで、グスタフ・マイエルの『エンゲルス伝』が一九二〇年に上梓されたのも、ドイツならではであった。エンゲルスの値打ちはドイツ留学によって体にしみこんだと考えられる。

またプレハーノフの著作も熱心に捜しもとめて読んだ。プレハーノフは、マルクス主義への新カント派の影響を問題にしていた。向坂はすでに大森と、新カント派哲学について議論をし、一定の識見をもってはいたろうが、プレハーノフを読んで確信を深めたようだ。

「ベルンシュタイン批判の中で、こんにち読んでも一番面白く思い、おそらく長くのこるだろうと思うのは、プレハーノフの哲学的な立場からしたものだろうと思うんです。つまりローザにしても、カウツキーにしても、メーリング

にしても第二インターナショナルのそういうすぐれた理論家たちはレーニンをのぞけば、哲学、弁証法といった点で不足していたんじゃないかな。それを補ったのはプレハーノフだと思う」(『まなぶ』六〇年九月創刊号)。プレハーノフをこのように評価するマルクス主義者は日本では少なくなったが、向坂は後年もよくプレハーノフを援用することがあった。

フランツ・メーリングの大著『マルクス伝』も熟読した。数年後に本書の翻訳を手がける(但し上巻のみ)。

ローザについても、『資本蓄積論』やルカーチの『革命家ローザ』などを勉強し、『資本論』解釈の弱点も理解した。ローザの『資本蓄積論』については、「ローザのもつ機械的な論理の欠陥があらわれている」とみなした。つまり『資本論』から再生産表式の部分だけを取りだして、「蓄積論のところの数字を計算していって、どうしても合わないというところから、資本主義は必ず外域を必要とするし、どうしても外域によらなきゃ資本主義は成立しないんじゃないかという。この議論をおしつめてゆくと、資本主義は、本来社会として成立しないという理論になっちゃう。僕はこれは非常に大きなまちがいであると思う」(前掲『まなぶ』)。「外域」すなわち非資本主義的世界市場の制約による資本主義の自動崩壊論に誤解されかねないと批判的にみたが、彼女の革命家としての真摯な生き方は高く評価していた。

カウツキーも日本では堺による主に唯物史観関係のものと、高畠訳の『資本論解説』くらいしか訳出されていなかったが、これも彼が編集長をしていた『ディ・ノイエ・ツァイト』などの蒐集に努め熟読した。「これらは私に単に理論的にのみでなく、実際の社会運動について大きなものを教えた。ことに一九一〇年頃、カウツキーがまだ第一次大戦の勃発に当って取った態度の変化のなかった頃までに書いた著述論文は、私のマルクシズム研究に大きな価値のある贈物であった」(『わが資本論』)。留学のころはすでにカウツキーはその猛烈なロシア革命批判によって、コミンテルンだけでなくドイツ社民党左派からも批判され、忘れられた存在となりかけていた。ベルンシュタインを批判した有名な『ベルンシュタインと社会民主党綱領』も稀覯本となっていて、ベルリンですら入手するのに時間がかかった。しかし向坂は帰国してから『農業問題』や『貨幣論』(共訳)を訳出し、戦後も弟子たちに「権力への道」などの翻訳をあっせんする(第八章三―3)。

一方、マルクス批判派の物も読み漁った。バヴェルク、レーデラー、カッセル、ウェーバー、ゾンバルトなどのマルクス批判も検討したが「確信を動かすにいたらなかった」（訊問調書）。バヴェルクの一番弟子であったシュムペーターの主要著作はすべて読んだが、一冊だけ手に入らず、ドイツの友人にシュムペーター本人に手紙まで出してもらった（「社会主義の必然　シュムペーターとマルクス」）。こうして一級のマルクス批判をひととおり咀嚼したことは、向坂のマルクス理解を強じんなものにしたことだろう。

講演、演説も社会主義運動の集会や国会などに聞きに出かけた。ヒルファディング、エルンスト・テールマン、ベルンシュタイン、オットー・バウアーなどの演説を聞いた。すでに高齢のクララ・ツェトキンが国会議場で猛烈に大臣を野次ったのには感心した。二四年六月の社会民主党大会も熱心に傍聴し、ベルンシュタイン、ヒルファディング、ヘルマン・ミュラーなどの華々しい論争も聞いた。大会壇上にベルンシュタインを見て「修正派などというとなまっ白い男を想像していたが、なかなかきつい顔をした強者を思わせる顔だった」と印象をかたっている。シュトレーゼマン内閣の蔵相になっていたヒルファディングは国会でも傍聴した。

購読した社会民主党機関紙「フォルベルツ」には「すでに革命的な意気が欠け」ており、一方共産党の「ローテ・ファーネ」には「誇張癖が鼻についた」。また、ヒルファディングの論稿には「期待していたが、昔の精気は、そのどこにも発見できず」失望した。二四年三月の国会議員選挙は「熱心にのぞいてまわった」。そして共産党と社民党の演説者が論争し、質問に応える姿を見て「反対派の質問に答えなければならないので、余り馬鹿な男は出られない。日本でもこれをどしどしやるとよい」と感心した（以上、『世界』座談会五二年一〇月号）。

強く惹かれたのはレーニンだった。向坂は、「訊問調書」では、留学中の読書で「特に感銘深い」ものとして、『資本論』、『金融資本論』、『反デューリング論』とならんで『帝国主義』と『国家と革命』をあげている。もっとも留学していたころは、レーニンの文献はロシア語が主でドイツ語訳はあまりなかった。帰国してから、ドイツ語訳や英語訳が出まわりはじめたので、『唯物論と経験批判論』や『ロシアにおける資本主義の発達』など、向坂の研究に重要な影響を与えた著作を読めたのは、九大教授になってからだった。

すでに山川によるレーニンとカウツキーの論争の紹介などを読んでレーニンに軍配をあげていたが、ドイツで眼前に展開する政治過程がそれをさらに確信とさせていった。一九年一月蜂起を圧殺し、ローザとリープクネヒトを虐殺し、その後も社会民主党政府が小規模に起きた共産党系の武装蜂起を鎮圧しつつ、ついにはブルジョア政党との連立政権によってドイツ資本主義の復興と安定を実現する様を見た向坂は、こう述べていた。

「社会主義社会はブルジョア国家機構をまったく変革してプロレタリア独裁が必要」なことを「明確に述べたのがカウツキーとの論争におけるレーニン」であるが、「殊にこの点はドイツ社民党のデモクラシーの主張が結局プロレタリアを退却させ」、「ドイツ資本主義の安定を助けつつあった実情を前に見て読んだだけに、この論争の趣旨を比較的よく理解しえた」(訊問調書)。

またレーニンのドイツ語版の政治論文集(『流れに抗して』)を精読して「このときほど唯物弁証法が身についたような気がしたことはなかった」。後年も「『資本論』を理解するには、レーニンの政治論文を読むがよい、ということを、私は自分の経験から信じている」(『経済セミナー』六一年三月号)などとよく述べるようになる。

もっとも、当時のドイツ共産党にたいしては、ローザやカール・リープクネヒトをうばわれて「洞察力に富んだ指導者に欠け…ラディカリズムを充分に整理できなかったようだ」と批判的に見ていた(前掲『世界』座談会)。

二四年一月末と思われるが、ベルリンでおこなわれたレーニンの追悼集会にも参加し、ベッヒャーの追悼の詩の朗読に感銘した。またコミンテルンの役員としてモスクワにいた片山潜が病気療養のためドイツに来た際、黒田礼二(岡上守道・「朝日」ベルリン特派員)の紹介でベルリンで会った。「ぼくら若い連中と喫茶店で一晩話したことがあるんですが、ぼくはどうも好きになれない人だなと思った」(『うめ草すて石』一九六二)。

3　河合栄治郎のこと

向坂の古本屋通いは留学中も相変わらずだった。はじめのうちはハイパーインフレで超円高だったから、紙屑のような値段で買うことができた。シュトライザント書店がお得意だった。モスクワのマルクス・エンゲルス研究所の所長であったリヤザノフも彼を頼ったほどの、社会科学系の文献のオーソリティーだった。向坂はベルリンに到着した翌々日に店にいき、それからすくなくとも週一回は通った。シュトライザントが「前年日本に帰ったプロフェッサー小島の如く正しい独逸語を話す人を知らぬ」と口にしたので問いただしたら、やはり五高時代のドイツ語教師・小島伊佐美だったのでうれしかった。すっかり仲良くなりシュトライザントの子供の代までのつきあいとなる。

街頭に出る古本屋台も熱心に覗いて歩いた、「第一インターナショナルの規約」など珍品を見つけた。ベルリンだけではない。ドレスデンさらにはスイス、オーストリア、チェコ・スロヴァキアにまで「古本屋巡礼」に歩いた（以上「独逸の古本屋」）。「世界中に数冊しかない」と自慢するジューミルヒの『神の秩序』初版も手に入れた。

この調子だからたちまち金に困った。二四年に入るとインフレもしだいに収束しはじめた。文部省から支給される在外研究員学資は月額三百円だったのが四月からは三六〇円に引き上げられたがそれでも足りない。二四年三月までは三井物産の松岡叔父の西田という友人が物産のハンブルグ支店にいたので借金を申し入れたが断られた。この人は向坂の古本集めの鬼気迫る執念でも感じとったのか、叔父宛に「向坂逸郎は神経衰弱になっているようだ」と報告した。向坂の父やゆきにも知らされ、心配したらしい。ロンドンの河合栄治郎からベルリンに病気見舞いの手紙が届いたくらい、留学仲間にはこの噂はひろがっていた。

留学当時のことは『わが資本論』に一番詳しく回想されているが、ここでだけ河合栄治郎に触れられている。彼の口利きで「川崎なにがしという」お金持ちの留学生から千円も借り、しかも「金は返してくれなくてもいいという極めて寛大な条件」だったので、返さずにすんだと言う。

河合助教授は経済学部の学閥では土方派に属していたから、好感は持っていなかったであろう。十年余ののちには、激しく論争する相手となる。『わが資本論』で、金策で世話になったことを軽く紹介しただけで、ほかの回想類には顔を出さない。好かない相手だが、世話になったのだから、どこかで謝意だけは表しておかねばという、向坂の義理堅いところが出たのかもしれない。

しかし、留学中にロンドンから向坂に届いた大量の河合の手紙が残っている。ヘーゲルの著作や『共産党宣言』、『経済学批判』などの入手、「マルクスの文献リスト」の作成、古書価格の問いあわせにはじまり、夫婦でベルリン見物に行くからよい部屋を探してほしい、その部屋が決まるまでの間、向坂の下宿にスーツケースや本棚を置かせてほしいといったことまでしたためてきた。ベルリンには河合は二回来たが、一回は三カ月ほどの滞在だった。向坂は真面目に対応してあげたらしい。ところが、人に世話になっておきながら、しかも夫人同伴なのに、やはりベルリンにいたかつての教え子A子とデートを重ねて気もそぞろだった（前掲『河合栄治郎教授』）のだから、向坂もあきれたのではなかろうか。

そういう人物だから、かえって向坂も遠慮なく金策の相談をしたのであろう。河合の書簡から推測すると借金は次のような経過だったらしい。向坂は金欠対策として、何か調査や翻訳で仕事はないかとロンドンに問いあわせたらしい。河合からは、千円の金を貸す人はいる。その人は「お

1924年ポツダム　右から本位田祥男、河合夫人、河合栄治郎、向坂、中西寅雄

返しにならなくとも自由にお使いください」というに違いないが、それでは気が済まぬというなら「月賦で返す」などの方法もあると言って寄こした。思わせぶりな河合の提案だが、実は話は向坂の知らぬうちに出来ていて、ロンドンの川崎芳熊という神戸川崎造船社長の次男が、以前にベルリン訪問の際に河合の紹介状で向坂に世話になったので「向坂なら返さずとも提供する」と河合に伝えていたという。

この件に関連した河合の書簡は数通あるが、どれも自分があっせんしてやったと言わんばかりのものである。

また、『河合栄治郎教授』によれば、二四年夏から二五年初にかけてベルリンに滞在した際、河合、向坂、中西寅雄らでマルクシズム関係の研究会を毎週おこなった。そこでは「向坂は断然他を圧する水準にあった。だから、やっとチューリッヒ以来唯物史観ないしマルキシズムに取り組んだばっかりの栄治郎がときどきやりこめられたのも決して無理ではなかった」。河合の書簡からも、向坂がマルクス主義の文献についてかなり手ほどきをしたことがうかがえる。

向坂が帰朝する少し前にロンドンから来た河合の手紙にはこうあった。「君の今後の留学予定はどうなのですか。いつ頃英国に来る積りですか。僕は君にプロポーズしたいのは、僕の英国にゐるうちに来ませんか。…どれだけ君のお役に立つかは分かりませんが何かの為にはなるかも知れません」。

学閥つくりには血道をあげたらしい河合が、有力な向坂を味方につけようとしたのか、素直に向坂の学殖が気に入ったのか、心境はうかがえない。前掲書によれば、留学中に河合は例のA子とともに向坂も「夢に見た」というから、かなり執着していたのは間違いなかろう。

二人が帰国してからは、河合は主宰する「自由懇談会」に向坂を誘ったが、それも束の間で二人の仲は疎遠になる。

河合は三二年にマルクス主義の批判的研究のためにドイツに留学して、コルシュを個人教師にして「勉強」する。向坂やコルシュからの耳学問を振り回して、文部省のお先棒でマルクス主義批判と「学生思想善導」に乗り出したのでは、向坂も懲らしめたくなったのではなかろうか。大森とともにかなり厳しくやっつける。

4　古書の借金つれて帰国

そうこうしているうちに、向坂の留学期限の二年は二四年末に切れ、文部省からの滞在資金も打ちきりが迫ったが、ありがたい話が舞いこんできた。二三年の関東大震災で消失した東京帝大経済学部研究室の図書購入のために、経済学部教授の上野道輔が大金を抱えてベルリンに来るので、その手伝いとして六カ月間残留できることになった。

上野は向坂と同じシェフラー夫人のアパートに下宿したが、古本購入にかけては向坂にまかせた。同僚の中西寅雄（向坂より一年遅れてベルリンへ）も手伝ったが、思いのままに購入の判断ができたであろう。マルクス・エンゲルスがかかわった「新ライン新聞」（揃いは日本ではこれだけ）と、マルクスがいくつかの項目を執筆した『ニュー・アメリカン・サイクロペディア』全一六巻を、八百円で入手した。せっかく期間が延びたのを利用して自分用にコツコツあつめたのは、世界最高の理論レベルといわれたドイツ社会民主党理論機関誌『ディ・ノイエ・ツアイト』だ。一八

1924年ベルリン　右から向坂、上野道輔、中西寅雄

八三年から一九二三年に至るまでを、二〇冊ばかりの付録と「総索引」まで帰国するまでに完全に揃えた。これは向坂蔵書の宝物の一つとなり、のちに改造社版『マルクス・エンゲルス全集』を編纂するさい、『ノイエ・ツアイト』の揃いと総索引がなかったら大変だったと回想している。『マルクス伝』執筆にも大いに役立った。これは揃いで出ることなどベルリンでもなかったろう。マックス・シュティルナーの研究者であったマカイのシュティルナー関係文献が売りに出されたのにも目をつけ、九大に買い取らせようとしたが、モスクワに先を越されてしまった。

　向坂のような探書と勉学に徹する留学生は稀だった。「大学教授となるべきものが留学するのは武士が戦場に出るのと同じだ。妻を伴うのはもってのほか」というのが当時の風習で、若い者が独りで、しかもインフレ成金で異国にいけば碌なことはしない。向坂は「まっすぐにのびていない足をした男が、まっすぐに足ののびた若い女性と腕を組んで街を歩いている。こんな姿を見ると、私は国辱を感じていやな気持になった」。書籍購入も本屋にいって「部屋にあるのを全部くれ」という輩もいたという。

　研究と古書探索にほとんどの時間をついやしていた向坂だが、すこしは息抜きもしたらしい。美術館やオペラ、演劇などは、宇野夫妻（夫人は高野岩三郎の娘でドイツ系の二世）がよく連れて行ってくれた。宇野、佐々や石浜ともよく郊外に出かけたようだ。こうした向坂の留学時の回想に比べると、石浜知行の留学記『闘争の後を訪ねて』（一九二六）は華やかである。共産党の地域支部会議まで顔を出したり、亡命ロシア人アナキストからクロポトキンの手紙を手に入れたり、パリをはじめ南欧、東欧各地を旅行したり、席のあたたまることもなかったようだ。

　二五年晩春、いよいよ帰国することになった。書籍は大量の大きな木箱に納められた。膨大な木箱の中身のおかげで帰りの旅費が足りなくなったので、中西に借りた。すっかり親密になり「出世払でいいよ」というわけで、シュトライザントは当然のように多額の借金を残したままだった。借金と本が帰国するようなものだった。有沢によれば、借金は六千マルクで当時の三千円だった（当時はまだ一部であった月給取りの平均的な額は一五〇円だった）。もっともシュトライザントに借金したのは有沢をはじめほかにもいた。

　帰路は大いに羽根をのばした。パリには二〇日ほどいたが、ルーヴル美術館見物に費やした。ロンドンにわたり、マルクスの墓とマルクス所縁の大英博物館を見物した。ホテルの便所で賀川豊彦と会い、ハムレットの観劇を誘われ、チケットをおごってもらったのに、ホテルに帰ったらひとしきり論争してやっつけた。ロンドンから神戸への船旅では、ルカーチの『歴史と階級意識』を面白く再読した。なおこの書で『資本論』第一章四節の「物神的性格」の論述の意味を理解することができたと後年回想している（第一三章二—5）。強い刺激を受け、その後の向坂の思索に生きたようだ。

なお日記はつけなかった向坂だが、留学中だけはつけた。しかし戦時中に紛失してしまったという。

5　海を越えた書簡から

留学中の二カ年半、おびただしい書簡が海を越え東京とベルリンの間に交わされた。向坂家に保存されていたもので主なものをあげると、向坂から嶺ゆき宛三九通（一部は母親のきく宛に同封）、ゆきから向坂宛五五通。賀録、次郎、松岡叔父など親族から約三〇通、その他高野忠勝など知人から数通である。これらには当時の向坂の近親の様子がよく示されている。

まずゆきとの往復書簡である。婚約してすぐ海外留学二年半というのは、一八歳前後と二七歳前後という二人にとっては気もそぞろであったろう。海を越えたやり取りには、フィアンセにはちょっぴり強がりと説教めいた言葉をならべながらも、のちの「亭主関白」ぶりからは伺えないいとおしさを隠しきれぬ向坂と、おっかなびっくりで付きあいを始めたが次第に打ち解け甘えていくゆきの、ラブラブの交信である。

関東大震災についてのやりとりは向坂とゆきと、その母・嶺きくの関係をよく物語っている。二三年九月初、関東大震災の一報がベルリンに入った。正確な情報はすぐにはわからず、九月半ばまでは東京全滅という話ばかり伝わってきた。その間、留学生は帰国すべきかどうか相談し、帰国を急ぎたいものにはロシア国内を通過する特別ルートも政府は用意したが、向坂は帰国の必要なしと主張した。しかし、ゆきをはじめ東京の家族たちの安否もわからぬ日がつづいた。

実は向坂家も嶺家も無事で、向坂家では、文部省からベルリンの日本大使館に無事を知らせる打電を東大を通じて依頼していた。あとになってわかったのだが、それが向坂の手元に届かなかった。また嶺家は向坂家から、無事は知らせたという話を聞いていたので、ゆきは安心していた。ベルリンと東京の通信は何週間も遅れたり、届かなかったりしたらしい。イライラした向坂の「一日も早く皆様の安否が知りたい」というゆき宛の手紙は九月一〇日付で出したのだが、届いたのは一〇月終わりころだった。ところがゆきは向坂から手紙も来ないので不満だった。そこで九月中旬と思われるが、逸郎への心情をぶつけるような手紙をベルリンにあててすれ違いで出していた。ところがこの手紙が思いもよらぬ事態を引き起こした。

『過ぎし愛しき日々—向坂ゆき遺稿集』（和氣誠・文子編）に収録されているゆき夫人の「関東大震災」によればこうだ。

「私たちの無事だけは彼にわかっていると疑ひもせず信じ込んでいる私は、幾ら手紙を書かない人でもこの際見舞いのはがきくらいと、心の奥のうらみも出た」。この「私の手紙への彼の怒りの言葉は大地震どころか、『原子爆弾』の直撃でした」。彼の手紙の宛名は初めて母きく宛で、こうあった。

「同封ゆき子宛の手紙、少し彼女の心を痛めそうな書き方をしてあります。…あまりに彼女の失望が甚だしかったようなときは宜しくコントロールしてやって下さいませ。…こんな刺激を与えることは惨酷すぎるかとも思いますが、大抵大丈夫かとも思います。彼女の心身があまり弱っているようでしたら、回復してからお渡し下さいませ…」。同封のゆき宛の手紙の最後には「君が僕を真に愛してくれるからこそ、あの手紙となって現れたことは僕にはよくわかる、僕も君を熱愛するが故にこの手紙を書く。…もしこの手紙で僕の態度が疑わしくなったり、腹が立ったりしたらお母様にこの手紙を見ていただきたまえへ、お母様はきっと適当な判断をして下さると信ずる。…こんな手紙を書いた僕を、惨酷な男だと思うだろうね。僕も少々淋しい」とあった。

ゆきは、おそらくすがるような詫び状を出したと思われるが、それには母・きくの手紙が同封されていて、こうあった「…ゆき子宛のお手紙は彼女の頭によほどの打撃を与えた様でございます。…慰められたいがいっぱいの自分の心持をそっくり人のものとして考えてみるということに心付かぬこと、思ったままをそっくりそのまま不用意な言葉に現わして、何でも許して下さることと甘えついている不心得、ほんとうに修養が足りませんね、叱ってやってくださいい、…あなたの一言一句に対しては特別敏感な感受性を持っております。一寸の刺戟でも大いに有効でございます。…」。

高女出の教師だけあって、しっかりとした対応だった。向坂が「母親をもらったほうがよかった」とよく冗談を言ったくらいにほれ込んだだけあった。向坂とゆきのお預けの二年半は、こうしてよき母の介在もあって、帰国後の波乱万丈に耐える愛情をすこしずつ熟成させていったようである。

さて、留学に出立するころは向坂家は困窮の底にあったことは見たとおりだが、その窮状も海を越えて伝わってきた。次男として家族のことをまかされた次郎から二三年四月に届いた手紙には、「例の金」（父の借金と思われる）を返すために「親父にしろ忠勝君にしろすっかり方策が尽きた」とある。忠勝君とは大橋書店の高野（忠どん）である。大橋書店に本を売って金をつくるのは主人からことわられ、「最後に思ひついたのが質屋です。春陽堂の主人をつれて行って評価さして…やっと百八十円だけ借りてきました」。それでも足りないので「土屋君」（土屋喬雄と思われる）から四〇円、「忠勝君に三十円」を借りた、云々。父親の借金はこれで一部何とかしたのであろうが「大橋の八十円ほどの本代も其のままになっています」とあった。忠どんは向坂にほれ込んだようで、大橋書店の借金返済も何とか引き延ばしてくれていたのであろう。正男（小学生）が「一番で級長だとよろこんでいます。八郎は一中に入りました」など良い知らせもある。

次郎の二四年一一月の手紙には、美大は「何とかやりくりして卒業」したこと。しかし金策のために「大阪にいって松岡に相談してみる」とか「僕の絵も十枚ばかり売ってくる」、「兄上の帰国されるのを千秋の思いで待っています。…売り絵ばかり畫かねばならず、毎日追われる有様で淋しくもあり恐ろしくもあります。とにかく帰られたら何彼と相談したいと思います。親父も老ひました」などとつづられていた。

1925年帰朝の白山丸船上。後列（後方の男性含む）右から４人目

さらに二五年一月には、大阪、神戸、福岡と金策に駆け回っていること、中学生だった三郎が結核で退学し病気が悪化していて「必要なことは三郎を家の者から遠ざけること、健康地に置くことですが何にしても問題は金のことです」とあった。

6　日本は様変わり

向坂の留学していた期間、二二年一二月から二五年五月までの間、日本では何が起きていたかを概観しておこう。

地球の裏側にいた向坂にどの程度情報が届いたかはわからない。次郎に日本の新聞を送らせてはいたが、大杉虐殺や共産党検挙事件など大事件は報じられていても、左翼内部の水面下の事情はわからなかっただろう。ベルリンに届いた書簡で保存されているものを見る限りでは日本の社会主義運動関係のものはない。大森とはそこまでの関係ではなかったし、堺や山川はまだ遠い存在であった。宇野はベルリンにいた。向坂も報告を求めようともしなかったのであろう。生々しい動きを報告してきたのは本郷の高野忠勝だった。左翼文人が蟠踞する菊富士ホテルも店のそばにあって、古本屋は情報通だったのだろう。大杉栄が帰国した速報や、共産党事件で誰が行方をくらましたかとか、猪俣津南雄が収監されそうだとか詳しく伝えてきた。しかしその手紙でもっとも重大問題だと報じたのは、有島武郎の人妻との情死事件だった。

さて、向坂が留学に出立する数カ月前から、日本の社会主義運動があらたな段階に入る予兆はみられた。二二年七月に山川の「無産階級運動の方向転換」が発表され、大きな反響をよんだ。それはアナルコ・サンディカリズムが強烈だった運動を、政治運動に向かわせる指針となった。とときを同じくして、堺利彦を委員長に、荒畑、猪俣、山川らを中心にして、数十人で小さいながらも日本共産党が旗揚げした。非合法政党だったが、当時の労働運動や理論家の先進分子はあつまったから、各分野に隠然たる作用を発揮しはじめる。留学直前の向坂は地下の共産党の旗揚げを知ることもなかったであろう。

そして向坂がドイツに着いたころ、日本共産党は二回目の大会を開催した。

ただ不慣れな「非合法」活動は、当局に筒抜けだった。二三年六月に第一次日本共産党検挙がおこなわれて、堺を含む八〇人が一網打尽に検挙され壊滅的打撃をこうむった。さらに九月に関東大震災で、大杉栄はじめ多くの主義者が虐殺された。堺や山川が中心となって育ててきた活動家は獄中にあるか四散し、『前衛』や『種蒔く人』は廃刊され、雑誌や書籍による理論・啓蒙活動も一時休止を余儀なくされた。

こうして前衛党結成熱はしばらく冷え、無産階級の政治運動の必要を感じる活動家たちは、鈴木茂三郎など合法的な無産政党結成に向けて政治研究会（二四年六月発足）を形成する者と、コミンテルンの指令によって共産党再建に向け努力する者へと分化をしていく。そして二五年初には、堺も山川も猪俣も、共産党再建には同調しない態度を固め、無産政党の結成に理論的な指針を打ち出してゆくのである。

大森は、有沢広巳、山田盛太郎、岡田宗司らをさそって政治研究会に入り、牛込周辺の支部を拠点にして黒田寿男、高津正道、鈴木茂三郎、高野実らと活動をはじめる。

向坂が帰国した二五年五月は、政府が治安維持法と抱きあわせで男子普通選挙法を公布したのを受けて、政治研究会に四千人ともいわれる多数の労働運動、農民運動の幹部・活動分子とインテリが参加して、いよいよ無産政党結成の相談を開始するころであった。

向坂は、留学前とは大きく様変わりした日本の無産階級運動の動向を、あまり知らぬまま帰国した。堺、山川の人脈が、崩れ始めたことを知らせる人物もすぐにはいなかったにちがいない。大森が二五年秋からの政治研究会の左右対立で、共産党再建志向勢力と意識的に対決するようになること、九大で学生福本イストの奇矯さに触れたこと、などからしだいに事態を呑みこんでいったのであろう。

東京に帰ったのなら、大森の手でさっそく政治研究会にでも引きこまれたろうが、遠く離れた福岡に腰をすえた向坂は、政治的なうねりにはあまり気をとられることなく、理論的関心とマイペースを崩すことなく、学究の道を歩みはじめる。

五　九州帝大時代

1　新婚生活と助教授時代

二五年五月中旬に神戸に着いたころ、向坂家は「悲境のどん底」だった。父の事業は失敗した。震災後一年ほどパン製造業を興したがこれもうまくいかなかった。やむなく秩父セメントに勤め、のちに七尾セメントに移り三三年に退職するまで糊口をしのぐ。九州帝大の助教授といえばそれなりの出世で、収入も見込まれたから、一家にとっても向坂の帰国は切望されていたことだろう。中学生だった三郎は帰国してすぐに結核で亡くなった。

誰よりも待ちわびていたのは、婚約者のゆきであった。上京してゆきと再会してからすぐの六月二一日に、土屋喬雄夫妻の媒酌で上野精養軒に一〇人が参列し、結婚式をささやかにおこなった。向坂本人の手もとにあった金は、帰朝費用の残金百円しかなく、ゆきによれば費用は嶺家が出した。

九州帝大赴任は六月三〇日だから、帰国を待ちかねていた家族を残して二、三日後には東京をたち、大阪の叔父宅経由で奈良を見物し福岡に着いた。

家は福岡の柳原に借りた。新居の庭先はすぐお城の濠で、夏になると濃淡の緑でおおわれた水面にまっ白な蓮の花が咲いた。これを向坂は楽しみにしていた。後年よく社会主義運動のきれいごとを戒めるのに、「蓮の花は泥土のなかにこそ咲く」と口にしたが、それはこのころの印象がしみついたものらしい。

1925年６月　柳原の新居で、ゆきと

「福岡日日新聞」（七月一日）は「向坂助教授着任　九大最年少の教官」との見出しで、向坂の談話をこう報じた。

「講義は来学期（一〇月）から…。経済原論を遣れとのことですが高田先生も経済をおやりになりますから難しい原論などは高田先生にお願いしようかと考えています。今は浜の町の親族の家にいますが二三日中には引き越すことになって居ますが其の引き越し先をスッカリわすれてしまいました」。弱冠二八歳の青年にしてはオトボケの談話だ。

高田先生とは東京商大から九大教授に赴任した高田保馬のことで、向坂より一〇歳は年長の、土方成美や小泉信三に並ぶブルジョア経済学者で、数年後にはこっぴどく向坂にやっつけられる。彼を一応は立てていたが、かぶった猫はすぐ脱ぎ捨てて、教授会などでは「相当激しい口のききかたで以って議論したし、或は喧嘩もした」（「高田保馬と小泉信三」『中央公論』三一年一一月号）。

柳原の新居に移ってまずやったことは、長崎の倉庫に預けていた書籍を引きとることだった。新居は本の山となり、二、三日は寝るところもなかった。

二階建てだが一階は本だらけなので、客は二階で応対した。当時学生だった田中定によれば、客が来ると向坂が畳をドンとたたくと階下からゆきが茶菓を持っていそいそと上がってくるという具合。ふとんが二組しかなかったので、自分が泊まったときにはゆきは寝られなかったとは、有沢広巳の回想だが、ややオーバーなようである。こんな話が出るくらい、明治生まれの熊本男児の照れかくしが亭主関白ぶりとなって、友人仲間では有名だった。戦後のある対談でも「福岡にいた三年間、妻君を連れて街を散歩したことは一度もない」といばっていた。とはいえ、ゆきの茶の湯趣味をけなしたときは、ゆきに泣かれて困ったらしい。それ以来、本人も何かと茶の湯には関心を持つように努力し、その方面の本も勉強した。新居には本郷から例の忠どんがやって来て泊まりこみ、家具の品さだめと購入等の世話をした。

　夏には、八郎（東京府立一中生）、元子（女学生）、正男（小学生）が新居に遊びに来た。八郎は父の経済状態が悪いのでそのまま新居に向坂が引きとり、福岡の修猷館に入れて学費を援助した。

　当初の手取りは三〇〇円未満で、家賃三六円、八郎の学費と実家への仕送り五〇円、本代五〇円などを差し引き、残りの百円が生活費という按配だった（ゆき「思いであれこれ」）。

　さて、九州帝大法文学部は、美濃部達吉学長によって創設されたばかりで、革新的気風と顔ぶれに恵まれていた。石浜知行と佐々弘雄も留学から帰って九大に赴任した。石浜とは東大時代は面識がなく、ドイツ留学で知りあい、福岡では近所に住んだので親しくなる。

　向坂は午前中は自分の勉強時間として、講義は午後からにした。はじめての講演依頼は教授になった二六年の六月だった。山口県主催の夏季公民大学の講師を頼まれた。ヒルファディングの受け売りをした。県学務部長から「懇切明快なる講義に預かり民衆知識の啓もう上裨益する」「本

1925年夏　柳原新居前の睡蓮が咲く濠で、八郎と元子と

県成人教育の将来に於いて多大の利益を持ち来る」と礼状がきたが、果たして理解されたのかどうか。一一月には福岡県警察部長名で県の講習会の依頼がきた。協調会の工場管理者の講習らしく、二回講演した。七月には八女中学から、同月に久留米の小学校の講堂新築祝いの講演依頼まできた。帝国大学教授の肩書だけでありがたく拝聴したのであろう。

『金融資本論』をきちんと読んだものは自分を措いていないだろうと勇んで帰国したのだが、猪俣が一年前に立派な解説本を出していたのを知っておどろいた。また、留学前に愛読していた『社会主義研究』は廃刊になり、後継誌的な性格で月刊誌『マルクス主義』が刊行されていた。購読をはじめたが、すでに福本和夫が登場していた。

東大では、大森と有沢は前年六月に経済学部の助教授になっていた。このころには大内や舞出長五郎、矢内原忠雄など革新的な教授連も力をもち、『資本論』を外国語経済学のテキストにすべしと教授会でもはりきっていた。行動的な助教授・大森は、学生社会科学研究会で学習会の講師をつとめ、大学の軍事教練反対運動の先頭に立っていた。有沢助教授のもとで助手として勉強していた高橋正雄を『労農』同人にオルグするのも大森だった。政治研究会に有沢や山田盛太郎を引きつれて参加し、さまざまな政治的論争を見聞していた。日本の運動については、向坂はもっぱら大森から聞かされることが多かった。

大学での講義は一〇月からはじまった。福岡高校の学園騒動では、同僚の佐々、石浜らと共にカフェーの一室で学生の激励演説をして地方新聞にも報道され、反骨ぶりが世間に伝わりだした。また九大の社会科学研究会に数回出席し、マルクス経済学の解説をした。学生が編集していた「九州大学新聞」の記事が保守系教授から「風俗を乱す」とにらまれ、学生が処分されそうになった際は、教授会で弁護した。

二六年半ばころから、福本イズムが学生の間に蔓延してゆく。学生運動の指導者から「資本論を読むが如きは経済主義者だ」と批判され、「経済主義者として葬られることに甘んずる」と答えたので、学生達が憤然として席を蹴ったという一件は、後年、福本イズムに触れる際にたびたび筆にしていた。向坂の戦後の回想によれば「目立った九大学生運動家で、今日なお社会主義運動の戦線にいるのは…北九州市長、社会党員、吉田法晴だけ」で、たいていの福本イストは転向するか「よきパパになっているはず」だった。

学生福本イストの議論は幼稚でならなかったろう。すでに留学中に刊行されたルカーチの『歴史と階級意識』を愛読し、インプレコール誌でブハーリンによる福本批判やコルシュ批判に眼を通していたからである。帰国して福本イズム論争に接した時、「大森から、こういう論争が出ていると聞いたとき、おれはとっくにその論争は知っているので、なんなら詳しく紹介してもいいという手紙を出した記憶がある」と回想している（『唯物史観』一〇号座談会）。二七年春ころと思われるが、大森から勧められて雑誌『大衆』を購読しはじめる。同じころ福岡で開かれた労農党主催の「対支非干渉同盟」の会合で、帝国主義に関する簡単なスピーチをした。

大森は、二六年春に鈴木茂三郎らの雑誌『大衆』の創刊に参画し、編集の中枢を担っていた。『大衆』はもっぱら福本イズムへの批判をしていたが、そのために大森は『日和見主義者』『経済主義者』等の罵倒をあびて、その行動の上においても一切の妨害に耐えなければならなかった。当時遠く福岡に居て、大森苦難の戦ひの状態をよくは知らなかったが、それでも目をうるませずには望見してゐられなかった」（前掲「大森義太郎」『中央公論』）。しかし向坂は論壇の話題であった福本イズムをめぐる「理論闘争」には言及しなかった。

二六年の三月には、有沢がドイツ留学に向かった。大森から東京の活動の報告をするよう頼まれたこともあり、門

1926年春　九大法文学部教授会。後列右から二人目向坂、中列右から３人目美濃部達吉、左から３人目高田保馬と思われる。前列右から二人目石浜知行

司から乗船する前日に向坂宅に泊まった。そこでベルリン生活の手ほどきをうけた。向坂はシュトライザントへの有沢の紹介状をベルリンへ送った。翌早朝門司港の埠頭で「向坂君が小さい声でディ・インターナチオナーレを歌って、見送ってくれ」た（有沢『学問と思想と人間と』一九五七）。

四月には塚本三吉が向坂の推薦で九州帝大法文学部の助手に採用された。以降なにかと向坂の世話になる。彼は佐賀県の農民運動に参画し、その関係でのちに一時検束される。

六月には向坂は教授に昇進する。二九歳だったから当時としてはかなり早い教授就任だった。

2 処女論文―「自然と社会」から出発

教授になっても論壇にはほとんど顔を出さなかった。学外の新聞・雑誌の類への寄稿は、同郷の先輩・黒田静男のあっせんで二六年一月に「福岡日日新聞」に連載した「現代経済政策の問題」がはじめてのようだ。当時は帝国大学の教授に原稿料などは失礼で菓子折りを礼としていたが、向坂の貧乏振りを見て黒田が原稿料をくれた（「九大新聞」一九六一年七月一〇日）。翻訳原稿は改造社の季刊『社会科学』（二六年一〇月）にエンゲルスの書簡を訳出したのが最初と思われる。

単行本には『社会経済大系3』（日本評論社一九二七年一月刊）に執筆したが、それは「外国雑誌の紹介」で、ドイツ土産の文献を紹介しただけのものだった。一年余あとに、日本評論社から同大系への執筆依頼がきた。同『大系16』（一九二八年三月刊）にはじめて書きおろしの連載論文「マルクス経済学」の初回を寄稿した。それは大学での講義案のために書いたもので、向坂の本格的な論文としては処女作だった（以降『大系』17と20に連載されるが、その時はすでに大学を追われていた）。

「マルクス経済学」は、戦後はじめて刊行した単行本の『経済学研究』（一九四七年九月）に、「価値と生産価格」と題して再録されている。再録にあたってこう回想している。

この論文は「最初にまとめて書いたものです。最初であるだけに、そのころの自分としては手もとにある本を熱心に読んで、非常に一所懸命に書いたものです。…今から見てそう不愉快なものでない。その点で改造社の『資本論大系』みたいに非常にせっつかれて、原稿を片端から持っていかれながら書いたというようなものよりも、あとで見て楽しく読めるもので、あれは自分の処女作でちょっと可愛いですね」（「資本論研究の為の文献的考察2」『書評』一九四七年一二月号座談会）。

「手もとにある本を熱心に読んで書いた」とあるが、実際に多くの文献から引用している。『資本論』、『経済学批判序説』、『資本論第三巻補遺』、『反デューリング論』、『猿の人間化における労働の役割』、『フォイエルバッハ論』をはじめとするマルクス・エンゲルスの著作。ブハーリン『史的唯物論』『金利生活者の経済学』、プレハーノフ『マルクス主義の根本問題』『チェルヌイシェフスキー』、ラファルグ『史的唯物論』、カウツキー『資本論解説』、ヒルファディング『反ベーム・バヴェルク』『マルクス経済学の諸問題』『金融資本論』、レーニン『カール・マルクス』、レーデラー『理論経済学概説』等々だ。また「参考文献」も膨大に挙げているが、日本人のものは櫛田民蔵と河上肇の唯物史観に関するものと福本和夫の方法論に関するものである。

さて、論文は全体で約六万五千字。章立ては、「一　序論」、「二　商品生産」、「三　価値」、「四　交換価値・貨幣・価格」、「五　貨幣の資本化」、「六　剰余価値」、「七　平均利潤、生産価格」となっている。章立てからもうかがえるが、『資本論』第一巻第一編の「商品と貨幣」から、価値形態論の部分をごく簡略にし、「物神的性格とその秘密」の項をくわしく説き、第三編の「絶対的剰余価値の生産」のはじめの「労働の二重性」あたりまでをカバーし、「相対的剰余価値の生産」の項以降と第二巻を省き、第三巻の「利潤の平均利潤への転化」をくわしく紹介したものだった。

弱冠三〇歳の向坂が、『資本論』理解のために、どういう問題意識をもっていたかが早くもうかがえる。

「一　序論」の出だしは「人類は二つの世界に住む。自然と社会である。しかして自然と社会とは、相互に無関係に切り離された二つのものではない。一つの物質的なる太い綱に依って、しっかりと結びつけられたる、交互に相作用しつつある所の統一的全体を形成する」とはじまっている。この「人類は二つの世界に住む。自然と社会である」というフレーズは、ポール・ラファルグのものである。

二〇余年後に向坂の経済学の思索の集大成として上梓した『経済学方法論』（一九四九）の冒頭にはこう記されている。「人類は二つの世界に住む。自然と社会である、という言葉で、私は、私の学究生活のはじめの論文を書き出したことを覚えている。マルクスの全思想体系を想い浮かべるときほど、この言葉を切実に回想することはない。自然と社会を差別と統一において理解することに、史的唯物論の精髄はつきるといってよい」。

そして処女作は、『経済学批判』をはじめ、プレハーノフ、エンゲルス、ブハーリンからの多くの引用をしながら、自然と社会の関係と唯物史観について熱っぽく語りはじめる。

3　内外の理論的刺激

処女論文に示された向坂の問題意識に刺激を与えた、当時のマルクス主義をめぐる国際的なイデオロギー状況を俯瞰しておこう。

一九世紀末、マルクス主義が労働運動と結びつき大衆化すると、反対陣営からの批判が巧みになり、また誤解・曲解がマルクス派内部からも派生するようになった。亡きマルクスに代わって批判を受けて立ったのはまずはエンゲルスだった。『資本論』の無理解にたいしては「『資本論』第三巻補遺」（公表は一八九五年）などで、社会主義の俗流化にたいしては『反デューリング論』でわかりやすく批評した。その後、ベーム・バヴェルクからの価値論批判『マルクス学説の終焉』（一八九六）にたいしてはヒルファディングが『反ベーム・バヴェルク』（一九〇四）で、新カント派やナロードニキ経済学者の唯物史観批評にたいしてはプレハーノフが、ベルンシュタインの修正主義にはカウツキーがそれぞれ批判をくわえた。レーニンやブハーリンが第二インター批判を展開した。一九二〇年代にはルカーチらが新たな角度から議論を起こした。これらの論争は、マルクスの思索の海の中に勘所をうかびあがらせ、マルクス主義を深めるのに寄与した。向坂はドイツでこの大海の中を存分に泳ぎまわり、問題意識を養った。

こうした論争の渦の中で留学前後の向坂が関心を持ったのは、ベーム・バヴェルクが仕掛けた論争の日本への波及であったと思われる。『資本論』第一巻では商品は価値通りに交換されることになっているのに、第三巻の「生産価格」ではそれは否定していることを切り口に、マルクス価値論を全面的に批判したのがバヴェルクであった。日本では学界のプリンス的存在であった小泉信三がその受け売りをし、山川均が真っ先にかみついた（一九二二年）のに向坂も驚いた。

世界的なマルクス批判の最先端を仕入れた小泉にくらべれば、山川はまだヒルファディングも読んでいなかったであろう。また精読していたのは第一巻であって、手持ちの武器はかぎられていた。けれども山川は、不払い労働の生み出す剰余価値が「価値の法則によって資本の所有者の収得するところとなる」という事実は「ボエム・バアワクと小泉教授とが、マルクス説の如何なる点に微妙な非難を案出し得ようとも…否むことはできぬ」。「マルクスの学説が、小泉教授のごとき見識を以って研究のために研究せられることをも、決して無用とするものではない。…しかし私にはもっと差し迫った要求がある。…二人の立場は、決して同じでない。…マルクスの剰余価値と階級闘争の学説を以って、研究のための研究者を説き伏せ得たとしても、私はこれがために、その人の全生活が何らかの変化をも受けるものとは思わない。彼にとっては、マルクス説がいつまでも疑問の学説であり、永久に指の先でいじくっておられることが、何よりの必要である」と啖呵を切った。

バヴェルクの限界効用説のように、商品価値を主観による交換比率としてしか考察しない立場からは、労働価値説にいくらでも「疑問」を指摘することができる。ヒルファディングが喝破したように、価値とは社会関係が規定するものだという現実を離れているからである。山川は、そういう理論から小泉批判をしえたわけではない。しかし「マルクス説がいつまでも疑問の学説であり、永久に指の先でいじくっておられることが、何よりの必要である」ようなペダンティックな観念性に、決別を宣言した態度は、向坂の『資本論』への接し方にも影響を与えたのではなかろうか。

とはいえ啖呵だけですますわけにはいかなかった。マルクス経済学の専門家からの宣戦布告が必要であった。まず河上肇が、小泉退治に登場したが、やや調子はずれであって（「価値人類犠牲説」）、小泉の土俵には乗らなかった山川の方が腹が座っていた。師・河上の調子はずれを批判し、マルクスの価値論は唯物史観と不可分に理解しなければならないと考えた櫛田民蔵によって、はじめて理論的に明快な小泉批判が展開された。櫛田は、「学説の矛盾と事実の矛盾」（『改造』一九二五年六月号）などで、小泉＝バヴェルク説の内在的批判を徹底し、主観と交換比率だけで経済を説明しようとする空疎な抽象性、観念性を批判した。これはヒルファディングによって強調された観点であるが、日本では櫛田によって展開され、向坂は大きな刺激を受けたと思われる。

こうして山川の啖呵にはじまり、それを櫛田が理論的に展開して盛りあがった価値論論争は、唯物史観をふくむマルクスの方法をめぐる考究に発展すべきものであった。向坂は山川と櫛田を生涯「先生」と呼んだのである。

日本における価値論論争がたけなわに入ろうとするときに、向坂はドイツに留学することになった。この論争に触発された問題意識をもって留学した向坂は、ドイツにおけるスケールの大きな論争と文献の大海の中で吸収すべきものを吸収し、帰国して九州帝大に落ちつくと、さっそく処女論文「マルクス経済学」の構想をねったにちがいない。

そしてこれは主要な動機とは言えないが、帰国した日本でも福本和夫がマルクスの方法論について熱病の如き流行をまきおこしていたのも、刺激となったと思われる。
参考文献に福本和夫やルカーチ、コルシュもあげているところに、それがうかがえる。

4 価値論争への態度とエンゲルスの「補遺」

それではこうした刺戟が、処女論文の「マルクス経済学」でどう生かされているだろうか。

「二 商品生産」では、「自然と社会」という唯物史観の基本が展開される。

「正しき理論経済学を可能にする為には、先ず、自然に対立する所の社会関係を問題にしなければならぬ」と書き出し、ヒルファディングの「経済的根本概念は、唯物史観の根本概念と同一である」という、バヴェルク批判のエッセンスが援用される。すなわち個々の生産者が意識的・直接的に結びついている社会、商品交換によって物と物の関係をつうじて結びつく社会、さらに後者を単純商品生産の社会と資本主義的商品生産の社会に分かち、それぞれの歴史的条件に対応して、「理論経済学は富の形態は何ぞや」を解明するのが課題だとする。そして、エンゲルスの『資本論』第三巻補遺」やヒルファディング、ブハーリン、プレハーノフを援用しながら、バヴェルクはこの根本問題において無理解であると説く。

「自然と社会」からはじめたことで、ここ四〇年余の間に展開された、『資本論』や唯物弁証法、史的唯物論をめぐる国際的な諸論争への自分の考えを表明したのではあるが、ここではまだおしとやかで、知見をふりまわすようなことはしない。「第一巻では価値通りに交換されるのに第三巻では価値通りの交換は例外とされるのは矛盾している」とか「単純なる商品は論理的な擬制である」とか言う『資本論』への論難を紹介しただけだった。価値論論争に本格的に踏み込むのは「地代論」論争と、『資本論体系』(一九三二年)を待つ。

ただ、「自然と社会」の総合的な認識の仕方―方法論と言っても認識の哲学と言ってもいい―が重要だという態度は、向坂の思索の通奏低音をなしていくのである。十余年後に獄中で執筆した「上申書」にはこうある。

「嘗て二十歳時代の海外留学の頃、経済学の研究が一定の段階に落付いたら、今一度哲学の研究に帰り…再び経済学方法論を点検すると共に、自然及び人類の歴史を追求してみたいといふ願望を起こしました。最後に、この知識体系の中に於て自己の経済学を検討して、最後に、この知識体系の中に於て自己の経済学を検討済学の中にのみ没頭することは、却ってこれが正しい理解を妨げるといふやうに考へたからであります。この願望は、なほ四十歳代の私にも止み難い要求として残っております」。

獄中で吐露した志は、それから一〇年あとの大著『経済学方法論』でひとまず到達点を示すのである。一本の道を歩みつづける向坂の性格がよく示されている。

むろん処女作は、大方の見当をつけただけであった。マルクス・エンゲルスの原典を自分で咀嚼し、自分なりに納得をつける仕事ははじまったところであった。そして見当はまちがっていなかった。

なお、処女作ではエンゲルスの「『資本論』第三巻補遺」（公表は一八九五年）が取りあげられている。これはシュミットとゾンバルトにとって、価値法則は「純粋な論理的過程だけでなくて、歴史的過程と思惟におけるその説明的反映であり、歴史的過程の内部関連の論理的追求であるということが、充分に考慮されていない」点をエンゲルスが批判したものである。向坂はこの書をマルクスの「歴史的・論理的方法」を抽出したものとして、当初から重視した。向坂は「補遺」を、九州帝大から追放される前（一九二七年か？）に訳出して同人社という書店から出版する運びになっていた。ところが『マルクス・エンゲルス全集』刊行をめぐる対立で、同社とは疎遠になって沙汰止みになった。

そして向坂が編纂した改造社版の『マルクス・エンゲルス全集』第一四巻（一九三〇年）にはじめて邦訳が発表された。向坂の筆になると思われる一四巻の「凡例」には「本篇は、嘗て櫛田民蔵氏が河上肇氏との論争の…中に於て数言を費やされたことがあるが、外には未だ何人によっても詳しい紹介がなされなかった」とある。また一四巻に付された「補遺」の「解説」は、文体がやや違う印象だが向坂の筆であるかもしれない。それにはこうあった。

「価値法則の妥当するのは単純商品生産社会のみであるか、又は、資本家的商品生産社会であるか、乃至はその両者に対して等しく妥当するものであるか。而して、若し然りとすれば、それは如何なる形式に於て両方の社会に適応するといふのか。その適応は歴史的事実的のものであらうか、又は、単に理論的なものであるか、乃至は事実に即するものであると同時に理論的内容をも合せ有するものであるか。これは正しく大問題であり、そしてそれだけに、一応片づいたやうに見え乍ら、依然として蒸し返し蒸し返し議論されているやうな実状にある。資本論三巻は充分にこの問題を解いて呉れてゐる筈であるにも拘はらず…尚若干説いて盡さざる点なきにしもあらずであった。そこで彼の遺業を完成したエンゲルスが…後人をして亡き友の遺志を誤解せざらしめんがために一言ものしたのが本文である」。

5　目立たぬ教授

向坂の同僚たちは論壇でなかなかの活躍ぶりだった。

大森はすでにジャーナリスチックな活躍をはじめていた。とくに『改造』二七年一二月号に寄せた「まてりありすむす・みりたんす」では、土方成美を徹底的にやっつけた。土方にマルクス主義を説明してやるのは「豚に真珠を與ふるが如きものだ」と極言するにいたっては「経済学部は勿論の事、法学部の教授間にすらごうごうたる論議をまき起こした」（前掲「大森義太郎」）。事前に大森から原稿を見せられて「あまりひどいよ」と数か所削除した大内兵衛も、「先日まで九天の高きにいた土方君は九地の下におとされた。まったくすごいことであった」（『経済学五十年』）と回想したくらい話題となった。

石浜はドイツ留学の見聞を二六年に出版（『闘争の跡を訪ねて』）し、ジャーナリズムに名を売った。地味ではあるが同期の土屋喬雄は二七年には大著『封建社会崩壊過程の研究』を上梓し、二歳年下の助手・塚本三吉はコルシュやデボーリンを訳出するなどしていた。向坂の勧めでヒルファディングの「バヴェルク批判」も塚本三吉が訳出し、改造文庫から一九二七年に『労働価値説の擁護』と題して刊行された。

同僚や後輩の活躍に反し向坂はまことに目立たない存在だった。

講義は経済原論で、ゼミのテキストは『金融資本論』だった。講義よりはゼミの方に熱心だった。田中定（のちに佐賀大総長）はゼミのやり方についてこう回想している。

「先生は昔から時間にはあまりパンクチュアルな方ではなく、三十分や一時間は遅れてこられることもありました。その間私たちだけでいろいろ議論しておくわけです。そのうち先生がお見えになる。そこで問題になった所を先生にお訊ねするというわけですが、その際いろいろ文献をあげて私たちに自分で勉強するようにさせるというのが、当時の先生のやり方でした…。大体文献を示されることが主で、自分の意見をこうだと表面に出されることは、当時はほとんどありませんでした。…勉強は結局自分でするのだという教えをうけたわけです」（前掲）。

ゼミの学生には、田中のほかに、のちに九大経済学部教授になる岡橋保、馬場克三、仲矢虎夫、石田精一、法学部教授になる具島兼三郎らがいた。みな向坂とは長い付きあいになる。二八年三月の経済学原論の試験問題は「一　商品生産における交換の意義、一　資本の歴史的性質、を論ぜよ。右二題中一題」というものだった。シンプルだが奥行き深い問題であった。

出版されるのは五、六年後のことになるが、二七年の夏休みにはゆき夫人同伴で大分湯布院の旅館にこもり、カウツキーの『農業問題』の翻訳を大半仕上げた。初の翻訳の大仕事だった。また同じころ、先に触れたエンゲルスの「資本論第三巻補遺」の翻訳もできていた。

やはり二七年夏と思われるが、三月に刊行されたレーニンの『唯物論と経験批判論』のドイツ語訳を読み感銘を受けた。ちょうど山川が同書の英語版の翻訳をしているが、英語版が悪訳で苦労している話を大森から聞き、ドイツ語版を大森と協力して翻訳し、それを山川に提供した。山川と大森の共訳で再訳として二九年に刊行された白揚社版の同書「はしがき」には、山川は「向坂逸郎君の助力を得た」と記していた。

このように、自分の見解を示すよりは、マルクスやエンゲルスの古典をありのままに紹介することに—それが他人の翻訳への協力であっても厭わず—努めていくのである。

当時、向坂宅によく出入りしていた同僚には、石浜、塚本と並んで浅野正一がいた。浅野も五高の二年後輩で東京帝大から京都帝大大学院に進み、そこからベルリンの向坂に九州帝大の助手の口を世話してくれるよう依頼がきた。向坂は帰国して政治学助教授になった佐々に頼み、政治史の助手に採用された。彼はその後ドイツに留学する。また二八年四月になると、高橋正雄の九大助教授就任にあたって、向坂は大内教授からの依頼を受けてひと肌脱いだ。

上京する機会はそう多くはなかったが、やはり福岡では得られぬ知的な刺激や政治的な情報などを得るのは東京ならではであった。上京中の二六年四月にゆき夫人に宛てた手紙にはこうあった。「到着以来飛びまわり、大森、土屋と約三十時間ぶっ続けに話込んだ」。また「自由懇話会」という集まりにも顔を出した。これは河合栄治郎が主宰し、本位田祥男、中西寅雄、平野義太郎、山田盛太郎、大森などが、東大前の洋食屋・燕楽軒で晩飯を食いながら論じあうサロンで、向坂は二六年から二八年ころまでときおり参加した。留学時代のよしみで河合が誘ったようだ。上京の度に東大の研究室に立ち寄り、そこで大森から、脇村義太郎、阿部勇、美濃部亮吉を紹介されてつながりを持つ。

九大法文学部は創立早々で蔵書に事欠いていた。勝手知ったる向坂、さっそく東京から、二七年春には大橋書店から独立して池袋に高野書店をかまえた忠どんを呼びよせ、東京で買い集める算段をつけた。高野は張り切って応じ、千円単位の納品をしたようだ。これで向坂の借金も十分穴埋めできたであろう。二七年二月には、鹿児島の七高で講演を頼まれ「帝国主義の時代」という演題で話した際、古本屋めぐりのお供として忠どんがついてきた。駅に出むかえた者が、忠どんの方を講師とまちがえたくらい、向坂はそれらしく見えなかったようだ。

留学前はもっぱら文学では漱石、鴎外だったが、帰国して新しい世界が彼の前にひらけた。二五年の夏に汽車の中で一気に「葉山嘉樹の『海に生くる人々』を読んだ。…そして、永年考えていたプロレタリア文学とは、これだな、と思った。…私は、しばらくは葉山の徒であった」。翌二六年には青野季吉の「自然成長と目的意識」を読み、「プロレタリア文学というものに強い関心をもっていたものにとっては、そしてドイツの例を多少とも見てきたものにとっては、まことに当然現わるべきものが現れた、という感じであった」(「青野季吉の政治思想について」)。こうして向坂のプロレタリア文学への志向は、「『文芸戦線』派に多かった体験的プロレタリア文士」の作品が主となる。

さて、大学教授の世界は俗物も多く陰湿で早くも嫌気がさしていたようだ。そこに突発事件が起きた。

6　九大追放

二八年四月一日の「福岡日日新聞」は、向坂の名もあげて「文部の意向は(九大の)三教授罷免」と報じた。急に嵐が吹きつけてきた。

実は二六年一二月に、日本共産党が再建されていた。非合法だから、向坂の知るところではなかったし、いわんや一年余後にそのおかげで自分が大学を追われることになるとは思わなかったろう。ところが共産党が二八年二月に実施された男子普通選挙で公然宣伝活動を開始したため、政府は三月一五日に共産党関係者一五〇〇名の検挙に踏みきった。世に言う「三・一五事件」である。当局の狙いは、共産党だけでなく盛りあがっていた左翼運動全体や学界を萎縮させようとするところにあった。

四月一六日の枢密院会議で、元東京帝大総長の山川健次郎が「奇矯な思想を有するもの、少なくとも東京に一人、九州に二人あるべしと思惟す。…非常処分の要あり」と演説した。

四月一七日に文部大臣は「左傾教授追放」の訓令を出した。「辞職勧告」で指名されたのは五名。大森(東京帝大助教授)、河上肇(京都帝大教授)、向坂、石浜、佐々(以上九州帝大教授)である。すでに河上は高名であり、大森は政治研究会や『労農』同人など政治運動に加わっていたが、九大の三人は有名とはいえず、実際運動に加わっていたわけでもない。ただ向坂はマルクス主義の世界観的な把握を学生に説いていたことはまちがいない。当時、福岡県検事局の検事正は、新聞記者に「向坂は実践運動の寸前にあった」と話したという。

この「左傾教授」追放事件は、学者への弾圧としては画期をなすものだった。

森戸事件では、森戸と大内は休職処分されたが、のちに復学した。その後も、早大教授の大山郁夫は労農党委員長に就任するために退職、同じく講師だった猪俣津南雄と佐野学は第一次共産党事件に実際に党員として連座して、みずから退職した。だが今回は党とは無関係な向坂や、向坂と親しくともマルクシストとは言えない石浜、佐々まで追放された。向坂によれば、佐々は「政治が好きなようだが…少しも政治活動はやっていなかった」し、石浜は「政治がきらいで、時々ひとりで縄のれんで飲むような人だった」（「学者受難史」『文芸春秋』一九五四年七月）。二人ともフェビアン流の『社会思想』の同人だった。「向坂の友人」というだけで追い出されたとも見られる。数年後の座談会（『文芸春秋』一九三三年七月号）で、佐々弘雄が「（九大教授の）××が文部省へ行って、何人やりませうか、どれとどれにしませうかといったといふ」という発言に、向坂も「そうか」と同調している。内通者がいたのである。

九大法文学部教授会は文部省訓令に反発した。学部長会議も一回では結論を出せず、当人達も辞職勧告は受け入れなかった。ようやく二一日の「法文学部教授会は…約五時間にわたり議論を戦わせたが…辞職はやむを得ないと認め、…辞職を勧告することとなった」（「東京朝日」一九二八年四月二二日）。

大工原総長は三人に勧告し、その日、夜一一時まで回答をまったが、三人は大工原には返事をせず、春日政治法文学部長に辞表を託した。「検事局は向坂、石浜、佐々の身辺を洗ったうえ党員でないと確認した。法的には処分はできないから文部省にやめさせろと圧力をかけた。文部省は…総長に処分を迫る。総長は春日に推しつける。春日がおろおろするばかりで気の毒だから三人で話し合って辞めることにした」（向坂談　「毎日新聞」福岡版一九七五年六月連載「九大風雪五十年」）。

この騒ぎが持ちあがって辞表を出すまでの間、東京の向坂家には連絡をしなかった。父母はヤキモキしたであろう。四月一一日付で、コハルからゆき宛に手紙が届いた。新聞報道で推察して心配しているという賀録の手紙を同封し「至急ご返事ください」とあった。ゆき宛にしたところなど、向坂の行動にはもう口出しできないという関係をうかがわせるが、二二日には今度はさすがに賀録の名だが、松岡叔父の手紙を同封して「実際運動には手を出さぬよう自重を」とあった。だがその日にはもう辞表を提出していた。

先の座談会で向坂は「反対運動はおきなかったのか」と問われ「学生は三・一五事件で徹底的にやられて居ったんです」と応えている。戦後の回想（前掲「学者受難史」）では「大学内では友人達が反対運動をやっていたようである。自分が首の座におかれると、自分で反対運動するのは、何かおかしいような気がして人まかせであった」とある。辞表提出を拒否して、処分となれば退職金もとれなくなるという事情もあったらしい（辞表は「誰かが出したものらしい」としている回想もある）。

四月二二日の「福岡日日新聞」は次のような向坂の談話を載せた。「斯う決定してしまえば却って気安い気持です。僕一人が犠牲になればそれで済むものと考えていましたが…佐々石浜両教授も道連れにされたのは意外です…大工原総長は文部省の弾圧強化に意気地なくも屈服し大学自治並びに学問研究の自由を剝奪蹂躙した弊は軽からぬものがある…差し当たりパンに困るが目下歯の治療中だからこれが治ったらすぐ上京するつもりです」。

九大が三人なのに東大は大森一人というのもバランスを欠いていた。東大にも山田盛太郎などにらまれて当然の者はいたが、大森だけですんだのは、大森が「みんなを救って自分を捨てるという態度」（大内兵衛）で割り切ったことが大きいと言われていた。その大森は派手だった。新聞記者（「日日新聞」）をしていた鈴木茂三郎とも相談していたので、追放訓令が出たその日に自発的に辞表を提出し、「日日新聞」にスクープにさせた。最後の経済学部教授会にはルパシカを着込んで退任の挨拶をした。

そして、後々まで執念深く総合雑誌などで、「大森助教授追い出しの差配を振るったのは誰あろう山崎教授…当然東大助教授として残れる筈の向坂氏をいきなり呼びつけて九州大学の助教授に推薦するからと申し渡した」のも山崎覚次郎（大森の筆名による「当世学者気質」『文芸春秋』二九年四月）、という具合に暴きたてた。

ほかにも塚本三吉は助手だったが辞表提出を余儀なくされた。向坂が福岡に引きとり学資の補助をしていた弟の八郎は、五高を不合格になり早稲田に入ったが、当時は兄の事件のためといわれていた。

正式の免官は四月二四日付だった。ドイツにともに留学した東大助手時代の同僚・中西寅雄から「生活の心配はしなくてもいいから早く上京せよ」との手紙もきた。「生れて始めての大金―といっても幾月も食えはしない」退職金を郵便局で受け取る時、局長から「惜しい事ですなあ！今お辞めになっちゃ。もう八年すると恩給もつくし、そのうちに勲章ももらえるし」と言われて苦笑した（「賄賂・売勲雑感」『中央公論』二九年一一月）。ゆきと石浜夫人、佐々夫人は揃って東京育ちなので、東京に帰れるのが楽しくてしかたない風だった。

「向坂が東京へ引きあげる時、駅まで送りに来たのは春日だけ。…『春日さんがホームにしょんぼり立っていた』と、向坂は、いまだにすまなそうである」（前掲『毎日新聞』）。

辞表を出してすぐに柳原の自宅に、四月二六日付で巻紙に墨書された仰々しい手紙が届いた。長野県上松の山下商店の山下金太郎なる人物からだ。向坂の九大追放は政友会内閣の仕業でまことにけしからんという文面だ。政友会と対立していた民政党員だった。長野にいた坂梨夫妻とも親しかった。翌二七日には朝鮮の竜山の渡邊某の手紙が届いた。九大で先月卒業したもので、「たぶん私を御存じないと思う」と自己紹介して「金融資本論を教えていただき無味乾燥の他の諸学科に対して初めて熱を吹き込まれ一生に於いて最も愉快なる学生生活を送らせていただいた」、「権力に圧迫されているよりは自由の天地に於いて正義のため生活さるる方がより人間的であらふと思います」とあった。おそらく未知だったろう人物から他にも激励の手紙がきた。

東京（下目黒）に落ちついてすぐの五月初に、長野の坂梨忠から手紙が来た。大牟田出身の彼は次郎の友人で、向坂の妹・秀子が嫁ぎ、長野で代用教員をしながら画業を志していた。「もっと早く手紙を書くつもりでゐたのですけれど…心配してゐるうちに…おくやみの気持になって手紙書くのがいやでとうとう出しませんでした。…上松の山下金太郎大いに憤慨してよこしました。向坂氏も政友内閣のやりだまにあげられたって…日本の学界のために悲しむといった調子です。木曽山中にかくの如き人あり、向坂氏いかんとなす…」。秀子からもゆき宛に、「山下と云ふ方がこられました。…現内閣が悪いのだそうです。内閣が変わればあんな人材は遊ばしておかないそうで大笑いしました」と書き送ってきた。

わずか三年余りの九大生活だったが、向坂に魅かれた学究はたくさん生まれていた。浅野正一を筆頭に具島兼三郎、田中定（二人共当時は助手）、仲矢虎夫（三一年に助手）らから、追われた向坂に頻繁に相談や近況報告の手紙が届いた。具島兼三郎から二八年五月に届いた手紙には「東京は

1928年夏　九大追放時　30歳

忙しくて先生の時間に対する観念も少し位は変わるでしょう。…今日塚本さんがお立ちになりました。福岡は寂しくなるばかりです。…田中君が副助に決定したので二人で大いに頑張りませう。心細いのは教授達で…今や九州帝国主義大学の先生達の間では『die Ehityapannishe Geist』の時代が創造されようとして居ります」とあった。塚本は塚本三吉、田中は田中定である。

意欲を持った助手などが、教授会によって昇進させられなかったり、排されたりするのに、どう対応すべきかという類や、副収入として翻訳などの仕事依頼の手紙が、数人の九大関係者から向坂のもとに以降も多く舞い込む。同じ頃、ローザの翻訳に取りくんでいた浅野正一からは、訳者として本名か変名かどちらがいいか、波多野鼎（当時同僚の助教授だったと思われる）からは「本名を出すともう一人増えることになる」と言われた…と相談された。つまり向坂ら三人に次いで四人目として放逐される心配であった。

彼らも追放された向坂に立ち入った相談事を手紙でするには、神経も使ったであろう。田中定が三〇年秋頃に出した手紙には「手紙が絶対に開かれないで届くことが断言されますならば、もっとしばしば書きます」とあった。

向坂がしばらくは追放事件を筆にしなかったのに反し、大森はさっそく『改造』二八年六月号に事件を告発した。曰く、官立大学の教授は数百人にのぼるが「マルクシズムを奉ずる…赤色教授は十人に足りない」。しかも「赤色教授」には「実際的な活動を堅く禁じられている」のに「白色教授」は、政友会や民政党の選挙応援に出かけているではないかと、気焔をあげていた。

宇野弘藏は東北帝大助教授で、やはり教授には昇進できず、三・一五事件のあとで総長から聴取を受けたり、少しあとになって学生が検挙されはじめると、「内心は僕もいつやられるかわからんという気がしていた」。とはいうものの、学内の空気は「ぼくには『資本論』研究の天国といってよかった」（前掲『資本論五十年』上）。

第二章　野に放たれた虎

一　昭和初期のイデオロギー状況

1　マルクス主義の日本的な風靡

昭和初期は、マルクス主義が総合雑誌を舞台に論壇を風靡していた。しかし福本イズムが論壇の話題になったように、その風靡の仕方は観念的であった。

日本におけるマルクス主義の本格的な受容は、一七年ロシア革命からだった。短命に終わるという予測を覆して強靭に成長しはじめた労農露西亜の雄姿は、第一次大戦後の労働運動の勃興とあいまって、マルクス主義の精神的な権威を日本に広く浸透させはじめた。むろん体系的な理論として初めからマルクス主義が受容されたわけではない。アナ・ボル論争によって無政府主義との異同が明確にされ、コミンテルンの登場で社会民主主義と共産主義の対比が意識されるようになった。ただ、このマルクス主義の抽出過程は、大衆的な労働者運動を舞台にしてではなく、少数の主義者とインテリの世界でなされたことが問題であった。

これに反して、欧州では第一インタナショナルという、労働者諸運動のすべての潮流を包含した国際的組織によって闘争の経験が積みあげられた。そのなかでアナキズムやサンディカリズムなどとマルクス主義の実践的な切磋琢磨を通じて、マルクス主義が受容され鍛錬されていき、さらに第二インタナショナルのなかで、各国の労働運動に深く根ざした政党運動の経験と修正主義論争などの理論的試練を積むことができた。そして、帝国主義戦争とロシア革命への態度の相違から、次の大衆的な分化へと進んだ。この間、半世紀以上の時をかけ、マルクス主義は壮大な大衆運動から具体的な適用をめぐってその存在意義が問われ、諸潮流はその科学的な当否を大衆の実践によって検証されつづけた。

ロシアでは、かならずしも欧州諸国のような経過をたどったわけではない。しかしツァーリズムと対決した戦闘的な民主主義運動の長い伝統と、その理論的な克服を通じたマルクス派の形成という、これまた半世紀を超える理論と実践の蓄積があってはじめて「レーニン主義」も生きた。

しかし、日本では、革命的民主主義運動は欠如し、労働者階級の政治的自立も遅れていた。わずか十数年の間に、労働者の大衆的な政治運動による点検も不十分なまま、無政府主義、議会改良主義、マルクス主義などを通過して、未消化のままに「レーニン主義」にまで突き進んだのである。

一方、労働者自身の政治参加の極度の遅れに反し、インテリはどの先進国よりも左傾化しやすい条件にあった。明治政府は資本主義建設のために帝国大学による指導層の育成に力を注いだが、大量のインテリゲンチャ全てに良きポジションを与えるわけにいかず、とくに昭和に入ってからはその将来は帝大生ですら安定したものではなかった。マルクスに大量の学生が惹かれていき、せいぜい下級官吏や「月給取り」どまりになる多くの青年は、観念だけは左翼的になっていった。

学生の一部は、大正後半から昭和初期にかけ無産者運動に飛びこんでいき、短期間にマルクスやレーニンの文献を読み漁った。その結果、運動の遅れとは反比例するかのようにマルクス主義の理論的な探求はどの国よりも進むのである。

そういうなかで、労働者・農民の一部もマルクス主義に惹かれたが、それはごくわずかであった。

これに反して、労働組合や社民党・共産党の党員にはマルクス・エンゲルスの権威は圧倒的だが、中間層やインテリにはラッサールの方が有名だったという、向坂の留学中の回想は、ドイツと日本の対称性を伝えるものだった。

このような昭和初期の日本のマルクス主義の状況は、『資本論』の論壇での扱いにも反映していた。

高畠素之が『資本論』全三巻の最初の完訳を果たしたのは、一九二〇～二四年にかけてだった。英訳の全訳は一九〇九年というから、労働者運動では先進列強に遅れること一世紀近い日本としては遅くはない。『改造』に掲載された高畠『資本論』改訳の広告（一九二七年）に賛辞を寄せていたのは安部磯雄、小泉信三、吉野作造、上杉慎吉、福田徳三で、社会主義には批判的でも『資本論』の巨大な論理構造に瞠目の様をかくさない。福田が『資本論』を世にも難解な書だと触れ回ったおかげで、インテリが興味をもったと言ってもよい。高畠自身は改訳に精力を注いでいたときには、すでに国家社会主義の立場にたっていたから、政治的立場とは切り離して『資本論』を扱うのは、日本では奇妙に思われなかった。

福田は、「唯物史観経済史出立点の再吟味」（『改造』一

九二七年五月号）では、『共産党宣言』への有名なエンゲルスの脚注と「経済学批判序説」中の訳語の当否について、三〇頁におよぶ薀蓄をかたむけ、翌春の『改造』には、マルクスが価値形態論でアリストテレスの言を援用している件につき、四回にわたる連載でこれまた延々と論じた。

また、「日本フェビアン協会」や雑誌『社会思想』に拠った波多野鼎、水谷長三郎、河野密、坂本勝といった面々も、マルクスやブハーリンを論じていた。改造社の『マルクス・エンゲルス全集』の訳者の多くも『社会思想』同人だった。

このようにマルクス主義の「知識」はインテリのステイタス・シンボルであり、とりわけ『資本論』はその「難解さ」ゆえに魅力的だった。

そういう傾向に輪をかけたのが、ブルジョア・イデオローグからのマルクス批判がその「労働価値説」にはじまり、価値論論争に大きな比重がおかれていくことである。

象牙の塔の経済学者の大勢はおそまつで（第一章二―1）。社会政策学派に安住していた。そこで、マルクス主義をいかにも難解な理論をもって批判するには、小泉信三などが仕入れたベーム・バヴェルクの主観価値論が手ごろだった。売られた喧嘩はかわねばならない。山川均は、自分の土俵で啖呵を切った（第一章五―3）。櫛田民蔵は、相手の土俵自体を理論的に批判した。さらにブルジョア・イデオローグの追撃に対しては、向坂が反撃した。ところがそれがマルクス派内部の論争に転化し、総合雑誌で難解な価値論論争が数年間にわたりくりひろげられていく。この高度に抽象的な論争は、日本のマルクス経済学のレベルを世界有数のものとした点で、大きな意義があった。

しかし物事には負の側面がある。

価値論をめぐる論争は、バヴェルク―ヒルファディング論争が出発点であった。しかし本家欧州でも、この論争は経済学の専門家の間では長く続き深化するが、それがマルクス主義をめぐる、主要な問題であったとは言えない。日本では一九三〇年代半ばまでの十数年間というもの、『中央公論』、『改造』などの誌面を飾りつづけたが、一九世紀末から二〇世紀初頭にかけ世界的にも最高水準といわれた「ノイエ・ツァイト」誌が、価値論争に誌面をさいたとは思えない。そこでの大きな論争と言えば、修正主義論争とか、ナロードニキ理論をめぐる論争とかであった。ベルンシュタインとカウツキーの論争は、資本主義の階級分化や窮乏化の問題からひいては改良と革命の関係にかかわるものであった。プレハーノフとナロードニキ経済学者との論争は、農民層の分解と農村共同体の性格付けからひいては社会主義の基盤にかかわるものであった。あとになると、レーニンやローザによって、帝国主義論や資本蓄積論など、やはり帝国主義と戦争の時代における進路の問題が社会主義運動全体の論争テーマとなった。どれも、実際に社会を変革しうる主体的な力を背景にした論争だった。

日本と同じように言論や結社の自由がなかったビスマルク治下のドイツ、ツァーリズム治下のロシアでは、労働者運動の実力が論争を大きな土俵の上で展開させた。しかし日本では変革の力は未成熟だった。いきおい、論争のテーマも政治運動とは切断された抽象的な次元に偏った。日本の労働者と農民が無産政党にやっとたどりついた矢先に、福本イズムをめぐる観念的な論争に振り回されたこと、そして以降の無産政党の分裂状態が言論の自由を拡大できず、論争の大衆化を阻害したことは、日本的マルクス主義の負の側面を端的に示したものであった。

大正末から昭和初期の日本のマルクス主義の急成長期に色濃く付着したこういう特徴は、山川や向坂の心中に「それでいいのか」という思いを育てていくのである。

2 福本イズム

二六〜二七年にかけて、生まれたばかりの無産政党はただちにバラバラになった。新人会や建設者同盟の出身者の多くは、いわゆる「中間派」無産政党と呼ばれた日本労農党に肩入れしていった。一方、再建共産党は労農党を利用した。協調主義的な労働組合の指導部は社会民衆党にこもった。堺や山川は、分裂状態を克服しようと努めた。しかし福本イズムの共産党は分裂を正当化した。現実の政治に分裂の必要がないのに正当化しようとするほどに、理論の観念性は肥大化し、それがまた実践上の分裂を極度にしていった。

こうした分裂を推進した福本イズムは、ゲオルグ・ルカーチやカール・コルシュの受け売りであった。唯物弁証法としての哲学的な態度の不徹底が第二インタナショナルの理論的不明確さと日和見主義の一因だとして、プレハーノフやレーニンがそれを克服しようと努めていた。ルカーチはこの仕事をさらに哲学的に深めようとした。彼の大著『歴史と階級意識』は向坂も愛読したように鋭い問題提起であった。しかしこういう議論は、ヘーゲルやカントになじみがあり、かつ革命が現実性を帯びるだけの主体的な条件の形成されていたロシアやドイツでなされたからこそ意味があった。コルシュは極端で、極左主義としてドイツ共産党から除名された。

問題は、これが日本に直輸入され、一気に流行ったところにあった。福本和夫は二二年から二四年にかけドイツなどに留学し、コルシュと親しくなり二四年九月に帰国した。

そして雑誌『マルクス主義』の一二月号に衝撃的なデビューをした。『マルクス主義』編集部にいた西雅雄はその難渋さに驚愕した。新人会出身でいっぱしの理論家のつもりだった林房雄も、「とてもかなわぬ」と思い、以降文芸評論の道に進んだという。福田徳三も『改造』誌上で福本の所説をとりあげ「其の筆法の鋭さと、一種独特の文体とに強く打たれた」と述べていた。河上肇も白旗をあげた。二七年二月には中間派の水谷長三郎らが『歴史と階級意識』の一部を「階級意識とは何ぞや」として訳出した。九月に同書の一部「組織の方法論」が小林良正によって訳出された。分裂主義には反対の人たちも、福本が持ちこんだ哲学的な問題提起には関心をもった。デボーリンやルーダスのルカーチ批判も稲村順三によって訳出された（一九二七、二八年）。

この一、二年で運動に入った若手は、無産政党の分裂を「戦闘的なマルクス主義を戦い取るための必然的な過程」だと説教する福本イズムに熱狂した。無産政党の統一に懸命になっていた堺利彦は老人あつかいされ、山川の門下生の多くも福本の徒となった。

インテリの嗜好に敏感な改造社は季刊雑誌『社会科学』を刊行していたが、「唯物史観研究」号（一九二六年一〇月）、「理論闘争批判」号（一九二七年七月）、「マルクス主義全解」号（一九二七年一一月）と、たてつづけに福本＝ルカーチ＝コルシュの提起の賛否を問う特集をくんだ。各号で福本、河野密、大森義太郎、土田杏村、加田哲二、櫛田民蔵、佐野学、田所輝明、山川均、西雅雄、青野季吉らが持論を開陳した。

福本の土俵に乗らぬ冷静な批判もあらわれた。大森は「階級主観性と無産者科学の客観性」（一九二六年九月脱稿日本で最初にルカーチに言及した論文といわれる）で、ルカーチを認めつつも、彼の歴史弁証法と自然弁証法との切断に疑問を呈した。

櫛田は「福本氏著『経済学批判の方法論』に就いての一感想」（前掲「唯物史観研究」号）で、マルクスの「方法論」は「個別から一般へさかのぼる」ことで「結果」として得られるのであって、さきに到達点としての「方法論を高調」するのは邪道だと述べた。『経済学批判』でマルクスが、読者に「個々のものから一般的なものへさかのぼる決心」を求めて、「序説」の発表をひかえた態度に倣ったのである。櫛田の「感想」は、短文で意を尽くせたとは言えないが、日本ではまだ「マルクスを…一応その注意通りに読むこと」も足りず「批判の対象がまだいくらも熟して居ないうちに、次から次へと批判の方法を輸入」するのは「後進国の悲哀だ」と、鋭い指摘をした。

一番ラディカルな批判をしたのが山川だった。彼の「私はこう考える」(一九二七年七月)は、福本イズムを正面から批判した最初で最後の論文だった。「革命的理論」は「ただ真実に大衆的にして革命的な運動の実践とその発展との密接な関係を通してのみ、真実に把握することができる。…一回の受験勉強によって、これを理解し尽すのではなく、実践の…発展に伴うて、それだけづつ消化してゆくのである」。

ところが「一回の受験勉強で」唯物弁証法の重要さを知った「理論家」は何をもたらしたか。「左翼的分子に――少なくともその一部分に――その行動と戦術とを裏づける理論を持たしめた。けれどもそれは最も単純な、最も容易な、最も忍耐と弾力性とを必要としない…左翼的行動と左翼的戦術とを裏づける理論を供給した」。

1925年　山川均

山川にとっては、「理論闘争」自体が実際運動にはマイナス作用しかもたらさなかったと思われた。「あれが何らかの意味で『理論闘争』だということに、そもそも私は根本的な異存があったのです。のみならず、大本教のお筆先に匹敵する論文と、その暗誦口真似とに対して、同じような高遠な理論的ノンセンスをもって答えることは、問題をますます大衆にわからなくすることで、問題の解決にちかよるゆえんではありませぬ」と述べていた(「或る同志への書簡」二七年)。

だが、当時は、山川のような態度は異色だった。向坂には強い印象を与えたと思われる。

3　日本的「理論闘争」に批判的

向坂逸郎は、こうした昭和初期の論壇の状況においてどのような存在だったろうか。

当時、留学や外遊は、どの分野にせよ活躍するための一つのキャリアであった。米国は片山潜がいたので活動家が大勢滞在しコミンテルンとの接触をしていて、第一次共産党結成には米国帰りが多く参加していた。だが米国は、ドイツとは違いマルクス主義を研究するような環境ではなかった。猪俣も滞在中に在米共産主義者グループと接触して感化され一九二一年に帰国したが、本格的にマルクス主義を探求するのはそれからだった。

二年以上留学していた向坂は、マルクス・エンゲルス・レーニンの文献を蒐集・玩味し、ドイツの社会主義運動の論戦や姿に接することができた。ドイツ留学組は他にも沢山いたが、実際運動の関心をもって見聞し、また帰国してもそれを生かした人物となると、向坂一人と言ってよい。再建共産党指導部にはソ連のクートペで教育を受けた者が多く、福本を除き、欧州留学組は殆んどいない。留学・外遊という面から見ても、向坂は異色の人材であった。

帰国したらすぐ九州帝大に赴任した。当時は東京にいないのは、論壇から遠ざかることを意味したのだが、おかげで研究と翻訳に集中できた。はなやかだった福本イズムをめぐる「理論闘争」にはまったくかかわらなかった。改造社・『社会科学』の「唯物史観研究」号の筆者に名前は出ているが、それは「エンゲルスの唯物史観に関する書簡」を訳出しただけだった。

しかし、帰国してすぐ、大森に「理論闘争のような議論なら、おれはとっくに知っている」と話たことは紹介したが、論壇で交わされていた論点は理解できるものばかりだったと思われる。ルカーチの名を日本ではじめてあげた大森の「階級主観性と無産者科学の客観性」も、向坂からもヒントを得たと考えてもおかしくない。しかし、この種の議論は日本のように一握りのインテリの中で交わされればカリカチュアにすぎないと感じたであろう。櫛田民蔵が、さきの福本批評で、「下降過程」を経ぬまま方法論だけをとりあげることに異を唱えたのにも、山川が福本イズムを相手に議論すること自体無意味だと断じたのにも、共感を覚えたであろう。

向坂はのちにこう回想している。「河上さんは…啞然とする位あっさりと福本イズムにしゃっぽをぬいだという感じであった。櫛田さんは…自分の今まで歩いてきた道を、今まで通りの態度で進まれた。福本氏は、聡明にも経済学の内容には触れないで、その方法論だけを問題にされた。それも『経済学批判』の序説の紹介を出なかったのである。そしてこれより先この序説の重要性を認め、ここに根拠において唯物史観とマルクス経済学の性格を明らかにしようと試みたのは、ほかならぬ櫛田民蔵さんであった。だから櫛田さんは福本氏の方法論的批判に少しもあわてる必要はなかったようであった」(「山川均」『わが師』五八年)。

向坂は、九大追放後も、二八年中は『改造』に筆名で寄稿したくらいで、しばらくはジャーナリズムとは縁遠い世界に引きこもった。『マルクス・エンゲルス全集』編纂に全精力を注ぎ、マルクスの全体像をあらためて読み込もうと努めた。向坂の蓄積を知る『労農』の同人たちは、さまざまな論争に早く参戦させようとしたようだが乗らなかった。このキャラクターが、数年先には、結局は労農派の主砲としての位置にみずからを期せずして押しだすことになるのである。

『改造』二八年一〇月号には「昭和三年度現代思想・評論家総覧」と題し一八〇人の略歴が載った。もっとも多い行数を割いて紹介されたのは山川で三六行、福本一八行、堺一六行、荒畑一六行、河上一四行、西雅雄一二行、河野密九行、大森八行などの中で、向坂は七行だった。最も短い紹介が五行だったから、向坂の論壇でのグレードは昭和初期においては低かった。

二 『マルクス・エンゲルス全集』、『経済学全集』

1 『マルクス・エンゲルス全集』刊行の大競争

二八年四月末に上京した向坂夫妻は、両親と弟妹が下目黒にいたので、しばしそこに居てから、中目黒の借家に向坂夫妻だけ移っておちついた。大学追放と転居、義父母や甥姪たちへの気配りなど、ゆき夫人にとっては過酷であった。二九年春には結核が発症する。

向坂の方は教授時代よりはるかに多忙になった。東京で待ちかまえていた一番の大仕事は、改造社の『マルクス・エンゲルス全集』の編纂である。時を同じくして、岩波を筆頭とする五社連盟が『マルクス・エンゲルス全集』の企画を立てて激しい競争戦に突入しようとしていた。

当時の日本では『マルクス・エンゲルス全集』は商売から言っても宝の山であった。同時期に二つも全集刊行の計画が立てられて競争したのだから、売れるという見通しがどの出版社にもあったのだ。

一方、世界中でも『全集』編纂が開始されたのはソ連邦のみで、モスクワのマルクス・エンゲルス研究所所長・リヤザノフが一九二二年ころから企画し、資料収集をはじめたところだった。彼はベルンシュタインの協力を得て、ドイツ社会民主党アルヒーフやフランクフルト社会研究所からロンドン、ニューヨークの図書館にまで調査に出かけ写真版をとった。これだけでも膨大な費用がかかるが、政府が全面的に援助したからこそ可能になった。それでも改造社版全集のほうが早く完結した。ドイツでは社会民主党の強力な組織と蒐集資料があっても、メーリングがマルクス・エンゲルスの初期著作集を刊行するのがやっとだった。

このように、日本で全集を編纂するのは、国際的にも驚異的なことだった。

改造社社長の山本実彦は太っ腹で機を見るに敏、「円本ブーム」のさきがけをなした人物だ。「山本実彦という人は、強い反逆的ファイトを内蔵する人であった。しかし、彼も資本の要求にはいかんともしがたかった。この全集を編集した社長と私との問答をもちだすまでもない」(『わが資本論』)。野人のファイトを秘めた二つの個性がぶつかりあいながら、野望をなしとげたのである。

改造社はすでに一冊一円で『日本文学全集』を売り出し一〇万セットともいわれる予約をとり、大あたりしていた。他の出版社も競って同じような「円本」の全集ものを刊行していた。山本実彦にとって文学のつぎにヒットしそうなのはマルクス・エンゲルスだった。

いま一つの『全集』の企画は、希望閣、同人社、弘文堂に叢文閣、岩波がくわわった五社連盟だった。希望閣は市川正一が社長で再建共産党の影響下にあった。再建共産党関係者にしてみれば、山川、大森など「解党主義者」が改造社とむすんだ全集を出版させるわけにはいかなかった。のちに向坂の『資本論』翻訳までも妨害するのだから、正統派としての面子を保つには執念深かった。そういう共産党方面の働きかけも、五社連盟の形成に与っていた。

それだけではなく、山本実彦流の山師的なやり方で、学界にも注目の全集を出させてなるものかという大内兵衛、高野岩三郎はじめ象牙の塔の反発もあった。岩波茂雄は出版事業にはこだわりがあり、山本流のやり方には眉をひそめていたらしい。大原社会問題研究所長の高野岩三郎は、岩波に説得されて、五社連盟版に全面的に協力を約した。

こうして編集計画については改造社が一歩先んじていたが、五社連盟は河上肇、櫛田民蔵、大山郁夫、森戸辰男、高野岩三郎という大物を「編集主任」として臨んだのだった。

さて、後年の回想ではよく、福岡からの列車が静岡に着くとすぐに大森義太郎が乗りこんできて向坂と話していると、国府津から同人社社主の大島(改造社の大島治清とは別人)が乗りこんできたものの、先を越されたと察して退散したと語られている。向坂の膨大な文献と蘊蓄をどちらが使えるかが、両者の勝負の分かれ道だった。

だが、実はその前から話はあったようだ。さまざまな回想を総合すると、次のような経過だったらしい。

すでに二八年の初春、福岡の向坂のもとへ改造社社員の浜本浩がおとずれていた。前年秋に山本実彦が山川と相談し、全集編纂責任者を大森に要請していたので、大森はすぐに向坂に計画を伝えたらしい。親友大森の要請だからそのときすでに内諾していたとしてもおかしくない。田中定も、向坂が九大を去るときには「マル・エン全集の話は当時すでにあったと思います。東京に行けば兎も角その仕事でいっぱいなのだという話は聞いていました」と回想している(九大『経済学研究』六二年四月)。五社連盟側は、向坂争奪戦にかんしては初めから出しぬかれていたわけだ。

東京駅には山本実彦が出むかえていて、さっそくステーションホテルで打ちあわせをした。翌日には改造社にでかけて、担当の社員・大島治清と打ちあせをする速さだった。向坂が中目黒に落ちついてからも、岩波茂雄と同人社の大島が説得にきたが、功を奏しなかった。同人社とは『全集』の話が出る前に、エンゲルスの「資本論第三巻への補遺」出版の約束があった。それを棒に振ってでも『全集』の方がやりがいがあったのだろう。

改造社は、全集の編纂への俸給として、九大教授時代と同額を保証すると申し出たそうだから、大いに助かった。大家族の世話をしなければならない向坂にとって、山本実彦の大博打がなければ暮らしの維持も容易でなかったろう。しばらくすると総合雑誌からも稿料を得られるようになるが、「私の著述に依る月平均二百五六十円の収入によって一家六人の生活を支えていた」（訊問調書）というから、楽ではなかった。

2　後輩には慎重なアドバイス

向坂は、三・一五事件のすぐあと、「いくつものもの凄い眼が各教授を監視していて、首の不用な者でない限り露骨にはもの云うことはできない」。「だから吾々はマルクシスト教授に一頃のように華々しき活動のないことを責めることは出来ない。その前にむしろ抑圧に耐えつつ、地道にその研究を進めつつあるこの人々に同情と敬意を捧げることを惜しんではならない。彼らの怯懦を笑うものをして笑わしめよ。敵の意識的、無意識的の誘引にひっかかることなかれ」（「マルクス経済学界」『経済往来』二九年二月号）と述べていた。第一章五―6に紹介したように、九大に残してきた弟子たちからは、多くの相談事を受けていたことを想起させる。

塚本三吉も向坂を追って福岡から上京してきた。それも新婚の妻を伴ってのことだったから暮らし向きは苦労が多かったであろう。その上、九州での農民組合運動に参加したかどで一時検挙されてしまった。途方にくれた夫人はよく向坂宅をたずねて苦境を訴えたので何かと援助した。

高橋正雄は向坂と入れ替わりのように九大に助教授として赴任することになった。高橋が九大に入れたのは、大内兵衛が九大の長老格の美濃部達吉に頼んで経済学科のボス・高田保馬に推薦してもらったからである。高田は、向坂と高橋の関係を知らなかったらしい。「高田が教授会に高橋の件をはかると、いつもなら高田の反対に回る向坂や石浜が一も二もなく賛成した」。向坂と大内はひそかに打ちあせ済みだった。「このからくりに高田はあとになって気付いた」（「九大風雲五十年」『毎日新聞』連載）。

九州に行く前の高橋とは、大森と共に四月末に東京で会った。「三・一五直後、おっかなびっくり赴任する私のことを心配してである。私は休暇ごとに上京していた。そのつど、向坂さんのお宅を訪ね、…大森さんと三人で、あまり人には言えない『謀略』『策動』のことを話し合ったりした」。向坂と大森は「洋行するまでは大学を飛び出すな」と注意した（高橋『私の造反』）。

高橋正雄は、『労農』同人以前から向坂と親しくなった人物としては、もっとも長生きする一人となる。

彼は向坂より四歳年下で一九〇一年に小農民の子として仙台で生まれた。貧しくて小学校のときからアルバイトをしたように、生活の苦労は向坂以上だったようだ。高橋が東大経済学部から助手にかけて接したのは、大森義太郎だった。高橋は九大助教授になってからも総合雑誌には登場せず、学会誌に貨幣論や所得統計論などの地味な論文をものしていた。『労農』には論争的な文章も寄稿したが、すべてペンネームだった。生活の苦労や地味な研究というところからも、いかにも頑固そうな性格がうかがえる。

似たような境遇の土屋喬雄は、向坂とは異なる領域での実証研究に専念したし、また政治的な方面には近寄らなかったので、かえって向坂とは終生うまくいったのではないか。これに反して高橋は、なまじ政治的に同じ場に身をおいていただけに、いったんくいちがうと頑固者同士で晩年には距離は開く一方だった。

二八年の七月には、有沢広巳が留学から帰朝した。「向坂君が迎えにきてくれたので、ふたりで鎌倉に大森君を訪ねた。…ふたりがやめるにいたったときの事情をきいていると、ぼくも大学にいることの拘束を感じることができるような気がした。しかし大森君は最後に、『いろんな人が君をひっぱりだしに行くことだろうが、できるだけ君は大学に残っているようにするんだね』といった。向坂君は『なにしろぼくらの仲間では大学に残っているのは有沢ひとりだからな』と付け加えた」（有沢　前掲書）。山川均も「大森が大学を飛び出すなら、有沢をのこせ」という意見だったと言われている。有沢には『労農』同人への参加も求めなかった。

少しのちになるかと思われるが、岡崎次郎も向坂のもとにあらわれた。岡崎は中西寅雄の親戚で、東大哲学科から経済学部に入り、卒業後仕事をさがして「中西寅雄に相談をもちかけたら、向坂逸郎への紹介状を書いてくれた。…彼は私の経歴や漠然たる志望を聞いて、即座に新カント派の影響の強いマックス・アドラーの『科学をめぐる論争における因果性と目的論』を翻訳するように勧めた」。これは改造文庫から筆名で『マルクシズム方法論』として刊行される。以降も岡崎次郎は向坂に翻訳出版の斡旋を依頼した。改造社の『経済学全集』の一冊でゾンバルトの『近世資本主義』の「訳者に自分が選ばれたのには、やはり向坂の推薦があったのだろうと思う」と述べている（以上『マルクスに凭れて六〇年』）。

三三年ころと思われる岡崎の向坂宛書簡にはこうあった。「小生家庭的の事情から出来るだけ早く生活費を稼ぐ必要に迫られて居り、しかも差し当たりの目あてはゾンバルトの翻訳しかありません。…改造文庫以外の方法で出しうる見込みが残っているかどうか、先生のご判断に依って、どちらにでも宜しくお願ひします」。

次郎の弟・三郎は東大仏文科を出てから大阪の電通の記者をしていたとき、向坂からイタリアの歴史学者・ラブリオラの翻訳を勧められた。ラブリオラはマルクス主義者だが穏健な学者で、当局からにらまれるようなものではなかった。友人の椙西光速からは『資本論』を勧められ、しだいにマルクス主義に踏みこんでいく。岡崎兄弟は以降、向坂とそれぞれのスタンスで永いつきあいになる。

向坂は、自分では覚悟を決めて思い通りに行動したが、他人の行動には慎重さを求め、翻訳も穏便なものを勧めたことがわかる。

仙台の東北帝大に宇野弘蔵がいたが、有沢らと宇野の交友の輪の要は向坂だった。

向坂が上京して間もなく仙台の宇野から「今晩突然上京することになったので是非お目にかかりたい」と知らせてきたのをはじめとして、以降数年間、上京するので会いたいといった類のハガキが二、三カ月に一度くらいの頻度で残されている。宇野も仙台では見いだせない、理論的に切磋琢磨できる頭脳に飢えていたのだろう。その飢えを満たすのは向坂と櫛田民蔵の二人だったようだ。仙台からの手紙にはこうあった（一九二九年一〇月二日）。

「この間は忙しい処を有り難う。もう少しゆっくり話したかったが。尤も話せば例の如くに下らぬことばかりしゃべってしまったのだが、併し実は自分の心境が東京に行って見ると、サッパリ判らぬところに迷って居ることが益々ハッキリして来て話の仕様もなかったので、まとまる処なく帰ってしまふ事になった。皆に会っただけでも良かった…」。

向坂と、独特の思索力がありすぎて迷ってしまう宇野を囲んで、山田盛太郎、有沢広己らが本郷や銀座の喫茶店で談論風発していた光景をほうふつとさせる。

3　マルクスで金になった時代

インテリや学生、意識的な労働者には、マルクス主義はある種の流行だった。ブルジョア経済学者も自説の開陳よりも、むしろ福田徳三や小泉信三のようにマルクスを正面から批評することで原稿料をかせげた。インテリや地方の文化的な地主、官吏、教師などの必須アイテムは総合雑誌だった。当時の月刊雑誌には、『キング』に代表される娯楽雑誌とは区別された総合雑誌というジャンルがあった。メジャーは『中央公論』、『文芸春秋』、『改造』、『日本評論』である。

しにせは『中央公論』で、大正デモクラシーのころは吉野作造を看板にして進歩的な論壇をリードした。堺利彦もよく登場し、のちに『堺利彦全集』は中央公論社から刊行される（一九三二）。これにたいし、一九年に発刊された『改造』は左翼では主に山川均を起用し民本主義批判をリードした編集で、社会科学分野では『中央公論』を凌駕する勢いになった。菊池寛主宰の『文芸春秋』は穏健な文芸路線だったが、それでもマルクス派はよく登場した。

『中央公論』はそれまではマイナー雑誌に執筆していた漱石のデビュー・メジャー誌であり、藤村が「夜明け前」を連載し、『改造』が志賀直哉の「暗夜行路」を連載したように、両誌は文芸でも一流作家の活躍の舞台だった。プロレタリア文学や自然主義派や新感覚派作家にも登竜門となった。このように当時のインテリは文学から社会科学に至るまでまさに「総合」的に知識を吸収しようとしていた。

総合雑誌の常連となるということは、今で言えば『世界』の常連の比ではなく、NHKの解説番組のレギュラー並のステイタスだった。

総合雑誌でマルクス派が幅をきかせていただけではない。発行部数は劣るが、『マルクス主義』、『労農』、『社会思想』などの理論誌を各潮流がそれぞれに持っていた。文芸の世界では、プロレタリア文学はいくつかの流派に分解しながらも、『文芸戦線』、『戦旗』などの同人雑誌が大量の読者網をほこり、自然主義文学や新感覚派などと対等の存在感を示しており、これまたある種のファッションだった。

向坂の『改造』の原稿料は四百字で一枚四円五〇銭程度だった。大森は四円だったが、五〇銭の差は「教授で首になったか助教授で首になったかの差だ」とは、向坂が大森にした「解説」だった。総合雑誌だと三〇枚位の論文もよくあったから、一二〇円程度にはなった。九大助教授の月給が手取り三〇〇円程度だからけっこうな額である。ちなみに二〇年ほど前のことではあるが、漱石が『中央公論』に寄せた「二百十日」の稿料は一枚一円二、三〇銭だった（夏目伸六『父夏目漱石』）。

それはともかく、向坂にはさっそく五月に『改造』編集部から執筆依頼が来た。依頼の手紙には「名前やむを得ねば御仮名でも」とあった。なぜ仮名を望んだのかはわからない。こうして向坂の総合雑誌のデビューは『改造』二八年七月号の特集「マルクスとエンゲルスの交わり」だった。筆名は岡田一夫。堺、山川も寄稿したが、この両大家をさしおいて特集の冒頭論文でタイトル・ロールだった。メーリングとカウツキーに依拠したものだが、戦後の論文集『マルクスをめぐりて』にも再録された。

ちなみに同じ号の『改造』では、夏目鏡子の「漱石の思い出」、宇野千代「老女マノン」、谷崎潤一郎「卍」などが誌面をかざっていた。

『マル・エン全集』で改造社の打ち出の小槌となった向坂は、改造社には多少のことは注文できたようだ。また、彼の実力が分かった中央公論社なども執筆を依頼してきた。向坂の個人的な魅力は編集者を惹きつけ、直ぐに仲のいい編集者ができた。佐藤観次郎（中央公論社）、広田義夫、大島治清、少し遅れて水島治男ら（いずれも改造社）は、向坂と長く親交をつづける。向坂のこういう立ち位置は期せずして多くの人の暮らしをたすけることになった。労農派関係者だけでなく、各方面が原稿料稼ぎの頼みごとを持ち込んできた。羽仁五郎からは、向坂が翻訳し中央公論社から刊行を予定していたカウツキー『農業問題』の訳出を平田良衛に譲ってくれないかと頼んできた。自分の訳した原稿を、改造文庫に採用できないかという類の依頼は複数きた。『マル・エン全集』の翻訳も自薦他薦はかなりあった。その差配や配慮だけでも気苦労は多かったであろう。

『マル・エン全集』の競合も、あとで見る『資本論』翻訳をめぐる違約問題もその背後には大勢の左翼インテリの生活がかかっていたのである。山川均は向坂以上に改造社などには顔だったので、やはり意図せずして同じような立場に立たされたようだ。二人とも頼まれれば政治的に親しい人々を優先したであろうから、のちに共産党系文化人から「労農派の原稿ギルド」などと悪口をたたかれる。

4　『経済学全集』へのかかわり

改造社から『マルクス・エンゲルス全集』のほかにもう一つ仕事が依頼された。『経済学全集』の執筆と編纂である。こちらも当時は話題の企画だった。河上肇と福田徳三を看板にして、マルクス経済学とブルジョア経済学を半々ずつ組みあわせた企画で、マルクス経済学関係の編纂には猪俣、向坂、大森が関与した。

編纂方針について福田徳三はこう述べていた。「経済学のみこそあらゆる社会科学中の最恵者である。何となれば経済学は…有力なる批判者をマルクシズムに於て有ているから。…『全集』は各論毎に資本主義理論とマルクシズム理論とを両々相対象せしめて居る」。時代相をうまくとらえた宣伝だ。

当時、日本評論社からも同種全集が企画されており、それへの協力も求められたが、その編纂責任者が保守派の土方成美をはじめ本位田祥男、河合栄治郎らが中心だったので断った（河上肇、山田盛太郎、大森義太郎も断った）。

向坂によれば、日本評論社版全集との競争でも、山本は「河上肇に執筆してもらうために、十万部の印税に当るものをつかんで京都に飛んだと、社内でいわれていた」（『わが資本論』）。この両全集の宣伝合戦も『マルクス・エンゲルス全集』のそれと同じくらい派手であった。しかし日本評論社十数巻にたいし改造社四〇巻以上と、やはり改造社に軍配はあがった。

『経済学全集』の配本は『マルクス・エンゲルス全集』配本から三カ月後の九月からだった。この企画でも、岡崎次郎にゾンバルトをやらせたように、翻訳などを若手研究者たちに配分することも仕事になった。また、『経済学全集』の月報にも二八年一二月第二回配本から、ときおり味わい深い小品を執筆する。

この二大全集の編纂のために、向坂は毎週一日おきに改造社に出勤し、週に二度くらいは鎌倉から出てきた大森と二人だけで、銀座の千疋屋か資生堂で会って近くの改造社にでかけた。相当の忙しさだったにちがいない。『改造』など総合雑誌への本格的な論文執筆は、三〇年ころまではあまりない。翻訳以外の単行本の上梓も、同年代の同僚たちに比べてはるかに遅くなる。石浜は二八年末に『経済史概論』を上梓した。向坂はその書評でこう述べた。「時を同じくして九大の生活を始め同一の理由の下に『生活上の転換』に際しているこの小論の筆者（向坂本人―引用者）は、今なお『過去研究の成果を一応まとめる』意味においてすら、一巻をも編み得ないで居る。この書の著者をうらやむゆえんである」（『帝国大学新聞』二九年一月一日）。

だが当時の向坂には、「うらやむ」とはお世辞であって、自分はマルクス・エンゲルスの事業自体を世に知らせるという大きな仕事に取りくんでいる自負心があったように思える。

処女論文・「マルクス経済学」の次の本格的な学術論文は『経済学全集』第二六巻（二九年六月）に一五〇頁にわたって収録された「人口理論」だった。この執筆は伊豆湯ヶ島にこもって仕上げた。「人口は幾何級数的に増える が生活資料は算術級数的にしか増加しない」という命題から、貧困問題を説明したマルサスの人口理論への批判である。カウツキーやブハーリンのマルサス批判を援用しつつ、マルクスによる資本主義的人口法則を説いたものである。改造社の理論誌『社会科学』二九年三月号に「貧乏と人口」と題して高田保馬批判を寄せたが、これは「人口理論」の準備作であった。

つづいて『経済学全集』には『資本論』第三巻の解説を『資本論体系下』（一九三一年三月）として、『資本論』第一巻の解説を『資本論体系上』（一九三一年八月）として上梓する。その内容についてはあとで触れよう。

「人口理論」の執筆で二九年四〜五月に湯ヶ島に滞在中、福田徳三と同宿になり、部屋に表敬訪問して高田保馬を魚におもしろく話しこんだ（「高田保馬と小泉信三」『中央公論』三一年一一月）。福田徳三に「個人的に会って話したのはこの時がはじめてであり、最後であった。ちょっと野性を感じさせる人である」と回想した（『わが資本論』）。

この時のエピソードがゆき夫人に出した手紙に書かれている。宿の向坂の隣室に三人の帝大生がいて、ふすま越しに聞こえてくる会話だ。「A『オイ、サキサカイツオが来ているぞ』B『どれ、ハア著述か、何?三十三だ?』C『なあに、いい加減に書くんだよ』だとさ。おれをもっと老人だと思ってゐるのかなあ、いやだよ。又しばらくするとA『オイ福田徳三って知ってるか、大学教授だよ』。ほかの二人は知らず。…福田さんを知らずに己は知ってる。福田さん聞いたら憤慨するだろう。有沢は己と並んで宿帳にあるはずだが、彼ら気づかず。このこと有沢にいってやるつもりだ」。

5　二人の国際的ドン・キホーテ

『マルクス・エンゲルス全集』第一巻の翻訳と構想は、向坂が上京する前にできており、第一巻は二八年六月に刊行された。向坂は付録の「月報1」に「ビスマルクがエンゲルスを買収しようとした話」を執筆した。以降、マルクス・エンゲルスについての小品を「月報」に寄稿してゆく。

その「月報1」には「リヤザノフ氏は…モスコウ版第1巻にさえ這入らなかった補足素材を提供して、改造社版…を援助する旨の電報に接す」という大々的な宣伝文がのっていた。リヤザノフはモスクワで本格的な『全集』の編纂に着手しており、五社連盟と改造社のどちらがこの世界的権威を味方につけるかは大きかった。その際一役買ったのが向坂だった。向坂は、山川の発案かもしれないと回想しているが、山本実彦の依頼でリヤザノフに援助を要請する手紙を出したのだ。

このあたりの経過は大村泉の「二つの日本語版『マルクス・エンゲルス全集』の企画」（『大原社会問題研究所雑誌』二〇一〇年三月）に詳しい。大村論文に、六月一七日付の山本名のリヤザノフ宛書簡が紹介されているが、これが向坂がドイツ語で代筆したものと思われる。そこには「私どもは、今や貴殿のご援助を頂くことで、最良の、そして現在日本で集めうる限りの完全なマルクス／エンゲルスの著作集を出版できることを、期待しております」。「編集者ならびに翻訳者には日本における左派知識人のエリート層であり、良く知られている共産主義的指導者、たとえば、山川均、猪俣津南雄、堺利彦がいます」。「マルクス／エンゲルス研究所が、未見の諸資料とさまざまな入手しがたい写真を提供して下さることを、切にお願い申し上げます」等々とある。事前に大森に見せたら「ドイツ文法の例題みたいな手紙だな」と悪口を言いながら「すぐ出そうということになった」（『わが資本論』）。

五社連盟側も、大原社会問題研究所が高野所長の名前でリヤザノフに「研究所は連盟版を支持し、編集する」と伝えたり、日本共産党筋から「改造社版は、反動家高畠や社民主義者、中央派がたくらんだもので、正統派はわれわれだ」と働きかけたりした。リヤザノフは前言を撤回し五社連盟版支持を伝えたが、高野と大原社研への信頼が彼の判断にとっては大きかったらしい。二一年に大原社研からベルリンに派遣されていた櫛田と森戸辰男は、リヤザノフの紹介でレニングラードにいくことができた。それくらいリヤザノフは大原社研を信用していた。

高野のリヤザノフ宛書簡には、一本化できないか努力したこと、また自分と森戸は行きがかり上、改造社版にも訳出をすることなどを率直に伝えつつも、研究所としては連盟版に協力するのでよろしくと要請していた。

リヤザノフも日本でこんな騒ぎがおきているのにはおどろいたらしい。福田徳三宛の書簡には「実にたくさんのマルクス／エンゲルスの著作が日本語の翻訳で出回るようになったあとで、さらに今、それに加えて二つの大型の全集が同時に着手されているのを見ることは、心が弾みます」とあった。

とはいえ、できるだけ学術的にも完璧な全集を期待したリヤザノフは、大原社会問題研究所のほうを信用するのも当然だろう。改造社のほうは、堺、山川などやや旧い―しかも「解党主義者」としてモスクワでは白眼視されはじめていた―有名人しかいなかった。実際は大森と向坂の二人が推進したのだが、両名はモスクワにとっては馬の骨でしかなかったろう。向坂はよく「二人のドン・キホーテ」と自称したが、まさに国際的にもドン・キホーテだったのであ

大森義太郎

る。

五社連盟の推薦者だった大内はこう回想している。「五社連盟の参謀になったのは私と櫛田君だった。改造社から高畠の『資本論』が出るというので、あんなものが出ると困ると思って、まず櫛田君から河上さんと文通して、東京のほうでは櫛田君と僕とがすべての計画をたてた」(『朝日評論』四九年四月号)。こういう事情は承知の二人は、先輩をさしおいてよくぞ突っ走ったと言うべきであろう。

櫛田や大内とは一味ちがう向坂の野生的なキャラクターを物語るのは、大内が眉をひそめた高畠『資本論』への態度である。彼は、学者たちの高畠『資本論』への不評は意に介さなかった。その心境は、四〇年以上たってからこう筆にしている。「高畠素之訳には誤訳があるという人もあったが、誤訳のない訳などない。…『資本論』でマルクスは何を果たしたかを理解するのが大事である。高畠版がこの原理を誤解させるような悪訳でなかったことはたしかである」。「高畠素之が、反動屋になったことと『資本論』とは何の関係もない。…こんなことは外にいくらでも例があろう。ゲーテやシェイクスピアとは全くちがった才能が、ゲーテを翻訳し、シェイクスピアをよき日本語にすることも出来る。また逆に『資本論』を発展させたと称しながら、『資本論』とにてもつかぬ『理論』をこねあげる例もある」(『わが資本論』)。

それはさておき、改造社は六月に第一巻を配本した。堺訳のリヤザノフの「マルクス・エンゲルス伝」を巻末におまけに入れて九四二頁で厚さ五センチ近くだから、一円で買えるとあって世間も驚いた。七月には第一巻の「初版、再版三版売切れ、四版出来」と派手に各紙に広告したのにたいし、五社連盟は七月一四日に二度目の配本延期広告を出す始末だった。

両企画とも、原則として年代順の論文編と、『資本論』『剰余価値学説史』と、書簡集の三部構成は同じだが、改造社の『資本論』は高畠訳ですでにできているものだった。これに反し五社連盟の『資本論』は、遅筆の河上肇の訳稿を宮川実、長谷部文雄といった面々で点検するやり方だった。相当な時間と労力が割かれたであろう。しかも、リヤザノフの支援を取りつけたはいいが、モスクワで『全集』のために発掘される膨大な新資料をリヤザノフが送ってきたら、当初企画どおりにはいかなくなるのは目に見えていた。リヤザノフの支援を受けられなかった改造社版ですら、向坂が公表される新論文をつぎつぎに加えていったので、三〇年四月の『全集月報』に「二年の間に新しい材料が続出したため一〇冊追加する」と予告し、当初予定二〇巻をオーバーし二九巻(全三二冊)になるのである。

こうして五社連盟版は大幅に後れをとり、嫌気がさした岩波が七月には脱退したので刊行中止に追いこまれた。

この顚末について二つの反応を紹介しておこう。一つは大村論文に紹介された駐日ソ連大使トロヤノフスキーのリヤザノフ宛書簡（七月二五日付）である。

「私は…改造社を支持しています。理由は、改造社はわれわれの役に立っているからです。『資本論』を一〇万部発行しましたし、『マルクス・エンゲルス全集』の第一巻を刊行し、二万もの予約者を募ったからです。聯盟版が独自の全集を発行できるかどうか私には訝しく映ります」。そしてマルクス・エンゲルス研究所が「事態を傍観視」していては「迫害の脅しをかけられながら全集を予約した読者にとっても、事態は深刻になる一方ではないでしょうか」と結んでいる。向坂によれば「その頃のソ連大使館は、警視庁の監視の下でのみ、出入りが出来る所で『危険』な場所であったが」、山本実彦みずから訪ねて、トロヤノフスキーに協力を要請した。このトロヤノフスキーの息子は、戦後日ソ国交回復後にソ連大使として赴任する（『わが資本論』）。

もう一つは岩波茂雄の「マルクス・エンゲルス全集刊行聯盟脱退についての声明」（二八年一〇月）だ。

「他社によって計画されていた同種の企画が、遺憾の点甚だ多しとの意見に励まされ、且つ当方を支持せらるる諸氏の悉くが最高権威者であることに絶対の信頼を置いて」五社連盟に参加したものの、「所定の日限に原稿が完成しないばかりでなく、殆んど過敏とも云うべき諸氏の学問的良心は、訂正に訂正をなし、推敲に推敲を重ねて、全く定期出版事業の根本的条件を忘れさせたかと思わしむるものがありました」。かくて「月々一回刊行して天下に対する公約を果たすことの到底不可能なることを見越し…涙を呑んで聯盟の解散を提唱しました」云々…。

いくら山本実彦の方針が「遺憾」で、学問的良心を傾注しても、陽の目をみなければいかんともなしえなかった。

一一月配本に付された改造社版全集の「月報4」には、昇曙夢の露西亜からの帰国土産話として「リヤザノフは、本全集を手にせられて何よりも驚いたことは、このような大きな書物が僅か一円で手に入れられることであった。それに研究所から発行されているインターナショナル版が、未だ一冊しか発行されていないのに、本全集が二巻三巻と継続発行される用意と精力に驚き以上の表情を示していた」という追いうちまで載った。

6　猛烈な仕事ぶり

中目黒の自宅にタイピストが来て、原資料をタイプ化して社にはこび訳者に渡した。このタイピストは英語とドイツ語のわかる二〇歳そこそこの「勤勉な大人しい」女性だった。後年向坂は名前は失念してしまったが、彼女に「この女性は…全集の隠れた協力者である」と謝意を表した(『わが資本論』)。ドイツ語や英語、時にはフランス語やラテン語までまじったから、タイプミスをチェックするだけでも大変だったろう。向坂がドイツで購入し東大経済学部図書館に納めた世界的稀覯本『ニュー・アメリカン・サイクロペディア』(向坂の戦後の回想では「新ライン新聞」の合冊としていることもある)は、中西寅雄が持ち出し、改造社の金庫に保管して利用した。全一一冊の百科事典をはこぶ際、重さに耐えかねた中西がころんで骨折するというおまけまでついた貴重品だった。この件を「去る一日、研究室廊下で中西君滑り倒れ左大腿骨、入院。全快まで数カ月を要す」(二八年六月)と向坂に伝えたのは山田盛太郎だった。入院した中西を向坂が見舞った時、病室ではじめて会ったのが岡崎次郎の弟・三郎(当時東大仏文科学生)だった。この超稀覯本は、『マル・エン全集』で同辞典のマルクス・エンゲルスが執筆した項目の翻訳を割りあてられた荒畑の手元にしばらく置かれたらしい。二年を経た三一年一月に向坂に有沢からこう問い合わせてきた。

東大の「研究室主任がなるべく外来の者に本を貸し出させない方針になった。これも一つのいぢめつけの手だ…あのエンサイクロペディアだが、改造社にもないとの話だ。これには少々弱った。荒畑さんのところへいってゐることもないだろうね。…」。この始末を向坂がどうつけたかはわからない。苦労してそっと返したのではなかろうか。

盟友大森は虚弱だった。二八年夏には腸結核が発病した。大森は無理を押して鎌倉から上京するか、向坂が鎌倉までおもむくかして打ちあわせをした。電話など個人では所持していない時だった。『経済学全集』のマルクス経済学関係の編纂もかかわっていたから、大森の容態が悪化した二八年夏から二九年にかけて仕事は向坂の肩にかかるようになった。

第二回配本以降、各論文の詳細な「解説」が無記名で巻末につく。マルクス・エンゲルスの全著作について解説しうる人物は向坂以外にはいないので、向坂の執筆がかなりを占めると推測される。三三年に刊行される「別巻」の「編集後記」だけは向坂名になっている。

別巻、補巻を入れて全二九巻(三二冊)の大全集の内、向坂名で翻訳したものは意外とすくない。自分が翻訳しても別人の名前で公表したり、逆に、売れ行きに有利な自分の名を貸して、若手に翻訳させて稿料を得させたり、当時はいろいろな相互扶助があったから真相は確かめようもない。実名での訳を挙げればつぎのようになる。
七巻第三分冊（二九年九月）　エンゲルス「カール・マルクス『経済学批判』」
八巻（二九年一一月）　剰余価値学説史第一巻
二一巻　エンゲルスの書簡（ランゲ宛、シュタルケンブルグ宛、ブロッホ宛、マイエル宛）マルクスのシュミット宛書簡
二四巻　エンゲルスのリープクネヒト宛書簡
別巻（三三年八月刊）　マルクス・エンゲルス全書簡の概要と著作年表　編集後記
補巻（三五年八月刊）　エンゲルス『資本論綱要』　マルクス「直接的生産過程の諸結果」ほか小編
七巻のエンゲルスの論文は、小品ながら「資本論第三巻補遺」とならんで、マルクスの方法を理解するための重要論文として向坂は重視し、戦後「『経済学批判』について」というタイトルで改訳し岩波文庫に再録する。
『剰余価値学説史』は三巻もので、一巻だけでもかなりの大仕事だった。第一巻は大森訳になっているが、一部は向坂が翻訳した。全集第八巻「解説」で向坂はこう述べている。「吾々はこの批判史に於て、ブルジョア経済学の階級的限界性を理解すると同時に、如何にしてプロレタリアートの立場、即ちマルクス経済学に到達しなければならぬか…を学ぶことが出来る。…従って若し『資本論』に於て、吾々がマルクス経済学を正面から見ると云ひ得るならば、『剰余価値学説史』は背面より見たるマルクス経済学であると云ふ比喩的表現が許されるかもしれない」。
向坂が別巻の編集後記で名をあげた訳者は九八人だが、その中に筆名が数人はいる。たとえば山口修とあるのは弟の山崎八郎（当時早大学生、後の早大教授）である。
経済的にも不遇であった塚本三吉、稲村順三、浅野正一などは小品や書簡類を数多く訳出しているが、向坂が生活の糧にと回したものであろう。佐多忠隆からは「借金の返済に迫られているのでマルクスの手紙の翻訳を振り当ててほしい」旨の手紙が来たが、この種の要望はひきもきらなかったろう。逆に宇野弘蔵は、「ほんやくの件、出来れば君でやって戴きたい。…シュミット宛の手紙なるものを見たこともないし原文も持っていないのです。…社会政策の講義を引きうけて四苦八苦していますので…」とことわってきた。
マルクス・エンゲルスの遺稿がつぎつぎとモスクワなどで公表されるので、それもできるだけ採り入れた。
「ドイツ・イデオロギー」は、マルクスとエンゲルスが遺した草稿を、のちにベルンシュタインやアドラツキーなどが整理し順次公表したものである。改造社版全集では七

巻と一五巻に「フォイエルバッハ」など重要な既公表部分は訳載されていた。しかし三一年になって、ドイツ語版『マルクス・エンゲルス全集』第五巻でより完璧に編纂されたものが発表され、そのかなりの部分を急遽二六巻（三二年八月刊）と二七巻（同一〇月刊）に分載した。難解な最新文献を読みこんで、かつ一、二カ月のうちに翻訳できる人物は誰かは不明である。訳者は轟三郎という筆名だ。向坂と山崎八郎の合作か、「轟」が「等々力」だとすると当時住んでいた有沢か、推測は尽きない。それはともかく第二六巻巻末の「凡例」（向坂筆と思われる）にはこうある。「なほ旬卒の間に訳筆を進めたので（七巻と一五巻掲載部分との—引用者）、訳語の統一がとれなかったことは甚だ遺憾である」。第二七巻の「凡例」にはこうある。「『ドイッチェイデオロギー』の『聖マックス』は、本全集七巻の二、第二六巻、及び第二七巻に所載の分を以って完訳となった訳である。何れ他の機会に於て此の三巻に分載せる各部分を順序通り全一巻にまとめて訳書としての体裁を調へる考である」。

最終配本は三二年一〇月の第二七巻であったが、その後向坂の企画で別巻と補巻が刊行された。

別巻（三三年八月刊）は当初は向坂と改造社の大島治清も手伝って、著作と書簡の総索引を作成する予定だったが、著作名と書簡宛先のみの索引にとどまり、結局向坂が四千通以上にのぼるマルクスとエンゲルスの全収録書簡に目を通し、登場する重要事項や人名を一通ずつ書き出すことになった。時代背景まで斟酌して重要な事項を取捨選択するというだけでも、豊富な知識がなければできない大変な仕事で、別巻五八三頁中の三四〇頁を占めたのである。

補巻はモスクワのマルクス・エンゲルス研究所があらたに発表した諸論文である。補巻「序」で向坂は、「資本論綱要」については「正確簡潔、この小編に勝る『資本論』第一巻の内容紹介があろうとも思えぬ」と、また「資本論—断片」（『資本論』草稿の一部で「直接的生産過程の諸結果」のこと）については、「単純なる商品生産と資本主義的商品生産との関係、資本主義的商品生産の成立発展について述べてある箇所など、殊に、興味深く読まれる」と推奨している。「資本論綱要」については、ドイツの雑誌の広告で刊行を知り取りよせて翻訳した。「綱要」、「断片」とも戦後に岩波文庫で改訳して刊行する。

向坂は「直接本全集編輯上の事務にも参画」した改造社編集部員として、広田義夫と大島治清の二人をあげている（「別巻編集後記」）。広田義夫は改造社退社後も文芸春秋社と組んで社会科学専門部門を立ちあげるなど、向坂との出版でのつながりはつづいてゆく。大島は原稿取りから校正、広告に至るまで向坂の下で尽力した。「全集が終わったある日私は大島君とお茶をのみながら『とうとう終わりましたね。しかし、この全集を始めからおしまいまで読んだのは、日本中で君と僕だけかも知れませんね』といって、笑った」（「九大新聞」一九六四年四月二五日）。

7　世界に誇る仕事

『別巻』の「編集後記」（一九三三年七月一八日）は向坂の高揚感があふれた文章になっている。

「予定の巻数二十巻を超ゆること十一巻である。現在の日本において可能なる最大限度のマルクス＝エンゲルスの全集である。そして、この程度においてすら、現に世界に存在する唯一の全集であるのである。…ドイツにおいてすら容易に入手し得ないものをも多数に収めてゐる。例えば」として、みずからベルリンで買いあつめ、東大経済学研究室や自宅に保管している「新ライン新聞」、「フォールベルツ」、「ノイエ・ツアイト」、「ニュー・アメリカン・サイクロペディア」など、いずれもマルクス・エンゲルスの重要な論文が掲載されているものを列挙している。「諸新聞、諸雑誌、辞典や稀覯本となってゐる彼等の著述を集めることは、ドイツで数千金を投じても決して容易なことではないのである。場合によっては、僅か一頁に足りない様な一つの書簡を集めるために多くの時日と困難を重ねて膨大な一冊の本をさがさなければならぬ事もある」と、苦労を密かに自慢している風である。

ただ「『共産党宣言』は、今日の吾国の社会情勢の下においては、如何なる形を以っても収録する事が出来なかった。この事は、読者諸君と共に、本全集編集部の最も遺憾とするところであるが、またやむを得ないものであった」と権力への抗議も忘れない。しかし、「ドイツに於ける××の諸要求」（四巻）、「『×××宣言』第二ロシア版への序」（七巻）、「×××××ポーランド版への序文」「××××イタリー版への序文」（一六巻）、「××××××××版への序文」「××××××××版への序文」（二五巻）についてては、標題と本文の一部は伏字にしても掲載は許された。あとで刊行される巻になるにしたがって『共産党宣言』各版序文以外でも、伏字が目立ってくるのであった。

「われわれが今日の社会情勢の下に、マルクス・エンゲルス全集をこの程度の成果においてすらまとめ上げたことは、全世界に向って誇りうるものであると信じて疑わない」。

このとき向坂は三六歳。この若さにして「世界に誇りうる」と謳えた向坂は意気軒昂だった。牢屋に入れられなかったら、「補巻」はまだ新発見資料がでるたびに発行されただろう。三五年八月に出版された「補巻」は「①」となっていたのであるから。

もっともモスクワのマル・エン研究所の全集の企画は『経済学批判』と『資本論』の各種草稿だけで一三冊というほどの大がかりなものだった。だから一一冊まで出したところで戦争のために中断してしまったのである。そして「グルントリッセ」を含むこの各種草稿は一九七〇年代になってもなお公刊されつづける。向坂は「『資本論』解説」（一九七五）のあとがきに、草稿類をふくむ「全集が完成するのを首を長くして待っているが、さて私の命がその完成まで伸びるかどうかは疑問である」と記していた。しかし、改造社版でも「資本生産に先行する諸形態」以外の重要草稿は収録されていた。

同じころ向坂は、全書簡の読みこみは「大変な勉強になった」と、こう回想した。全集の「編集そのものが、私の三十歳代前半におけるマルクシズム研究には、最大最高の獲物であった、と今日から回想している。私には、編集上の体裁などは、あまり問題にならなくなり、マルクス・エンゲルスの著書論文を読むことによる自分の勉強が中心になり、…面白くて仕方がなくなった。考えるとこのやり方は、七十五歳の今日までの私の生活の態度であるようである」（『わが資本論』）。若く、記憶力も思索力もある三〇歳代前半に、マルクス・エンゲルスのほとんどのものを体にたたきこんだことは、その後の数十年の執筆活動の土台となったのである。

また水島治男はこう回想している。「『マル・エン全集』の翻訳で辛苦勉強に励んでいた若い学徒・研究者・教授たちが、昭和五年ころからマルクス学説の多彩なテーマをかかげて、新進の論客としてぞくぞくと『改造』誌上に登場して論陣を張るようになったのである。つまり『マル・エン全集』翻訳グループには百人におよぶ優秀な第一線の人士が関係したのだから、いながらにして知識、学問の宝庫を抱え込んだわけで、出版・雑誌の企画・編集・情報・原稿依頼にあたっても仕事がやりよくなり、長足の進歩となった。政治的・社会的な外圧を除けば、改造社としては、このあたりが絶頂であったと思う」（『改造社の時代　戦前編』）。

山川はすこし皮肉を込めて全集の完結を祝った。「いずれの国においても…全集刊行の事業が、これだけの速度をもって挫折なく進行している国さえもない。…マルクシズムが大衆的な知識として普及している点でも、恐らくわが国は、他の何れの国にもぬきんでているだろうと思う。けれどもマルクスとマルクシズムの最もポピュラーなわが国において、マルクシズムの運動が最も微弱だということに対し、またその無産階級運動が最もマルクシズム的でないということに対しては全集にはもとより何らの責任もない」（『マル・エン全集』月報三一号）。

　最後に大村論文にある改造社版全集の評価についてふれておこう。そこでは「およそ学術的『全集』とはいい難い」と断定されている。索引や訳注、収録の基準、編者序文、訳文統一など全集のコンセプトが明確でなく、刊行順も第二回配本が一二巻だったり順不同だったこと、『ドイツ・イデオロギー』が四つの巻に分載され「配列に学術性は微塵もない」ことなどが指摘されている。

　第二回配本が一二巻だったのは、別に編纂の不備ではない。分厚の第一巻を一円で売り出し世間をおどろかせた山本は、向坂に「次の配本はどの巻にしたらいいか、うんと厚くしてくれという。私は即座に第十二巻がいいと答えた。その部にはエンゲルスの名品の主なものが入っている。…十二巻も九四二頁であった」（『わが資本論』）。分厚いのを再度一円で買わせてさらに販路を拡大しようとした山本社長らしい計画に、向坂が一肌脱いだだけのことだった。

　『ドイツ・イデオロギー』の細切れ所収については、つぎつぎと新草稿、異稿が発掘・整理され順次公表されたのだからいたしかたない。分載の不便を承知していて、いずれ一冊にまとめると予告されていたのは紹介したとおりである。そのほか細かなことは指摘のとおりかもしれないが、二人のドン・キホーテの仕事としては、当時の政治状況のなかでよくぞここまでまとめたというほかないであろう。国家事業として取りくまれたモスクワの全集と比較するのは、やや酷というべきだ。

　モスクワですら戦前に刊行は中断していた。岩波ですら「過敏とも云うべき学問的良心」にヘキヘキして手を引いたようなテンポで四社連盟版の刊行がつづいていたら、数冊も出ぬうちにファシズムによって筆を断たれていたろう。改造社版が、かろうじて言論の自由が完全に封殺される寸前に完結したことを、是とすべきではなかろうか。

ともに厚さ５センチ、942頁の『マルクス・エンゲルス全集』１巻と12巻

三　『労農』の新人として

1　なお頭でっかちの新米同人

少し時間は戻るが、向坂が雑誌『労農』同人になったころを見ておこう。

上京する半年ほど前に向坂の生涯を定める集団＝『労農』同人が形成されていた。日本共産党に批判的なマルクス主義者は、『大衆』同人も合流して二七年一二月に雑誌『労農』を創刊し、編集のための同人を形成した。山川、堺、荒畑寒村、猪俣津南雄、鈴木茂三郎、大森義太郎らが主なメンバーだった。理論的なけん引役は、当初は山川と猪俣だった。

一方、日本共産党はコミンテルンの「二七年テーゼ」によって一応は福本イズムの清算をして再出発し、結成されたばかりの労農党書記局の実権をにぎりつつあったが、三・一五事件で勢いをそがれていた。しかし無産政党の再建と統一にたいしては一貫してセクト的に対応し、福本イズムの清算は不徹底だった。『労農』派はこういう日本共産党の態度を批判し、無産政党の統一＝共同戦線党の実現に向け論陣を張っていた。

こうした『労農』派と共産党の対立はいろいろな分野に波及し、作家や芸術関係も『文芸戦線』の同人が分裂し、山川らを支持する「文戦派」と共産党系の「戦旗派」にわかれていく。学者・文筆家の世界もしだいに色分けがされていき、『マルクス・エンゲルス全集』をめぐる競合にも反映した。けれども分化はすぐに明確になったわけではない。共産党の優れた理論家であった野呂栄太郎は、二七年ころまでは猪俣と理論的な共通項を残していた。雑誌『大衆』同人にも二七年初まで山田盛太郎らが加わっていた。

さて、向坂が同人に参加するのは直接には大森の働きかけが大きい。東京では山川とともに大森が『大衆』誌上で福本批判をしていた。蚊帳の外に身をおいていた向坂も、大森から『労農』創刊計画は知らされていて、山川、大森にしたがう考えを固めて上京した。

大森は向坂を山川に引き合わせた。宇野から山川宅の水曜会に誘われて断ってから六年がたっていた。向坂の回想では「セルの着物のころ」というだけだが、上京してすぐの二八年五月ころと推測される。場所は山川も大森もかかりつけの医者だった奥山伸医院（現・港区田町）のそばの喫茶店だった。だがしばらくは親しく話し合うような関係ではなく、遠くから尊敬する山川をじっと見ていた風であった。山川にも物怖じせずにうちとけ、鎌倉の山川宅のそばに居を構えて年中行き来した大森とはちがった。

『労農』同人に加わったのは同年九月である。中目黒の向坂宅をたずねてきた大森が、帰路に歩きながら同人への参加をもちかけた。向坂は「即座に勧誘に応じた」（訊問調書）。

雑誌の編集同人であって政治結社ではないからそうおおげさな組織ではない。しかし向坂が大学に残るように諭した有沢をはじめ現役の学者仲間は、高橋正雄のほかは同人にならず協力にとどめていた。出発時の同人としてはっきりしているのは、堺、山川、荒畑、猪俣、北浦千太郎、鈴木茂三郎、大森、黒田寿男、吉川守圀、橋浦時雄、足立克明、青野季吉、小堀甚二、岡田宗司、野中誠之。七割が第一次共産党員だった。すぐあとに第二陣として、稲村順三、伊藤好道、萩原厚生らが加わった。第三陣として向坂が加わったころでも同人は二〇人程度だった。

向坂がはじめて同人会議に顔を出したのは、九月か一〇月に猪俣宅で開かれた編集会議だった。向坂はその日の出席者として「猪俣、伊藤、青野、萩原、小堀」をあげている（訊問調書）。同人の任務は、拠金と執筆で、拠金は月一〇円を支払うことにした。『労農』への初の寄稿は、南啓二名で一〇月号の「社会民主主義とは何か」だ。世界大戦後の社会民主主義について「労働階級に持ち込まれたブルジョア党」で「口でだけはマルクス主義を唱える左翼社民主義（オーストリア・マルキスト）」など「最も危険なのはこの左翼社会民主主義者だ」と、コミンテルンの受け売りだった。さらに一二月号にも南名で「統一戦線とは何か」を執筆したが、これもコミンテルン（ロゾフスキー）の抄訳調だった。

『労農』の発足当初は、『労農』同人たちのコミンテルンへの評価はかなり高かった。だいたいが福本イズムへの対抗が『労農』同人の結集の推進力だった。だから、コミンテルンの「二七年テーゼ」によって、福本イズムが批判されたことを『労農』同人たちはおおむね歓迎したのである。この雰囲気に冷淡だったのは山川くらいであった（『マルクスを日本で育てた人』I―第四話7）。

その後も日本共産党とは激しく対立したが、コミンテルンの権威は、亡きレーニンの余韻と一体で残っていた。レーニンだけでなく、ブハーリンやロゾフスキーなどは同人達のよく援用するところだった。スターリンの専制はまだはじまっていなかった。第二インタナショナルとコミンテルンのどちらの肩を持つかといえば、おのずと後者を信用した。山川もコミンテルンへの不信はしばらくは公言しなかった。

向坂も実際運動のことはわからなかった。「（運動に関しては）大森だって僕だって、理論的にはなにも知りゃせんのですからね。その当時はただ読んでいるだけで。…いまの君らの水準から考えてもらったら、たいへんな間違いです。もっと運動面においては乱暴な、あるいは遠くから眺めている、そういう感じのものでしかない。…一番労農派の実践の先頭に立ったのは鈴木さんです。だから鈴木さんは、非常につらい目に会っているはずです。えらい理屈をいうやつがいっぱいいるから」（『唯物史観』一〇号座談会一九七一年）。『マル・エン全集』、『経済学全集』の大仕事に忙殺されていて、山川の心中や鈴木の苦労までは考えをめぐらす余裕はなかったであろう。なお頭でっかちの向坂であった。

二八年一〇月に『新興科学の旗のもとに』という雑誌が創刊された。向坂は羽仁五郎から頼まれて、二九年五月号にゾンバルトに関する小品を寄せていた。羽仁と共にその中心になった哲学者・三木清は、ヒューマニスムから急速にマルクシズムに接近し、大きな影響をインテリに与えていた。その三木が二九年九月に「一度お目にかかりたく思ってゐながら、ご無沙汰してをります。突然お手紙を差上げます非礼何卒お許し下さい」と『新興科学』編集への協力を求めてきた。バックには共産党色の鉄塔書院の小林勇がいて、小林も向坂に打診してきた。

九月に、小林、三木清、羽仁五郎、山田盛太郎で話し合い協力することになり、エンゲルスの翻訳を寄稿した。しかし二九年末になって、小林から共産党色の強い『プロレタリア科学』への合流が持ち出されたので、向坂は「提案に対し賛成する考えは固よりなかったのでありますが、三木其他の人々か労農派のインテリ分子、例えば山川均等に至る迄全部参加せしむる意向があれば自分も参加してよいと、出来ない相談を持ちかけて反対し結局私達の不参加の説が勝って、『新興科学の旗の下に』は従来の形で継続発行することに定まりました」（以上訊問調書）。

三木自身は『プロレタリア科学』に参加し、三〇年には共産党への資金援助容疑で検挙・入獄。その間、共産党系から「観念論的」と批判され排されて、出獄後は孤高の立場からリベラルな執筆活動をつづける。向坂とは岩波の哲学講座の関係で再び接触をすることになる。

2　各方面に顔を出す

二九年の後半から三〇年の春まで、『労農』同人自体が混乱状態に陥ったことがある。山川のいわゆる共同戦線党論にもとづいて、分裂した無産政党を再統合しようと『労農』同人内外の活動家が努力し、二八年末に無産政党の多くを結集して日本大衆党が結成された（七党合同）。ところがたちまち党内で右派幹部の腐敗糾弾の運動（清党運動）が起き、それに猪俣をはじめとする同人のかなりの部分が参加した。しかし失敗し、堺、鈴木茂三郎もふくめて同人の多くが党から除名されて日本大衆党自体が再度分解してしまった。この過程で、山川が二九年七月に同人を脱退したのである。自分の唱えた共同戦線党が実現しなかったことの責任をとったのだが、同人達の「左翼的」な行動に嫌気もさしたのだ（『マルクスを日本で育てた人』Ｉ―第五話[10]）。

こうして『労農』自体が休刊になり、猪俣も同人から脱退するなど混乱がつづいた。この過程でも幾度か向坂は同人の会議には参加したであろうが、清党運動をめぐって対立する議論を黙って聞いていただけだったろう。同人会議の様子を、青野季吉はこう回想している。「向坂逸郎は、大森が学者というよりもどちらかといえば市井の論客風に見えたのに反し、見るからに学者らしい青年紳士であった。そして大森がよく論じたてたのにたいし、向坂はただ黙々としてみんなの議論を聞いていた」（『文学五十年』一九五七）。

信頼する山川は病弱なこともあり、同人脱退前ですら東京のあつまりには顔を出さなかったし、大森は結核で休みがちだった。ただ、大森は山川の考えを忖度して猪俣たちと論争したことはまちがいない。向坂は大森を通じて、しだいに山川の考え方を飲みこんでいったと思われる。

そういう混乱の中でも、向坂はいろいろな活動につとめていた。改造社の二大全集の編纂はかなり忙しかったろうに、体力には自信があった。まだ猪俣と山川の齟齬が表面化していない二八年一一月に、猪俣が中心になって『労農』の姉妹新聞として「労農新聞」（旬刊）が発刊され、数カ月続いたが、これも少し手伝ったようだ。

向坂の「猪俣津南雄」によれば、「公的な会合」でしばしば会ったが「私的交友はあまりなかった」。猪俣宅を訪問したのは「一度のようで」、そのときベルタ夫人がお茶の代わりにアイスクリームを出してくれたのに驚いた。猪俣が向坂宅をおとずれたのも一度だけで三〇年一月のことである（地代論論争の項で紹介する）。

向坂は日本大衆党が結成された際、本部専門部員として教育部員に名をつらねた。党自体がすぐに分解してしまったので、名前を貸した程度であったろう。向坂は『改造』（一九三〇年九月号）の座談会で、菊池寛から「向坂君は合法政党を認めないんでしょう」と問われ、「認めないというのはどういう意味か知らないけれども、僕はおそらく大衆党の、今度出来た、あの党員だろうと思う、だから合法政党を認めないということは少しもない」と応えている。

二八年末の堺宅の同人会議では、大森とともに高橋正雄を同人に推薦している。高橋は当時九大の助教授になっていた。なぜ現役の帝大教官でありながら、高橋だけを同人にしたのかはわからない。大学でいじめられても堪えられると見込んだのだろうか。二九年春には、同人には勧誘しなかった有沢に『労農』への寄付を求め、以降、有沢は月一〇円の寄付をつづける。

三月には堺利彦が牛込区から東京市会議員に日本大衆党公認で立候補した。このとき向坂は、生まれてはじめて選挙応援演説をさせられた。「生活難と食糧問題、人口問題等を、支配階級の政策と結びつけて説明した」（訊問調書）というから、得意のマルサス人口論批判でもしたのだろう。これをおもしろく聞かせるのは至難の業だったにちがいない。選対本部の資料によると彼の弁士の回数は六回とある。鈴木茂三郎七回、葉山嘉樹一〇回、加藤勘十一五回などと比較してもかなりの回数だ。なにせ森戸事件のときの学生大会演説で自信をなくしていた。きわどいことを言えば監視の警官から「弁士中止！」がかかり演壇を降られるのだが、いつまでも「中止」がこなくて困った。向坂の話では警官も何を言っているのかよくわからなかったのだろう。

三月一六日の選挙事務所での祝勝の乾杯の写真では、向坂は一番うしろでめがねだけをのぞかせている。

1929年３月16日　東京市会議員選挙堺利彦当選祝勝会。中央堺、その後ろ白シャツは葉山喜樹、右隣荒畑、左隣鈴木、その左橋浦時雄。向坂は最後列右端に眼鏡をのぞかせている

また、勉強会の講師を頼まれることも多くなっていった。画家の福田新生が、絵かきを五、六人あつめ勉強するというので、毎週一回、プレハーノフの『マルクス主義の根本問題』をテキストに勉強会をした。福田とは戦後も密なつきあいがつづく（「福田新生さんと私」『造形』五九年八月）。

なお、同人の中堅どころで向坂が好感をもった人物に三歳年下の稲村順三がいた。『労農』の更生以後、編集・発行人を引き受けたのが稲村だったが、給料も出るか出ないかで翻訳などで生計を維持していた。性格的には真っ正直で、同人会議で博識多弁の岡田宗司にやりこめられ「何！というなり立ち上がったことがあった」こと、いつも清貧であったことなどを向坂はなつかしく回想している（「稲村順三」）。

3　総合雑誌の常連―インテリゲンチャ論など

二九年九月、向坂に生活上の転機がきた。九大追放から一年余、相当無理を重ねたゆきの結核が進み、医者から「絶対安静」と転地療養を勧められたのだ。当時結核は難病で特効薬もなく、金はかかるが転地療法が一番だった。

中目黒の自宅には母と弟・妹たちが住み（父親は七尾セメントに勤めていたので七尾にいた）、以降三二年七月初めまで、若いお手伝いの人を伴って藤沢町鵠沼の借家に暮らすことになった。列車ですぐの鎌倉には、山川均が稲村が崎に、大森義太郎が雪の下に住んでいたので、山川と接する機会が増えた。東京から離れたため、あまり雑事にわずらわされずに理論的な仕事に専念できたものと思われる。

大きな仕事としては『剰余価値学説史』訳出と刊行（『マル・エン全集』八巻）の準備などをしていた。執筆活動は、短文をのぞき総合雑誌への実名での本格的なデビューは『文芸春秋』二九年八月号の「カール・マルクスとハインリッヒ・ハイネ」である（筆名での登場は『改造』一九二八年四月号）。以降、三〜四カ月に一回程度の頻度で『中央公論』や『改造』に寄稿していく。そのうちのいくつかは、『マル・エン全集』編纂の副産物で、先の「ハイネ」をはじめ、「ゲーテについて」（『改造』三二年一二月号）、「マルクスの遺産」（『改造』一九三三年三月号）、「フリードリッヒ・エンゲルス論」（『中央公論』一九三四年八月号）など、どれも楽しげに蘊蓄を傾けた。また『全集』の「月報」にもときおり小品を寄せていた。

大家族への援助と、転地療養費用は向坂の筆にかかっていたろうから原稿料稼ぎにも懸命だったろう。

たびたび総合雑誌に登場すると、世間的にも論壇の一角を占める存在となり、畑のちがう方面からも批評が加えられるようになる。『改造』三〇年五月号の「歴史における

『偉人』の役割」は、森戸辰男やトロツキーのものをおさえて巻頭論文として掲載されたが、これにたいし、正宗白鳥が批評し、向坂が『法律春秋』三〇年八月号に「駁論というほどの事ではないが」を寄稿した。白鳥の批評は、「マルクス一派」の引用が多いが、自説を述べるのに「事事しく西洋人の意見を借りてくるには当らない」と言うのである。向坂の駁論はこうだ。「日本の誰よりもマルクスとエンゲルスの方が日本の諸現象を理解させる」。「私は爪の垢程にもない『独創』とかいうものを主張するより、むしろ正しいと信ずる学説の紹介に力める。私の論文にマルクス及びその他の引用の多いのは、如何に彼等がよく説き、如何に私の論文に『独創』がないかを示す『意図』である」。ここでも「独創」きらいの姿勢が顔を出している。

また『労農』同人が、猪俣系統の同人数人が脱退して再建され、『労農』も三〇年三月に「更生号」を出して復刊したが、それ以降向坂は主要な執筆者の一人となる。

まだ筆名であったが「小泉教授の『マルクス批判』の批判」（更生号）は初の論争文であった。小泉は「過剰の労働者と過剰の商品—マルクシズム所感」（『中央公論』三〇年一月号）で、「マルクスの…論究の諸階梯は、マルクスの哲学とは無関係に承認し、若しくは否認し得べきものである」と、『資本論』の論理を弁証法的唯物論と切りはなして是非を判断できると論じていた。これにたいし「マルクスは彼の弁証法的方法、弁証法的思考によりてのみ正しき資本主義社会の理解に到達した」と批判した。同人会議では『労農』へは、もっぱら解説的なものの執筆を命じられていたが、この論文は自分で頼んで掲載してもらったものだという（訊問調書）。山川も論争を挑んだ小泉信三は、論敵として不足のない人物だった。以降もときおり小泉信三の論説を取りあげて批判してゆく。

実名での執筆は八月号からで、塚本三吉訳のヒルファディング『労働価値説の擁護』（改造文庫）の紹介だ。塚本は同書の解題で、「翻訳書の成立に御尽力下されし向坂逸郎氏」に謝意を表した。

また、同じころ、労農社から刊行していた小型のパンフレットの一冊として、既出の小論をあつめた『マルクス・エンゲルス・レーニン（彼らの一側面）』を実名で出した。それ以降、九月号に「講話　戦争と無産階級」、一〇月号に「講話　世界恐慌」、一一月号に「講話　資本主義の社会と社会主義の社会」、一二月号に「資本主義は如何にして崩壊するか」など、精力的に啓蒙論文を連載していく。

執筆活動は多岐にわたった。三〇年六月に鳥海篤助との共訳で『インテリゲンチア』を刊行した。カウツキーなどによる知識階級、俸給生活者層の問題を訳出したものだ。

当時向坂はこの種のテーマに関心を払い、「現代インテリゲンチャ論」（『中央公論』一九三〇年三月号）を皮切りに、「ルンペン・インテリゲンチャ論」（『経済往来』一九三〇年一〇月号）、「俸給生活者はどうなる？」（『エコノミスト』一九三一年六月）など四年間ほど系統的に論じてゆき、三五年三月に『知識階級論』（改造社）として単行本にまとめられる。

二九年に小津安二郎の「大学は出たけれど」という映画が話題になった。不況で大学生の就職難が深刻になってきて、三割程度しか就職ができない社会問題となった。学生の急進化が強まり、併せて俸給生活者（俸給すなわち月給取りというのは管理者層、役人など一部の上級労働者だけだった）の分解・没落も強まった。それにともない、知識の独占的地位に安住していたインテリ層もその経済的基盤がくずれはじめ、インテリゲンチャのハムレット的な煩悶が強まった。

このテーマでの最初の論文は「現代インテリゲンチャ論」で、「インテリは特権的地位を棄て社会進歩に協力しうるかという問題への解答の試み」だとされていた。そして「特権意識を棄ててプロレタリアの意識の中に生きうるインテリのみが、社会的進歩に対して、その科学、芸術等をもって協力できる」と結んでいた。また学生の急進化については、「彼らがプロレタリアの指導者であろうとすれば甚だしき誤り」であって、「闘争的にしてしかも謙遜、己を知るもののみが、永き闘争の経験と共に指導者の一人たるだろう」と指摘した。

また、「ルンペン・インテリゲンチャ論」では、退廃的なインテリの世相を批評した。「プロレタリア文芸とラグビーを語らずして社交界に出入りできない」、「不良マダムが『一等いい』といっていたのは極左の闘士」というような話が、総合雑誌でも飛び交っていた。「ルムペンの徹底的革命性」を云々する生田長江のような評論家もはやった。これにたいし向坂は「生産的、建設的であり、集団的、組織的、協力的であるところの階級にこそ『徹底的革命性』は存する」。労働階級という「巨人の巨歩には、ルムペンの有する軽快さはない。それははでやかに飾られてはいない。それはヒステリー的に性急ではない。虚無的、爆発的ではない。だがそれは字義通りに巨歩であり、確実であり、創造的である」と批評した。

さらに「俸給生活者はどうなる？」では、官吏の減給問題にたいする反対運動を取りあげて、中級官吏らの「支配階級に対して同一の利害関係にあるという連帯意識を妨げているのは、知識と技能を持つことに特権と誇りを感ずる」からであり、「その幻想をたたきこわせ」と主張した。

以降、たびたび中間的な諸階層について論じていく。そこには時代を背景として、ファシズム論や自由主義論が加味されていくのであるが、第三章で触れる。

向坂は、インテリゲンチャとしての「己を知りつつ」、「プロレタリアの意識の中に生きよう」と律してきただけに、いわゆる小ブルジョア急進主義にかぶれるインテリや学生にたいしては厳しかった。この皮膚感覚は、彼の生涯をつらぬくものである。元来己の納得すること、実行しうることでなければ口にも筆にもしないという性格であった。福本イズムの席捲の中における孤高の山川への畏敬、数十人で気炎をあげるようなものと無縁の、ドイツでの労働者主体の社会主義運動の見聞などが、青年期に形成された性格にみがきをかけたと考えられる。

なお、留学中に愛読して翻訳を思い立ったらしいメーリングの『マルクス伝』は、志なかばで物故した人の訳稿(半分ていど)を下訳にして完成させてくれという申し出を白揚社から受けて、三〇年一二月に上巻を上梓した。「訳文の殆んどを一センテンスとして、私自身筆を入れ、改訳しないところはなかった」というように事実上も向坂訳になった。「後の半分は無論、初めから私だけで完成する」(同書訳者序)と宣言はしたものの、多忙のためか出版社の事情かはわからないが下巻は出なかった。

このように多方面に執筆の分野を広げた向坂ではあったが、当時の論壇で筆をふるえたはずの話題のテーマについては、論及しなかった。

それは、二九年一〇月のNY株式市場暴落にはじまる世界恐慌であった。ちょうどコミンテルン第六回大会(二八年一〇月)が、世界資本主義は「相対的安定期」を終え、資本主義の危機の「第三期」に入ったという規定を示したので、世界恐慌分析と「第三期論」は不可分に論じられた。一方、ソ連では五カ年計画が半ばにして大きな成果をあげたと言われただけに、マルクス派はソ連の優位性と資本主義の没落を対比させて、得意に論じていた。『労農』も、三一年に入ると「世界情勢テーゼ」を連載してゆくが、その認識も「第三期論」を前提にしたものだった。

もっとも活躍したのは猪俣で、共産党系の論者のお株をうばった感すらあった。彼は『中央公論』三一年二月号の「没落資本主義の第三期」をはじめ健筆をふるった。

この問題については、マルクス派とは言えない論者もしきりと論じた。「右翼社民主義」とみなされた高橋亀吉は「資本主義のゆきづまり」を高唱し、「中間派」の理論家・河野密は、世界恐慌に「組織された資本主義」として対応するヒルファディング流の考えを批判して、「資本主義はその対立物に転化」するほかはないと主張した。

世界恐慌の分析は、金輸出と金本位制の問題、農業恐慌論、統制経済の是非、国家独占資本主義など、さまざまな理論問題を生み出した。猪俣の『金の経済学』（三二年中央公論社）は「絶賛実に百版」と中央公論社が謳うほどによく売れた。

もう一つの論壇の話題としては、日本資本主義論争の前哨戦が総合雑誌でもはじまっていたことである。はじめは猪俣と野呂の一騎打ちの風であった。野呂は『日本資本主義発達史』（一九三〇年二月）を公にし、また高率小作料問題で、猪俣と櫛田にたいして批判をはじめた。

このように二〇年代末から三〇年代初にかけては、左翼論壇は論争花盛りであったが、向坂は間口を拡げなかった。

4　無二の親友・大森義太郎

三〇年二月二〇日に実施された総選挙で、堺利彦が東京無産党公認で東京一区から立候補した。東京無産党は二九年一二月に鈴木茂三郎書記長で発足した東京のローカル政党だった。日本大衆党の「清党運動」で追われた『労農』周辺の活動家が、日本大衆党への復党がならず、やむなく結成したのだ。堺が立候補した選挙区では、日本大衆党の河野密も立って無産陣営が分裂したため、堺は落選した。清党運動を継承する東京無産党結成には批判的だった山川は、堺が立候補しても応援には乗り気でなかった。それでも大森は向坂とともに、堺の応援に動いた。

二人は鎌倉から上京し、風呂敷包みを肩にしょいこみ、堺の色紙、短冊、書で寄付を募って歩いた。大内兵衛、中西寅雄は書一枚で二〇円から三〇円、有沢、阿部、脇村らは色紙一枚で一〇円、忠どんの大橋書店からは短冊二枚で五円と一〇円のカンパをもらった。さらに向坂は出版社に自分の著書印税の前借をした百円から二〇円を自分と大森の交通費として使い、残り八〇円をカンパした。応援演説は、府立一中講堂などで、浜口内閣の産業合理化政策批判を中心に二〇数回おこなった（訊問調書）。前年の市議会議員選挙のときの三倍以上の回数をこなしたわけだ。向坂にしては最大限の応援だった。しかも今回は『改造』（三〇年三月号）に奮戦記「満員の無産党演説会」を寄せ、「ブルジョア政党候補は数十人の聴衆」しかいなかったが堺の演説会には「千数百人」が参加したと意気盛んだった。

このころから大森の早逝までの十数年間、二人はもっとも緊密な関係となった。二人の友情は、大森の大量の向坂宛書簡からもうかがえる。大森からの書簡は、向坂宅に多く保管されていた。向坂は、他人からの手紙はあまり公表しなかったが、戦後に書いた大森への回想（「大森義太郎」「総評新聞」）の中では、亡くなる前年からの六通を紹介した。大森は自分に検挙の手が迫っていることを予感して三七年秋に山川や向坂からのものを焼却してしまった。

大森は山川宅の近くの塔の辻に居を定めていて向坂夫妻が転地療養していた鵠沼からは近かった。だから会う機会も多かったろうが、それでも三〇年から三三年にかけてというもの、遺されているものだけで月に一回くらいの頻度で来信があった。その幾つかから、二人の姿をみていこう。

大森から届いた三〇年三月一八日付の手紙にはこうあった。「どうしているか？　今日いかにもうららかなので訪ねようと思ったけれども、散歩の邪魔をするでもないと遠慮した。呵々。

僕、合同問題の紛糾につれて頻々として東京に往来し、y氏のエランド・ボイを努め、はなはだ疲労困憊した。どうも合同問題はやく片づいてくれぬと健康が滅茶苦茶だ。

それに、鈴木氏が書けぬとあって、とうとう『労農』の巻頭論文を引受けてしまった。…僕の健康を誰よりも心配してくれる君に対してちょっと相済まぬ気もするが、『労農』三号だけは…出来るかぎりやってみたいのだ。…君も小泉征伐大変だろう。面倒だろうがガン張ってくれ給へ。あれを読んで南＝大森と推断した奴がある由。小泉に誤って俺が怨まれたんぢゃ引合わぬ。…ところで、君の忙しいのを知ってゐるので云ひにくいんだが、この間頼んだ剰余価値の翻訳をお願ひしたい。…最後の…ちょっと四〇頁だ。…有沢もいよいよ結婚か！　彼のために明るい気持になった。ひとつ席上で一言弁じようか。…」。

「合同問題の紛糾」とは、東京無産党をはじめ地方無産政党の合同の協議のことで、大森は山川の意向を受けて参加し、事の進捗状況を山川に報告する「エランド・ボイ」だった。「小泉征伐」とは、向坂の『労農』の三月号論文（「小泉教授のマルクス批判に対する批判」）だが、そのときはまだ筆名（南）だった。大森の執筆と推測された程度の向坂の存在感だった。一歳年下の大森ではあるが、文面は兄貴分の風がある。

向坂は大森の健康を気遣い、力を何かと貸した。「剰余価値」とは『剰余価値学説史』（『マル・エン全集』収録）翻訳の大森分担分の一部である。大森はその凡例で、向坂の協力への謝辞を明記しているが、向坂が大森に代わって訳出した「最後の…四〇頁」はリカードの地代論に関する章だった。

有沢は、大森と向坂より一歳ほど年長だったが、二人は私的な生活のことまで含めて相談に乗っていた。助手の就任も結婚も二人より遅かった。有沢にたいしては二人とも兄貴格だった様子が伝わってくる。

三〇年九月に大森宅に向坂、有沢、美濃部亮吉、阿部勇

があつまった。改造社が大森に『改造』の「世界情報欄」という固定欄への執筆を要請してきたので、大森が仲間を集めて協力を要請した。筆者は大森とするが、実際は分担して寄稿するようにした。連載は一〇月からはじまったが、月一二〇～一三〇円程度の原稿料は、大森の療養費の足しにまわした。向坂の執筆は三一年夏の一回だけだった。三一年半ばから大森の健康が回復すると、大森はその分を『労農』の活動費に回したという（訊問調書）。

並行して、現役大学教官の阿部勇、脇村義太郎、有沢、美濃部、芹沢彪衛らが共同研究と調査のために、一二月に神田に事務所を開いた。阿部事務所と呼ばれるようになる。大森と向坂がおおっぴらにかかわると、大学当局やお上からにらまれるので二人は名前は出さなかったが、出入りは自由だった。そして三一年初に向坂が「地代論」を、六月ころに大森が「一般的危機論」を報告し討議するなどもした。

三一年二月三日付の手紙。「昨日、君の手紙および金受取った。ありがたう。…中略…君の地代論早く書くことを勧める。あまりマルクスを気取るのは困る。ために、僕は君に対していつも出版を催促してやむなくエンゲルスになってしまふ、僕はエンゲルスになるなどは全く御免でやはり大森でゐる方が好きなんだが。君の週刊朝日の一文を読んだ。最近の傑作、といふよりあの『勲章を買ふ話』よりももっといいほどだ。君の地がよく出てゐるからだ。あのやうに、体をぶっつけて書くといふ態度が何よりだ。…君の学術論文に僕が感心しないのは、どうも一厘でも誤つを恐るといふうに、体をぶっつける態度がないからだと思ふ」。

『改造』の「世界情報欄」の協力者の稿料は向坂が集めて大森に送金していたようだ。一年ほどあとの手紙にも「かわせ、ありがたう。君のところでも大変だから、どうかかういうときは僕のほうを心配しないでくれ」（三月九日）とある。「地代論」云々は、前年三〇年の『改造』一二月号の「マルクスの地代理論」で向坂が地代論論争の火蓋を切ったことをさす。向坂は論争においてはいつも遅筆で、今回も火蓋は切ったが、二弾、三弾はなかなか公にされなかった。軽快な筆致を旨とするエンゲルスが、凝りに凝るマルクスに『資本論』を早く仕上げるよう催促を続けていたことを大森は気取っている。向坂が『地代論研究』を世に問うのは二年後であった。

「週刊朝日の一文」は同誌三一年二月一日号の「学生生活から」である。男女学生の自由奔放なる行動は婦人の解放ではなく「没落せる資本主義の示す退廃的な現象」だと説いたものである。「勲章を買う話」は『中央公論』二九年一一月号の「賄賂・売勲雑感」で、向坂のはじめての本格的な時評であった。両方ともくだけた文章で、大森はほめたわけだ。

大森は総合雑誌であいかわらず土方成美や河合栄治郎らをやっつけていたが、真正面から理論的に迫る向坂とは趣を異にしていた。「脇の甘さ」を突いて、相手の権威を叩き落すことでは名人芸だった。

5　山川均と猪俣津南雄の狭間で

向坂は、山川均が一九三〇年二月に出した『社会主義の話』の書評を四月に二本書いた。「早稲田大学新聞」（四月一七日）と「東京日日新聞」（四月二八日）だ。また、山川が一月に出した『単一無産政党論』の書評を「東京日日新聞」（六月二日）に書いた。山川に傾倒してもう一〇年ほどたつのに、実は向坂は山川のことを筆にしたことがなかった。書評としては山川のものより先に、猪俣津南雄の『現代日本研究』の評を『改造』（一九二九年一二月号）に寄稿していた。

二九年秋から三〇年春にかけてというと、山川の同人脱退で『労農』同人が大混乱に陥り、猪俣が身を引く中で、堺らによって同人の再建が進められた時期である。山川という人物は、意見のちがう相手にたいし積極的に自説を開陳するタイプではなかった。相手を説得するのではなく、黙って相手と袂を分かち自分の道を歩むのが常だった。

猪俣とその一統が同人の主流を占め、無産政党運動や労働組合運動への対応に、彼らの色あいが濃厚になると、山川の考えとは距離が開くことになった。堺も鈴木もそれをあまり気にしなかったようだ。だから二九年六月に山川が同人脱退を堺に通告した時は、堺や荒畑、鈴木ですら青天の霹靂だった。しばらくは少数の指導部のうちに留めて、懸命に説得工作をした。その心労で荒畑は九月に自殺未遂までしでかす深刻さだった。猪俣が脱退したのは九月だったが、それが公にされたのも『中央公論』三一年六月号だった。

さて、向坂は山川の徒であったことはまちがいない。しかし山川は『社会主義研究』誌や小泉との価値論論争で、向坂をして瞠目させた意味では師であっても、マルクス経済学の専門分野の人ではない。経済学の方面では櫛田民蔵は別格として向坂が『労農』関係者で一目おいたのは猪俣だった。『現代日本研究』の書評ではこう述べていた。「現代日本の政治的経済的情勢の理論的分析の結果を以って、現代日本の無産者階級は如何なる態度に出づ可きか」が論ぜられ「著者は単なる書斎裏の学者でなく、無産階級運動の実践に於ける理論的指導者の姿を現わし来る」。

猪俣は向坂より八歳年長で、一九一五年から米国に五カ年間留学していたときは、カント哲学に打ちこみ、経済学には価値論から入り込んだ。だから主観主義の価値論、限界効用理論であって「マルクスの労働価値説に至っては…頭から否定していた」。しかし実用主義哲学のデューイに影響され「哲学的観念論から実在論的へ、唯心論的から唯物論的へ」目ざめていき、またロシア革命を知り「世界観における飛躍」を促された。こうして、おそらく帰国する前に「漸く私はマルクス学に入り込むことができた」（以上猪俣「経済学の研究方法について」『改造』一九二八年一一月号）。

片山潜の系統の在米日本人共産主義者グループに飛びこみ、片山潜の秘書をしていたポーランド移民のボルシェビキだったベルタという女性を伴侶として帰国した。早大の講師をしながら、日本共産党結成にかかわり、ヒルファディングの『金融資本論』の解説書を世に出し、高橋亀吉の「プチ帝国主義論」批判で論壇に名を知られるようになった。帝国主義論や現状分析などの研究に打ちこんでいく。そのマルクス経済学への接近の仕方は、『資本論』の考究に専念した向坂とはややことなっていた。

向坂と猪俣は二人だけで直接話しあう機会はほとんどなかったが、向坂の書評が掲載された翌月、三〇年一月に鵠沼を猪俣が訪れた。二木保幾のマルクス地代論批判への反批判の校正刷り（『中央公論』二月号用）への意見を求めに来たのだ。向坂は一読し、『資本論』の解釈のまちがいと思われる点を指摘して掲載を延ばすように意見を述べた（後述）。以降は二人のゆっくりとした接触はなかったと思われる。

それから三月ほど後、向坂は山川の『社会主義の話』の書評を書いた。「社会主義の正しき理論が、平易に少しも気取らないで、われわれ民衆の言葉を以って」説明されているが、「それは著者の深く且つ広き知識と永き無産階級運動における経験とのみが可能にするところのものだ」。

『社会主義の話』が啓蒙書であるのに反して、向坂が次に書評を寄せた『単一無産政党論』は実際運動の組織論である。そして猪俣との最大の相違点こそ、本書に示された「共同戦線党」の理解にあったのである。

向坂はそこで説かれている「共同戦線党論」を紹介したあと、こう述べた。「特に読

猪俣津南雄

者の注意を喚起するであらうところのもの」として「一は世界大戦以前各国に多くの場合単一なる無産者的政党として存在した、各労働党各社会民主党の性質、意義について簡単ではあるが明瞭に説明を与へられてゐる事である。その二は、一九二〇年、労働党への参加に反対した英国××主義者を批判した、レーニンの『左翼小児病』の一節に関する叙述であらう」。そして、『左翼小児病』を「わが国の無産階級解放運動の上に生あらしむるものは?」と問い、「山川氏と氏の『単一無産政党』」こそがそれであると結んでいる。

つまり、第一次大戦前の第二インターの諸党はおおむね共同戦線党であり、共同戦線党は、山川が発案した特別な社会主義政党のあり方ではなく、一定の歴史的条件においては一般的だったこと。またコミンテルンを結成したあとですら、レーニンは英国の共産主義者が大衆的な労働者政党に参加すべきことを唱えたこと。これら山川による再確認は、分裂の責任が右派だけでなく『労農』同人をも含む左派にもあったことにたいする批判を含意していた。

『左翼小児病』は留学中にすでにドイツ語訳で読んでいたが、本書評で言及したのがはじめてと思われる。後年、向坂は推奨するレーニンの著作としては、『国家と革命』、『帝国主義』とならべて『左翼小児病』を加えるようになる。

向坂は『中央公論』の三一年八月号の「山川均論」では、彼へのほれ込みぶりを隠していない。

大衆の中でねばり強く働くことのできずにすぐ排除されるような者―読む人が読めば、共産党だけでなく猪俣一派も指すことはわかった―にたいし「そういふ『左翼分子』は大衆の中で働くよりも、水盆に絹糸草の種子でも、播いた方がいい、それは三日の内に芽を出して、一週間以内に全成業を楽しむことができるから」と批判する山川の皮肉を、「辛辣無双のもの」と感じ入っていた。さらに言う。「唯物弁証法だけについて論じ、マルクス経済学説だけを説明するならば、…山川氏に比肩し得る人々は、あるかも知れない。だがそれら一切の知識の総合として、実践的経験の裏づけを以って、無産階級解放運動の上に政治的決断を下すならば、…山川氏に追随し得べき一人も、これあるを知らない。山川氏はこの意味において、単なる『理論家』ではない。理論を常に実践に於いて生かすところの理論家である」。

山川均論を執筆するに当たり、「山川の学歴を知って、学校の無用と学歴の反故紙にも等しいことを痛切に感じた」(「大学経済学部無用論」『経済』一九三四年六月号)というから、山川の青年時代からの経歴を確かめたのは、この時だったようだ。また、無産政党をめぐる山川と猪俣の齟齬を契機として、山川のまとまった論説を読みかえし、実際運動分野の問題意識を深めたのもまちがいない。とくに共産主義と社会民主主義については、コミンテルンの教科書どおりの理解であった段階からは、明らかに幅は広がったのである。

1934年５月稲村が崎の山川宅　右から大森、山川菊栄、向坂
手前山川振作　山川均撮影と思われる

しかし、稲村が崎の山川の家に近かったにもかかわらず、鵠沼時代（一九二九年九月〜三二年七月）では山川との往き来の記録はわずかしかない。三一年五月から体調を崩した山川が年内一杯、東京芝に通院のため借家に入っていた事情もあったろう。山川からの来信は、向坂宅で見いだされたものでは三〇年四月二日が最初である。『フランスの内乱』の原書を借りたいので「大森氏へまわしおきください」というもの。『マルクス・エンゲルス全集』用の翻訳のためであろう。大森を経由して受けとったらしい。向坂が鵠沼から引きあげるすこし前の三二年五月に、山川宅の藤棚の下で、山川夫妻、大森とともに写った写真が二枚ある。山川にとっては、頻繁に面談して腹蔵なく話せた理論的な頭脳は、なお大森だったようだ。

四　地代論論争─論壇の雄へ

１　周到な準備

向坂は、総合雑誌や『労農』などに健筆を振るいはじめたが、それはマルクス・エンゲルスの生涯にちなむこと、人口理論、インテリゲンチャ論、ドイツや世界の情勢などが主であった。価値論論争などの筋物については、みずからの積極的見解は示してこなかった。それが三〇年末から一気に筋物にとりかかるようになる。

『改造』一九三〇年一二月号の「マルクスの地代理論」が号砲だった。地代論論争は価値論論争の入口を変えた継続であり、その意味ではこれをもって価値論論争に登場したと言ってよい。以降、地代論論争、『労農』誌上での三一年一月号から一年間にわたる「資本論解説」の連載、『資本論大系』（改造社『経済学全集』）下および上の刊行など、精力的な執筆がつづく。

なかでも「資本論解説」の連載は、解説とはいえ地代論を除く価値論論争のほぼすべてをカバーした力作だった。「解説」はそのまま、『資本論大系上』に収録される。『労農』三一年一月号の編集後記にはこうあった。「マルクス学説に関する一代の権威たる同志向坂が平生の蘊蓄を傾けて毎号執筆する本解説に比すれば、河上博士の資本論入門などは犬豚にも如かないでありましょう。吾々は同志向坂の労作に深く感謝し且つこの名編を諸君に献ずるの光栄を、自ら誇らんとする者であります」。ここまで大げさに書かれると向坂も苦笑いしたであろうが、好評だったらしく連載さ中の三月に早くも万里閣という本屋から出版の打診が来た。

さて、向坂が参加する前の地代論論争の発端は、土方成美が「地代論より見たるマルクス価値論の崩壊」（『経済学論集』一九二八年四月）で、マルクス批判を公にした時にさかのぼる。これには河上肇が反論したが、まだ論壇の話題とは言えなかった。しかし価値論論争で大いに売れた総合雑誌の編集者たちは、この論争でも売れると目をつけた。まずは『中央公論』（一九二九年一二月）が二木保幾の「マルクスの価値論に於ける平均観察と限界原理との矛盾」を載せた。これが導火線となって論壇は地代論論争で活気付く。猪俣が同誌三〇年二月号で反論（校正刷りへの意見を向坂に求めてきたもの）し、高田保馬が『改造』同年八月号に「労働価値説は支持し得らるるや」を発表。これには櫛田民蔵が『中央公論』一〇月特集号で反論をする。

地代論論争で扱われる地代とは、小作人が地主や領主に納める地代とは性格を異にする資本主義的地代であり、かつそのうちでも借地している資本家が全ての土地所有者に支払う絶対地代とは区別される差額地代（最劣等地を除く土地所有者に豊度などに応じて資本家が支払う地代）である。だから「差額地代論論争」と言うべきものであった。

『資本論』は資本主義社会の夾雑物を地主階級を除いてはすべて捨象した純粋資本主義社会を想定しているから、社会も資本家と労働者と地主の三つの階級だけで構成されると前提する。資本主義的地代では、農民を無視したのではなく、農業も完全に資本主義的に経営され、農民は農業資本家に雇用される農業労働者として予定されている。こういう社会における地代とは、農業資本家が地主から経営のために借りる土地の借地料のことなのである。資本家は農業労働者の生産した商品を販売し、利潤のうちからなにがしかを地主に地代として支払うのであるが、問題は異なる生産諸条件における農業生産物の価格はどのように形成されるかにあった。資本の移動と競争が自由におこなわれる農業以外の資本主義的商品における平均利潤と生産価格のメカニズムでは、その問題が説明しきれないので、マルクス価値論批判の題材となったのである。小泉―山川論争にはじまる価値論論争とは攻め口を変えて、商品一般の価値の論証の仕方と農業生産物のそれには矛盾があり、したがってマルクス価値論は破たんしていると言うのであった。

向坂の同僚たちも地代論論争を重く見ていた。「中公から地代論をやってくれとの注文を受けたが断った。宇野君が適当ではないかと云っておいた。実はこの際勉強にもなるから大いにやりたいと考へたが…時間がない。しかし今マルクシズムの理解が地代論で一飛躍しようとしてゐる時なのだから…なんとか一片の寄与をと思ってゐる」（有沢広巳から向坂宛　三一年八月二七日）。

しかし向坂が地代論論争に参加するのはやっと『改造』三〇年一二月号の「マルクスの地代理論」からだった。むろんただ観戦していたわけではない。論争に臨むにあたって『資本論』全巻を再度通読したという。その準備作業は、『資本論大系下』（三一年三月配本）の執筆である。

宇野弘藏（『資本論五十年上』）によれば、『大系』の執筆分担は山田盛太郎、宇野、向坂が話しあって、当初は『資本論』第二巻を宇野が、第三巻のうち地代論は山田盛太郎が分担する予定だったが、山田が第二巻第三編の「再生産表式論」をやりたい（『大系』では中巻）と申し出たために、第三巻は急遽向坂に回ったものである。

さて向坂の『資本論大系下』は三八一頁におよぶ書きおろしの大著だが、その半分近くを地代論が占めていた。第三巻の二割強しか占めない地代論の解説が不釣合いに大きかった。その「序」にはこうある。「地代論の部分が多少均衡を失する位に大きな部分を占めて了った。…この稿については色々と問題もあり、且つ従来全般に亙りて取扱はれてもゐないので、なるべく詳細にと思って書いて行く内に比較的大きなものとなって了ったのである」。

地代論が従来、『資本論』総体との関連のなかで「全般に亙りて取扱はれて」はこなかったことを問題と思っていたのである。マルクス批判派たる土方や二木はもとより、これに反論した河上にせよ猪俣にせよ、信頼する櫛田においてすら、そういう弱点はまぬかれないと考え、『資本論大系下』で範を示したわけである。

さて、地代論論争は重要な論争ではあるが、「虚偽の社会的価値」の理解をめぐる議論に収斂され、きわめて専門的な分野の論争として論争史に名を残している。その専門性は、向坂と見解が異なったのはブルジョア経済学者たちだけでなく、もっとも近い考えだったはずの猪俣や櫛田とすら喰いちがった事実からも推測されよう。だから向坂は論争を通じて「私の議論の正しさを認めてくれる人はなくて、自分ひとりでたたかっているような感じでいた」(「地代論論争のころ」)と述解したのである。

数年後に向坂が全力投入した二番目の大論争、日本資本主義論争は労農派と共産党系の論争として展開され、論争点が多岐に拡がり、また政治的・実践的方針への根拠づけとしても以降も長く継承された。これに反して、「地代論論争」は、日本資本主義論争の「小作料論争」「封建地代論争」とすら直接の関係はない、しかも「差額地代」に絞りこんだ完結した小世界をなす論争だった。

だから、日本資本主義論争に関する文献は戦前・戦後を通じて山ほどあるが、地代論争を主題とした単行本は向坂の『地代論研究』のほかは山田勝次郎、鈴木鴻一郎のものなどわずかしかない。

しかし向坂は重箱の隅をつつくような議論をめざしたわけではない。純粋な資本主義にとっては異物である地代の理解を逆手にとって、そこから価値法則の展開のしかたをとらえなおす、つまり社会の全剰余価値が労賃、利潤、地代に分かたれるにあたり、地代が利潤率の平均化の作用にどのような偏倚をもたらすかを解明することによって、価値法則の科学性を逆証することに積極的な意味を認めたのである。だから戦後すぐ『地代論研究』を再刊したときの序文には、「最後に述べておきたいことは、地代論の研究が、価値論の勉強にたいへん役に立つということである。価値法則が、一定の条件のもとでいかに偏倚するかを知ることは、価値法則そのものの本質を認識するきわめてよい機会である」と記した。

リカードの地代理論も経済学の初歩知識とされ、マルクス価値論への一定の理解もあった当時のインテリには、この論争は理解されたようだ。『改造』や『中央公論』誌では地代論論争は売れ筋だった。

2 問題の所在

まず土方成美や高田保馬や二木保幾は、マルクス地代論の何を問題としたのか。向坂は次のように易しく彼等の主張を説明している。

「マルクスにおいて価値は、つねに平均的な性質として成立している。だからマルクスは市場価値を論ずるに際しては、同一種類の商品も、生産する諸条件の異なるにしたがって、異なる個別的価値を有することになるが、これらの商品の市場価値は、平均的な諸条件を有する商品によりて決定され、したがって、平均的なものとして成立すると述べている。ところが差額地代を論ずるに際しては、農業生産物の市場価値を決定するものは、平均的諸条件の商品の個別的の価値でなくして、最劣等地の諸条件をもって生産される商品の個別的価値であるとなした。…そこで、より優良なる諸条件（より豊度の高い）を以って、生産する諸種の土地には剰余利潤が生ずる。すなわち、この部門の生産物の市場価値は、もっとも不利な諸条件を持つ商品の個別価値によりて決定され、したがって、その他のより有利な諸条件を以って生産されるこの同一品種の個別的価値は、いうまでもなくより低いものであるから、しかも、最劣等地の諸条件をもって生産された商品と同一の市場価値をもって売られるのであるから、有利なる諸条件をもって生産された諸商品には剰余利潤が生じるのである。この剰余利潤は、土地所有の存在するために差額地代に転化される。

そこで、第一に、批判家たちによれば、マルクスの価値論は、差額地代論においてかれ自らの手で破壊されたというのである。蓋し、平均的なるものとして示された価値が、ここでは個別的、限界的なものによりて決定されるとなされるにいたったからである。

「第一に批評家たちは次の非難に移る。…一般的商品については…より優良なる条件をもつ商品は、その個別的価値以上に売られ、剰余利潤が生じ、より劣悪な条件をもって生産される商品はその個別的価値以下に売られることになる。しかしこの場合は、個別的価値以上のものと、以下のものとは相殺されて、この生産部門全体として価値を持って、すなわち、この部門の生産物全体としては、それに凝結せる人間労働の量にしたがって売られることになる。ところが農業部門についてみるに、…最劣等の諸条件をもって生産された商品によりて市場価値が決定されるのであるから、他のいっさいの土地の生産物に剰余利潤が成立するわけである。すなわち他のいっさいの土地では、それらの個別的価値以上に売られていて、剰余利潤が成立するにかかわらず、他方この生産部門の内部には、個別的価値以下に売られている生産物がない。したがって、それらが相互に相殺されることはない。部門全体として全生産物についてみる時、ここでは価値以上に売られている。しかもマルクスによれば、この価値以上の部分、すなわち、最劣等地以外のいっさいの土地に成立する剰余利潤にあたる部分は、地代に転化される部分である。地代はかくして価値ではなく、したがってまた剰余価値でないということになる」(「河上博士の地代論」『労農』三二年一月号)。

なお、「批評家たち」が「価値ではない地代」とみなした部分は、マルクスは「虚偽の社会的価値」と表現していた(高畠訳『資本論』ではそう翻訳されていた)から事態はややこしくなった。マルクスの真意を離れて「虚偽の」の訳語の当否や字義解釈が両派からかまびすしく開陳されることになったのである。

これが二つの「マルクスの矛盾」とされた論点だった。主要な生産手段が土地であるという、特殊な生産部門における価値法則や労働価値説の説明の困難を突破口に、マルクスの全体系を切り崩そうというわけであった。そしてマルクスの理論的とは言えない実践的な「動機」—彼らに言わせれば政治的な意図—を示唆することによって、マルクス主義の権威を低下させようという、それこそ政治的な意図は、次の二木の言葉にうかがえる。「この矛盾を生ぜしめてゐる一つの条件は格差地代を剰余価値から導かんとすること其れである。…是れより遡ってマルクスの価値法則其のものに既に初めから労働者階級の被掠奪、被搾取を理論づけようとする動機が潜在してゐたか否かを問ふことも出来よう」(「マルクスの価値論に於ける平均観察と限界原理との矛盾」『中央公論』一九二九年四月号)。

マルクス擁護派の最終的な任務は、マルクスの労働価値説は決して非論理的な「動機」で展開されているのでなく、論理的に首尾一貫したものであること、しかもそれは単に論理の上だけのことではなく、現実の土台にたっていることを証明することであった。結論から言えば、マルクス派のあまたの論争参加者のうちでも、向坂がもっともよくその説明に成功したのである。

3 「ひとりでたたかった」ような論争

向坂の論争デビューは「マルクスの地代理論」(『改造』一九三〇年一二月号)と述べたが、実は直接は地代論に言及していないが「労働価値説を支持す—高田保馬氏のマルクス批判の批判」を秋に起草していた。しかし、櫛田の『中央公論』一〇月号論文で高田への批判は「つくされていたので、完成と発表はしないでおいた」が、『大倉学会誌』から依頼されていた原稿の穴埋めとして、同誌三〇年一二月に掲載することにした。先輩をたてたわけだ。この論文は、『資本論体系上』にそのまま組みこまれる。

論争への向坂のかかわりを、主に向坂自身の「地代論論争小史」(『地代論研究』三三年刊の序)および「地代論争のころ」(前掲『経済評論』)にしたがって追っていこう。

まず第一論文の「マルクスの地代理論」は、「差額地代論について、私の根本的な考え方」を「一番まとまって説いた」もので、以降の論文はすべて「論敵を論破したもの」（『地代論研究』一九七七年第三版序）である。

マルクス批判派が提起した第一の問題については、次のように説かれている。「資本主義社会の基本的関係」においては「市場価値が価値の平均的性質としてあくまで自己を貫いてゆく姿」が示されるが、地代においては「一般に市場価値の成立する場合に存した条件、すなわち自由競争が、土地の制限的性質のために一定の制限を受ける」。だから「市場価値が最劣等なる条件をもって生産された商品の個別的価値によりて決定されることになる」。これが「純粋なる法則がより複雑なる条件の下に遂行されてゆく姿」なのである。したがって、「法則が、より具体的なる条件の下にそれ自身に一定の偏倚をあたえてゆくことをもってただちに矛盾と呼ぶならば、いっさいの法則は矛盾として否定されなければならぬはずのものである」。

次に第二の問題について。「虚偽の社会的価値」は「対差地代部分が剰余価値でないことを意味するのではない」。「対差地代部分に相当するものは農業部門の中にかかるものとして生産されているわけではない。だが、流通という迂路を通って社会全体の剰余価値の一部が分割されるのである」。「対差地代部分もまた剰余価値の一転化形態である」。

これに対し高田は「マルクスの価値論と地代論」（『改造』一九三一年四月号）で、櫛田とあわせ向坂にも批判を加えた。向坂は「地代理論の展開のために」（『改造』五月号）で反論し、高田が「マルクス地代論をめぐりて」（同六月号）で反批判をした。この間、櫛田も再三にわたり高田批判を展開した。実は櫛田と向坂の間には「根本的な一点」（向坂）で相違があったのだが、それはのちに触れる。

高田の論難はほとんど自説をくりかえすだけだった。向坂は「地代理論の展開のために」で一応は再反論の対象としたのは、「農産物価格が最劣等地の個別的価値で決定され、他の生産物は平均的の個別的価値で決定されるなら」、「全産業部門を通じて、価値は価格より差額地代だけ小となる」はずだという誤解だった。これも「虚偽の社会的価値」についての念押しの説明で十分片づけられた。ほかは、瑣末な論点ばかりだった。

学界の重鎮高田教授への皮肉も遠慮なかった。向坂が前年の『改造』一二月号論文で、高田の所説を「三文の価値もない」と批評したのにたいし、高田は「向坂氏の説明が何文の価値あるかなどと申す考えは致さない」と尊大に返していたのだが、向坂はこうやり返したのだ。「私が『三文の価値もない』と申上げたことは、そう気にしないでいただきたい。高い俸給と原稿料を貰って書かれる大学教授の論文をほんとうに三文の価値もないなどと申上げたのではない。おそらく一字いくらで計算できるほど高い値打ちのものであるにちがいない」。大森の仕込が効いてきたのか、向坂も次第に「野人礼にならわず」の調子が強まってゆく。

それはさておき、本論文で向坂がこう述べたのは重要である。「高田教授は『向坂氏は私見を内在的ならずといって非難せらるる前に、先ずその戦線の統一をはかるる必要はないか』といって、マルクシストたちの間におけるマルクス地代論について存する見解の相違を笑われる。事実、われわれの間には見解の相違が存する。…ただ、高田教授にたいするかぎりにおいては、なんら『戦線の統一』の必要が存しない。…価値論にたいする一定条件による制約が、価値論自身をくつがえすものなりやいなやはマルクシストにおいてはすでに解決されている」。

マルクス地代論擁護派内の相違はあるが、高田、二木らが提起した二つの問題自体について打ちかえす点においては足並みの乱れはないと言うのである。だが、向坂の本領は、そこから先、つまりマルクス擁護派はマルクス地代論をどう積極的に解明すべきかというところにこそあった。

そして向坂は一九三一年秋以降というもの、高田らはもう片づいたとして相手にせず、もっぱらマルクス派内部の論争に集中していく。その第一弾が河上肇への批判である。

論争の最中に「河上肇氏が『地代論に関する諸氏の論争』(『中央公論』昭和六年九月号)をもって、とつじょ横合いから登場され…敵味方の区別なく切りつけられた」(前掲「地代論論争小史」)。このころの河上は非合法政治運動に踏みこんでおり、日本共産党の意向を忖度して行動していた。いきおい「労農一派」には敵愾心旺盛であった。河上はまずは櫛田、猪俣、向坂を批判し、そのあとに高田を批判した。

向坂は「地代の『戦闘的解消』——河上博士の地代論——」(『中央公論』一九三一年一〇月号)で反論した。河上説は『剰余価値学説史』の誤読にもとづく珍説で、差額地代の一部は剰余価値ではないとしたために、高田説の部分的容認に陥ってしまったと指摘した。「戦闘的解消」とは、共産党の合法政党否定論にしたがって、河上が「労農党の解消」を唱えていたことにかけた皮肉である。この論文を読んだ大内兵衛からは「『中公』キ論文拝見。面白かった。論旨賛成。昔から論語読みは論語しらずだったなア…」というハガキが届いた。

なお河上の珍説にたいしては、一般に共産党系とみなされていた『プロレタリア科学研究』（第二輯　一九三一年一〇月）で河本勝男（共産党系理論家の川崎巳三郎）ですら、「差額地代が剰余価値でないと言ふことによってマルクスの価値論の意義を全く否定した」ものだと批判した。河本はこの論文で櫛田と猪俣は批判したが、向坂説は批判しなかった。向坂はこれは「大いに私を批判したものであろうと思って読んでみたら、驚いたことに、私の意見に賛成したものであった」と回想している（前掲「地代論争のころ」）。河本論文では、向坂の説自体の紹介はなく、河上が「向坂氏の言うところの真意を理解せず」と指摘しただけであるが、内容的には櫛田と猪俣への批判も含めて、向坂説と基本的な点で一致していた。のちに共産党系の山田勝次郎は『地代論論争批判』で向坂を批判したが、その際に河本論文にたいしても、「農業部門そのものにおける生産＝搾取関係が、一般的なブルジョワジー対プロレタリアートの漠然たる生産＝搾取関係に解消させられ…実践的解決の真の物質的根拠が見失われる」と批評した。

河上の再反論は「地代論に関する共同戦線党の暴露」（『改造』一九三一年一一月号）でなされた。「共同戦線党」なる奇妙な表現について向坂はこう述べていた。向坂と櫛田の「地代論における『共同戦線党』を暴露したものだそうであるが、これはまったく的なきに矢を放つものである。櫛田氏も向坂も、両者の一致点と相違点とを少しもかくした覚えはなく、ただ、ブルジョアジーの代弁者たる『批評家』諸氏にたいしては、とうぜんにわれわれは協力してあたるべきであることを信じているのみである」（前掲「地代論論争小史」）。

さらに向坂は「河上博士の地代論」（『労農』三二年一月号）でこう批判した。

河上は、さすがに「差額地代の一部は剰余価値ではない」という二カ月前の自説（『中央公論』一九三一年九月号）を「若干の錯誤」として認めざるを得なかった。ところが「錯誤」の反省は、差額地代は「資本家階級一般の負担に帰する」という半端なところで止めてしまい、どうしても社会の総剰余価値、すなわち労働者階級のつくりだしたものの一部だとは認めない。また『学説史』の誤読も「これについても私は若干の誤謬を犯していた」と告白したのに、「誤読から少しも解放されていられない」。かくて河上論文で「暴露されたものは…遺憾ながら河上博士の地代論における無節操であった。前論における氏のマルクス地代論の解釈は、そのいっさいが無責任に放棄されて、ぜんぜんあらたなる立場にたたれてしまった」。しかしそれは「氏の『自己清算』に特有な仕方でなされている。すなわち、第一に、それをあたかも自己の前説のとうぜんの発展であるかのように装うことによりて、第二に、自説の正当な批判者にたいして泥をひっかけることによりて」。

向坂は三六歳足らず、一八歳も年長の河上にたいして遠慮はなかった。当時、河上は政治運動にかつがれ、無産政党にたいする共産党の方針の右往左往にまきこまれ、都度「自己清算」をして態度を変えていた。しかも何時の場合も「労農一派」を敵対物扱いするのに変わりなかった。にもかかわらず、半年後には櫛田の自宅に、官憲の目を逃れて二週間も潜んだりした。向坂も櫛田も、憎めないが周りには迷惑をかけどうしのキャラクターに相当イライラしていたであろう。

河上のように、とにかく党派的な義務感から批判のための批判を展開し、論理的な不整合を屁理屈つけて正当化しようという態度は、マルクスの徒として許すことはできなかったのだ。

「論争小史」にいう。マルクス批判派から「同一陣営内の乱闘」と皮肉られたことは「マルクシスト側にとりて有利な『事実』ではあるまい。不幸にして、わが国のマルクシスト陣営内における政治戦線の分裂は、マルクシスト間における理論的研究の自己批判を他の形でおこなうことを妨げている。…しかし、これもやむをえざるマルクシスト陣営の自己批判であって、このことをつうじても、マルクシズムの正しい理論的展開が可能である。そしてけっきょく正しい理論が生まれてくる」。「マルクシスト相互の自己批判は…彼ら相互に不足せる分析力、思索力を補い、この自己批判とともにおこなわれる各自の研究も力となって、ここにしだいに彼らのマルクス理解を深めてゆく。…私は、地代論争も今日すでに一応おちつくべきところにおちついたと信じている」。

河上批判をもって論争は終りと思われたが、林要が差額地代＝独占利潤説を唱えて参加するなど、なお二、三の論点が取りあげられ、向坂もそれに応えた。「九官鳥は歌ふ」(『批判』一九三二年一月号)、「『独占』的地代理論—林要氏の地代論を読む」(『経済往来』一九三二年二月号)、「林要先生の弁明を聞く」(『批判』一九三二年五月号)である。これに前掲の「地代論論争小史」(一九三三年初春執筆)を加えて、戦前における向坂の地代論論争関連論文は終わる。

4　猪俣津南雄に指摘

論争は党派論争とは次元を異にした議論で、「相互の自己批判」を促進することが望ましい。しかし研究室内で論争するわけではないから、現実はそうはいかない。それが党派の優劣におよぼす影響が配慮されねばならない。社会主義運動が支配権力との緊張関係にあり、人と人の関係で成りたつ以上、常に正しいことを言えばよいわけではない。向坂は、まちがいを強弁することはしなかったが、政治的な配慮から不必要なことは筆にしないことは多々あった。

向坂は、猪俣、櫛田との相違については言明はすれども、具体的内容については述べなかった。『資本論大系下』の多くは、論争を意識した地代論の全面的な解説で占められていたが、そこでもこう述べるにとどめている。

「私は、猪俣津南雄氏、櫛田民蔵氏と対差地代の解釈について見解を異にしてゐる。無論、対差地代が搾取労働であるとする根本的な立場に於いては一致してゐるのであるが。それは恐らく、親しく教えを受け得たこれら両先輩の程度まで、私自身の考察の至らないところに起因していると信ずるのであるが、私としては甚だ遺憾なことである。私とても、現在の自分として出来るだけは考へて見た結果であるので、今のところ私自身は、これら両先輩の卓見にも拘らず、自らの見解を正しいと信じている」。

ただ猪俣については一回だけ、そのあやまりと思う点の指摘をした。「猪俣津南雄氏の資本蓄積論と地代論」（『中央公論』三一年五月号）である。これは猪俣との約束を果たしたものだった。先に触れたが、猪俣は二木論文を批判する『中央公論』三〇年二月号論文のゲラへの意見を請うて、わざわざ鵠沼の向坂を訪れた。「その場で私はこの論文を読んだ。そして率直にこれは私の解するマルクスの対差地代論とちがう、と返事した。それから、私は、そのちがう点をくわしく指摘した。…私は、『ここまでまとめられた以上、一応このままおだしになってはどうですか、…私は私で別の機会に書きましょう』といった」（前掲「地代論論争のころ」）。向坂がどうしても同意できなかったのは、猪俣が、農業部門では最劣等地が「圧倒的な多数」を占めるからそこでの生産物の価値に農業部門の市場価値は決定され、より生産性の高い土地の生産物に超過利潤が生まれる、としたことだった。

『資本論』第三巻「第三八章差額地代　総論」では、紡績業において大部分の工場が蒸気機関で動き、ごく一部の工場が「落流」を利用する場合をあげ、落流を利用する費用価格は他の大多数の蒸気を利用する費用価格より小になりそこに「超過利潤」が生じる場合が想定された。そして、落流は「独占的な自然力」だから、蒸気を利用する工場の技術革新による競争を通じた「利潤率均等化」の法則は落流利用の工場には及ばないので、その「超過利潤」はつねに存続するとした。混乱の原因となったのは、マルクスが「このような事情のもとでは超過利潤は地代に転化する」と、差額地代の説明の例としたところにあった。

ここだけを読めば、蒸気機関利用を劣等地の耕作におきかえて、そのまま差額地代の説明に代えたくなるのも自然だった。のちに「相対的剰余価値論からの説明」と呼ばれるこの考えは、多くの論者が惹きつけられるものだった。だから、猪俣のような理解はよくしがちであったらしい。戦後も差額地代の説明はさまざまに試みられたが「その中で、対差地代の問題を『相対的剰余価値』から説明しようとする人がいちばん多かったようである。…対差地代論を勉強する時、だれでもまっさきにこの誘惑にひっかかる。…この傾向の源流は、猪俣津南雄氏である。そして『相対的剰余価値』によるひとびとは、多くその戦後派である。私も、反マルクシストの批判に答えようとする時、やはりこの誘惑にひっかかったが、この議論は、工業と農業とを無差別にする議論で…対差地代を否定する結果とならざるをえない」(「地代論論争のころ」)。

「この論文を書かれる前に、二人だけで議論をしていれば、なんとかなったかもしれないが、いったん書いてしまうと、中々議論は一致しがたいということがある」と回想している(「地代論論争のころ」)。またこうも回想している。向坂の『中央公論』の論文を読んで「それでも猪俣さんは怒っちゃった。僕に向っては何でもないのですが、『改造』の記者をしていた…水島治男君に、あんなに違うならばそのとき言ってくれればよい。そのときならまだ考えようがあったという不満を述べられたのだ。しかし言っておさまらないくらい、根本的に違っていたわけです」(前掲『書評』座談会)。向坂にしてみれば、面談の際に一応はちがいを説明したつもりだったのだろうが、数時間の会話では到底意は尽くせなかったのであろう。

猪俣は向坂からの指摘を受けて以降、もう地代論争には参加しなくなった。不愉快だったからか、自分の無理に気がついたためかどうかはわからない。五年ほどあとに猪俣は、封建論争に沈黙していたことに関連してこう述べた。「前の地代論争の時のように、あまり横槍が多く入っては論争者たちにも迷惑なことだから、私の発言は論争が一段落ついてからでよかろうと思っていた」(『中央公論』一九三六年一〇月号)。「横槍」という表現はやや照れかくしにも読める。

5　櫛田と二人だけの真剣勝負

つぎに櫛田との相違は何か。その内容を展開した向坂の文章は見当たらない。櫛田とはとても親しい関係だったから、櫛田への回想はいろいろ残されているのにである。

第一章三—4でふれたように、向坂が櫛田の論文で最初に注目したのは「唯物史観の公式における〝生産〟及び〝生産方法〟」だった。その後、向坂は留学から直接九州の生活に入り、両者は相まみえることはしばらくなかった。そして『マルクス・エンゲルス全集』の競合でも対立する立場だった。

それがどういうきっかけで再会したのかは不明だが二九〜三〇年ころと思われる。向坂の「櫛田民蔵論」（『中央公論』一九三一年六月号）では、常日頃の接触がないと書けないような筆致で櫛田の風貌や癖などが描かれている。

「櫛田氏に接して感ずることは、氏の腰のすはりが普通の学者達とは違ってゐるということだ。氏のマルクシズムに対する理解は決して一朝にして出来上がって居ない。氏の執拗なる一歩一歩と進む研究とこれを裏づけてゐる氏自身の体験とによりて築きあげられた。…更にまた苦労人である氏はすこしばかり褒め上げられたり、人気が出たりしたからとて有頂天に飛び上がってふらふらと出しゃばることをしない」。

櫛田は磐城（現・いわき）で小学校を出て農業の手伝いをしながら独学し、一七歳で上京。苦学し外国語学校に入学。さらに河上肇を慕って京都帝大に進み、卒業すると河上の紹介状を懐に上京。高野岩三郎の東大の研究室に助手として採用された。森戸事件で東大に見切りをつけ、以降、大阪朝日、同志社大、ふたたび東大を経て、大原社会問題研究所に落着く。この数年間、ひたすら勉強して著作はほとんど公にしなかった。しかし筆を執るときは、確固たる自信をもって臨んだ。そのことは、論文の多くが、恩師・河上の経済学説批判だったことからもうかがえる。

また向坂はこう言う。「今一つの快き感じは…進退の明快さである…何時でも必要な時には朗らかに社会的地位を放り出して来得る氏の態度に心地よさを感ずるのである。だにの様に喰らいついたら離れたがらない学者ばかり多い世の中に」。たしかに彼は、その信念と正義感に抵触したら、さっさと地位を離れたのである。

向坂の「櫛田民蔵論」執筆のすこしあとのことであるが、櫛田は河上が日本共産党員として地下に潜行しなければならなかったとき、自宅に三二年八〜九月初にかけてかく

1927年　櫛田民蔵

まった。ばれたらお縄頂戴だから、大原社研への辞表も懐にしていた。河上は、かくまわれているのに、櫛田が労農派や解党派の味方をすることにガミガミ文句を言った。しかし櫛田は耐えて最後まで河上を守りとおしたのである。大内と向坂すら、これを知ったのは戦後すぐに出た河上の『自叙伝』を読んでだったと述べている（そういうことにした?）。

向坂が尊敬の念をもって語った人物は、山川均、大内兵衛とならんで櫛田民蔵だったが、それだけのものはあった。

さて、戦後に著した「地代論論争余話」（『評論』一九四七年九月号）ではこう回想している。「私は櫛田さんとも意見を異にした。…根本的な一点で異なっていた。櫛田さんと私は、公には論戦するまでに至らなかった。それは二木氏達に対する論戦に一段落つけてからという二人の間の暗黙の了解があったせいかもしれないが…その暇がなかったのかも知れない。しかし、二人の相違点については、口頭では、しばしば意見の交換をやった。どちらも一歩も譲らないものだから、きわめて長時間にわたって議論した。…櫛田さんは時々鵠沼まで来られた。朝から終列車まで食事中にも止めないで地代論争をやるのだから、二人ともくたくたになった」。

櫛田は新宿に住んでいたから、鵠沼まではかなりかかったであろうが相当の回数やってきた。論争相手に選ばれたのは、向坂のほかには宇野弘蔵もいた。

向坂は早慶戦のファンで、そのころはほとんど毎年観戦をしていた。向坂はもう鵠沼から下沼部（今の田園調布）を経て等々力に越したあとで三四年の一〇月と推測される。世間では地代論争は終わっていて、向坂も櫛田ももう筆を執っていなかった。その日の朝九時ころ、向坂は早慶戦の切符をもって出かけようとしていた。ところが櫛田の襲来で「しまったと思ったが、もう遅い」。さっそく二人だけの「試合」がはじまった。「話は対差地代と『虚偽の価値』についてであった」。早慶戦は終了して陽が落ちても、こちらは延々とつづいた。

最初に二人の「試合」を開始したのは、三〇年一二月に向坂が櫛田宅を訪ね夜遅くまで議論したときだった。向坂はそうは言っていないが、実はちょうどそのころ櫛田は「差額地代と価値法則」（『批判』三一年一月号）を執筆したはずである。この論文にすでに、向坂が「根本的な一点で異なっていた」と思われる箇所が含まれていた。

「試合」をはじめてから実に三〜四年、二人の議論はつづいたのである。

向坂もそっけないやり方ではあるが、たとえば「論争小史」などでは、自説と異なる櫛田の見解を当否の注釈をいっさいつけずに、そのまま紹介している。確かに向坂は「相違点を少しも隠していない」。しかしこれだけで向坂と櫛田の相違を理解できるのは一定の知識を持つ者に限られたであろう。

それでも問題を究明した人物はいた。向坂も「論争小史」で、最終的には「向坂説が支持されえたようである」と自認した根拠として紹介した、橋田三郎の「地代論争を鳥瞰す」（『批判』一九三一年三～八月にかけ五回連載。連載の三が「櫛田民蔵氏所説批判」）だ。橋田は言う。

「この論争を通じて、いまやわれわれは、真にマルクス的な差額地代の理論を把握することができた。それは全く、向坂氏によって基礎的な方向が呈示せられ、その後同氏によって益々詳細に展開せられていったところのものの中に見出される。向坂氏の解説は、後、プロレタリア科学研究所の河本勝男氏によって採用（前掲『プロレタリア科学』の川崎論文―引用者）され、暗々裏にではあったが、一つの有力なる支持を有った」。

橋田は九大経済学部助手の田中定の筆名だった。向坂は田中から地代論争中に「一、二度、論争点について…手紙で質問されたことがある」。田中自身もこう証言している。「嘉治隆一さんにすすめられて。私は一年ばかり地代論争に参加したことがあります。書いているうちにいろいろわからないことが出てくるものですから、一度だけ先生に手紙を出したことがあります。その時のご返事は…克明なもので、私の考えちがいを一々明確に指摘」されたものだった（前掲九大『経済学研究』）。田中は向坂を信頼していたようで、三一年五月には「地代論争に関する御教示」を受けるだけでなく「先生の書斎、先生が結んでいられる実際的方面の環境の中に暫く滞在して田舎者の自分を自分で鞭撻したいので」上京したいと考えているという手紙を寄こしている。

少し入り組んだ話になるが、戦後すぐにある東大教授が論文で、橋田名の論文は「正面から櫛田氏を批判し正しい主張を明瞭ならしめるという態度には出られなかった」向坂が、「別の形で自己を主張せられた」ものと誤解し、橋田論文は向坂の筆名論文だと論じたことがあった（この件は向坂が「地代論争のころ」で誤解を解いた）。

それでは「根本的な一点」とは何であったか。

櫛田が、差額地代を生産物地代と貨幣地代にわけ、生産物地代としては全て農業部門で農業プロレタリアートが生産した剰余価値であるが、貨幣地代としては農業以外の部門の剰余価値の一部だと論じたことである。差額地代の源泉については社会の総剰余価値の一部だという向坂の考えとは「根本的に」異なっていたことはまちがいない。なぜ櫛田はこだわったのか。

二〇年の後に論争を概観した小島恒久は「櫛田氏の差額地代論には、日ごろの氏にも似ぬ多くの混乱がみうけられる。その原因の一つは、氏が、差額地代を農業部門で生産された剰余価値としなければ、農業プロレタリアの立場に立つをえぬと考えられたことによるのである。この先入観と、マルクスのいう虚偽の社会的価値とのジレンマに苦しみ、ついに収拾のつかぬ二元論の泥沼におちいられたとみることができよう」（「地代論争」一九五六年『社会主義講座』第七巻）。

また櫛田説に焦点をあてた鈴木鴻一郎の「『虚偽な社会的価値』について」（『唯物史観』3　一九四八年九月）は「最も偉大なマルクス学者と称された氏の長いマルクス学研究の跡を辿ってみて、この『農業プロレタリアの立場』の理論ほど恐らくマルクスを逸脱したものは他にこれを求めることができなかったと考えられる」と述べていた。

差額地代の源泉はアプリオリに農業労働者の搾取に求めねばならぬという発想は、共産党系の理論家には多かった。その代表例は、山田勝次郎の「地代論論争批判」（『歴史科学』一九三四年五月号～三五年一二月号）である。そこでは向坂に矛先を向けこう論じていた。向坂説では「差額地代は農業部門において生産された剰余価値だということが、完全に否定されている」。「地主および農業資本家の搾取階級とそれに対立する農業プロレタリアートとの間の搾取関係が、消費者としてみた社会とそれに対立する地主階級との間の分配関係と擦りかえられ、地代問題解決の真実の社会的エネルギーの所在が見失われてしまう。つまり、マルクス労働価値論の根本義＝真精神が少しも把握されていない」。

結果的に櫛田も同じ立場に誘惑されていたことになる。政治にある程度かかわっていた向坂よりも、意識的にかかわりを断っていた櫛田のほうが、真面目なだけについ落とし穴にはまる。免疫に欠けたのだ。「ほんの出発点のちょとのまちがいが、思索力のない男ならそこらへんで止まっちゃうけれども、その方向で思索に思索を重ねるから大変な方向に行くのです。最後まで一致しませんでした」（向坂「労農派の主張」『昭和経済史への証言』中）。

こう見てくると、櫛田—向坂の執拗な二人だけの論戦は、向坂は楽しい思い出としてしか語らないが、実は大変な緊張感を持った真剣勝負だったのではなかろうか。

もし公的な論争になれば、向坂は敬愛する先輩を徹底的に論破せねばならなかったろう。論理的な次元だけで済むならば、いかに激しく論争しようとも致命傷になるわけではない。しかし櫛田と向坂は、共産党流の政治主義的な論理の歪みをもっともきらい、論理的な首尾一貫性に命をかけた点で、まさに同志的な連帯感をもっていた。河上肇のような人物なら、思う存分やっつけられる。しかし生命線といえる科学としてのマルクス主義への真剣な姿勢において櫛田を疑うのは、櫛田を殺すに等しい。だから、向坂は数年かけても櫛田を懸命に説得したのではなかろうか。「論文を書く前に、二人だけでもっと議論していれば、何とかなったかもしれない」という、猪俣についての自省の弁は、櫛田への態度に生かされたのかも知れない。

櫛田は向坂との一致はないままに、猛烈な勉強のし過ぎで原稿執筆中に脳溢血で急逝してしまう。三四年一一月五日。享年四九歳だった。向坂は、その後も晩年までこの問題には触れず、櫛田とは大きな理論上の違いがあったとだけ明言しつつも、彼への敬意に満ちた散文しか筆にしなかった。

向坂は櫛田と猪俣のちがいについておもしろいことを語っている。

「討論しておって猪俣さんが手持ちに何をもっておるかということは、ちょっとあたってみるとだいたいわかる。ところが櫛田さんは手持ちをうんとためないとなかなか議論しない。彼が一体どういうものをいろいろ内部に持ちながら議論しておるかということを探りを入れるのに、櫛田さんは長くかかる。それを知らないとうっかりかかっていけない。…そういう点で櫛田さんは…一番議論のしにくい相手であった」（前掲『書評』座談会）。

なお、向坂が『地代論研究』を宇野弘蔵に献呈したときの宇野の礼状（三三年三月二日）はこう述べていた。

「昨年暮れに上京したとき、櫛田氏に会って夜を徹して地代論を聞き種々考へさせられて帰るときもう一度勉強することを約したが、そのままにしてなまけて居た。逸郎君の著書を戴いて此の論争を考へなほして見ようと思って居る。近頃ロシア物の教科書の翻訳の横行を見るにつけ吾々も資本論の有ゆる部分についてもモットしっかりしたものをつかんでおきたいといふ感が深い。此の機会に地代論を勉強したいものと思ふ」。

宇野弘蔵はこの三年後に「農業における土地は資本たる生産手段と異なりその経済機構にとって非合理的なるものであった。之をその体制に入れねばならぬ際に受ける偏倚性が市場価値を通しての虚偽の社会的価値となる」（「相対的剰余価値の概念」東北帝大『経済学』第五号一九三六）と述べた。これは向坂が再三強調したことでもあった。

6　『資本論体系上』

地代論論争がヤマを越した三二年七月になってやっと

『経済学全集』第一〇巻として『資本論体系上』(『資本論』第一巻を扱う)が出版された。同全集の二六巻(二九年六月)に「人口理論」、二二巻(一九三一年三月)『資本論体系下』(『資本論』第三巻を扱う)と合わせて、これで責任を果たせたわけだ。『資本論体系中』は『資本論』第二巻を扱い、宇野と山田盛太郎の仕事だったが、常に問題とされた第一巻と三巻の整合性から派生した論争を含めて、総合的に解説したのは、日本では初の業績であった。

宇野学派の渡辺寛も、後年こう評価している。「『資本論』解釈としては、宇野とその影響下にある人々との著作を別とすれば、戦後の今日にいたるも、かれの水準を全体的に—個々の論点は別として—超えたものはない」(『日本のマルクス経済学下』一九六八)。

『資本論体系上』については、多忙の中で全編書きおろしというわけにはいかなかった。第一章から三章にかけては、『労農』に三二年中に一〇回連載した「資本論解説」を、第二章の一部には『大倉学会雑誌』三〇年一二月号の論文(「労働価値説を支持す」)を、ほぼそのまま流用した。書下ろしは後半部分だけである。向坂本人が「非常にせっつかれて、原稿を片端から持っていかれながら書いた」と回想しているが、『資本論体系』の中と下の方が先に刊行されているのだから、改造社がせっつくのも無理はなかった。

『資本論体系上』では、二八年の理論的な処女作「マルクス経済学」とくらべて、どこが進展したかをみていこう。『上』は『資本論』第一巻の解説であるから、第三巻の「平均利潤、生産価格」については範囲外である。けれども価値論論争で提出された重要なテーマについては詳細に論じている。「マルクス経済学」では史的唯物論について半分近くを割いて述べていたが、今回は史的唯物論に立つマルクスの方法を、具体的な論争テーマで適用してみせたのである。武器の紹介から、実戦での武器の活用に移ったと言ってよい。

価値論争への批判は、「批判者の批判」として章立てしてまとめられている(初出は『労農』一九三一年五月号、六月号および『大倉学会雑誌』一九三〇年一二月号)。

まず、バヴェルク本人と小泉信三と高田保馬をまな板に乗せる。その書き出しが軽妙である。子供が「お伽噺か講談本」を読みはじめると「どうもこの話の最後はどうなるのだろうかということが気懸りに」なる。「そこでそっと本の最後の方を明けて見る。が、何しろ中を読まないで見るのだから、最後の話のすぢがどうなっているのか満足に判らない」。そこで初めから順に読み「読み終わってやっと判る」。さて「ブルヂョア経済学者は、この子供の性急さによく似たものを有っている。いやこれに比較するとうんと悪い」。なぜなら、子どもは順々に読むが学者はこれをしない。『資本論』の最初の部分を読んでみる。…どうも終わりが気になる。そこで第三巻の後の方を一寸めくって見るのは最もよい方で、大概はこの労をとらない」。そして「マルクスの価値論はあれも説明していない、これも説明し得ない」と主張する。しかし「マルクスがどんなに偉くとも、一度に一口で一切の事を云うことを要求するのは余りに無理な話だ」。

こう冷やかしたうえで論じはじめるのだが、この第一巻と第三巻の「矛盾」の問題については、『資本論大系下』で展開するのでここでは触れていない。そしてバヴェルクのマルクス価値論批判の第一のテーマから検討していく。すなわち、分析の対象から、土地など労働生産物ではないが商品となっている類を排除し、労働生産物だけを分析の対象としておいて、「交換される商品の共通物として抽象的労働を示すのは、労働価値説の論証になっていない」という問題である。

向坂は、かかる問題の立て方の根底に、マルクスが明確にした「労働の二重性質に対する無理解」があるとして、価値と使用価値、商品の使用価値量と価値の大いさの関係、非労働生産物の商品化における価値法則の偏倚、さらにいわゆる「希少価値」のあつかいにいたるまで、ていねいに説く。そして労働生産物が常に商品となる訳ではなく、いかなる生産関係において商品形態をとるのかこそが肝要であって、そういう商品形態の歴史性をふまえない古典派経済学の「労働価値説」とマルクスのそれを同類と誤解して攻撃しているのが、バヴェルク―小泉―高田一派であると反撃した。

そして、「交換価値というのは何等の価値でもありえない。それはAとBとの交換の比率にすぎない」という高田説こそ、需要と供給がなぜ一定の価格でおちつくのかすら説明できないナンセンスであり、「問題に対してその問題を繰返す事で、解答がすむのなら、経済学の研究も簡単だ」と片づけている。

向坂は、さらにややめんどうな二つの問題をとりあげる。「複雑労働の単純労働への還元」問題と、「社会的必要労働時間」という概念の内容の問題である。

前者については、ヒルファディングに主に依拠して説明した。この問題は二一世紀に至るまで論争の的となってきており、この説明で尽きるわけにはいかなくなっているであろうが、当時としてはもっとも整理された説明だったのではなかろうか。

「社会的必要労働時間」という概念については、小泉から「マルクス説の根本的難点」という非難が加えられていた。すなわち、第一巻においては「社会的必要労働時間」とは価値の大いさを決定する社会的平均的な時間とされるのに、第三巻では、社会的必要総労働時間の各生産部門への「社会的欲望」に応じた配分の基準とされている。このことは価値決定における「欲望」つまり「使用価値」の役割を認めたものだと言うのであった。この問題については、向坂は「吾国でも既に早くから解決されてゐたものである」と即答し、数年前に櫛田民蔵が整理した見解―『資本論』においては、「社会的必要労働時間」という概念には、「価値の大いさを定める社会的技術的な必要労働時間」の意味と、「かく定められた価値の実現の条件としての…社会の購買力としての労働時間」の意味の二通りある―を紹介した。

　また「物神性の発見」の重要性についても、本書では章をおこして論じた。

　労働協力体としてはじめて成り立つほかない社会で、個々の人間労働が商品として交換されることによってのみ社会的総労働の一部となる状態―それは生産者が自身の社会的関係に対する支配力をうしなった状態、人と人の関係が物と物の関係にふりまわされる状態―は、決して不変的、自然的なものではなく、特定の歴史的段階でしかないこと。その歴史性をブルジョア経済学の最高の発展であった古典派経済学が、労働の二重性に思い至らず認識し得なかったことが致命的な欠陥であったこと、等々が説かれていた。

　価値論論争に関する問題で、一つだけ重要なテーマで言及していないのがある。

　いわゆる『資本論』劈頭の商品は、「単純な商品か資本主義的商品か、はたまた別様に理解すべきか」という問題だ。これは価値論論争の初期から、高畠素之、河上肇、櫛田民蔵によって取りあげられ、河上が「資本主義的商品」説を唱え、小泉も『改造』などで横槍を入れていた。櫛田は「単純なる商品」説を明らかにしていた。いずれも今日では正しいとは言えなくなっているが、ともかく「劈頭商品」問題は『資本論』総体の方法論的理解にかかわる重大な問題であった。だが向坂が本格的に論じるのは、戦後すぐ上梓された『経済学方法論』を待つ。

五　鵠沼の陽光の下で

1　交遊の広がり

鵠沼には多彩な人物が住んでいた。大森は社交的だから彼を通じて、人つきあいの悪い向坂も少しはつきあったようだ。大森の親友・大佛次郎もその一人で、向坂と同年で、戦後も親しい間柄となる。三二年六月には、鎌倉の文士連中と、阿部事務所関係者で野球の試合がおこなわれた。文士連では小林秀雄、大佛次郎、里見敦ら。学者連では向坂、大内、美濃部、脇村、有沢、芹沢、土屋に加えて、相原茂、鈴木鴻一郎の若手が動員された。向坂はピッチャー大佛の球で三塁打を飛ばして活躍した。一回戦は学者が負け二回戦は勝った。東大の六大学リーグ戦の選手を密かに連れてきて登板させたからである。大森は病弱のためか、ベンチで応援に努めたそうだ。

向坂は野球が好きだった。鵠沼にいたときも毎回早慶戦は欠かさなかったらしい。当時早慶戦のチケットは入手しづらく、あの手この手で手に入れた。三一年のチケットは、鎌倉文士の一人、森田草平が大森宅に遊びに来た際、向坂に提供してもよいということになってゲットした。

三〇年末ころ、有沢の紹介で東大経済学部生だった相原茂（のちに東大教養学部長）が鵠沼に顔を出しはじめた。相原は阿部事務所にも出入りし、「価値論について高度な質問をした」ので向坂は感心した。相原も長いつきあいとなる。

何かを極めようと精進する人間とは、まったく異なる分野であっても意気投合したらしい。

1932年６月鎌倉文士との野球大会　後列ソフトが向坂、ベレーが大森

その種の人物で、鵠沼の住民でなつかしく回想されるのが近在の阿部徳蔵だ。彼は日本マジシャン・クラブの会長で、天皇の前で実演もした奇術界の大物だった。向坂をして「礼儀に厚くて、面倒くさくて、時として私は往生することがあった」と言わしめるほどの難物だった。その阿部が、たまたま江ノ島電車で数言交わしただけでなぜか向坂を気に入ってしまい、たびたび遊びに来た。「二人の間にどうして友情がなりたったのであろうか。私には分からない。しかし私は阿部さんが無邪気に『奇術』の道を一途に歩きつづけているところが好きであった。阿部さんのうそをつけないふるまいが、この上もなく好きであった。阿部さんも、私が彼に何の譲歩もしないところを

信頼してくれたようだ」。

阿部は奇術にかんする雑誌への寄稿文原稿を「いつも前もって向坂に見せに来られ、誉めてあげると安心して発送されたようでした」(向坂ゆき回想)。もっとも、「ほめないと、何時になっても帰らない。私もいそがしい仕事をしてゐる。ついに私に何かほめる言葉をはかせて、帰って行く」。

占いにもくわしく、向坂が鵠沼を引きあげ、下沼部に越そうとしたら、そちらは方角が悪いから止めろと熱心に説得された。越してしまってからは阿部は向坂宅には来なくなり、たまに食事をするくらいで手紙と電報のやりとりとなった。のちに向坂が検挙されたさい留守宅にふらりと見舞いに訪れた(以上「阿部徳蔵」)。阿部を題材にした谷崎潤一郎の文章をめぐる件は、第一二章二―1で紹介しよう。

鈴木茂三郎については『労農露西亜の国賓として』という話題の著書でその名を覚えていた。初対面は向坂が労農同人のあつまりにはじめて出席したときで、「『労農露西亜の国賓』だからどんな人だろうと好奇心を持っていたが、忙しそうに現れてきたのは、至極あいきょうのある普通の日本人だった」(「モサン新聞」一九五四年九月二一日)。

向坂家に保存されていた鈴木の書簡で一番早いのは三一年一月一〇日のものだ。「どうも三期といふことがわからなくて困ります…いづれ、とっくり承はりたいと思いますが、それよりもさし当り、次のことが、至急、おうかがひしたいと存じます、…独占利潤は、どこから生れるのですか知ら、独占利潤について文献がないやうです、なにか、つくって、私に示していただけませんか、必要が差迫ってゐるので、いづれ、二、三日中にお伺いいたします…」。鈴木は全国大衆党本部役員で活躍していた。

つぎの鈴木のハガキは七月二五日付で、「『労農』派の失業インテリの窮乏を救済するために経済学全集の辞典を、早急にとりまとめて下さいませんか」というもの。向坂がかかわっていた改造社の『経済学全集』の別巻として『経済学辞典』編纂の計画があった。辞典だから項目ごとに多くの執筆者に分担させることができて「窮乏救済」には大いに役立つものだった。これは向坂が相談に乗り、塚本三吉が実務上の責任者になって編纂が進められる。

三番目の手紙は八月八日で「櫛田氏の所論―同時に―日本経済研究の一派―がすこぶる反動的だといふやうな意見をききます、…御意見を至急にお漏らし下さいませんか…」とある。日本資本主義論争の項でふれるが、当時櫛田の小作料論(六月に「わが国小作料の特質について」を『大原社会問題研究所雑誌』に発表していた)が野呂栄太郎から反動的だと糾弾されていた。共産党から離れた「解党派」

（『日本経済研究』に拠った）の中に櫛田の知人がいて、櫛田に小作料問題で教示を求めていたため、「解党派の手先」とみなされたのだ。

文献を精査する時間もなかった鈴木は、こんな調子で気楽に向坂に問いあわせるようになっていた。四年後には鈴木の著書『日本独占資本の解剖』の「序論」を向坂が代筆している。

荒畑寒村からの来信は保存されているものでは三二年一月六日のものが初だ。「大森君を通じて大兄からのご厚志うけ」とある。寒村とは、『労農』同人会議ではたびたび顔を合わせていたと思われる。また冬の時代を舞台にした「逃避行」などの小説は向坂も愛読していた。しかし、もっぱら堺や山川、猪俣らのそばで人間関係の気配りをしたり『労農』同人の調整をしたりしていて、活動分野が向坂とは重ならず、両人の関係はまだ希薄だったと思われる。

2　活動領域の広がり

さて、向坂は『労農』同人の実際運動でも中心的役割を果たすようになった。三一年五月ころに、同人の会議で「労農政治学校」の計画を協議し、学校長を向坂が引きうけることになった。その後新宿四谷の南寺町に家を借り、石井安一が住みこみ、教室として使う手配をした。

そして八月一二日から二二日にかけて、手はじめに「労農夏期講習会」を開講した。向坂校長は計画では講義を受けもつことになっていなかったが、体調不良の大森に代わり、『労農』同人が作成した「世界情勢に関するテーゼ」をテキストに講義した。聴講者は約三〇人。官憲が参加者をチェックし、「弁士中止」をたびたび命じ、逆らうものは取り締まった。検束者は五人にのぼり、そのうちの一人は金子洋文だった。最終日には向坂校長が挨拶し、渡辺惣蔵が「答辞」を読んだ。

つぎは本格的に「第一期労農政治学校」と銘打って、一〇月一三日から一二月二四日にかけ毎週火曜日、木曜日に開講。四〇人を聴講生としたが、実際出席したのは平均一五人程度だった。向坂は「マルクス主義経済学」を六回にわたり講義した。「第二期労農政治学校」は翌三二年一月二〇日から三月末にかけ開講。向坂は「特別課外講義」として「ファシズムの社会的基礎」を講義した。このときも体調不良の大森の代わりに「イタリーにおけるファッショ運動」の講義も受けもった。やはり六畳と四畳半を合わせた狭い部屋に警官が三人も陣取り、身元調べをし、三〇人がだんだん減っていき、「警察官三人に講義してもはじまらないので」自然消滅した。

やはり三一年のことと思われるが、青野季吉が「労農芸術家連盟」への「指導連絡」のために『労農』同人から向坂を派遣して欲しい旨の要請が、荒畑寒村をつうじて持ちこまれた。同人会議で相談したが、そのときは向坂は「適任ではない」と断った。後年の座談では「『文芸戦線』をあのまま放っておくと、理論的にむちゃくちゃになっちゃうから、お前いってしょっちゅう話し合うようにしろ」と同人会議で決まったが、「僕は、いやだ、ああいう酔っ払いどもと一緒にやれるか、と言ったんです」などと、「酔っ払い」だった金子洋文や小牧近江という気のあった者を相手に語った（『唯物史観』一五号座談会　一九七五年）。その後、「労農芸術家連盟」で唯物史観の勉強会をするので講師で来て欲しいとの依頼が、伊藤好道を介してきたので、これは引きうけた。そして三一年一二月に週一回で三、四回ほど文芸戦線社にでかけ講義をした。葉山嘉樹、前田河広一郎ら数名が顔を出した（以上「訊問調書」）。

三一年七月には、『新興科学』以来、入獄したこともあってしばしご無沙汰していた三木清から、岩波の『講座哲学』に「マルクス主義の哲学」を四百字詰め一五〇枚で執筆願いたいと言ってきた。向坂は固辞したようだ。八月三日の三木の書簡には「お手紙拝見しました。色々考へて見、相談もしましたが、やはり学兄に是非御執筆お願ひいたしたく、内容は特に『哲学』でなく、『マルクス主義概説』といふ風なもので結構であらうと思ひます」とあった。経済学者の向坂にここまで頼み込んでくるのは、向坂がドイツ・イデオロギーなどに造詣が深く、哲学的素養があることを三木も感じたからであろう。向坂は再三の申し出に執筆を引きうけた。しかしその約束は、『資本論』をめぐる齟齬で果たせなくなる。

三一年夏には、信州松本の知人で東筑摩連合青年団団長をしていた百瀬嘉郎から、夏期講習会の講師を頼まれて出かけた。松本のローカル新聞「大高原」の三五年二月八日号にも「評論家のS氏を迎えて東筑摩西部青年会の諸君が講演会を開いた」という記事が載っている。こうして百瀬と松本とは縁ができてたびたびでかけることになる。

これらの講義、講演、勉強会は鵠沼からでかけていくわけで、しかもこのころは地代論争に没頭していたのである。相当に多忙だったと思われる。

鵠沼時代は、ゆき夫人とお手伝いさんとだけの暮らしで水入らずだった。地代論争は向坂の論争ではもっとも難解な論争であったが、その原稿はすべてゆき夫人に読ませたと言う。ゆき夫人もむつかしいのに目を通し、仮名遣いなどの間違いを直してやったりした。以降も、総合雑誌に発表する論文は、かならず読ませた。「最初のころまだ原稿書きなれない頃は、見せて『どうだい』ってきくから、なんでもほめときゃいいんですよ。…私がすこしなんかいいますとね『お前なんかに分かるか』。そんならきかなきゃいいのにね。あれはどういう心理なのでしょうね。考えてみると、学問の雰囲気とでもいうようなものをそれとなく感じさせるつもりだったのかしら」（『まなぶ』一九八五年増刊号　ゆき夫人へのインタビュー）。照れながらも、ゆき夫人を学問でも同志として大事にしていた風であった。

3　『中央公論』の人物論連載　『レーニン伝』

鵠沼時代にした仕事で小さいがおもしろいものがある。『中央公論』での人物論の連載と、『レーニン伝』の執筆だ。人物論は、『中央公論』の三一年六月号に「櫛田民蔵論」、七月号に「大内兵衛論」、八月号に「山川均論」、九月号に「石浜、大森、有沢、山田、平野」、一一月号に「小泉信三と高田保馬」、一二月号に「河上、大山、大塚、猪俣」である。

櫛田については、執筆当時は二人だけの地代論「論争」の渦中にあったが、親愛の情を込めて紹介している。そのキャラクターとして、「研究をまとめ上げるに長い時間をかける。従ってまたそう簡単に自説を翻すこともしない。…つねに充分なる自信を以って進み得る一歩だけを確実に踏み出そうとする。この点場合によりては四囲の人々に多少の焦燥を感じせしめるらしい。…今一つの快き感じは…進退の明快さである。…いつでも必要な時には朗らかに社会的地位を放り出しうる氏の態度に心地よさを感ずるのである」と述べた。まるで向坂の自画像のようである。

この人物論シリーズでは、題にされた者だけでなく、高野岩三郎、福田徳三、鈴木文治など周囲の大勢の人物の動静を面白く描写した。学界も東大、京大、同志社大まで縦横に語った。筆名で『文芸春秋』（一九二九年四月～）に「当世学者気質」を連載し評判になった大森からも、情報を仕入れたのだろう。実は大森の話題の連載を『文芸春秋』の編集部から勧められたとき、大森は向坂と相談をした。そして「訴訟になったときのことも考慮して…材料は精選して、誤りなきを期した」と向坂も回想している（前掲「大森義太郎」）から、向坂からも九州大学関係など「材料」を提供したことだろう。大森の筆であることは、編集部と向坂だけの秘密としたが、「九州大学関係の人も出るので、私を疑った向きもあった」という。向坂は『文芸春秋』（一九三〇年三月号）の「大学教授の日記」で、九大教授会の内情をとりあげたものの「可憐な喜劇」にとどめていて、本格的な教授間の抗争は「『当世学者気質』の筆者にでもきかれたらよからう」ととぼけていた。

この人物論シリーズは評判になり、堅物の土屋喬雄からも「人物論感心した。浪人するとうまくなる」とのお褒めのハガキが来た。

大内については、「『資本論』固有の問題を展開するよりも、搾取理論を国家財政に適用し、分析することに独特の手腕を発揮」し、「調査的な仕事に従事するマルクシスト」の「先駆者でありよき指導者」として「活躍を希望する」と述べた。

山川均論は前に紹介した。

「石浜、大森、有沢、山田、平野」は同僚の人物評だ。「論敵を突き刺し、けとばすまではその鉾を収めない…票決権を有たない一助教授であった彼のために、その勇猛さのために、経済学部の教授会がいかに引きずり回されたか」という大森と、「春風駘蕩といった空気の中に人をつつむ」有沢を対照的に描いている。山田盛太郎と平野義太郎は、ともに数年後には向坂の主要な論争相手となる人物だが、それぞれ「真摯な研究家」「有能な少壮学者」と簡単な賛辞で数行で終わっている。すぐ有沢から「大いにくすぐったいが…あれをよんで、向坂君は本当によく僕の欠点を知ってゐると考へた。皮肉ではなく、僕は君のデリカシーと君の賛辞の裏にひそめた忠告とに対して感謝する。…僕は君の批評によって僕自身の人間を自分で見ることができたのだ…」と書いてよこした。

「小泉信三と高田保馬」は、相手が「ブルジョア経済学界の重鎮」で論争の宿敵だから、力がこもっている。「私はこの両氏について知るところ余り多いとはいへない」「特に小泉氏については面談したことすらないと来てゐるので、甚だ書きにくい」と、出だしは用心深い。高田についても、「在職当時、高田氏と私とが、思想の上だけでなく感情的にも激烈な対立」をしていたと報じられたので「筆の自由に拘束を感ずる」などと神妙ぶりながら、けっこう慇懃無礼に批評した。

小泉にたいしては、そのマルクシズム批判にあたっては、「ヨーロッパの一流のマルクス批評家の本や論文を精読し」、マルクスとその周辺の理論家や「レーニンやラデックだって読んでゐることが明らかとなる様な事になってゐる」周到さを持ちあげている。しかし「氏の読み方を規定する立場は、折角読まれるレーニン、マルクス、エンゲルスを始め、その他幾多の一流の著書の理解を妨げて居る」。「彼らの理論体系の一環として理解せんとする代わりに、すぐ、それらの個々の理論相互の矛盾を…指摘されて了ふ」。その例として、社会変革に「カタストロフ」を必要と考えるなら「カタストロフの到来を早める手段を講じなければならぬ。…恐慌の勢いを激成し、百万失業労働者の就職を妨げるのも一方法だらう」などという、小泉の子供じみた主張を紹介した。そして最後に、価値論論争で山川にやられて「山川氏へのうらみは相当骨髄に徹してゐるらしく、折にふれては直接間接氏にあたられ、…講義の時間にもこの問題にふれては山川氏を罵倒されるとかいふ」と、小泉が顔をしかめそうな捨てセリフで閉じた。このあたりは大森の指南もうかがえる。五カ月ほどのち、向坂は『中央公論』三二年四月号に小泉批判（「浮動せる経済学」）を執筆するが、大森は「揚足をとられぬ用心が必要だよ」と書き送っていた（三月六日）。

「河上、大山、大塚、猪俣」は河上がメインだ。三一年秋から三二年春にかけて、向坂は地代論論争で河上をやっつけている最中だった。しかし、『貧乏物語』が若き自分に強い刺激を与えたことを感謝を込めて回想した。いわく、「私はこの『貧乏物語』が、河上肇氏の最大の傑作だと思ってゐる」。マルクス主義者ではない時代の作品を「最大の傑作」と褒められては、河上も苦笑したであろう。ところが福本イズムに刺激されてからは「吾々俗人に判りかねるチンプンカンプン徒に多くなる」。だいたい河上は、「無我苑事件」に始まり、書斎から飛び出して無産政党に走り、はたまたコミンテルンにしたがって「労農党の戦闘的解消」を唱え、「無産大衆をほったらかしにして、書斎へ帰られた」ように「何かあるものに憑かれたといふような変わり方」をしてきた。地代論論争でも『剰余価値学説史』の「一節がふと氏の目に触れ」ると「この一節の前後の脈絡も、その真意味も落着いて考へるひまなく、これを武器として…見さかひもなく…（向坂たちに）つっかかってこられた」。「河上氏の著しく目につく特徴は、この憑かれた様な変転の仕方である」。しかし「氏への帰依者があるとすれば…河上氏のいちづのところ…に親愛を感ずるのであらう」。

大山郁夫についても辛辣だ。労農党の「輝ける委員長」としての「氏の意見は…若き学生上がりの書記の意見であったと云はれる。…これらの他人の意見が、あるひは筆に、あるひは演壇に、氏自身のほんとうの熱情を以って展開され、披瀝された。この点は、自己の見解を有つ者にとっては一寸出来難いところである。今日なほ他人の意見で興奮し得る純真なる青年の心を有せられる」。

この大山評が出てから三カ月もたたぬうちに大山は米国に去ってしまった。「日本ではなにもできない」と言い残して「亡命」したようなものと、世間では受けとめられた。

大塚金之助には不快感をかくさない。大塚がロシア革命の記念日に「マニフェストを懐中にして浅草の人混みのなかを放浪」したという話を引き、こういう「趣味を私は好まない。…何だかインテリゲンツイアの胸に巣食ってゐる、従って自分の胸のすみにかくれている最悪のものが暴露された様に思へて、人事ならず感ずる。自分のいやなところが見透かされた様な気がする」。

猪俣についてはすでに『中央公論』（五月号）で述べたし「私生活については私はよくは知らない」と数行で終えていた。そしてこの連載について「自分の事は棚にあげて、よくも人の事が言へたものだと自分でも思ってゐる」としめくくった。

さて、向坂はレーニンには早くから注目して文献を漁っていたが、三二年二月に「改造社世界偉人全集」の二一巻として『レーニン伝』を書きおろした。〇五年革命や一七年革命のあたりの記述は伏字が目立ったが、日本人が書いたこの種のものは山川の『レーニンとトロツキー』と藤森唯士の『レーニン評伝』（半分は翻訳）くらいだったから、日本では最初の伝記といってよい。

しかし「全集」ものの一環だったため、字数も制限されまた短時間の突貫工事であった。書けたはじから原稿用紙を持ってゆき夫人が藤沢駅まで走り、列車に乗せたという。こうして急かされて書いたから、一九〇五年までが全体の七割近くを占め、一七年革命、コミンテルンの結成、戦時共産主義とネップなどは一気にはしょった。ポクロフスキーのロシア史、ヤロスラウスキーのロシア共産党史を時代背景の下敷きにして、クルプスカヤ、ジノヴィエフらのレーニンの回想に依拠し、レーニンの人間像に焦点をあてたものだった。

したがって、レーニンの著作でも内容に立ち入っているのは、『ロシアにおける資本主義の発展』、『ロシア社会民主党の二つの戦術』、『唯物論と経験批判論』などに絞られていた。『何をなすべきか』、『帝国主義』、『国家と革命』、『左翼小児病』などについて本格的に言及するのは、戦後になってからである。

だから向坂自身が「きわめて不十分なもの」として、いずれ「レーニンの生涯とその理論に関する著書をまとめたい」と願いつづけたのである。戦後も三〇数年間、復刻を快諾しなかった（七七年に社会主義青年同盟の復刊の求めにだけ応じた）。

とはいえ、巻末に付した参考資料からは、クルプスカヤやゴリキー、ジノヴィエフ、ブハーリンなどオーソドクスなものから、トロツキー、マックス・アドラー、マルトフ、ダン、ルカーチに至るまで、広範に目を通したことがわかる。向坂自身が、文献は「ドイツ語で集めうる限度に近いもの」を網羅し眼を通したが「本格的なレーニン伝」の執筆は「ロシアの文献を読めない」ために断念したと、いろいろな機会に回想している。

地代論争と重なって超多忙な折、この執筆は依頼原稿の穴埋めにも役立った。『労農』三二年二月号と三月号は穴埋めに一部をそのまま使った。また『改造』三二年三月号の「何うして『火花』は消えそうであったか　レーニンとプレハノフ」も『レーニン伝』への補筆のようなものだが、力作である。向坂もこれは戦後の著書『道を拓いた人々』に採録した。ロシア社会民主労働党の初期の「イスクラ」（火花）編集部におけるプレハーノフとレーニンの息詰まるような緊張した人間関係を生き生きと描きだしている。

そこではプレハーノフのマルクス主義啓蒙における大きな役割を評価しつつも、彼の猜疑心、偏狭さにいかにレーニンが苦労したかを紹介し、「プレハノフとレーニンのそれぞれ異なった人柄」を比べて「理論家と政治家を兼ね備えていたのはレーニンであった」と結んでいた。プレハーノフやマルトフを徹底的に排撃した冷酷なレーニンというイメージを正すために、向坂はこのいきさつをよく筆にした。

鵠沼生活も終わりになろうとする三二年の初夏、岩波書店の岩波茂雄が来訪した。『資本論』の翻訳を頼みに来たのだ。河上肇に依頼して宮川実との共訳で二七年から刊行をはじめていたのだが第五分冊で頓挫していた。その後岩波の手から離れ、改造社から第一巻一二章まで三一年に出されていた。だがその先つづく見通しはなかった。

高畠版は旧いので、改訳への需要は相当強かったと思われる。岩波は向坂に第一分冊からあらためて翻訳を願いたいと申し出た。向坂は受諾はしたが一年ほど待って欲しいと答え、岩波茂雄も了解して帰った。向坂は「大変うれしくて、大いにはりきってやるつもりになった。そして、それまで書く約束のものを片づけて行った」（「岩波さんと『資本論』と私」）。

この件はその後重大な展開を見せる。

七月初、二九年九月以来の鵠沼転地療養を終え、向坂夫妻は東調布町下沼部に転居した。東横線沿線で、すぐに田園調布へと町名が変わった。中目黒からは一足先に父母と弟妹たちが越してきていた。また、東京で一家そろっての生活がはじまった。

第三章　ファシズムと対峙

一　ファシズムの迫る中で

1　阿部事務所

すこしもどるが、三〇年末に開設されたいわゆる阿部事務所と向坂のかかわりを見よう。

阿部事務所の前史は、有沢広巳が世界経済の研究会を阿部勇、美濃部亮吉、南謹二（美濃部の従弟）、芹沢彪衛、笹川金作、脇村義太郎らにもちかけ、二八年秋から始めた研究会だった。『中央公論』に毎月世界経済情勢について共同研究の成果を寄稿した。そして資料を取りそろえた事務所をもつことになった。しかし当局から、政治的なアジトと見られないように、「事務所メンバー以外には公表しない」「無償の仕事はしない」など厳密な約束事をして出発した。だから「阿部事務所がどこにあるのか外部の者にはほとんどわからなかった」。ただ、「古くからの友人としては」大森と向坂の「出入りだけは認める」ことにした（有沢『学問と思想と人間と』）。

事務所は阿部勇が対外的な代表格で、有沢広巳が事務長格だった。向坂は事務所の経営と維持には直接は関係しなかったが、三二年ころには若干の原稿料を提供したり、匿名で貿易問題の雑誌原稿を提供したことがあった。向坂は自分の位置としてつぎのように陳述している。「労農派や阿部事務所の人達は夫々自信の強い人が多い様ですから私が理論的指導をした等と云うと叱られるかもしれませんが要するに私が比較的年長者の立場で多少古くからマルクス理論の研究をして居り色々な会合で私の知っている限りこれに答へて居りました。之を以って特に云わば理論的な指導をしたとも申し得ると考へます」（訊問調書）。

大森はもっと直截で、「此のグループが労農派支持の方向へ向かう」ように努めたが、「限度をこえない」ように「金銭的援助」、「内外の資料提供」、「原稿の供給」に限ったと供述している（「大森聴取書」）。

向坂が自分が出席した会合として供述したものは、以下のようなものだ。

三一年初頭、地代論論争で報告し、櫛田説を批判したところ、大内と議論になった。地代論論争については三回くらい研究会をした。

同年六月上旬ころ、大森の「一般的危機論」の原稿(『労農』七月号「世界情勢テーゼについての解説」と思われる)を検討した際、「資本主義の自動行き詰まり論」という理解にたいして、「意識的な行動がないと、資本主義は何回でも危機を克服して存続しうる」と批評した。また、『労農』の「国際情勢欄」連載への執筆を大森と向坂に一任されたので、阿部事務所の面々に協力を要請した。

三一年秋、大内兵衛を阿部事務所メンバーに勧誘することの是非についての相談が持ちこまれた。森戸事件の顛末もあり東大方面に配慮した慎重論もあったが、向坂は賛成した。

大森は病気がちで鎌倉から上京しづらく、有沢が大森、向坂(まだ鵠沼にいた)と阿部事務所との連絡窓口役を果たしていた。三二年七月三〇日の大森の向坂宛書簡には、こうあった。「この間事務所の連中が泳ぎにきた。その有沢が例の金をもってきてくれたが、向坂君から聞かなかったかと云ったら、何も聞かぬといふので…そのまま貰っておいた。…どうか是非話して来月から僕がこの間君に話したやうにしてほしい。…ひとつ僕のこの気持を買ってほしい。それから君の分はもう今月から絶対に受け取らぬから、これだけは枉げて承知して欲しい。そのうち一度あひたい。高橋君と有沢を訪ねる約束をしたが君も一緒に行かぬか。…四人でいろいろ立ち入った話もしようぢゃないか」。

「事務所」とは阿部事務所である。「例の金」とは、『改造』に一九三〇年一〇月号から「世界情報」欄を設けるにあたり大森が任されたさい、大森名で阿部事務所の面々が執筆に協力した原稿料を大森の療養費に宛てていたものであろう。向坂の供述では「原稿料は毎月約百二、三十円」で「大森の病後の生活費に充当されたと思いますが、昭和六年半ばから大森の健康も段々回復し…一部は大森の手によって労農派の活動資金として繰り入れられていたようであります」(「訊問調書」)とされている。大森書簡の「君の分」とは向坂が個人的に援助していたらしく、大森のほかの書簡でもそれらしいことがたびたび出てくる。

なお、阿部事務所の面々の「マルクス主義の理解と信奉の程度」についての向坂の「訊問調書」での判定がある。それによれば、大内と有沢が「一番理解ないし信奉の程度が高く」、南謹二、阿部勇、脇村義太郎、美濃部亮吉、芹沢彪衛が「中程度」、笹川金作、豊川が「一番低かった」とされていた。また、大内は「純粋にマルクス主義の立場に立つ学者」で「共同戦線党も理解は充分持たれていたと思う」とし、脇村については「マルクシストではないが、マルクシズムについては常識程度の理解をしていた」と評した。

数年後には、向坂と大森の阿部事務所への出入りも、大森への原稿料カンパも「治安維持法違反」の容疑対象となる。

2　ファシズムに言及をはじめる

向坂が地代論論争に集中している最中、三一年九月に関東軍は柳条湖事件をおこして満州事変に突き進んだ。社会は急速にきな臭くなってゆく。猪俣が『中央公論』一一月号に「独占資本主義と満蒙の危機」を寄稿した。しかし四頁も切り取られて店頭にならんだ。最大の無産政党だった全国労農大衆党は満州事変に際して反帝国主義戦争をかかげ、堺利彦を委員長にすえ「対支出兵反対闘争委員会」をただちに設置した。

しかし、一方で無産政党の一部に国家社会主義的な動きも台頭した。一〇月には「錦旗事件」といわれるクーデター未遂事件に、無産政党指導者の一部が協力した。社会民衆党は一一月に「満州事変支持」を決議した。一二月の全国労農大衆党大会は「帝国主義戦争反対」の決議を採択

1932年３月14日美濃部亮吉ドイツ留学歓送会　前列右から有沢、佐々木道雄、大内、美濃部、土屋喬雄、野村恒安　後列右から芹沢彪衛、南謹二、大森、脇村義太郎、向坂、阿部勇、脇村礼次郎

したため、役員が大会場で検束され大会は解散を命じられた。

明けて三二年一月、社会民衆党大会は「反共産主義・反資本主義・反ファシズム」の所謂「三反主義」を打ち出した。「反ファシズム」といいながらも、実際はファッショ的な軍部への迎合だった。

二月には井上準之助前蔵相が、三月には三菱財閥の団琢磨が右翼テロで暗殺された。全国労農大衆党の反戦・反ファシズムの旗は、弾圧と内部のファッショ迎合派の台頭によって次第に動揺していった。三月の満州かいらい政権の樹立など、「満州に楽土を」という妄想は、恐慌と飢餓に苦しむ農村や没落する都市中間層に共感を呼んでいった。

そして五・一五事件で犬養首相が暗殺され内閣は総辞職。以降は政党内閣は終焉した。七月には全国労農大衆党と社会民衆党が合同して社会大衆党が結成された。これは山川たちが実現しようとした共同戦線党とは異質のものであって、左派を排除し軍部・権力に迎合していく。鈴木、荒畑など労農派は党内で少数派に追い詰められていった。長期の不況＝「非常時経済」への対策として、統制経済論がはやり始めた。

一方ドイツでは三二年七月の選挙で、ナチスが第一党にのしあがった。三三年一月のヒトラー首相就任からヒトラー独裁の確立までは一気呵成だった。

向坂が鵠沼から帰った東京には、ファシズムのにおいが充満していたのである。

『中央公論』三二年三月号に寄稿した「政友会内閣は農村を救うか」は、物価騰貴で商品も肥料も値上がりしているのに、賃金と米価は上がらないという現実を批評しただけなのに、伏字が目立った。向坂の論文で伏字が登場したのはこれがはじめてと思われる。以降、伏字は増えつづけ、『改造』三三年五月号の「吉野博士とデモクラシー」などは追悼文的な性格なのに終わりの結論的部分の二～三頁は虫食い状態だった。

ちょうどヒトラーがベルリンを制しようとしていたころ、九州帝大からベルリンに留学していた浅野正一から、ヒトラーの演説や動向についての生々しいレポートが度々来た。これは浅野の生活費稼ぎもかねて、向坂が自分のペンネーム（南啓二）で雑誌『前進』に連載した。浅野の手紙に「権藤成卿批判を読んだが、身辺に気をつけてください。血盟団一味には権藤への同情がありずいぶん危ない…大森の歯切れの良さにもヒヤヒヤする。お二人とも本当に身辺に気をつけてください」とあった。「権藤」云々は農本主義ファッショの権藤成卿の批判を日本農民組合の「土地と自由」（一九三二年六月二〇日）に寄稿した件である。浅野からは一年半ほどのちにも「軍部相手にものを言ってゐる」大森が心配だと書いてよこした。ヒトラーのドイツにいた方が、向坂や大森に迫っていることがよく見えたのかもしれない。

三二年一〇月には洋書関係の神田の国際書房から「レーニン全集などの輸入は危険になってきたので、差し押えられたら貴下ご負担を」という知らせも来た。ベルリンのシュトライザントは慣れたもので、巧みに工夫した。「私の書庫の中に、ドイツ文の『レーニン全集』がある。その中の何冊かは、表紙が無残にとれている。…本屋さんが、日本税関で没収されることを知って、それを避けるためにわざと表紙をはぎ取り、レーニンの写真など切り取り、何の本だかわからないようにして送り、別便で写真その他を郵送していたものである。…昭和六、七年ころから、こんなことがひどくなった」（「浅野正一」）。

宇野からもこう言ってきた。「高田保馬氏が思想善導の為にやって来るとか…ご苦労なことだと思ふ。僕たちは悪導の方をやる義務を感じないではないが、どうも手も足も出ぬといった始末…」（一九三二年七月）。有沢からの便りはこうだ。「宮沢といふ代議士は議会で、僕が…マルクスの講義をした、またボエームバヴェルクの批判書としてブハーリンの書をあげたと云って非難したそうだ。…まあ発展しまいと考へてゐるが、或いはこの際左翼教授一掃を企てるかもしれぬ。さうなら仕方ない。…大森君ぢゃないが自由の天地にかへるのだ。…僕の本当の勉強のためにはその方が良いかも知れぬ。心配かけて済まぬ」（一九三三年二月）。

向坂はファシズムについて論じはじめる。すでに三二年一月の労農政治学校でファシズムの講義をしていたが、雑誌への寄稿は『婦人サロン』四月号の「ファッシズムの運動とヒットラー運動」が最初であった。そこではヒトラーの危険な動向を紹介しながらも「吾国ではファシズムはジャーナリズムで運動の実質以上に拡大されている」が「注意を払わなくてよいわけではない」と述べていた。このやや慎重な言い回しの背景には、当時のファシズムをめぐる議論があった。

三二年七月に刊行された『ファシズム研究』（改造社）は、河野密や赤松克麿など異なった立場の者との共著だが、向坂は「ファシズムの社会的基礎」を寄稿した。この論文も伏字が多く、「×××××は資本主義そのものを×××××始めた」、「中小企業は…社会そのものの××を前にして、極度に××する」といった具合だった。

この論文では、二九年世界恐慌以降の「世界資本主義の×××××（革命的危機─引用者）の成熟という条件を無視しては、ファシズムの基礎は理解できない」とし、さらにその「基礎」となる諸階層を分析する。すなわち、都市の中小企業・商人、農村の中小地主・自営的農民は「独占資本に敵意を感じるが、集団的な力とはなり得ない」で「強力の崇拝者」となり「英雄を待望」する。インテリの上層は「特権の破壊をおそれて、プロレタリアートに警戒する」。インテリの中間層は「独占資本への敵意はあるが、同時に英雄も待望」する。さらに、ルンペンプロレタリアもファシズムの基礎となる。

資本主義は「危機を乗り越える一つの手段として、社会民主主義との結合といふ方法を知っている」が、「いま一つの方法」がファシズムである。ファシズムは発生時には「反資本主義的」で「社会主義という言葉を用いる」。かくして資本主義はファシズムを通じて中間諸階層とプロレタリアの一部を獲得する。ファシズムは「ブルジョアジーの特殊なる支配形態」であって、「吾国において…ある種の論者によりて主張されている様に、帝国主義時代に於ける反動化せる一切のブルジョア政治がファシズムなのではない」。

さて、当時の論壇はファシズム論はなやかだったが、それは日本のファシズムの特殊性も反映して、かなり理論的に混濁したものだった。

ドイツのナチズムと異なり、ファッショ勢力の白色テロの矛先は、左翼勢力や労働組合、農民組合にではなく、もっぱら閣僚や財閥に向けられた。無産政党や労働運動は支配階級を脅かすほどに成長していなかった。ナチの突撃隊がやったように、共産党や社民党を襲撃して抹殺しておく必要がなかったのである。むしろ、政府や資本家を批判してきた無産政党と労働組合の中から、ファッショに迎合ないし積極的に加担する勢力が台頭した。「国家・国民社会主義そのものは小ブルジョア社会主義である」(田所輝明「全国労農大衆党運動方針の確定解釈」)とか、「ファッショは本質に於いてブルジョアジーに対する中産階級の反撃である」(赤松克磨)という、彼らを味方とみなすような解釈が流布した。

他方で、ファシズムを「国家資本主義が完成され、金融資本がそのヘゲモニーを握るやうになった場合には…権力集中的な独裁的政型体を必要とする。これがファシズム」である(佐々弘雄)と、帝国主義段階の資本主義の必然的な政治形態とみなす論者もいた。大森義太郎もこう述べていた。「ファシズムを…資本主義の必然的な政治段階として見る意見と、…ブルジョア政権の根本的動揺、しかもプロレタリア勢力のぜい弱といふ特別な条件と結びついた特殊な政治形態、従ってその意味では必然的でないと考へる見解との対立がある」。

こうした見解の相違は、資本主義自体を打倒せねばファシズムは阻止できないのか否かという、実際運動の在り方の相違にもつらなるものであった。

さらにコミンテルンは二九年夏に「社会ファシズム論」を打ちだした。それは、資本主義の延命のために、ブルジョアジーは社会民主主義の利用とファシズムの利用という二通りの形態を使い分けるという認識に立って、左翼社会民主主義は労働者をだます「ファシズムの友」であって、そこに主要な打撃を加えねばならないというものだった。この考えは、ヒトラーに対抗する共産党と社会民主党の統一戦線実現の障害となっていた。そして日本では左翼社会民主主義者＝労農派への日本共産党の攻撃となってあらわれていた。

向坂の「ファシズムの社会的基礎」は錯綜するファシズム論解明への一つの試みであった。そこではファシズムは直接的には没落する中間的諸階層の危機感を基盤とするが、それは社会変革に向うものではなく、「ブルジョアジーの特殊なる支配形態」に統合されるとした。一方、「ブルジョア反動一般」との相違も明確にした。

けれども「社会ファシズム論」については批判の対象とはしていない。それだけでなく、論文の最後は「ファシズムと、社会民主党との連合とは、共に正常なる資本主義にとりては非常なる方法である。それは、資本主義の一般的危機の存在の徴標であって、且つブルジョアジーによりて、××××（革命的危機）を妨げるために利用される」というコミンテルン綱領の援用で締めくくっていた。向坂が戦前に反ファシズムのあり方について触れた論文には、なおコミンテルンの「社民主義＝資本主義の支柱論」の影響が混在していて、論理的に一貫していたとは言えない面があった。

とはいえ、五・一五事件、二・二六事件とファシズムがしだいに制圧しはじめ、反対勢力が無惨に後退を強いられるなかで、山川が社会大衆党への結集を説く姿などに接して、認識は深めていったと思われるが、もう筆にはできなくなる。

「第六回訊問調書」に次のようにその片鱗が語られている。「同人間に於てもファシズムに対する見解は多少人に依って相違するところがあると考えます。私のこの問題に対する見解は自分の考へでは山川均辺りの説と近いものである様です」。「所謂統制経済、従って経済に対する国家権力の関与の重要性が増大すると云ふ事は、一般に金融資本に内在する傾向であって、特にファシズム的性質を有するものではありませぬ。唯、元来ファシズムの政治…が特に統制を必要とする時に出現すると云ふ事情から、ファシズム的な統制経済は帝国主義時代の特殊なる必然的な一段階であると云ふ誤解が生じます」。「ファシズムは…帝国主義時代の必然的な一段階ではありませんから、若しプロレタリアートが中間諸階層の動揺に対して其のファシズム化を防ぐべき適当なる方策を擁し、巧みに之に処置に当たるならば、ファシズム支配は予防され得るものであります。又日本のプロレタリアートは其の小児病である極左主義、右翼主義に妨げられて斯る有効適切なる方策を樹立し得なかったと考えられます」。

「人民戦線の運動はファシズムの暴力政治に対抗して、大なる統一戦線を作らんとするものであります。其の事に依って広汎なる民主主義的要求の実現を期し金融ブルジョアとその手足であるファシストを孤立させファシズムの政治の成立を妨げんとするものであります」。

ここにいう「ファシズム的な統制経済は帝国主義の必然的な一段階」という認識は大森の説でもあった。大森は「統制経済が単に恐慌切り抜けの手段であるにすぎない」のではなくして、世界恐慌も統制経済も「資本主義の根本的な変貌に端を発し」「独占経済としての帝国主義の時代が…統制経済の段階に移った」。そして「統制経済はそれ自身の政治的表現をもつ筈である…すなわちファシズムである」と結論づけていた（「ファシズムとミリタリズムの相関」『中央公論』三六年一月号）。

別の「訊問調書」にはこうある。

大森の『改造』の論文を阿部事務所で研究した際、「美濃部や芹沢等が大森に対しファシズムが資本主義の必然の段階であるかどうかを中心として質問し、大森から之を必然的段階であると主張したので討論となりましたが、此の問題はファシズムが統制経済の政治的反映であるかどうかの問題と共に結局一定の一致した結論には到達しませんでした」。

国家独占資本主義の政治形態＝ファシズム的な統制経済と規定してしまうと、ニューディール的な政策は想定の外に置かれ、資本主義の範囲内でも民主主義勢力を結集してファシズム化を阻止する運動は、現実性のない試みと軽んぜられかねなかった。向坂は、大森らとこういう議論を交わすなかで社会ファシズム論を克服し、山川の共同戦線党の意味も納得し、ファシズムについての考え方もしだいに整理されていったと思われる。ただその時はもうファッショの使者は自宅の門前に立っていた。

3 『資本論』翻訳顚末

三二年晩春、岩波茂雄が鵠沼に『資本論』翻訳の依頼におとずれた際、了解したが一年ほど待って欲しいと約したことは述べた（第二章五—3）。

鵠沼から下沼部への転居（一九三二年七月）、『資本論大系上』、カウツキー『農業問題』翻訳、『地代論研究』、マルクス・エンゲルス全集別巻「全書簡の概要」）と仕事が重なったためだろう。『農業問題』（一九三二年一二月刊）の翻訳は、九大教授だったときの二七年の夏休みにやりかけて中断していたが、三一年から残りを完成させていた。分量的にも大著である。

向坂から同書の献本を受けた東畑精一（当時東大農学部教授）からの礼状には「農業問題を取扱う人は比較的純理経済学的素養が僅少なるか或はこれを無視してゐるやに見える人が多かったと思ふ。学兄が今後ともどしどし農業問題の御研究に精進せられて、われわれを指導せられむことを望む」とあった。同じころカウツキーの貨幣論を集めた論集の翻訳にもとりかかっていた（改造社から一九三四年四月に刊行）。これは岡崎次郎他一人との共訳で、向坂は「金、貨幣及び商品」の章を訳した。単行本以外にも、総合雑誌の常連執筆者となっていて、『労農』廃刊後の新たな月刊誌発行の準備など、多忙さは募る一方だった。

選挙闘争への応援の要請もきた。三二年一一月に実施された東京区会議員選挙に立候補した橋浦時雄の選挙対策事務長だった小堀からは、応援演説の要請がきた。一一月一四日付の文面は、演説会に出てもらうことは「最も無理なお願ひだらうと思ひます。大森君は二回だけ出演することを約束してくれましたが、頼んだ僕の方で苦痛を感じている次第です。…一回だけでも構わないと思ひます。どうか都合のよい日を選んで知らせて下さい」とあった。半病人だった大森までひっぱり出したことをダシに、懇願したのだ。

このあわただしい間にも岩波茂雄から「資本論翻訳の件、御了解下されしや」（一九三二年五月）などと督促もきた。向坂は翻訳にまつわる顛末は「岩波さんと『資本論』と私」などで後日回想し、依頼と中止については述べているが、その間のことは述べていない。以下この回想と岩波茂雄からの書簡などから推測すると、こういう経過があったようだ。

三二年秋に向坂は岩波に共訳ではどうかとの提案をしたらしい。一一月五日付の岩波からの来信にこうある。「…共訳の件は矢張りお一人の名前にしていただきたい…。責任をもっていただいたからにはそれは当然のことと考へられます。ケアレスミステークを注意して貰ふ位の助力ならば前文にでも感謝の意を表することで足りるのではないでしょうか。…どうか徹頭徹尾お一人の責任、お一人の名義でやって戴きたい」。

向坂が誰との共訳を考えていたのかは不明であるが、一一月二〇日付の岩波の来信には「十八日のお手紙拝見。翻訳の責任をお一人で負い、訳者の名もお一人にして下さる由」と礼が述べられているから、向坂も承服したわけだ。そして年を越して大森や宇野たちに心境や決意を伝えたらしい。

三三年二月には、大森と宇野から返事が届いた。

大森のは長文だった。「…資本論翻訳の件、決まったことだから仕方がないが僕は少し心配だ。実は昨日…有沢に会って話したことだが、薄いものでも毎月一冊づつ必ず出してゆくとすれば、少し大変ではないか。毎日ほとんどこの翻訳の仕事に没頭しなければならないだらう。第一、君なら必ず没頭すると思ふ。さうすると、一万部保障では生活できないぢゃないか。それからほかの勉強だって出来ないと思ふ。君の場合いまさら資本論を精読したところで、さう有益ではない。いまは君は、率直にいへば、ほかの点にわたたって大いに飛躍の下地を作るべきではなかろうか。君はおこるかも知れないが、資本論の翻訳が、現段階において—スターリン的段階か—さう大きな意義をもつと考へないんだが。君はよく、自分の書く論文なんぞよりマルクスの翻訳の方がずっと有意義だといふやうなことを云ふけれど、この考へはすこぶる主観的だ。それから、僕の重要に考へるは、これはつまらぬと云へば云へるが、この翻訳は長くかかるから、その間論文など書かずにゐては ジャーナリズムの上で損する。実利主義のやうだが、現実の問題だぜ。かういふやうな点で、これは有沢の意見だったが、毎月でなく休むやうにしなくてはいけないと云ふ。僕も同意見だ。僕はいまさらどうにもならないかもしれないが、なんとかもう少し条件をよく出来ないかと思ふが。

対改造社の関係は君が案ずるほどのことはないやうな気がする。勿論、機会あり次第僕からも話すが、なるべく至急に山本に会って了解を求めておいてはどうか。今日は説教ばかりするが、君はかういふ点、どうも足を惜しんでいかん、清算してくれ給え。

君から頼まれるまでもなく、僕は喜んで君の翻訳をできるだけ助けるよ。僕の場合には資本論を翻訳することは大いに有益で、…僕自身の都合もいいといふわけである。少しセンチメンタルな云ひ方だが、君には実に世話になってゐる。こんなことで君を助けることができればと思ってゐる。…」。

向坂の性格を知りぬいたゆえの心配もよくわかる手紙である。確かに『資本論』の翻訳は生易しい仕事ではなかった。おそらく文庫形式で十数分冊の企画だったろうが、二年や三年はこれに没頭しなければできない。戦後の自由な時代ですら、岩波文庫全一二分冊の翻訳には、第二分冊以降は岡崎次郎の手を借りながらも九年余を要したことからも想像できよう。「二万部保障」とは岩波の示した印税の保障だろうが、その間、雑誌論文など手が回らないから稿料収入は減る。それだけではない。しばらくはジャーナリズムの世界から姿を消す。ほんとうに大丈夫かというわけである。総合雑誌から姿を消すことは、当時の筆だけで生計を営む者にとっては、きわめて厳しいことだった。

向坂は何を言ってもやるだろうと理解している大森は、最後に「喜んで…助ける」と述べた。そして三一年五月に河上肇と宮川実共訳を岩波から引きついだものの、第一巻だけで頓挫していた改造社の山本社長には、岩波から出すことについて早く了解を求めろと助言した。

仙台の宇野からは「御手紙拝見…『資本論』の件、この間話した様に僕に出来る限りのことはする。只今別に考へはないが、又何か意見でも思ひついたら書く。いづれにしても君の大事業の完成によろこんで応援するつもりだ。三月になったら一度上京するかも知れない。その時は又お目にかかりたいと思って居る」（一九三二年二月六日）とあった。

このように、共訳を断念して決意を固め、友人達の協力も取りつけていたわけである。

ところが二カ月もたたぬ三月二七日に岩波茂雄から、翻訳については「色々の都合出来更に考慮を重ねたく存じ候につき…一先ず御取消下され度御願申上候…」旨の手紙がとどいた。向坂は理由も述べていないことに怒って直ちに岩波に釈明を求めた。

向坂が怒っているところに、三木清の依頼の岩波『哲学講座』の相談に岩波社員・渡部良吉がおとずれた。どんな目に遭ったかは想像がつくが、彼は帰社してすぐ岩波茂雄に向坂の怒り具合を伝え善処方をご注進してから、向坂にこう伝えた。「岩波自身お伺いすべきだと申して居りました。…既に三日を経過しましたが、近日中に必ずお伺ひ致します。何卒ご諒承願ひたく存じます。私も…自縛に陥り閉口しています」。

四月中旬、岩波茂雄が向坂宅に果物かごを下げて謝罪におとずれた。彼の釈明によれば「数名（多分四名）の学者から抗議が出たらしい。その学者たちの名もあげられたが、その人々は、そのころ日本共産党員であったかどうかは明らかではないが、その同伴者であるにはちがいなかった」。向坂は納得しなかった。四人の学者の翻訳に欠陥があれば「これを徹底的に究明する」とまで言い放った。そして執筆を引きうけていた原稿（岩波「哲学講座」）を含めて、今後岩波への執筆はいっさい断つと通告した。「岩波さんが若造のはき出す無礼な言葉を、そのままじっと受けていられる姿は、私に深い印象をとどめている」。ときに向坂は三六歳。岩波茂雄は五二歳。そして果物かごは、弟の正男に岩波まで返しに行かせた。

岩波茂雄という人物は思いこんだら百年目の類らしく、漱石の「こころ」を出版させてくれと強引に頼みこみ、躊躇した漱石を口説いて了解をとったはいいが、今度は出版の経費が足りないから貸してくれと頼んだ。漱石はやむなく家中の株券をかき集めて「これを担保にして金を借りろ」と渡したそうだ。それくらい強引で、しかも風貌たるや「叡山の悪僧を思わせ、一見たちまち、五百羅漢の像を想起せしめるに充分」(夏目伸六)だった。一六歳も目上のこういう男を相手に言いたいことを言った向坂もたいしたものだった。

追って四月一八日に、岩波から「…中止を願ふ手紙は怱卒に且狼狽して認め甚礼を失する者であったと済まなく存じます。…万死に値する罪過はたゞ〳〵最善の翻訳を出版するべく努力することに依って幾分でも償ひたいと存じます」という詫び状がとどいた。翌一九日には『哲学講座』編者の三木清から、(岩波には)「幾重にも謝罪いたさせますから、講座の方は別にしてぜひご執筆をお願ひいたします」との手紙もとどいた。しばらくたってから、岩波の企画する『大思想家文庫』の「マルクス資本論」執筆のあっせんを大内兵衛がしてきたが、これもことわった。そのとき大内から「向坂君、いつまでもそう怒らないでもいいじゃないか」と言われた。

さて、なぜ違約問題が生じたのか。もともと『資本論』翻訳は、河上肇と宮川実によって二七年から二九年にかけ岩波文庫から刊行されはじめていた。しかし、第一巻の途中で頓挫してしまった。その理由は河上の仕事の遅さとか、印税率をめぐる齟齬とかあるらしいが、要するに岩波は河上と絶縁したのである。どういうわけか頓挫した第一巻だけは補修されて改造社から単行本として刊行されたが、やはり後はつづかなかった。そこで岩波が、河上たちの底本にしたカウツキー版ではなく、新しいアドラツキー版を底本にした翻訳を向坂に依頼したものと思われる。

しかし共産党系の学者たちにとってはおもしろくなかった。河上から向坂が横取りしたわけではないから、向坂にとってはとんだとばっちりだった。岩波が名をあげた「数名の学者」について、向坂は三〇年後にこう述べている。「その人々の名は、その時からしばらくははっきり覚えていたが、いまは不正確なように思うからあげない。そしてその人々をいまは少しも憎んでいない」(前掲)。実際、死ぬまで筆にはしなかった。なお、当時は共産党系の文化人だった大宅壮一はこう述べていた。「向坂が、アドラツキーの編さんした新しい『資本論』をネタに、山田、平野両君らを出し抜いて、岩波から改訳出版の計画とは、チト図々しすぎはしないか」（「ニセ・マルクス四兄弟」『人物評論』三五年八月）。

戦時下のある日、岩波茂雄とさばさばと和解するまで、向坂は誰が何と言おうと岩波とは絶交をつづけた。

四人の名前とその後の顚末については岩波茂雄自身が敗戦直後に大内兵衛に出した手紙（病床にあって口述筆記）にこう述べられている。

「一度向坂氏にお願ひ致しましたが、その後平野義太郎氏が来て、マルキスト専門家が（確か山田盛太郎氏野呂栄太郎氏平野義太郎氏大塚金之助氏等）数人其の得意とするところを分けてやりたいと言ってきましたので、これなら早くもできるし又より正確に出来ると、私自身向坂さんにお会ひしてこの旨を話しお願ひの翻訳をとりけす失礼を敢てしたのであります。幸ひに向坂さんの承諾があったのでありますが、其後一向に進行せず、そのままになったのであります」。

4　滝川事件と自由主義者への批評

大仕事が中止されたのは、ある意味では幸いだった。もし翻訳に取りくんでいれば、論争には半端には参加しない性格からして、日本資本主義論争への参戦自体を躊躇したかもしれぬ。向坂の論壇での活躍もまた一段と活発になった。

四月から六月にかけて滝川事件が起きた。京都帝大の滝川幸辰教授の著書が内乱罪と姦通罪の矛盾点を指摘したというだけの理由で発売禁止とされ、時の鳩山一郎文相が京大に罷免を求めた。京大総長は拒んだが、鳩山は京大の頭越しに滝川教授の休職処分を強行したのである。

これに京大法学部教授会は反発し全教官が辞表を提出して抵抗した。しかし他学部へは反対運動は広がらず、また他の帝国大学にも連携の動きは起きなかった。結局、京大法学部だけの抵抗となり、法学部教官も辞職を貫くものと復学する者に分断され、前者は数人になってしまった。

滝川事件の注目すべきことは、向坂たちが追われた事件と異なり、滝川は自由主義者であってマルクス主義者では全然なかったことである。しかし彼の刑法は反動には目障りなので「マルクス主義的」とレッテルを貼られたのである。二年後の美濃部達吉の「天皇機関説」事件では、「マルクス主義的」のレッテルもなしで立憲主義自体が批判されるのだが、権力の矛先が自由主義者にまで広がる端緒をなす事件だった。

「京都帝大新聞」（六月二一日）は、向坂、大森、佐々、石浜の意見を掲載した。向坂は「研究の自由はただ大学に許されて居ればよいものであらうか？」と問い、「学生諸君の眼界が…もっと広く及ぶ」ことに期待を表明した。

「帝国大学新聞」（六月二六日）で向坂は「滝川教授はマルクシストか」と題し、文部省が滝川教授の思想を「マルクシズム」だと強弁するのに対し、「諸階級の存在は僕より前にブルジョア史家が発見した」というマルクスのワイデマイヤー宛の手紙を援用して批判した。これはいかにも向坂らしい。そして京大法学部諸教授の「研究のための誠意と信念に燃ゆる行動とに対して、深い敬意をはらう」が、彼らの「視野が…社会の中に大学を見るまでに拡大されているかどうか」が問題であると指摘した。そして「真理の探究の自由への要求は、今日では大学の範囲を越えてゐる」と述べて、「学内における大学自由の擁護者」と、「ファッショ的社会勢力」と闘う「学外の進歩的識者及大衆」は共同すべしという森戸辰男の見解を援用した。

『婦人乃友』（七月号）では今日まで大学を追われたのは「ほとんど全部が所謂マルクシスト教授」だったが、「滝川事件は暗澹たる反動期日本をよく反映して、一人の自由主義的教授が大学を追はれる」と指摘した。

さらに、滝川事件で他大学に抗議が広がらないのはなぜか、「現代自由主義論」（『中央公論』一九三三年八月号）ではこう述べた。「自由主義は何時の時代も無気力だったのではない」。「大正七年、八年頃」の自由主義者は団結して戦闘的だった。しかし日本における「変則的なブルジョア的社会変革」の下では、かつて「自由」の推進力だったブルジョアをしてプロレタリアとの対抗上「自由を制限せざるをえなくさせた」。「自由主義者に勇敢な者がいることを疑わない」が、今日の自由主義は「階級的基礎を持ち得ない」から、それは「大衆的な果敢なる運動の理論的指導をなしうるものではない」。今日では「自由の実現はプロレタリアの力によるしかない」。

盟友大森も、向坂とともに自由主義者に同趣旨の批評を盛んにしていた。

こういう主張にたいしては文化人が反発した。菊池寛は「ソヴィエトもブルジョア文学を弾圧しているから、プロレタリアが自由を実現するわけではない」と批判した。これにたいし向坂は「ソヴィエトでは充分なる自由を実現するために必要な限りにおいて自由を制限する。これに反して資本主義の自由の制限は自由の実現を防止するため」のものだと反論した。馬場恒吾は、向坂が「過去の自由主義者は闘争した」と述べたのに対し、「現代の自由主義は…暴力の有効さを信じない」とやや苦しい弁明をした（『読売」七月三日）。

向坂はさらに『中央公論』一一月号に「自由主義の煩悶」を寄稿した。そこでは「現代自由主義論」と同じ趣旨で、蝋山政道、宮沢俊義、河合栄治郎、清沢洌等を総なめにして批判した。なかでも河合栄治郎の「社会主義としての自由主義」（イギリス労働党流の穏健な社会主義）などと揚言する態度にたいしては格段の反発を見せた。

河合栄治郎は、三一年六月に文部省が設置した「学生思想問題調査会」の九人の委員の一人となり、思想善導教官としてマルクス主義批判をして歩くようになった。向坂は「大学における不自由」（『改造』一九三一年九月号）でこう批判をした。

「思想善導教官」河合は、「大学の自治」について大学は「常にこれを持つべく闘ってきた」というが、森戸事件、三帝大教授罷免事件ではどうだったか。「官立大学ほど政府当局と戦う事の少なかったものはない」。それどころか「教授任命がその思想傾向のために文部省によりて拒まれたり引延されたりした例は殆んど枚挙にいとまがない」。そして河合が「大学が真理研究を使命とする部分社会たることによりして、第一に研究の自由が派出したと共に、第二に研究以外においては必ずしも自由がないという別の原則が派出する」とむつかしいことを口走ったのを取りあげ、果たしてそれでは「研究の自由」があるのかと問う。森戸教授は「研究し発表しただけで追われたではないか」。研究はいいが発表は「別の原則」だというのでは「『研究の自由』を左手で出して見て、すぐ右手でこれをとり返す」ようなものだと批判した。

河合自身は自由主義者としての矜持もあり、思想問題調査委員の少数派として独自の見解も提出していたが、それも「学内マルクス団体の活動は研究に止まる限り公認し、その行動に対しては厳格なる制限を付す」べしというものだった。

こうした向坂の戦闘ぶりにたいして、長谷川如是閑は、あまりきつく攻め立てるなと注文をつけた（「東京朝日」一九三四年一月七日）。

向坂は『批判』三四年二月号の「感想二つ」という小文で、中山耕太郎なる人物の批判（「時局新聞」一九三四年一月一日）を取りあげた。「中山氏によると『労農派』、大森、向坂等々の自由主義論はただ自由主義をやっつけるだけで、大衆の民主主義的要求の現在における意義を少しも取上げてゐないといふのである」。「大正の末年以来、『労農派』が、執拗にかかげて来った主張の一は、如何に大衆の民主主義的要求を取上ぐ可きかにかかっていた。それはただ口先だけでなく、理論の問題としてだけでない実践的に、組織上の問題として強く主張し来ったのであった。大森君にしても私にしても、自由主義を論ずる場合、常にこの永い歴史を有つ理論と実践とを予定してのみものを言ってゐる」。自由主義批判の本旨は、決して民主主義軽視ではなく、現代の自由主義者だけでは自由の防衛も困難だということを強調したのである。

この議論は、三五年秋からの河合栄治郎との激しいやりとりなどにまでつづく。

菊池寛とは東京市会議員選挙や衆議院選挙でエール交換をし、馬場孤蝶とは個人的に親しかった堺、また馬場孤蝶夫妻に仲人もしてもらった山川夫妻、長谷川如是閑とはともに親しかった堺と山川など、労農派の一世代上の先輩たちとはちがう、大森や向坂のいわば血気盛んな世代のこだわりの論争であった。

5 『前進』の発刊　浅野正一のこと

『労農』は三二年五月号を最後に廃刊となった。全国労農大衆党は反帝国主義戦争の旗を巻きはじめていた。五月二二日の同党中央委員会で、社会民衆党との合同を主張する田所輝明と反対する鈴木茂三郎が対立したが、合同への流れは止まらなかった。全国労農大衆党本部の役員から、労農派は次第に干されていった。

五月末か六月初に、『労農』同人会議が吉川守圀宅で開かれ、席上、大森から、労農同人の解散と再出発の提案がされた。全国農民組合（全農）の中に、労農派と連携する活動家の結集が進んでいて、そこに依拠して出直そうというわけだった。全国農民組合の幹部活動家には、本部役員の黒田寿男、大西十寸男や、地方活動家の江田三郎、渡辺物蔵、稲村順三、佐々木更三らがいた。労働組合よりも農民組合の方に熱心な支持者がいたのである。

六月一一日にあらたな月刊雑誌発行の同人体制を確認した。幹事長に鈴木、幹事に大森、足立克明、吉川、大西、編集責任者に塚本、編集部員に大森、伊藤好道、向坂、小堀、石井安一という顔ぶれだった。雑誌の名称は『前進』で七月号から発刊したが、三三年七月に廃刊に追い込まれるまで、一一冊中三冊を除きすべて発禁処分をくらう多難さだった。

だが、『前進』発刊を機に、向坂は全国農民組合の中堅指導部と親しくなる。発刊の相談をしているころと思われるが、黒田寿男から全農機関紙「土地と自由」の維持会員を勧誘され、大森と夫々月一円の維持費を提供した。翌三三年の夏ころ、下沼部の向坂宅に黒田の使いが「地代論争について話をしてくれ」と頼みに来たので、その晩全農関東事務所にでかけた。列席者は岡田宗司、大西十寸男など本部役員のほか、江田三郎、佐々木更三ら全農地方組織の労農元地方同人で、彼らには「此時初めて会った」。また全農年度大会のための寄付金を年二〇円、数回納め、大会も傍聴した。三五年と思われるが全農の「年次大会報告書」に向坂が「国際部長」と記されていた。向坂は「勧誘を受けたことはないやうに記憶」しているが、「多分黒田や大西からも推薦して決定されたものと」思った（以上訊問調書）。また三六年一月に開催された全農第一五回大会選出役員の名簿には、向坂は淡谷悠蔵、岡田宗司とならんで「政治部員」として載っている。三六年と三七年の衆院選挙では黒田（岡山選挙区）を応援する。また向坂の研究対象としても、日本資本主義論争との関係もあり、三五年ころから農業問題が主要テーマとなっていく。

向坂は『前進』に南名で三回、実名で二回ほど寄稿した。もっとも、佐野学、鍋山貞親の獄中転向を批判した「民族自決権の放棄」以外は見るべきものはない。

南名の、ドイツのナチス運動の紹介はほとんどが浅野正一の手紙をもとにしたものである。

ここで浅野正一についてふれておこう。浅野とは五高三年生の時に彼が入学してきて知りあった。向坂のあとを追うように、一九年に東大経済学部に入学し、弥生町にあった向坂宅によく遊びに来た。向坂が九大助教授に赴任した時は、京都大学の大学院に在籍していたが、向坂に九大の助教授で採用を希望してきたので、佐々に頼み政治学助教授に採用した。浅野は石浜や塚本とともに向坂宅に入り浸った。その後、三一年七月に九大からドイツに留学した。紫式部の研究家でもありとても繊細な神経の持ち主だった。

彼は向坂をとても慕っていたようで、ドイツから毎週のように手紙を寄こし、向坂が手紙をくれないと自分はなまけてしまうなど、異国での心細い心境を書きおくってきた。またシュトライザントの近況や、今度はドイツに留学にきた河合栄治郎がいかに経済学や語学のレベルが低いかなど、おもしろい情報をたくさん書いてあった。河合のドイツ留学は、マルクス主義批判の材料を仕込むためで、ドイツ共産党から除名されていたコルシュを個人教師にして研究した。これらの行状も向坂に伝わり、河合への批判のトーンを高める一因となったらしい。

三三年夏に浅野は帰国した。神経衰弱になっていて、度々下沼部の向坂宅に逗留した。浅野は、ベルリンにいた美濃部亮吉から借りた帰国旅費を返そうとしたのだが、父親の借金の始末を日本から請求され窮していた。向坂が亮吉の父・美濃部達吉に話をつけ、また福岡地裁の判事をしていた友人に相談し借金の始末はしないですむ方法をおしえてもらった。

「しかし、いま一つのことがあった。その事件は、今日でも私にいやな思いをさせる。私の叔父が福岡でレストランを経営していた。彼は、私に時どき借金の手形に保障印を捺させていた。…浅野正一と私は、一緒によくこのレストランで食事をした。私が東京に去ったあとでも、浅野はここで食事をしたらしい。そのある時、叔父の手形に判を捺したらしい。その保障の話をきいて、浅野には、請求があった時は、僕が金は払うからといって、彼を安心させた。同時に叔父には絶交をいいわたした。私の叔父の件は、たしかに浅野の神経衰弱に影響を与えたと思われる。まことにすまぬと今日でも思っている」（「浅野正一」）。

向坂宅では夜中まで悩み事を話し、深夜に一人で散歩に行く度に近くの東横線に飛び込むのではと気遣って追いかけたりで、さすがの向坂も寝不足になって往生した。

向坂は何とか励まして、福岡に帰らせ、九大の講義をはじめさせようとした。しかし福岡に帰って間もなく三三年九月二七日に、浅野はみずから命を絶った。

浅野は留学前にローザの「カウツキー夫妻宛の手紙」を翻訳して出版する用意をしていたが、それが果たせぬうちに世を去った。向坂は彼の留守中に原稿の校閲を引きうけたようで、ベルリンからの手紙には「こころ苦しく冷や汗もの…印税は三分の一で満足すべきですが半分下さい」などとあった。これは一周忌を前にした三五年八月に改造文庫として刊行された。その「序」に向坂は書いた。「今の世は、この余りに真面目な探求者に耐え難いものとなったらしい。浅野君は、君の人と学問の上にかけられた大きな期待に応える日を待つことなく、彼を知る一切の人々の悲しみにもそむいて死んでいった。この一書はせめて君を知る人々の君に対するなつかしい思い出であるであろう」。

一周忌に浅野の妻・浪江から向坂ゆき宛に礼状が来た。出版の礼と合わせて、昨年九月に帰福したときは「出発前に比べ幾分か心安さが仄見えて居りました。駅の二階で…冷たい紅茶を頂きながら先生との御相談の結果だの細々と語り合ったことで御座いました。常人の殆ど意に介しな

1933年８月下沼部の向坂宅　浅野正一と

い程の事にも一倍神経を傷めないではいられない浅野の気持ちが痛ましく思ひだされます」と綴られていた。

向坂夫妻は、塚本三吉といい浅野正一といい不遇な後輩とその遺族にはとても気配りをした。

6　堺の逝去

三三年一月二三日、堺利彦が亡くなった。六三歳だった。堺とはじめて会ったのは二八年に『労農』同人に参加してからと述べているが、まれに同人会議で同席したくらいではないか。学生時代に堺の、とくに唯物史観に関する著作はよく読んだ。堺訳の「カウツキーの『倫理と唯物史観』…を学生時代に読んで、自分の思想が飛躍的に発展したように感じた。この書について批判的なことを考えるようになったのはずっと後のことである」（「堺利彦」）。堺の第二インター流のマルクス主義は、山川やレーニンのものを咀嚼する中で次第に物足りなくなっていったろう。だから理論的な方面では山川ほど強力な影響は受けなかったようだ。

堺との個人的な面談の回想はあまりない。堺の没後『中央公論』（一九三三年六月号）で「逸話の堺利彦」という座談会が企画され、各界の人物がそれぞれ堺の思い出を語った。向坂も参加したが、堺宅で女性の性病持ちを理由に婚約を解消した向坂の知人の件で意見を聞いたところ、「女性に悪いところはない」と喝破したのに驚いたと述べたくらいだった。

「私はある時の堺利彦のこんな言葉を印象深く覚えている。人間の強さというものはわからんものである。逆境に立ってみると、あの男は大丈夫と思っていたのが崩れる。あの男は意気地なしと思っていたのが見上げた強靭さを示す。この年齢になると私自身も、いく度かそんなことを感じることがあったが、堺利彦のような深刻な事件の中を生きぬいたことはない」。これは堺没後三七年、向坂七〇歳に近いころの回想である（「堺利彦」）。「この年齢」だからこその堺の偉さの再認識であって、三〇代なかばの向坂は「理論的には旧いが、えらい先輩」という気持で接していたのではなかろうか。

だが山川や荒畑たちにとっては、堺の死は大きかった。己の肉体の一部が欠けたようなものであったろう。堺の遺族の世話や遺品の始末もかれらの大事な仕事となった。

二月二〇日には堺の妻・ためと、山川、荒畑などで相談の場が持たれ、蔵書のあつかいを向坂に頼むことになった。向坂は次のような二三日付の山川の手紙を受けとった。

「先日は失礼しました。二十日に堺家の親族旧友連合全体会議を開催いたし、跡のことを一応決しました。その決定事項の一つは蔵書の処分です。

1935年１月12日鶴見総持寺　堺利彦３回忌。手前右から足立克明、小堀文子、堺ため、延岡かつ　後列右から向坂、橋浦時雄、山川、荒畑、大森、堺真柄

蔵書の処分は当夜の協議にあづかった荒畑、橋浦、吉川、白柳、私のほか大兄と大森さんに加はっていただき、大兄に委員長格のお役目をしていただくことに決定しました。是非承諾を願ひます。蔵書をどうするかについては、この委員会に無条件的に一任せられたわけです。つきましては適当の時期にこの委員会を召集して協議していただきたいのです。（但し現在の堺宅はなるべく早くたたむといふことになりましたが、それには蔵書の処分が先決的なので、なるべく早く極まった方がいいわけです）。

どう処分するかと云っても、何があるかを知ることが必要と思いますから、蔵書のリストは是非必要と思います。これも御迷惑ながら大兄の御指し図が願ひたいのです。今日夫人の方へも、至急リストを作るよう依頼はしておきましたが、督励していただかないと中々捗らないと思ひます」。

五月二日に向坂も参列して納骨を終えた。堺ためをはじめ遺族は四谷の家を引き払い、四日には目黒の借家に転居ができた。蔵書も五月はじめには向坂宅に引越しを完了した。

蔵書処分の「委員会」なる集まりについては、向坂は七四年になってから「堺利彦旧蔵『資本論』」でつぎのように回想している。「堺為子夫人、山川均、荒畑寒村、大森義太郎、小堀甚二、それに私」が集まり、小堀が「向坂宅に一括してあずかってもらう」と提案した。山川が「あずかってもらうのはいいが、誰でも借り出しに行ったのでは向坂君も迷惑だろうから、数人の人に限定しよう。それから、あずけた本を取り返すというようなことは、しないようにしよう」とひきとり、向坂は「洋書の全部と新聞雑誌その他資料類だけを預かり、ほかは郷里・福岡県豊津の堺利彦労働農民学校に収める」と提案し、皆で合意した。「リスト」も多くの洋書や漢籍もあり、ため夫人の手にはおえなかった。おそらく引越しのタイムリミットが迫り、分類もリストも間に合わずそのまま多くが向坂宅に持ちこまれたと思われる。

さっそく向坂は堺蔵書を紐解いたらしい。さきの座談会で「堺の蔵書の調査で外国語の原書をカウツキーやべーべルなどをよく読んでいることがわかった」と述べていた。

蔵書には、幸徳秋水の遺品をはじめ貴重なものがたくさん含まれていた。書籍だけでなく、大石誠之助のトランクなどといった珍品まであった。これを保管しておくのは容易なことではない。向坂は、戦争中もこれを守りぬき、戦後もさまざまなドラマの素となる。

7 「転向」論

三三年六月に、三・一五事件で捕らえられていた日本共産党の佐野学、鍋山貞親の「両巨頭」が獄中で転向声明を出した。彼らは、日本共産党に天皇制打倒をかかげさせ「大衆をどしどし党から引離した」コミンテルンの指導を排し、「天皇制の打倒」の代わりに「ブルジョアジーの打倒」「米欧帝国主義の打倒」を唱えた。そして米・欧の帝国主義に対抗し「日本、朝鮮、台湾、満州、支那本部をも含んだ社会主義国家の成立」をめざし、コミンテルンに「極東インタナショナルの樹立」を対置した。

こういう論調は六年前に猪俣によって批判された高橋亀吉の「プチ帝国主義論」や、三〇年代に入って無産政党内から派生した国家社会主義派に通じるものであって、社会大衆党もやはり「極東インタナショナル」を提唱した。

『前進』七月号はこの「転向声明」批判を特集したが、そのなかで向坂は、筆名南啓二で「民族自決権の放棄」を執筆した。そこでは、「転向声明」が、「日台朝各民族の完全な同権」のための「国家的分離ではなく」、「一個の大国家に結合して…社会主義の建設に努力する」と述べている一点に集中して、レーニンの「被抑圧民族の分離権」を援用し、「転向声明」が社会主義はおろか民主的な民族自決権とも無縁であることを説いた。

向坂の転向問題への言及はもう一つあった。それはやはり獄中にあった河上肇が発表した「獄中独語」への批評

(『河上博士の『転心』』『改造』一九三三年八月号)である。佐野・鍋山の「転向声明」への批判と趣を異にし、河上への愛着も感じさせる批判ならぬ批評だった。「『獄中独語』を読むことを機として、現代に処せんとする吾々自身の教訓を引出そうと努めただけである」と、はじめに断っていた。河上を反面教師として向坂自身の処世を説いたのだ。

すなわち河上の「何か信仰の対象になるものなしではゐない、何か権威に帰依せずにはゐられない」態度こそ、「マルクシストの克服すべき態度だ」と言う。マルクシストは「冷たい目で自分自身を解剖」し、階級対立のなかで「現在の自分として何を為し得るかを知らなければならぬ」。だから「五十パーセントをなす能力についてのみ自信のあるものが、百パーセントの仕事をしやうとするとき、悲壮な飛躍がある。ヒロイックな気持にならなければ出来ない仕事は、その人に大きすぎる仕事である。そして、そういふ仕事は蹉跌するを以って普通とする」。できることが「一〇パーセントであるならば、そこに留る外に方法がない。…一〇パーセントしか出来ないから全く止めやうといふのも誤りである」。しかし河上は「冷酷な批判と分析を自己と社会に向けることによりて、自分自身の力をはかるのでなくして、言葉と感情の魔術の支配のままに、一づに『義務感』にかられて…突進される」。そして「一旦蹉跌すると、また一づに自己を責め抜いて、果てに自分自身を零になるまでたたきのめして了はれる」。

向坂は、河上と好対照な人物として山川をあげた。山川が「常に自分の能力を計って、出来ないことへは踏出さなかった」という山川自身の言葉に「百万度びのヒロイックな声明に勝る執拗なる闘争心を感じる」というのであった。そういう向坂の人生への態度は、数年の後にファシズム支配下の「良心」のあり方としてたびたび筆にする。

向坂には青年から人生相談がよく舞い込んだが、やはり同じような姿勢でアドバイスした。西村寿太郎という青年の手紙がある(一九三二年三月)。「無名の一学徒に数枚にわたるお手紙下され感謝…」とあるから、未知の彼に丁寧に返事を書いたのである。旧制高校で「スパイ、日和見主義の罵言非難を受けつつ…受験勉強をしています。先生のおっしゃる通り休暇に帰ると母に無産運動を説明」している。「先生のお言葉通りにみっちり勉強します」などとあった。共産党系が浸透していた旧制高校のなかで、実際運動にオルグされていた青年にたいし、自分の体験を踏まえて無理するなと説いたのであろう。彼は京大に進みそこからも手紙をよこしている。

転向問題自体については、各種評論家が戦前から戦後もしばらく転向の心理と論理に立ち入って論じているが、向坂はそういう問題にはあまり重きをおかなかった。河上のような「転向」にたいしては自省の鏡とし、また葉山嘉樹や里村欣三のような「転向」は詮索することなく作品の評価を独立のものとしてあつかい、ヒルファディングやカウツキーの理論的著作についても「転向」したからといってその意義を低く見る態度を戒めた。

なお二年ほどあとに、『奔流』という学生向けの同人誌的なものと推測される小冊子（一九三五年六月刊）に載った「『我等が信頼出来るものは我等自身である』といふこと」は、「転向」問題に寄せて直截に語っていておもしろい。

「…学生達は、マルクシズムの理論から、いくつかの信仰箇条を作り出した。それさへ暗記してゐれば絶対に安心な筈であった。…ところが、現実の進展に対して、さういふ信仰箇条は何の役にも立たないことが発見された。また、絶対に安心である筈のマルクシスト的指導者が『転向』した。…信仰の対象に幻滅を感ずる場合に生まれるものは、多くの場合、極端なる消極性である。…かつて学生には僅少の信仰箇条の助けによって、一切が可能であった。いまは一切が不可能になった。かういふ空気の下に、少数でも『我等が信頼出来るものは我々自身である』といふ声をきくのは愉快である。かつて自分自身は無で、一定の神性が一切であった。…いまその一切であったものが全くたたき壊されて、その中から『我々自身』といふものが見出された。これは最も貴重な拾ひ物である。私はマルクシズムが正しい理論であると思ってゐる。しかし、それが若干の信仰箇条に固定され、批判なく信仰さるべき神性とされるときは、もはやマルクシズムではなくなってゐると思ってゐる。…」。「山田分析」の「神性」をたたきこわすのに執念をもやしたのも、このころであった。

ただ向坂はこの小論の最後をつぎのように結んでいる。

「若しこの言葉を以って、個人の孤立を強調せるものと解するならば、それは…個人の競争の上に立つ資本主義の精神である。…新たなる歴史の創造は、社会の一定の人々の集団的な力によってなされる。この集団的な力は、『我等が信頼出来るものは我々自身である』ことを識る人々によってのみ、強力に結集される。それは奴隷の盲目的な烏合の衆ではないからである」。

「個」の主体性確立と「集団的な力」の有機的な相互関係を、巧みに説いたわけである。

8　等々力に転居、山川と親密に

佐野・鍋山の転向声明、河上の「転心」は、共産党内外に深刻な影響を与え、大量の転向者が生まれていった。

ジャーナリズムにおけるマルクス主義の道義的な優位性も後退していった。労農派はその弊をまぬかれるはずであったが、真空で活動していたわけではなく、追いつめられていった。

三三年八月、『前進』は発禁つづきで廃刊のやむなきに至った。同年末には、『前進』同人を中心に有志が集まった。向坂、大森、鈴木、荒畑、小堀、吉川、足立、橋浦、伊藤（好道）、黒田、大西、塚本といった面々だった。そこで同人的な性格の集まりとしては、治安維持法違反の口実を与えぬために解散したことにして、今後は問題があれば懇談の場を持つことにした。もっともこの「偽装倒産」は少しも役に立たなかったことは四年後に思い知らされる。

三四年一月に、向坂は下沼部（田園調布）から同じ東横線沿線の玉川等々力町三丁目六八三に転居した。土地（二三〇坪）は「労農」同人の石井安一が地主で、大工の棟梁が建てた家は石井が買いとっていた。向坂に土地は貸して家は売った（石井雪枝『木瓜の実』。ゆき夫人の回想などでは、大工の棟梁が大家だったという話が出てくる）。

現在の世田谷区奥沢で九品仏浄真寺のそばである。東横線の自由が丘駅から徒歩で一五分ほどの小高い丘にあった。周囲は雑木林と畑だけで、家からは浄真寺の小高い森が見えた。今は住宅ばかりだが、森の一部は往時の面影を遺している。

向坂は引越しの多い人間だった。成人になってからだけでも、留学は別として、本郷森川町、弥生町、福岡柳川、東京下目黒、中目黒、鵠沼、下沼部、そして等々力といった具合である。等々力での居住は、戦後に終の棲家となる鷺宮につぐ長さだった。ここに、獄中と戦時下、そして敗戦の解放という思い出が刻まれる。

下沼部の借地は百坪ほどだったが、こんどは二三〇坪と広かった。近所に広い空き地があったことも決め手となった。そろそろ筆で稼いでいけない時代になるので、自給で食べていけるように考えたからである。

鎌倉の稲村が崎にこもっていた山川も食べていく方法を考えていた。すでにイタチの飼育を手がけていたのだが挫折、書店を開くか、ウズラの飼育かなど日夜考えあぐねていた。向坂と山川は、もう大森を介さなくとも個人的な親交を深めていた。山川の「生活設計」の話も聞いていただろうからおおいに参考になったろう。

越してすぐと思われる山川宛の手紙にはこうあった。

「…邸内も大変広壮で、詩を作る代りに田を作る事を始めやうか思って居ります。先日いちじくをもらって植へたのですが、どういふ所に植へたらいいか一向分からず、いい加減に植へたのですが実りますかどうか？　いまは木を移すに適当な時候でせうか。ヒマラヤ杉（?）を移したいと思ってゐるのですがいかがでせうか?……」。

以降、毎月のように手紙を出しているがこんな調子である。

「…ヒマラヤ杉はご指導通りに移植しました。枯れる様な御様子でもありませんから公式の適用を誤らなかったであらうと思ひます。いちじくも芽を盛んに出して居りますからこれも安心です」。「（ブドウの実が大きくなると落ちてしまうのは）栄養不良のせいではありますまいか?若しそうだとすれば肥料を今やること肥料の種類等どんなものがありませうか」「肥料はなるべく人糞でない方が好きですが何か適当なものがありませうか?……」（六月一日）。手紙は「検閲」も想定しているので政治上のことは控えるが、この手紙では「『改造』の御論文面白く拝見しました。この頃の吾国の『マルクシスト』達は吾国組合運動の全体なんて考へても見ないらしいです。一握りの彼等の一統以外に一切は無いらしいのです。学生マルクシストや哲学者マルクシストに会っての感じは全くそうです」などとあった（山川の論文は「非常時に喘ぐ労働組合運動」）。

「…本年の収穫（農業）はトマトがうんざりする位。ナス。ブドウが三つか四つ位ふさをつけて居ります。先日植へましたイチジクに一個実がついて居ります。近く小農法の大農法に勝れる所以を立証してマルクシズムの農業理論をてんぷくする抱負です」（七月一九日）。

「農業の方は、僕自身でやってゐないといふ不都合なデマを飛ばす者が現はれた事は大変残念です。トマトが赤くなり始めた頃から熱心にもぎとる世話をしたのは私でして、これは如何に私が農業に心を傾けてゐるかの立派な証拠だと存じますが、いかがでせうか。今日までの経験によりますと、農業も多少考へなければならんかと思って居ります。夏中朝から晩までナス、キューリ、インゲン、トマト等を食はされてまるでキリギリス見たやうなものです。新しいのは甘いに相違ないですが、近頃は農家で多すぎる分をもらってくれる所はなく、そうなると女といふ奴、超理論的で、一切『もったいない』といふ唯一の理由で三度三度否

1934年等々力　ゆき夫人と　犬は荒畑から譲られたマルと思われる

応なしに食はされることになります。なんだかからだが青くなった様な気がします。…今日庭園内をイタチ君一匹散歩して居りました。これを捕へて先生と競争することにしやうかと考案中です」（九月二四日）。

山川は農業、園芸、イタチも含めた家畜飼育にかけてはプロ並みの理論と実践をそなえていた。農業に新米の向坂は、はじめのうちはやや面白半分に教えを請うていた。おそらく講釈が多く、「実践」は、ゆき夫人や弟などにやらせていたのだろう。文面は、すっかり山川に気をゆるした様子がうかがえる。山川の手紙やハガキによる農業指導は、敗戦間際までつづく。向坂の方も、とくに出獄してからというもの、まさに生きていくための農業になるから真剣そのものとなり、山川の教えもそれに応じて専門的になってゆく。

向坂というと『資本論』の「寺子屋」というのが戦後有名になるが、最初の寺子屋はここ等々力ではじまった。越してから早くも三カ月後の四月から毎週土曜日午後に、岡崎三郎、中村金治、仲矢虎夫らが参加し、高畠訳版を使った。岡崎三郎は長く向坂の仕事を手伝うようになる。

櫛田民蔵も相変わらず議論を挑みに等々力にもあらわれた。地代論争は一段落していたから、小作料論争について向坂の意見も質しに来たかと思われる。それからすぐの一一月五日に櫛田は「米生産費」執筆中に脳溢血で倒れ、五日に四九歳の若さで亡くなった。

なお、向坂は『文芸春秋』三四年一一月号に「独逸の古本屋」という一文を寄稿した。シュトライザントへの愛着を込めた回想だった。ちょうど同年八月にヒトラーが総統に就任し、ユダヤ人迫害が強まりはじめたことを心配したのかもしれない。彼はユダヤ人だった。「ヨーロッパに行って最も不愉快に感じた事は、普通の市民の間にある理由なきユダヤ人憎悪であった。…ユダヤ人憎悪の理由をきいて見ると…結局おしつめていって商売がうまいというような事になる。…日本でユダヤ禍などとわめく人が時々いるが、その気が一寸分からない」。

三年後にはユダヤ人やマイノリティーへのホロ・コーストがはじまることまでは向坂も思い至らなかったろうが、没落中間層に鬱積する「金持ちユダヤ」への憎悪感情に注意を喚起したことになる。

また、シュトライザントには留学中に多額の借金を残して帰国したのも心残りだったようだ。この一文ではシュトライザントの妹が会計をしていて「相当ガッチリ屋で吾々の苦手だった」と回想したが、ときおり彼女からの請求書が海を越えて届いた。有沢からは、借金は改造社から前借して清算するから少し待つようシュトライザントに話をしてくれと頼んできた。誰の借金かは不明だが、ベルリンの浅野正一からは「電報受け取りシュトライザントと交渉し、九月末の支払いで承知してもらった」との手紙が三二年七月に届いた。同じく八月の大森からの手紙には「僕のところへもストライザントから厳重な督促が来た。それで手紙を書きたいのだが、君に代筆をお願ひしたい。内容は、不況でこちらも困ってゐるといふ事、最近小包を官憲から没収されて本を少しも受取ってゐないといふ事、少しづつでも必ず払ってゆくから猶予して欲しいといふ事、今回は二〇マルクを払ふといふやうな事だ。…」。この「官憲の没収」については、実際にこのころから左翼関係の輸入書が差し押さえられることが始まった。

ドイツ留学中の向坂の友人（美濃部亮吉か？）が「独逸の古本屋」をシュトライザントに紹介したら、大変喜んだ当人から向坂に「ドイツ語に訳してくれ」と手紙がとどいた。だが戦時下の二人の運命は、これを果たせなくした。向坂が検挙されて一年後の三八年一一月には、シュトライザントの店はナチスの打ちこわしにあい、三九年二月には営業を禁止された。

9　『労農』同人の中枢に　『先駆』刊行

三四年初夏、鈴木茂三郎から日本政治経済研究所開設への相談を受け、伊藤好道、岡田宗司、稲村順三らとともに打ちあわせに参加した。鈴木は全国労農大衆党役員として満州侵略戦争反対の旗をかかげ奮闘していたが、党内の右派からの攻撃の矢面に立ち孤立させられた。全国労農大衆党が社会民衆党と合同し社会大衆党となると、党役職からは鈴木らは排除された。そして、小堀甚二、荒畑寒村、橋浦時雄らが主導していた社会大衆党の新宿、杉並、中野、豊島辺の地方支部での活動にかかわるだけとなった。

鈴木は向坂とはすっかり親しくなっていた。先妻に先きだたれて三三年一一月に再婚したが、その際「子供たちのことを考えて家庭的な女性を選ぶか、自分の闘争を第一として妻を選ぶか」思い悩んだが、「相談を受けた向坂氏らは、無責任にも、言下に後者の道をすすめた」（鈴木徹三『鈴木茂三郎』）というくらい、気心知れた仲になっていたらしい。「闘争第一として妻を」選ぶことを勧めた向坂は、ゆきの体調のこともあったろうが、後年よく「検挙されると子供がいると負けてしまいそうだから、子供は作らなかった」と口にしていた。

さて、日本政治経済研究所（以下鈴木研究所）発足時からの中心は、伊藤好道、岡田宗司、稲村順三、島田晋作（本名・近江谷晋作、「中外新報」記者）、渡辺文太郎（「読売」記者）らで、神保町にあった吉川守圀の「世民社」に事務所を借りた（後に移転）。阿部事務所までは一〇分程度だった。向坂は維持会費として月額一〇円を拠出した。専従事務局員には、はじめは稲村順三がいた。研究所は時の政治経済情勢を旬刊のレポートにまとめ団体などに販売した。向坂はこの編集に協力した。

また一〇月には叢文閣という本屋から、研究所に『日本経済四季年報』発刊（三五年五月から）の提案があった際、向坂は有沢を伴って相談に乗り、阿部事務所の協力も取りつけ、みずからも四月中旬に開かれた最初の編集会議から参加した。

また三五年の六月から七月にかけて、山田盛太郎の『日本資本主義分析』の検討会が、岡田宗司と向坂が報告者として開催された。それは『改造』八月号の岡田の論文として公にされたが、最初の『日本資本主義分析』批判だった。

三五年に入ると向坂は労農派の旧同人のなかでは、荒畑、鈴木、大森にならぶ中核的存在になっていた。というよりそういう立場に意図せずして押し出されたと言っていい。大森は、病をおして『史的唯物論』（三二年七月）と『唯物弁証法読本』（三三年四月）という二冊の書下ろしに取りくんでいた。大森からの来信にはこうあった。

「僕の下痢はすっかりよくなった、安心してくれ。しかしどうも長い仕事で多少せうするしてゐるのはやむを得ない。一生懸命にやってゐるが、どうもなかなかはかどらない。ちかごろ万事放擲して唯物史観ばかり考へてゐる。かういふ心境は僕にしては少し奇妙だ。大概な仕事をしても猶予あるんだが、こんどばかりは全くとりつかれたやうな形だ。変に一生懸命だ。どうもこれを書いて死ぬんぢゃないかといふやうな気もしたりする。…どうもちかごろ自分の気持を裏から裏からと見ようとする傾向があっていけない。これも弁証法のせいだね。…」。三三年二月七日の手紙だが、『唯物弁証法読本』に打ち込む大森の執念が伝わる。「書物確かに受取った。どうもありがたう。非常にいい写真があるので大いに喜んだ。非常にいい表紙を作るから見てゐてくれ。…とにかく、今日借りたものは大切な本だと思って全部スート・ケースに入れて寝る時も枕頭におく。火事になってもあれだけはもって逃げるから安心してゐてくれ」。

同年三月一日の手紙だが『唯物弁証法読本』もいよいよ装丁の段階に入っていた。大森は凝りに凝った。四月五日に出版された同書の「序」には「写真のうちの『経済学批判』、『前進紙』等の稀こう本は畏友向坂逸郎君の珍蔵にかかるもの」と記された。中央公論社から出された本書は八六版、一〇万部を越えるベストセラーになった。今日でも古本屋にあらわれる。書き方もべらんめえ調で読みやすかった。

全体の半分近くをさいてカント、フィヒテ、シェリング、ヘーゲルを論じた。いわゆる「物自体」の認識からはじめ、観念論と唯物論、弁証法と形而上学などに紙面をさいているのである。西田哲学の流行など、当時のインテリの関心にフィットした入り方をし、そこから巧みにマルクス主義の認識論へと導こうという意図がうかがえる。一〇年ほど前若き助手時代に向坂と二人で新カント派をめぐって議論しあったような若々しい関心を、大森はなお継承していたのだろう。マックス・アドラーとの関心の共通性も感じられた。向坂はその方面にはもうこだわらずに、哲学としてはフォイエルバッハ批判から出発して、ドイツ・イデオロギーにいたる唯物史観の形成の追求に関心は集中していた。

向坂は紀伊國屋書店の月報『レッエンゾ』に、「大森君の病軀をかつての辛苦を、多少でもうかがい知っているだけに、私は殊にこの書を愛撫して止まない」と記した。

以降大森は自由主義批判などでジャーナリズムでも活躍をつづけるが、重厚長大な著述はしなくなった。

向坂の先輩だった櫛田は三四年一一月に急逝していた。小作料や封建地代論で講座派とわたりあうトップ・バッターが急に姿を消した格好だった。死せる櫛田に講座派からはなお批判が加えられた。しかし櫛田に代わって反論しうる人物は、大内と向坂くらいしかいなかった。

山川は三五年初春から稲村が崎の自宅でウズラ飼育を試行して、次第に事業規模を拡大し、三五年五月には弥勒寺（神奈川県村岡村）に本格的な飼育場「湘南うずら園」を建設した。執筆活動はなおアップ・ツー・デートに生き生きとしていたが、対象は理論的な問題よりも、政治全般を鳥瞰したジャーナリスチックな論評に重点が移っていった。

こうして実務的にも旧労農同人とその協力者をまとめるのは、鈴木と荒畑、理論面では向坂が担うほかなくなる。

向坂が文字通り中心となって働いたものに、雑誌『先

1933年７月鎌倉由比が浜海岸　大森義太郎撮影

駆』の発行がある。三五年三月に銀座の中華料理屋に荒畑、向坂、大森、鈴木、稲村、橋浦、伊藤好道、岡田宗司が集まり、「能動主義」的な論調に対抗するとともに講座派批判の発表の場として、あらたな月刊誌『先駆』発刊の相談をした。出版社は向坂と大森でさがし、向坂の知人で元改造社社員で学芸社の広田義夫に交渉することにした。そして広く執筆者を求めた学芸雑誌にした。五月に荒畑宅で編集会議を開き、小堀の編集を向坂、荒畑、塚本三吉が応援した。その後三回くらい、小堀宅で荒畑、塚本、小堀、向坂で編集の打ちあわせをした。五月なかばには鈴木の日本政治経済研究所の『経済四季年報』の編集会議が開かれ、そこにも向坂は出席しているから、各種の編集作業も彼の肩にかかってきたようだ。向坂は阿部事務所の面々にも『先駆』への執筆を手配した。また石浜、土屋喬雄、岡崎三郎、小野道雄にも執筆を依頼した。創刊は六月だった。向坂自身は無署名でつぎのような「創刊の辞　流れに抗して」を執筆した。

「歴史のある時期には最も受動的なものが最も能動的なものに見える。…資本主義を変形することによって新時代を鋳造しつつあるかのごとく振舞っている勢力が、資本主義的所要によって鋳造されている勢力なのだ」とある。今日ではなにを意味するか分かりにくいが、反動の下で耐えるマルクシズムが「受動的」に見え、「能動精神」をかかげて「変革」を呼号する急進文士や、流行の「統制経済」こそが資本主義の変革の道であるかのごとき論調への批判である。この問題については次にくわしく触れる。

そしてこう謳った。「…非常時の波は政治を押し流し、教育を押し流し、文芸を押し流し、言論機関を押し流し、労働者と農民の陣営の少なくとも或る部分をさへも押し流した。この流れに押し流されているものは浮び出て、この流れに逆らってゐるものは沈潜する。……しかし流れに抗するものは、沈潜し沖積する。そして新たな陸地の基底が隠れたところに築かれてゐる。新たに決起する社会的勢力の巨人のために、歴史はその足場を用意することを忘れない」。

向坂自身は「農村工業化問題を論ず」（創刊号）、「自由主義論をめぐりて」（九月号）、「日本における封建勢力の問題」（一〇月号）を執筆した。土屋喬雄の有名な「名子制度について」が発表されたのも『先駆』一〇月号だった。講座派批判としては意欲的な論文が多く載ったが、一〇月号を以って廃刊となった。学芸社が小堀への報酬と原稿料を払えなくなったからである。

『先駆』をもって、戦前の労農派系統の雑誌は消滅した。

10 『統制経済論総観』

一九三〇年代なかば、恐慌の深刻化にもかかわらず、日本資本主義は国家独占資本主義への転形によってしぶとく延命し、そのファッショ的な形態である統制経済論を押しだした。資本主義の行きづまりの打開策についても、修正資本主義論の諸変種が論壇をにぎわした。

こうしたイデオロギー状況に、向坂は論評を加えた。

統制経済論批判については、「ドイツ・ファシズムの統制経済論」(『経済研究』一九三三年六月号)が最初のスケッチだった。「喧しく称えられてゐる統制経済論にしても、一つは見えすいた独占資本の独占強化の必要を擁護し、促進する…理論であり、他は、中間の諸社会層没落の叫喚の代弁であるにすぎない」と規定した。そしてナチスのハンス・ロイプケの著作を分析し「ナチスの『計画経済』においても、なほ依然として独占的大資本の支配的地位が確保される」ことを論証した。

三三年秋には「非常時国策」の流行がはじまり、中野正剛、久原房之助、郷誠之助らがつぎつぎと「国家改造案」を提唱した。

向坂は三四年二月に『統制経済論総観』という分厚の単行本を統制経済の叢書の一つとして改造社から出した。一部は総合雑誌に発表したものだが、多くは書きおろしである。その「序論」に言う。「未曾有の深さと幅とを有つ世界恐慌の原因が探求され」はじめると「甚だしい偏見を有たない探求者にとりては、資本主義経済形態の無統制的性質が、少なくとも原因の一つであることを首肯するに至った。…ルードウィヒ・ミーゼスの様に、充分なる自由競争…でなくして、却って経済的及び政治的干渉統制の甚だしくなった事に、この原因を求める者すらないわけではなかったが、多くの人の共鳴を得ることは出来なかったやうである。そこで、この資本主義経済秩序の無統制を如何にして克服するかが問題となる」。

こうして「各国における産業統制法が最近経済立法の流行をなしてゐる」こと、その種流行の類として、中間層による「国家の力によりて、独占資本を抑へ、自らの利益を防衛せんとする要求」に由来するもの、ソ連における「計画経済の成功」に刺激され「その成功が如何なる社会的条件の下にのみ可能であったかを顧慮するいとまなく、これを自国に行はしめんとしつつある」もの、労働者階級の「日和見主義的指導者」が「指導者としての地位を失はない為には『社会主義的』な恐慌対策を考案しなければならぬ」ために唱えるもの等を列挙した。

ソ連の崩壊した今日では、世界的な資本主義の危機は「統制経済論」よりも、むしろミーゼスらを元祖とする新自由主義を政策の基調に押し出している。この辺は興味深いのだが先に進もう。

向坂の言いたかったことは、「統制経済論、又は計画経済論の理解に欠くべからざる前提」は「何故にある社会は統制され、計画された経済秩序を有ち、何故に他の社会の経済は統制され、計画されえないかを知ること」である。それはまた「現代資本主義が何故に、非統制的・非計画的であり、ここに何故に統制経済論が起こらざるべからざるかを理解得せしめる」と言うのである。

こうして向坂は、資本の集中と集積が独占資本を形成して金融資本が一国の経済と政治を支配すること。それは競争を止揚するのでなく、国際的にも国内的にもますます深刻先鋭な競争がおこなわれて社会矛盾を深刻化してゆくこと。それを乗り切るために「統制経済」が出現したことを論じた。

『統制経済総観』と並行して、「資本主義『修正』論の台頭」(『改造』一九三四年二月　『統制経済論総観』に収録)、「『非常時』から統制経済へ?」(『中央公論』四月号)、「資本主義論の『自己否定』」(『改造』四月号)と、連続して論壇に寄稿した。

「資本主義『修正』論の台頭」では「『修正主義』は歴史上二度現はれる。一度は悲劇として、二度は茶番として」とした。一度目は一九世紀末の「修正派社会主義」であって、「資本主義がその上向運動をのぼり詰めた」ときに「その支柱として現はれた」。それは帝国主義的超過利潤でうるおった労働者階級の上層に「確固たる地盤を作り上げ…決して小馬鹿に出来るやうな勢力ではなかった」。しかし今回の「資本主義修正論」は「この前の修正論の如き強壮なもの」ではなく「資本主義が一本の藁をも掴んで浮き上がらんとするもがき」として現れた。だからそれは「必死の茶番」である。

こう述べて実業家・小林一三と、国家社会主義イデオローグの中野正剛の諸説を批評した。

「資本主義論の『自己否定』」は、高橋亀吉が『改造』三月号に寄稿した欧米視察報告が「各方面の異常な反響を喚起した」ので「マルクス陣営よりの駁論として闘将向坂氏の快論を獲た」(『改造』四月号編集だより)ものである。

高橋は、主に三三年春から着手されたルーズヴェルトによる大胆なニューディール政策を紹介し、政治経済制度の改造をリードするのは、かつてのように無産階級ではなく資本主義制度の支配階級に移ったと報告し、大きな反響を呼んだ。

向坂は、ニューディール政策も結局は「独占資本の巧妙なる強化」策であって、「労働時間短縮」「最低賃金制施行」「年少労働の使用禁止」「労働者の団結権の政治的な保障」などについても「少しも資本主義の埒外にある様には思はれない」と評した。

これは、高橋がニューディールをもって、資本主義の「自己否定」であり社会主義への「エヴォルーション」であると評価したことに関しては的確な批判だった。けれども、ナチス的統制経済とは異質の国家独占資本主義政策として、社会主義体制への対抗の必要もあって、ケインズ政策が大戦後しばらくいくつかの資本主義国を「福祉国家」として延命させるとは、向坂も想定できなかったであろう。

この点に関しては山川が、ファシズムや統制経済については基本的には向坂らと認識を同じくしていたとはいえ、資本主義の新たな局面の分析の必要を直観したと言ってよい（拙著『マルクスを日本で育てた人』Ⅱ—第七話９）。

二　戦争前夜の世相を評す

１　マルクシストの反省—「現下の思潮とマルクシズム」

さて向坂は「統制経済論批判」と並行して、もう一つの方面への論陣を張った。知識階級論である。今度も盟友大森義太郎と緊密なタッグを組んで臨んだ。

「現代知識階級の困惑」（『改造』一九三四年一一月号後述）を皮切りに、正面から論陣をはったのは例によって大森であって、向坂が受け持ったのは大森への援護射撃であった。そして大森と向坂が意識したのは、小松清、船橋聖一、林房雄、今日出海、小林秀雄といった面々だった。

知識階級の多くにとって社会主義運動とどう向きあうかは大きな問題であった。学生は労働組合、農民組合に飛びこんだ。学者はマルクス主義への防戦におわれた。自然主義文学、純文学はプロレタリア文学に対抗心をいだきながら作品をつむいだ。インテリは、「君は労働者の側に立つのか、ブルジョアに与するのか」とつねに迫られているような強迫観念を抱き、己の理論と実践の不統一にコンプレックスを感じる類が多かった。

しかし、彼らが妖しい魅力を感じていた共産党系の運動は、相つぐ弾圧で追いつめられ、合法無産政党も分裂と内紛をくりかえすばかりだった。権力の弾圧だけで運動がゆきづまったのならば、マルクス主義の精神的権威は失せるものではない。冬の時代には孤高の堺たちは世間の文化人たちから尊敬されたものだ。しかし共産党首脳の獄中転向を契機とする大量転向、合法無産政党からのファシズム迎合の台頭が致命的だった。三〇年代半ばから、知識階級は落胆と同時に何か吹っ切れたような気分になって、従来のコンプレックスを裏返しにしたかのような動きが生まれる。

彼らは「知識人の復権」を唱えた。その中にはシェストフの『悲劇の哲学』に触発された流れ（小林秀雄ら主に『文芸』誌に拠った）と、アンドレ・マルローに共鳴する「行動（能動）主義」（小松清、船橋聖一ら主に『行動』誌に拠った）が混在していた。向坂は彼らの「態度の中にファシズムに成長する萌芽が感ぜられました。此の点は其の本家であるフランスの行動主義と異なって居ると云うのは大森義太郎の見解であったようであります」（訊問調書）と考えた。小松清と親しかった改造社の水島治男もこう述べている。三二年にフランスから帰国した「小松清は日本の行動主義をヨーロッパ並みのものとみて、『行動』グループに入って行った。…小松氏は永くフランスにいて、日本の現状を知らなかった。…日本の文学者の『行動』主義が、マルローのそれとは反対の傾向のものだとは気がつかなかったのだろう」（『改造社の時代』戦中篇）。

「行動主義」の評論家は、程度の差はあれ向坂や大森の「知識階級論」に反発を示し、三五年初春には「東京日日」や「読売」紙上で、大森と窪川鶴次郎、青野季吉、船橋聖一らがさかんに批評し合うようになった。

知識階級論で、中間層の没落で動揺するインテリの社会的基盤を分析した向坂にたいして、今日出海はそうした「解析は解っているのだ」「斯うしたお医者様のやうな紋切型な口上では余計なおせっかい以上には受けとれぬ」。「不安の正体を把握しようとする必要はない。不安の中に苦しい呼吸を続けてゐればよいのだ」（『行動』一九三四年一二月号）と、シェストフ張りに居直った。船橋聖一はこう述べた。「左翼に走った学生が、この数年間のプロレタリア解放運動の実際運動に加はり…機械的、公式的にプロレタリアートに隷属したことの失敗が明かになり、そこでインテリゲンツイアの不安、困惑」が叫ばれるようになった。「だから、今日に於ては、大森義太郎氏の…マルクス的インテリゲンチャ論は、既に青年の胸に呼びかける力強い叫びにはならない」。「かつて、マルクス主義華やかなりし頃に向坂氏の知識階級論…を読んだ時のやうな迫力はない」（前掲『行動』）。さらに労農派の文芸理論の指導者であった青野季吉までもが、「公式的な階級的動向理論に煩はされて、知識階級が自己を無視し、自己を否定し、自己を労働者階級に隷属させた」（『行動』一九三四年一一月号）などと同調しはじめた。

向坂の「現下の思潮とマルクシズム」（『行動』前掲）は、こうした風潮への批判を意識した日本のマルクス主義の総括的な論評で、ほかには類を見ない力作だ。各方面の反響も、主には反対批評ではあったが大きかった。また伏字が大変多いのも、当局の神経を逆撫でする内容だったことを物語っている。以下、要点を紹介しよう。

まず「今日、マルクシズムの退潮は事実である。マルクシストの闘ひが敗れたといっても決して偽りではあるまい」と、いさぎよく明言した。さらに続ける。「自己の弱点に目を蔽ふ個人に成長のない様に、吾国のマルクシズムの運動の育った最大の弱点から目を背けて、一時のがれを言ふならば、マルクシズムの発展に寄与することを得ない。マルクシズムは、自己の犯した過を押し隠さなければならぬほど、自信なき存在ではない」。この当然といえば当然な姿勢は、当時はめずらしかった。運動が大衆性を失い、転向者が続出し、無産政党の中からファッショ迎合が公然化してもなお、「資本主義の危機の第三期」だから、かならず人民は決起すると信じこむか、ないしはマルクス主義自体を放棄するか、というのがインテリ左翼の大勢だったからである。

つぎに、何故敗れたのかを率直に切開する。

「吾国のマルクス主義的傾向のインテリゲンツイアの頭は文化運動で一杯の時代があった」が、「マルクシズムの運動が、かういふ形をとることは、何としても不健全な状態であった。この頭でっかちの現象は、ヨーロッパの先進国では、一寸見られないものであった」。

なぜ頭でっかちになったのか。「遅れて登場した吾国の資本主義の発展」がインテリの「デモクラシーの要求を充分に満してやることが出来なかった」ので、インテリに「左傾し得る可能性を與へた」。そしてインテリの「思想的潮流の中心がマルクシズムといふこと」になり、「いはばインテリゲンツイア・マルクシズムとも云ふべきものが生まれた。…インテリゲンツイアの特性を恐ろしく背負った『マルクシズム』が出来上った」。インテリの「移動転換は極めて軽快に出来る。それはプロレタリア大衆の鈍重なる、だが堅実なる歩行と比較すべくもない。更に大衆の中にあって、具体的な社会運動の複雑さを知るべくもなかった。一本のマルクス液の注射は、立ちどころにマルクス主義的労働者を作り出す筈のものであるかの様に考へられ勝ちであった」。

こうして福本イズムが氾濫し、「『何をなすべきか?』の中の理論が、そのまま吾国のプロレタリア運動の公式とされた」。「漸くマルクシズムがプロレタリア大衆の基礎の上に根強く据へられやうとしたとき、ラディカリズムとその公式主義的指導と分裂主義とによって、破壊され始めた」。ここまでは一九二〇年代半ばまでの社会主義運動の総括と思われる。

分裂によって力が弱められたとき「資本の攻勢が始まっ

た。」「支配階級は…改良主義的潮流といふ自分の支柱を作ると同時に、分裂せる諸勢力を個々に迎へ撃つ事によって、完全に破壊して行った」。ここまでは無産政党の分裂から三・一五弾圧を経て、三〇年代初にかけてのスケッチであろう。

「最後に残されたものは、恐らく地上に姿を見せない少数者のラディカルな中心と、その直接の指導下にある少数の労働者団体と、更に、これを遠くから取りまくインテリゲンツイアの文化的諸団体であったと思はれる」。地下の共産党と非合法労働組合の全協、文学や演劇集団、『プロレタリア科学』などの雑誌集団などである。「かくてプロレタリア大衆と結合してのみ、強力な力であり得るマルクシズムは、その土台が掘りくづされつつあったとき、なほ壮麗な外観を示していた」。

しかし「満州事変をきっかけにして猛り立った反動の強風は、文字通り木の葉のやうに、インテリゲンツイア・マルクシズムの文化的諸運動を吹き散らした」。

かくて「吹き散らされた」現在のインテリの間で、「文芸復興」「不安の哲学」などがかまびすしくなってきた。

こうした「インテリゲンツィア・マルクシズム」の幾多の欠陥の「補正」を向坂はつぎのように展望している。「(来るべきマルクシズムの台頭は、プロレタリアートの興隆なくしては不可能である)。このプロレタリアートと、深く強く、結びつくことなくしては不可能である。そこでマルクシズムを再び興隆せしめんとする努力は、プロレタリア大衆の躍進へ働きかける以外にない。この事はまた、不断のイデオロギー上の対立抗争なくしては不可能である。更に、マルクシズムは、プロレタリア大衆の高踏的な指導でなく、大衆の中にあって大衆と共に歩くところの指導の欠落といふことが、マルクシズムの今日の衰退を齎した一つの原因であることを忘れないであらう」。

ここには、表現の仕方も含めて、山川均の論説(『マルクスを日本で育てた人』I第四章、五章)の影響が強く見受けられるが、文化運動の混迷や「不安の哲学」については向坂のオリジナルな考察である。

この論文は反響が大きく、清沢洌(『行動』一九三五年一月号)、船橋聖一(『文芸』同一月号)さらには青野季吉までもが批判的に論じた(『行動』一九三四年一二月号)。それなりにファッショへの対抗心を維持していたインテリは、向坂が彼らの弱さをしきりにつつくのが不快だったのである。

2　大森義太郎とのタッグ

向坂は「知識階級論に関する感想二つ」(『行動』一九三

五年三月号）で、これらの反応につぎのように駁論した。「向坂氏がプロレタリアートだけが強いやうに云ふのは分からない」という清沢は、「プロレタリアートと『行動階級』（これは大体知識階級と同じものらしい）とはどっちが強いかといふことを何時でも問題にして、プロレタリアートが大変弱いことを結論される」。しかし自分は「プロレタリアートに資本主義を越へて歴史の進展を担ふ力が歴史的地位として與へられてゐるといふ事を述べたにすぎない」。

船橋は「インテリゲンツイアを根本的に否定して、プロレタリア運動が進展することは」考えられないと批評した。これにたいし向坂は「知識といふものを以て、インテリゲンツイアとすり替へてはいけない。これをすり替へる意識が…インテリゲンツイアの特権意識である」と指摘した。知識階級から自分や大森にたいし、「『お前のいふことなど知っているよ、分かり切ったことをいふ』といふやうな言葉が反感を込めて」投げられるが、「他人の言ふことは大抵分かり切ったことのやうに感じるが、自分は、一向分かり切った通りに言動しない」のは「インテリゲンツイアの『特性』であるらしく思へる」と言い返した。

だが青野から「特権を誇るといふ事が、僕はわからないんだ。…比較的多く知識をもってゐるといふ事は、知識階級の一つの特質だと思ふんだけどね」と言はれると、向坂は「大変意外に感じ」ざるを得なかった。「船橋氏が何と言はうと、私自身別に大した問題でもない。同じ考えであると信じてゐた青野氏のこの意見の変更（？）には面食らわざるを得ない」と困惑をかくさない。大森も『先駆』三五年八月号の「自由主義に関する検討」で、「青野君はいまや、自由主義の問題においても、マルクシストから一個の純然たる文芸的自由主義者に変わりつつある」と批評した。三五年四月には、行動社主催の座談会が開かれ、向坂、大森、船橋、小松、窪川といった面々が議論をたたかわせた。

青野季吉はのちにこう回想している。

「マルクス主義に疑念を抱いたわけでも、絶望したわけでもなかったが、ファシズムの波の高まってきたこの時代に一個のインテリとして自分を生き、また生かすためには、この国の良心的なインテリのヒューマニズムを一つの力として盛上げるほかはないと考えた。…私はマルロウの『征服者』『王道』から鮮烈な印象を受け、理論として受け入れる前に先ず感動を通じて行動主義をつかんだと言ってよかった。もともと行動主義には理論らしい理論などはなく、その時代に良心的に生きようとするインテリの情熱の一致があっただけだとも言えるのである」。「（大森義太郎からの攻撃の）矢面に立たされた格好でつらくはあったが、べつにそのために動揺するでもなかった。分かり切った理論で理詰めにしようとする態度がむしろ苦笑される気持であった。…行動主義の仲間が集まった時、マルクス主義の思想体系で押して来られたらこちらはひとたまりもないですよ、と三木清が自嘲めかしていたのを記憶している」（『文学五十年』）。

「理論で理詰め」のきらいはあったかも知れないが、マルクス主義が蔑視される風潮に抗し、四面楚歌のなかで懸命に応戦した向坂と大森にとっては、こうするほかなかったのであろう。

大森が文士や評論家連をいたく刺激したのは、さきの「現代知識階級の困惑」（『改造』一九三四年一一月号）だった。それは広津和郎の小説「風雨強かるべし」を切り口に「困惑」ばかりをしているインテリを批評したものだった。『行動』（一九三四年一二月号）では、今日出海、船橋聖一、井原紀らが大森論文をやり玉にあげ、広津和郎自身も『文芸』（一九三四年一二月号）で反論し、さらに大森が『改造』（一九三五年一月号）で応えた。このやりとりを窪川鶴次郎（当時は佐多稲子の連れあい）がとりあげ「大森氏は（広津の作品にある）傾向性言いかえれば進歩性を全く無視している。知識階級の能動的精神の主張が進歩的な方向を辿ろうとしていることは明らかになりつつある」と批評した（『中央公論』一九三五年三月号）。そして労農派にたいしては「プロレタリアートの思想を歪曲する役割を果たして来たところの左翼社会民主主義者集団」ときびしくあたり、「知識階級の能動的精神」にたいしてはもちあげた。

さらに『行動』三月号の「能動精神座談会」には、船橋、窪川鶴次郎、武田麟太郎、蝋山芳郎、戸坂潤らが参加し大森を槍玉にあげた。中でも窪川は大森のことを「小ブルジョアの要求を見ないでプロレタリアートの優位性を傲慢に押し付ける」と批判し、戸坂潤も「大森君の議論が、一般に進歩的な思想を『やっつける』かの如く」見えると述べた。窪川や戸坂らの発言を受けて蝋山は、「大森氏なんかの懐いて居る…マルクス主義論といふものに対して、もっと真実のマルクス主義理論といふものを懐いてゐる窪川さんたちが批判を下した」云々ともちあげた。

こうした言いぐさに今度は向坂が怒って「『能動精神』の非能動性」を『サラリーマン』（一九三五年三月号）に寄せた。こちらは主に大森への援護射撃である。

とくに、蝋山芳郎の発言にたいしては「かういふあまったるい追随主義、日和見主義が、吾国のマルクシズムの真実の発達を、如何に阻害したことか！」と痛罵した。彼は蝋山政道（河合とともに文部省の思想善導委員に加わっていた）と講座派の山田勝次郎の弟でもあり、向坂にとっては小癪な輩だったろう。当時の評論家には、自分は安全地帯に身をおきながら共産党系の肩をもつ人物が多かった。

もっとも大森の舌鋒は鋭すぎて勇み足的なところもないではなかった。だから船橋などは「大森氏が向坂氏を盛んに抱き込もうとしているが、向坂氏こそ、いい迷惑だろう」（『文芸』一九三五年三月号）とか「大森氏に比べて、多少は物分りがいい筈であり、学者としての質の点でも、一枚上だと思ってゐた向坂氏も、能動精神の批判においてはやっぱり血のめぐりの悪い考え方をしておられる」（「報知新聞」三月一日）と、「分断」策を弄していた。

向坂が三三～三五年春までに雑誌に執筆した知識階級論に俸給生活者論や官吏層論を加えて、三五年三月に『知識階級論』として改造社から上梓された。文壇の話題になっていたテーマだからよく売れたらしい。しかし雑誌では伏字にしなかった部分が大量に伏字にされてしまった。向坂が人民戦線事件で検挙された時に「犯罪事実」の証拠として没収されたため、戦後みずから古本屋で購入したが、「あけてみて驚いたことに伏字が多くて二十年近く経た今日では、筆者の私自身に何が書いてあるかさっぱり分からなかった」。

3　マルクス派の形勢悪化

「行動主義」をめぐる議論が盛んな中、自由主義者のトップ・バッターとなっていた河合栄治郎東大教授が、『経済往来』三五年七月号に「自由主義の批判を繞る思想界の鳥瞰」という長大論文を発表した。この多くが、向坂論文（「現代自由主義論」『中央公論』一九三三年七月号）と大森論文（「現代に於ける自由主義の効用と限界」『改造』一九三五年五月号）への批判にあてられていた。

この二度目の河合との論争における形勢は三三年ころの論争とは異なり、向坂と大森にとってはかなり分が悪くなっていた。三三年のころは、満州事変を機に、マルクシズムの勢いは下り坂にあったとはいえなお余韻があった。その「壮麗なる外観」はかろうじて残っていて、批判派からは「マルクス主義者による論壇の独占」「労農派の原稿ギルドによる総合雑誌の支配」などとなお揶揄されていた。

しかし、ものの二年とたたぬうちに論壇でもマルクス派の勢いは見る影もなくなった。労農派は政治集団としては潰走状態になった。同人たちは、右傾化する社会大衆党の内部で左派の孤塁を守ったり、農民組合に同志を糾合したりなど個々の持ち場で踏みとどまるのに精いっぱいだった。

無産政党運動や労働組合運動からはファッショ迎合がいっそう強まった。一方、滝川事件、天皇機関説事件とつづく弾圧で、自由主義的知識人のささやかな抵抗も注目されるようになった。向坂と大森は、インテリや現代自由主義の動揺性を指摘し、その克服には無産階級に依拠すべしと盛んに説いてきたが、無産政党がファシズムに反撃をしえていたとは言えない。

陸軍省が発行したパンフレット「国防の本義と其の強化の提唱」（一九三四年一〇月）は、「自由主義的経済機構」は「富の偏在」「貧困・失業・中小企業者・農民の凋落」を生むとして「広義国防」路線を提唱した。これには軍部による政治への介入だとして、ブルジョアジー本流の代表として衆議院の多数派を占める民政党も政友会も批判的だった。ところが社会大衆党の麻生久書記長は、陸軍パンフレットを「資本主義打倒の社会改革において軍隊と無産階級の合理的結合を必然ならしめている」と評価した。

五・一五事件が起きたときに、貴族院議員だった美濃部達吉も、また河合栄治郎もこれを批判したのに、三六年二月の総選挙では、社会大衆党候補者の一部は「社会大衆党こそは五・一五事件の真実の継承者」とファッショに迎合する選挙運動を展開した。この総選挙では社会大衆党は躍進したが、それは不況下の窮乏の反映だっただけではなく、財閥や政治家の腐敗を糾弾する軍部や革新官僚の暗黙の支援を受けたことも一因だった。

一方、先にみたように、転向組の一部も含めて、共産党系の文士連と「行動主義」連などが気脈を通じて向坂―大森チームを包囲する空気が醸成されていたが、その包囲網は河合栄治郎などの自由主義者をも巻きこんだ。論壇には、向坂―大森包囲の奇妙な統一戦線がつくられたかのようで、二人はウンカのごとき大軍を相手にしなければならなくなっていた。

4　美濃部達吉の天皇機関説事件

さて、自由主義者への世間の期待が高まる一契機は、三五年春の美濃部達吉の「天皇機関説」事件だった。滝川事件においては自由主義的主張も「マルクス主義的」とレッテルを貼られた。しかし貴族院議員・美濃部達吉の説は「日本国体の万国無比」を前提にして「陛下の神聖を永久ならしむる」ための説なのである。何十年も前から学界でも当然の学説として扱われてきたものすら「異端糾問」の対象とされ、美濃部達吉は自宅で右翼テロに襲われ負傷した。

しかも美濃部個人が狙われただけではない。軍部は、軍部に批判的だった民政党と政友会が多数を占める衆議院にも、「機関説排撃」「国体明徴」を迫ったのである。わずかに残っていた政友会と民政党の軍部への反抗心は打ち砕かれた。

このとき、大森からは「東大法学部の諸君は…ただ黙している」と批判されながらも宮沢俊義教授は美濃部を擁護し、河合栄治郎は『中央公論』三五年五月号で美濃部擁護の論陣を張った。しかし、無産政党や労働組合の中から擁護の声が彼ら以上に上がったとは言えない。

二・二六事件についても、河合は総合雑誌でいち早く批判を加えたが、社会大衆党は「軽軽なる批判を抑制す」と声明した。世間は無産政党や労働組合こそが「プロレタリアート」の代表とみなすのが自然であり、向坂がいくら無産階級への信頼を説いても迫力に欠けた。現代でいえば労働界を代表するはずのユニオン連合が原発や憲法で市民運動から信用されないようなものである。

大森も向坂もこの事件を深刻に受け止め、ものの言い方を変え始める。達吉が亮吉の父親であったこともかれらに衝撃だったろう。

向坂は天皇機関説問題については「知識階級と自由主義」(『文芸春秋』一九三五年五月号)から言及しはじめた。自由主義者の数は余り多くはない」。しかし「ファシズム台頭の美濃部達吉の「孤立を見て何等かの言説行動に出た自由主前には、ただ自分だけを自由にしておいてくれといふ願望は何にもならない。…今や、かういふ願望をすてるか、この願望をまもって抗争するかの問題の前に、知識階級は立たされている」。「瑣末な自由主義的言説、…筆者自身とくに忘却してゐはしまいかと思はれるやうな事柄が、ある種の人々によって新たにほじり出されて問題化される」(美濃部の天皇機関説は三〇年前から唱えていたものだった)ところまで事態は深刻化しているのだ。そこで向坂は訴える。

「知識階級の中には、自由主義者もあらう。マルクシストもあらう。それらの人々は、いろいろの問題に対する態度においては同一ではないに異ひない。しかし、真剣な探求者の数十年の思索による確信が、理論的批判によって反駁されるのでなく、納得の出来ない手段によって発表の自由を奪はれやうとしてゐる事実の前には、等しく、抑ふべからざるもののこみ上げて来るのを覚えないであらうか」。

自由主義者のたよりなさを批判するよりは、共に手をたずさえようというニュアンスに傾いたといってよい。また「無産政党が…各種の事件については、当然に、自由主義の協力者であるであらうと、吾々は期待してゐる」という微妙な言い回しもしている。自由主義者以下的な無産政党の態度を遺憾としてのことである。

同時期に執筆した「自由主義とファシズム」(『社会評論』四月号)でも、議会における「ファッショ的傾向」と「政党政治的傾向」の対立を「根本的なものと考へる」のは誤りとしながらも、「議会政治を共に主張するが、資本主義の許しうる最大限度の社会的、政治的自由を要求」する「真実の意味の自由主義の存在」については、「吾々は、嘗てかういふ意味の自由主義者の存在を否定したこともなければ、これとの協力を否定したこともない」と述べた。

ただこの間自由主義にたいして辛口だった事情については、つぎのように弁明している。「最近の自由主義者には特殊な事情がある」。彼らは「一頃決定的にマルクシズムの圧迫を感じてゐた。この圧迫が…取り除かれ…何んとなく身軽になり、みじめな思ひから救はれた気持になった。…彼等の気持は、先ず、マルクシズムの圧迫からの解放であった。そこで、最初に始められたことは、マルクシズムの批判であった」。「そこで…これに対する反批判と、所謂台頭せる自由主義の批判が必要となった。これ、吾々の側から多くの自由主義批判がなされた所謂である」。決して自分達から挑んだ論争ではなく、売られたけんかだから買うほかなかったとも読める文章だった。

5　河合＝講座派連合軍を相手に

向坂がこんな心境でいたときに、河合栄治郎の大森・向坂批判が『経済往来』七月号に大々的に登場したのである。それも両人の言説があたかも「事実と正反対の虚構」「誣告罪や名誉毀損罪を構成する」かのように、強気に押し出してきたものだから、黙っているわけにいかなかった。向坂は「ある自由主義者の自己暴露」（『経済往来』八月号）と「自由主義論をめぐりて」（『先駆』九月号）で、大森は「新装自由主義の虚妄」（『改造』八月号）で反批判を展開した。その際大森は「僕と向坂君は、自由主義の問題に関して、他のいづれの場合にあってもそうであるが、見解を精密に同じくしている」と明言（『改造』八月号）し、実に細かく論点を調整しあって執筆しているから、しっかりと分担したものと思われる。

「自己暴露」の方は出だしから猛烈だった。批判への反批判であると断った上で「その結果、『学徒』河合栄治郎氏の目と頭脳とが何のためにくっついてゐるかを疑ふことになったとしても、私の責任ではない」と言ってのけた。

河合は「近代民主政の最も完全に実現せられたものよりも、ある独裁政はヨリ民主的だ」という向坂の文章に、「プロレタリアの独裁政は民衆の少数の意思にのみ拠るものだ」と異を唱えた。これにたいしては、ロシアでは参政権の制限はごく一部のブルジョアのみであること、かつどの国もロシアと同じ形態の独裁を必要とするわけではないことを初心者向け流に懇切丁寧に説いた。

河合が、日本に自由主義の支配的な時代がなかったのは

「マルクシズムの自由主義への無理解と曲解の結果」であって、「前にファシズム、後ろにマルクシズムと腹背敵を負うて、自由主義の戦線は撹乱された」からだと強弁したのにたいし、向坂は、プロレタリアはブルジョア的自由の完全な実現なくしては社会主義に進めず、ロシアでも二月ブルジョア革命なくしては一〇月革命はなかったのだから、「自由」を軽視したわけがない、と反駁した。

さて、この論文では河合が向坂を逆なでするようなことを口走った。曰く、向坂が自由主義を「軽視」するのは、「公式的に…社会をブルジョアジーとプロレタリアートとに分類し…封建主義の残存せる中間国家の特殊性を理解し得ない」からだ。他方、相川春喜をはじめとする講座派論者は「より実践的なることの為に、日本の現実性に着眼し、マルクシズムからの公式的見方を脱却してゐる」と。

向坂は言う。「大森君にしても私にしても、日本における封建主義の問題は、恐らくマルクシズムを知り始めたのと時を同じくするだらう。労農派十数年にわたる戦略の基礎は、全くこの問題の正しい評価の上に樹立されてゐた。山川均氏の『方向転換論』前後から、既にこの問題に対する正しいプロレタリアートの態度を説き、政治的社会的自由のための闘争の意義を明白にしていた。政治的自由のための闘争を忘れてゐたのは、恐らく少数の極左翼的インテリ・ファン諸君だけであったろう。それと共に吾が『学徒』河合栄治郎氏だけであったであらう。…この点で河合氏は極左ファン諸君と共鳴され…『符号』する所あるそうである。尤もなことである。共に、小ブル的ラディカリズムの発現形態であるからである」。

河合はこんなことも口にしてしまった。「労農一派の昨今の沈滞は、マルキストの本分に忠実であったと云いきれるのか…『左翼マルキスト』の一団たる共産党員を除いて、氏等マルキスト果して何の実践を為しつつあるのか」。共産党員の方が労農派よりも実践しているといわんばかりであった。これには向坂も啖呵を切った。

「(共産党員が）社会的進展の上にどれだけ有効な『実践』をなしつつあるか知らない。…『講座』をかこんで少数の『同学』の諸君が宗団を組織し自慰にふけるが如き、マルクシズムの実践ではない。…おまいは何しているという質問に対して、私は答える義務を有たない。…ただこのことだけはいっておこう。労農派は大衆に密着して、労働者農民大衆の成長の中に自己の成長を求めている。…極左的傾向の中に生じた混乱と『沈滞』にも拘らず、労農派のイデオロギーは労働者農民大衆の中に浸潤している。プロレタリアートの運動は今日種を蒔いて明日実ることを求めるような気短なものには分からない。如何なる人々が最も実践的であったかは、永い歴史が決定する。それに委ねておいて十分だ」。

「自由主義論をめぐりて」は「自己暴露」の補強である。主に河合が倣うべきとするイギリス労働党の議会主義への批判だ。河合がエンゲルスの第二インタナショナル・アムステルダム大会での有名な演説（英米をもって平和的な社会主義への移行が可能とした）をもとに「平和的手段による政権掌握」を説いたのにたいし、向坂は「当時平和的に可能であった国が、今日必ずしもそうとは言えない」と帝国主義段階の国民代表制の無力化の進行を指摘した。

向坂も大森もこの論争では、河合が東大の学閥でとってきた態度をあげつらうようなことはしなかった。しかし、二人とも彼の行状を知り尽くしていたから、河合の「きれい事」は素直には受けとれなくともいたしかたない。

向坂と大森から手ひどくやられた河合は、「自由主義とマルクス主義の相克」（『日本評論』一九三五年一一月号）でまた反論に出た。向坂は「文章は暴力である！」（同一九三六年一月号）で、さらに「野人礼にならわず」ぶりを発揮した。河合によれば、「自由主義の第一期と第二期は…社会主義と対立してゐた」が「三期」はイギリス労働党流の「社会主義」なのだと言う。ところがその「社会主義」たるや、研究だけしていればいいが、それを言論として公表するのは大学であっても別だと言うのである。その程度のものだから、「マルクシスト教授の言論又は一定の行動が…国家権力によって拘束を受けても、第三期自由主義者は知らん顔をしておることが出来る」のである。これは河合が学生思想問題調査会に提出した少数意見（研究はいいが行動はダメ）の理屈も意識しての批判である。

その一方で河合は擬似講座派色をさらに強めた。いわく大森と向坂は、「封建主義の重大性を観取し得なかったから、封建主義の新装形態たるファシズムとの対立を意識しえなかった。そして対立を唯資本主義にのみ求めて来た。…かくて見よ、彼等のファシズム批判がいかに僅少にして、いかに彼らが自由主義批判に狂奔しつつあったかを」。

これくらい向坂を逆なでするような言い方はなかったろう。「封建主義の新装形態」がファシズムというのも無茶であった。向坂は応じた。「氏は、お世辞たらたらへっぴり腰で二三ファシズム論をやったら、もう強迫観念に襲はれてゐるらしい」、「この頭が大学教授のからだにのってゐるのである！」、「こんな間の抜けたことを人前ではばかりなく云へる勇気は買ってやらなければなるまい」。

長谷川如是閑はまたたしなめた。「向坂氏の『文章は暴力である』は…もう討論は末節に走って、向坂氏自身の文章も『暴力』でないにしても、相手の脇の下をゴリゴリやる位の所はある。…今はかかる論争者は、相互に多少自省を要する時ではないか。…自由主義者が学者中で、一番碌でない『頭を体の上にのせている』学者のように思わしめることは…慎むべきことではあるまいか」(「読売新聞」一九三六年一月八日)。

向坂はこの批評にこう応えた。「この大先輩の言に心を空しうして聞く用意はある。しかし、…私の『趣味』もあり、実は少し理屈もあって、一から十まで従えない」。「あの問題にあらはれた幼稚な議論の建て方に関する限り、碌でない頭を身体につけているという形容が當るといふだけの話である」。「論争の時としてむごい所まで進展する」のにたいして「花嫁学校見たように作法の話ばかりされてもやり切れない」。「私の永年の心の映像にある如是閑は花嫁学校の先生やなんかではない」(「東京日日」一九三六年三月一五日)。

ただ、形勢の悪さにもめげぬ大森—向坂コンビの猛攻は、河合にダメージを与えたようで、「美濃部問題から引きつづいての向坂、大森との『自由主義論争』に精魂をすり減らしたこともあって」、三五年末から翌春まで台湾へ旅行したという(前掲『河合栄治郎教授』)。

同じころ、河合は「帝国大学新聞」(三月九日)に「二・二六事件に就いて」を寄稿し、事件を強く批判していた。無産政党が事件に共鳴していた状況からすれば、勇気ある行動であった。しかし河合に同調する自由主義者はほとんどつづかなかった。多くが、向坂が指摘するように「自分の自由さえ守られればいい」と蛸壺に閉じこもった。同僚教授たちはファッショに進み、河合は孤立してついには「安寧秩序を乱した」という咎で告訴され、東大を追われるのである。

如是閑の小言がすこしは効き目があったのか、向坂はもう河合への批判は筆にしなくなった。また、資本主義論争に没頭したためかもしれないが、二・二六事件以降、自由主義者との共同の必要が切迫した事情もあって、自由主義批判自体をほとんど展開しなくなった。

だが河合はファシズムに筆を折られる寸前まで「マルクシズムは…資本主義のみを革新の対象として、封建主義に対する注意を怠った…その結果として残存せる封建主義は批判の埒外に超越して延命し、最近において攻勢に転化した。之がファシズムである」(『中央公論』三七年六月号)と、労農派マルクス主義者が悪いから封建主義はファシズムに転化したかのように主張して、大森や向坂相手となると執念深かった。

6 総選挙、東京市会選挙へのかかわり

講座派だけでなく「能動主義」の文士や自由主義者からも揶揄されながらも、向坂は黙々と実際運動に努めていた。

社会大衆党がファシズムに傾斜していく中で、社会大衆党内外の左派が連携しはじめた。党内では鈴木茂三郎、荒畑寒村、小堀甚二など東京西北方面の地域支部、党外では加藤勘十代議士を押したてた日本労働組合全国評議会(高野実ら)である。社大党に軸足を置きつつも一線を画していた東京交通労働組合や全国農民組合なども連携した。

今やかなり拡散してしまった労農派メンバーの多くは、こうした諸団体の要所にそれぞれ働いていた。そして重要な政治的対応が迫られると、関係者が集まって意見交換していた。その際、つねに判断を迫られたのは、社会大衆党のほかに、あらたな無産政党を結成するのかどうかという問題であった。この問題については労農派も含めて合法左翼勢力のスタンスは複雑だった。

村岡村(藤沢市弥勒寺)の湘南うづら園に専念してはいたが、なおするどい社会時評で影響力をもっていた山川は、社会大衆党への全勢力の合流を期待し、それとは別個の政党づくりには否定的だった。大森も山川の意見を忖度して発言をしていた。猪俣は実際運動には言及しなくなっていたが、高野実には強い影響を持っていた。高野は社会大衆党外の合法左派労働組合と、日本共産党の分派活動家(多数派など)との連携に努めていた。労働組合全国評議会(全評)委員長の加藤勘十はあらたな無産政党の結成には積極的だった。黒田寿男代議士を擁立していた全国農民組合は、労働組合よりはるかに大きな政治的影響力を有し、そこには労農派系活動家が多く役員として配置されていた。そして黒田と日農は、社会大衆党と合法左派諸勢力とのつなぎ役を果たしていた。

これらにくわえ、コミンテルン第七回大会(一九三五年夏)のいわゆる「反ファシズム人民戦線戦術」が、国際文化人の世界的な反ファッショ運動や、在米の野坂参三からの指示などを通じて間接的に日本にも影響をあたえてきた。

こうして二・二六事件をはさむわずかな期間ではあったが、統一戦線への試みがなされた。ただ推進する主体は心細いかぎりだった。とくに労働組合の大多数と社会大衆党の指導部はまったく同調しなかったのである。複雑な事情のもとで向坂も模索するほかなかった。

三五年秋、翌年の衆院選で、全評、東交などの無産団体協議会が加藤勘十を擁立するに際し、鈴木茂三郎に選対の事務局長を引きうけてくれるよう打診がされた。加藤が立候補する選挙区には、社大党の書記長・麻生久も立つので、社大党員だった鈴木が事務長を引きうければ、社大党とは

全面対決になることは明らかだった。また五区の当該社大党支部は、小堀、荒畑ら労農派メンバーの拠点でもあり、鈴木と彼らが連動して、社大党内で公然と叛旗をひるがえすことにもなった。三六年二月二〇日に実施された総選挙では、加藤は全国最高得票を得て当選はしたが、鈴木、荒畑、小堀、橋浦たちは社大党から除名される。彼らは五月に「労農無産協議会」を旗揚げして、のちに日本無産党に衣替えする。

向坂はこの問題を話しあう場にも参加していた。「訊問調書」によれば三六年一月下旬、吉川守圀宅に、荒畑、鈴木、大森、岡田、稲村、小堀、黒田、大西らが集まり「共同戦線党樹立の建前から現情勢下に新党を樹立すへきや否やの問題を中心に議論」した。そして山川の意見も大きかったと思われるが、「兎も角無産政党として現存する社会大衆党を中心として未組織大衆を結集する方針が現情勢の下では妥当ではないかと云ふ意向が同人多数の考へではなかったかと思はれます」と陳述している。この会議では多くのメンバーが危惧を抱きつつも、鈴木が加藤勘十の選対事務長を引きうけた報告がされ、あわせて黒田寿男（岡山選挙区）の応援をすることにした。

その後、向坂は鈴木の日本経済研究所で開かれた黒田の選挙応援対策の協議に参加した。そして応援弁士の要請を分担しておこなうことになり、向坂は「早速石浜に頼みましたが承知して呉れませんでした」。また資金集めとして向坂は阿部事務所を分担し、阿部事務所の会合で寄付を要請した。大内、有沢、阿部、美濃部から各一〇円、南謹二、芹沢彪衛らから各三円あわせて六〇余円を集め、自分と大森で二〇円ずつ拠出して合計百余円にした。また、黒田が岡山に出発する直前に全国農民組合主宰で開かれた激励会に、荒畑や大森、加藤勘十らと参加して激励の挨拶をした。

そして「二月十六日自分が集めた寄付金を持して金子洋文と共に夜行で東京を出発し翌十七日夕方岡山に着き……十八日と十九日…数箇所の演説会に出てインフレーションの大衆に及ぼす影響と之に対する方法として無産党代議士の必要なる所以を強調して黒田の応援演説を」した（訊問調書）。

一緒だった応援弁士には葉山嘉樹、平林たい子、金子洋文もいた。岡山市公会堂の演説会では、向坂と葉山、金子が弁士だったが、葉山が調子が出なくて一〇分足らずで降壇してしまった。つぎの番だった向坂は、葉山のもち時間分まで演説しなければならず「大変いやな思いをしながらやった」が、黒田候補はなかなか現われない。そのうち黒田の宣伝車が田圃に落ちたので遅れるという紙が演壇にまわってきた。「うんざりしたが、やめるわけにはいかぬので、頭に浮ぶことをかたっぱしからしゃべりつづけた。……難しかろうが、学問的で、抽象的であろうが、とにかく必死に口を動かした」。「金子洋文は、いまでも、私の演説のむつかしかったことをいう」(「葉山嘉樹」)。臨席の警官も「弁士中止!」の声をかけるタイミングがつかめなかったのであろう。

そのとき同宿した葉山への回想がある。選挙のうちあげの宴会で、酒の飲めない向坂も同席し、酔った葉山の才気煥発ぶりに「つくづくと感心して、彼の一挙一動をながめていた」。だが「酒がまわるにしたがって葉山のいうことも、少し怪しくなってきて、人々にからみはじめた。そのうち、彼の挙動も荒々しくなってきた。酒乱というほどではないにしても、乱暴な挙動が目に立ってきた。人々はそれを見て、一人去り、二人去りして、私の外にはいなくなった。私は相手にならないで、放ったらかしておいた。私にそれが、しゃくにさわるのか、ますます荒れてきた。私に乱暴はしなかった。結局どう結末がついたのか、すっかり忘れているが、多分誰かきて、彼を取り押さえて、寝かしつけたのであろう。…このような不快な結末になったとしても、この日の葉山は、印象的である。少しばかり酔ったときの彼のあの才気は、いつまでも忘れられない」。

「文芸戦線」派の作家には労働者からのたたきあげが多かった。彼らにとって酒も飲めない謹厳居士の向坂はからんでみたい存在だったであろう。ある文戦派の作家から、向坂が労農同人になったころ「向坂さん、電気ブランで酔っぱらって、道ばたにねてしまう、というようにならんと社会主義者になれないね」と言われたとき「酔っぱらって路傍にねなけりゃ社会主義者になれなかったら、ならなくていいんだよ」と「いって笑ったことがある」(以上前掲「葉山嘉樹」)。

なお向坂は、「鈴木茂三郎の依頼により黒田の応援に出発する直前一回渋谷道玄坂付近の小学校に於ける加藤の選挙演説等に臨み応援弁士として…演説」をした(訊問調書)。また、加藤勘十の選挙宣伝チラシに「熱意と誠実の男」という推薦文も寄せた。加藤は前年三五年五~六月に、高野実が企画して米国の労働組合の招きで訪米した。その帰国報告会に向坂も参加した。推薦文には「訪米報告」では「お座なりの話しか期待していなかった」が、報告は「分厚のノートに書かれてあった。…ひかれたのは内容よりも日本の無産者の依頼を忠実に実行した誠意」だ。「氏の弁舌には定評あるが…推したい所以は弁舌よりも氏の階級的誠意にある」とあった。加藤勘十の押しの強い派手な性格は、実は山川たちのなじまぬところだった。向坂もそうだったことは、このやや持って回った言い方にもうかがえるが、ともかく加藤を応援したことはまちがいない。

このように向坂のスタンスは、黒田支援を主に、加藤支援は従にというところだった。

さて総選挙は二月二〇に実施され、社大党は三議席から一躍一八議席へ飛躍し、独立左派系からは加藤、黒田、松本治一郎が当選した。社大党の議席増についていえば、民衆の不満が反映しただけでなく、先に述べたように革新官僚やファッショ勢力が既成政党批判を繰り広げ、社大党指導部もそれに共鳴した選挙運動を展開したことも一因だった。

そして一週間もたたないうちに二・二六事件が起きる。

7　二・二六事件

陸軍の皇道派によるクーデターが起きた二月二六日、向坂は等々力から渋谷に出てから事態を知った。そして、鈴木研究所に行きそこで情報を収集し、それから「友人（当時新聞記者をしていた伊藤好道）宅に寄った。その後と思われるが、政治経済研究所が白色テロを警戒して急遽設けたアジト（日本橋のホテル）に荒畑、稲村などとともに待機し、危険はないと判断して解散したので、向坂は深夜タクシーで帰った（石山健二『社会主義』八六年二月号）。

荒畑や橋浦などの実際活動家は、自宅からしばらく身をくらまして用心していた。向坂は暢気なほうだった。大森も同じ感覚だったのか、翌日は日比谷公園の山水楼で谷川徹三と雑誌の座談会に出ている。

向坂が二・二六事件をどうとらえたか。あまり多くは論じていないが、陸軍皇道派と急進ファッショを制圧し、財閥と陸軍統制派、官僚と貴族院議員を基盤にして「広義国防」をかかげた広田弘毅内閣が成立したことをもって、ファシズムの勢いはそがれたように見ることには批判的だった。「広義国防」路線にも批判的な分析を加えていく。

「広田内閣の『庶政一新』」（『改造』一九三六年七月号）では、陸軍首脳が事件を「反省」し「粛軍」するポーズをとり、「挙国一致・庶政一新」をかかげて成立した広田内閣が、寺内陸軍大将が「自由主義的色彩を排さぬ限り入閣を拒否する」とたちまち弱腰になったと批評した。そして軍部と財閥の「二つの勢力の均衡の上に成立っている」内閣であると規定した。

事件から一年後、『都新聞』に寄稿した「二・二六事件とその後」ではこう述べていた。「支配的な政治的地位にある人々は、ラディカルなファッショ運動にたいして、中和する方策をとった。しかし、その方策はファシズムを絶滅しやうとするものでないこと明白である。どうしても来るものなら、出来るだけ自分らの要求に適合したもので、摩擦の少ないものにしやうよいふやり方である」。「二・二六事件とその後には…ファシズムが一般論から出て、具体的な個々の方策の論議にまで進んだ」。

広田内閣は陸軍からの介入・圧力を受けて混乱したまま退陣し、陸軍大将・林銑十郎内閣に引きつがれた。

二月二六日はもう一つ重要なことがあった。社大党常任委員会が、加藤勘十を応援した鈴木、橋浦、小堀らの除名と、社大党の中野、杉並、淀橋の各支部の解散を決定したのだ。そして社大党は、二・二六事件については「軽々なる批判を抑制する」などと声明し、麻生書記長は事件について「日本を現状維持と現状打破の二つに分かって国家革新の時期を、少なくとも五六年飛躍せしめた」（『改造』一九三六年春季特集号）と皇道派の肩をもつ始末だった。

「読売新聞」（同年四月一九日）の時評欄で向坂は、ある大学の教官や学生から、麻生書記長声明にたいし「あれは不都合ぢゃないか、もっと無産階級らしい声明が出るべきぢゃないかといふ声が一斉に起こった」ことを紹介し、それは「無産政党こそ期待が出来る、無産政党が強い力で立ち上がったら自分達も其中に入るといふのではないか」と、婉曲に社大党に注文をつけた。

また自由主義文化人の清沢洌はこう批評した。「議会における二・二六事件の質問において、社会大衆党の幹事長の麻生久氏の態度が、右翼の中野正剛氏一派のそれと殆ど同じであった」、「社会大衆党の諸君が…ファッショが社会主義でないのは無論として、結局において資本主義打倒ですらないことを直視しえないのを遺憾に思う。社会主義を掲げ、資本主義打倒をかかげたムッソリーニとヒットラーは何処に行きついたか」（『改造』一九三六年七月号）。

一方、除名された鈴木らは、ただちに社大党外の加藤勘十、高野実らのひきいる全評など合法左派団体と協議し、五月に「労農無産協議会」（労協）を発足させた。労協は秋まで、黒田寿男、松本治一郎両代議士の介添えで社大党との合同の努力も重ねたが、社大党は受けいれず、やむなく三七年二月に正式に日本無産党を結成する。この間も、労農派関係者は意思統一ができず、山川は終始、日本無産党結成には批判的だった（『マルクスを日本で育てた人』Ⅱ—第八話2）。

向坂は政治には直接関与したわけではないから、「此の間の事情はあまり知りませぬが、私の記憶では何時の間にか日本無産党が出来て居たと云ふ感じが非常に強いのであります」（訊問調書）という程度の認識だった。また、社会大衆党の評価や反ファシズム統一戦線運動のあり方などを正面から論ずることはなかった。

とは言え、三六年に入ると総合雑誌だけでなく、「読売新聞」、「東京朝日」、「都新聞」、「東京日日」、「新愛知」、「北海タイムス」、「報知」、「小樽新聞」など新聞の論壇批評、時評、書評のような固定欄への登場が多くなる。いずれも短文だが、時々の問題についての、向坂の受けとめがうかがえる。

そこでは、社会大衆党への危惧と統一戦線への期待が、遠まわしではあるが示されていた。例えば「東京朝日」の「論壇」（一九三六年二月二日）では次のように述べた。

「『知識階級』を如何にして積極的社会勢力とすべきか、自由主義をどういふ風に反ファッショ戦線の協力者とすべきかといふ様な問題の具体的な解決は、無産階級運動の中に政治的な動きが興隆し、…無産政党運動に新鋭の気運が生まれることを、少なくとも最も重要な鍵の一つとすると信ずる。…この点からいって猪俣津南雄氏の『統一運動に現れた労働者大衆の成長』は…興味あるテーマであった。…『成長』の事実は、これを阻害する運動にも拘らず、徐々に各種の動きの中に表面化しつつあるやうに見られる。…うったうしい日本の空に、清冽の空気がここら辺ですうと通ってくれることである」。

こういう切望は、二・二六後の切羽詰った情勢の下で、立場を超えて共鳴された。戸坂潤もこう述べていた。「『左翼壊滅』後の日本の文化運動は、必然的に文化的自由主義の原則を採用しなければならなかったが、併し今日までこの原則が社会的リアリティーを与える組織を有っていなかった。今もし日本の文化運動が組織を恢復し、社会的現実性を再獲得し、大衆性を再発見し、のみならずそれによって文化的に躍進しようとするなら…人民戦線の問題こそ、文化行動への実際的な鍵でなければならぬ」（『改造』一九三六年八月号）。

向坂が紹介した猪俣の論文は『改造』（一九三六年二月号）に掲載されたもので、大阪港南地域でおきた労働戦線の統一運動を高く評価したものだった。この統一運動を推進した活動家には共産党の分派「多数派」と高野実系統の面々が含まれていた。右翼の総同盟の地方組織も含め労働戦線の共同が実現し、それを母体とした大阪地方労農無産団体協議会は三六年二月の総選挙では社大党を全面的に支援した。これは全国的には社大党と労農無産協議会（日本無産党）、日本労働倶楽部・総同盟と労働組合全国評議会として、政治戦線も労働戦線も分裂していた状況に、地方から「清冽の空気」を通すこころみだった。しかし、この「新鋭の気運」もファッショの重圧に打ち消される。

8　日本無産党と最後の選挙応援

労農派の政治戦線での実践部隊のほとんどは、鈴木茂三郎を中心に労農無産協議会＝日本無産党に結集していった。日本無産党の実質的な第一回大会は三七年二月一一日に開催された。そこで決定された方針では「門戸開放されれば社大党と合体し融合する熱意を有する」ことを表明し、綱領には「反ファッショ政治戦線統一のために戦う」と記されていた。委員長は加藤勘十、書記長は鈴木茂三郎。実質的に東京のローカルパーティーで、基盤は東京の合法左派労働組合だった。黒田寿男を擁する全農は社大党に軸足を置いていたので一線を画していた。日本無産党は、三七年三月の東京市会議員選挙に全力をあげた。鈴木が杉並から、小堀が中野から立候補したが、鈴木は長い政治活動歴にもかかわらず初めての選挙立候補だった。

向坂はこう供述している。

「大森は私に、先日鈴木と会ったが今度は君の労を煩わさないそうだと申しておりました」。意見の違いや弾圧に配慮して、鈴木は向坂には頼まないつもりだったのであろう。「労農協議会の出来たことは…共同戦線党の建前から云って社大党との対立関係に立ったと云ふ点で批判の余地もありますが　それだからと云って鈴木、小堀両人を見殺しにする訳にもいかないので私と大森と共に…十円宛拠出し両人に贈りまた阿部事務所で有沢広巳が私に…二十円提供してくれましたので鈴木と会って其の了解を得た上で右二十円は全部小堀の選挙資金として贈り…ました」。

「両候補から各其の演説会の日割表を送って来て私の都合のよい日に演説して呉れと云ふ依頼がありましたので…引き受けました」。「鈴木の為に四、五回　小堀の為に六、七回…小学校其の他で開かれた演説会に応援弁士として臨みインフレーション問題、ファシズム問題を中心として両氏の応援演説を行ひました」（訊問調書）。演説きらいの向坂にしては大変なサービスだった。また鈴木の選挙活動チラシには「日本政治経済研究所顧問」として「鈴木所長を語る」という推薦文（代筆だが向坂は了承）を、小堀のそれには「理屈が言えて勇猛な男はゐる。しかし理屈と勇気を、事を貫徹するまで有ちつづけるといふ持続力の人となると少ない。小堀君はその一人」という推薦文を寄せた。

また「鈴木から大内兵衛に推薦状を書いてもらへないだらうか頼んでくれと依頼せられましたから　私と大森は同月中旬頃…大内さんと有沢とを新宿三丁目の不二屋喫茶部に呼寄せました…有沢に来て貰ったのは同人からも大内さんに口添えをしてもらう心算であったからであります　私は大森と共に大内さんに…推薦状を書いて頂きたいと頼みますと大内さんは鈴木に推薦状を書くことは困ると云って断はりましたので私達は先生の立場を考へて其の上強ひて頼まずそれでは鈴木と一緒に杉並から立候補して居る社大

党の平野学にも推薦状を書かない様にして頂きたいと頼むと大内さんも平野には初めから書く所存がないと云ふ」ことだった（訊問調書）。

鈴木は当選したが、小堀は落選した。

つづいて四月には解散総選挙が実施された。日本無産党は加藤勘十、鈴木茂三郎（当時は国会と各級議員の兼務ができた）をはじめ四人を擁立した。また黒田寿男は社大党から立候補した。

向坂は阿部事務所で鈴木と黒田へのカンパを要請し、大内、有沢、阿部、美濃部から一〇円宛、南、芹沢、笹川、豊川らから三円ないし五円、それに向坂と大森が三〇円宛加えて一二〇円にした。向坂が折半した現金をもって全農関東事務所（黒田の在京選対）と大塚の鈴木選挙事務所に持参した。また、鈴木から「大学教授」を応援弁士として要請されたので、「私と大森とは美濃部亮吉が良からうと思って…（阿部）事務所の定例日の席上私と大森とは交々…大学教授の肩書きのある人が出て呉れると鈴木氏の情勢が非常に良くなると思ふから誰か出てもらひたいが美濃部はどうだらうと申しますと美濃部自身は良からうと引受けたのであります」。しかし事務所のメンバーは自重論が強かったので、「私は斯ふ云う時勢だから応援弁士として出ることに付ては学部長の許可を得るやうにして呉れ又演壇に立つても日本無産党の応援をするのでなくて鈴木氏個人を応援すると云ふ建前にする様にと繰返して申しました」。

美濃部は向坂のアドバイスの通りに学部長の許可を得て数回応援弁士を務めた。また大内からは、衆院選で社大党の河野密に「推薦状を書いたからと云って諒解を求められたことがありました　私は東京府六区で鈴木と対立して立候補した社大党の鈴木文治にも大内さんが推薦状を書かれることを懸念して鈴木には書かないやうにして頂きたいと要求したところ大内さんは鈴木君には書かないと明言されました」（以上　訊問調書）。

前回と同じように、向坂は黒田の選挙区の岡山まででかけた。岡山に出かける前に、鈴木の応援演説を数回こなした。岡山での応援振りは『改造』六月号に「政戦雑記」と題して寄稿した。「堺利彦氏が死なれてから、応援演説に出なければならぬ選挙は、なくなったかと思って…内心大いに安んじていたら、永年近しい先輩友人の間からぞくぞく選挙に出る人が現れた。鈴木茂三郎さん、黒田寿男氏の二人は、どうも頼まれれば、出ないわけにも行かず、先頃の総選挙にも応援した」。

だが「講義や講演会で学び得ないいろいろのことを、選挙演説は教える。民衆と共に居るとか、民衆の中に生きるとかよく言われるが、それがどんなに困難なことであるかを教える。こういう関係で演壇の上にいる男を、民衆はなかなかその仲間に入れてくれない。選挙演説会場に於ける民衆は、なかなか意地の悪いものになっている」。

こむつかしい概念も知っていて講演を拝聴するインテリとはわけがちがい、共通の言葉を持たず弁士にたいしては審判官のような一般民衆を相手に、向坂も冷や汗の連続だったのだろう。それでも四月二八日一時半に岡山につき駅前の選挙事務所で一回ぶち、すぐ汽車で三カ所移動し岡山に一二時過ぎに戻る強行軍で、「東京からの汽車でよくねむらずにいたので、この日三回の演説は、何をしゃべったやら全く自分にもわからなかった」。翌日は五カ所を回り最後は六百人を前にした演説だが「ここには、拡声器がつけてあった。これは非常にうれしかった。…今に、拡声器が発達して…大きな声で興奮しなくとも話がわかるようになるだろう。雄弁家などというのがいなくなる」。

当時のある新聞インタビューで問われて「自分の声が鮮明に届くのは百人くらいまでが限度だ」と答えていたが、これは地声だろう。マイクなしで百人に聞かせられるのなら、若いころの声量はけっこうなものだったらしい。

さて、黒田は当選したが、鈴木は同じ選挙区で立った社大党の鈴木文治に負けて落選した。向坂は「政戦雑記」で「鈴木茂三郎氏を落としたのは、全く口惜しかった。彼の経済論を以って、委員会あたりで縦横に活動させて見たいのは、私ひとりの希望ではあるまい」とくやんでいた。

9 社大党躍進の評価をめぐって

この選挙では社大党は三七議席を獲得した。昨年の選挙では三議席から一八議席へ飛躍していたから、また倍増した勢いだった。日本無産党は前回も今回も加藤勘十ただ一人の当選だった。前回は社大党とは別枠で無所属候補として当選した黒田と松本は、社大党で再選された。

総選挙の結果をめぐって対照的な論文が『中央公論』三七年六月号に掲載された。河合栄治郎の「社会大衆党の任務」と向坂の「知識階級と政治」である。

河合は社大党の「躍進は日本政治史上に於て特筆すべき重大な事実」であり「此の政党の膨張を歓喜する」と評価した。そして、党指導部に「ファッショ的傾向を持つものが少なくない」ことは認めるが、それは「自党の無力への絶望が原因」なのだから「自信を得た現在」では、「党のほんらいのあるべきイデオロギー」(社会民主主義)を堅持すると期待できると書いた。

ここまでなら、社会民主主義の是非はともかくとして、山川をはじめ労農派の面々の多くも、社大党の躍進はファシズムに対抗する戦線の強化として期待したのだから大差なかったのだが、河合はさらに踏み込んだ。すなわち、「社会大衆党はマルクシズムに対していかなる立場を採るべきか、之が党の決定すべき最後の課題である」と言い、「之を信奉するが如く他面には信ぜざるが如く、不決定の状態に放置するならば…不用意に漏らす片言隻句から、党は重大なる危険に瀕する」と述べた。そして「イデオロギー統一」をして「党内のファシズムと共産主義とは、先ず清掃してかかる必要がある」と主張した。

当時、鈴木茂三郎らは、日本無産党を社会大衆党に合流させようと、社会大衆党本部に働きかけていた。これを社大党本部は拒み、逆に「人民戦線派排除」を各支部に指示したのである。河合の「共産主義清掃論」は、こうした社大党本部を擁護する役割を果たした。

さまざまな思想が並存しうる、反ファシズム・反金融資本の共同戦線的な政党ではなく、河合流の社会民主主義＝「第三期自由主義」でイデオロギー統一を求めたのである。彼は事態の深刻さがわからずに、穏健社会民主主義党に社大党が成長しうると想定したらしい。

一方、向坂の「知識階級と政治」は異なった認識を示した。すなわち無産派の進出は悪政とファッショへの反発として評価しつつも、総選挙の棄権率（二六・五％）が過去のそれに比べ大きく増加したことに着目し、それは「大衆がなほ懐疑をつづけてゐる」ことの表現であり「今日にはなほ懐疑的停滞的な空気が濃厚である。無産政党躍進に狂喜するには未だ早い」と言う。また「殊に危険なのは、無産政党に対する大衆、殊に知識階級の支持に、…新しいものへの興味や人物の新鮮さ、人格者の崇拝といふやうなものが、多分にあることである」。「政治的意見のいかんに関せず、『偉い人』が出て来ると、充分にそっちに引きずられて行く可能性がある」と指摘した。

そして、ドイツでは三〇年、三二年の選挙で社・共の議席が増大しながらも、ナチスが国会を制圧する経過を述べ、日本は「まださういふ決定的の時期にはなっていない」が「慎重を要する」と結んだのである。大森も『文芸春秋』六月号に「無産党躍進の背景」を寄せ、社大党の躍進自体は評価しつつも、軍部・官僚におもねる態度の是正と、日本無産党との合同を決断するよう求めていた。

けれども、それから一月も立たぬうちに惹き起こされた盧溝橋事件と、中国華北侵略は、たちまちのうちに社大党をファシズムに引き寄せ、九月の臨時国会では社大党は「北支事変特別税」と軍事公債の発行に積極的に賛成し、社大党の支持基盤であった総同盟は一〇月に「同盟罷業の絶滅」を宣言し、一一月の社大党大会はファッショ的な新綱領を採択するのである。河合の「第三期自由主義」への期待に比べて、向坂の見通しははるかにリアルだった。

とは言え、社大党に見切りをつけるにせよ、日本無産党の実態は反ファシズム勢力を結集しうる母体とは言えなかった。だから向坂も悩ましかったろう。

総選挙後に総合雑誌などで開かれた座談会に向坂はよく呼ばれていたが、その際の発言も相手によってニュアンスが異なっていた。『改造』（五月号）の「現代日本および日本人を語る」では、林房雄が、社大党の人気は「麻生がファッショといわれても共産主義とたたかってきたから「日本的な民衆政党になった」おかげだと述べたのにたいして、向坂は、「社大党の支持者はファッショに対抗する考えが一番多いだろう」「社大党が民族主義的傾向をかえればもっと人気を得るだろう」と逆を強調していた。一方『文芸春秋』（五月号）の「日本政治の特殊性を検討する」では、丸山幹治が「無産政党はファッショに利用された」と述べたのにたいし、（ファッショに）「逆手にとられることを恐れていたら、無産党はだまっていなければならなかった」などとやや社大党を弁護調だった。社大党にたいしては、清沢はじめ自由主義文化人の方が手きびしかった。一方、「都新聞」（六月に連載した「狙撃兵座談会」）では、社大党の河野密が、社大党は軍部の「広義国防」路線を「逆手にとって国民生活安定を訴えた」のだと弁明したのにたいし、「一般民衆にそれ（軍部との違い）がわかるか」「逆手を使いすぎる」とかみついた。

しかし、社大党の変貌は弁護のしようもなく、向坂がこの種の問題では一番気にかけていたであろう山川の論調も「無産政党への警告」（『自由』七月号）、「転機に立つ社会大衆党」などで社大党批判のトーンを強めた。向坂は「新愛知」（九月三日）に山川の「特別議会は何を与へたか」の書評を寄せて、この論文は「必読の文章である」と推した。社大党の代議士・亀井貫一郎の議会質問をさして山川は、「わが国におけるいかなるファッショ主義者も亀井氏以上には全体主義的ではない」、社大党がかかる「めざましい転向」をとげたとするならば、それは「ファッショ的変質過程にあるブルジョア政党の驥尾に付したといふことになる」と述べていた。山川の主張を紹介しつつ、向坂は「社大党が徒らに時勢を追うて、勤労大衆の真実の利益を裏切らないやうにといふのが、吾々の希望であらう」と締めくくった。だが「希望」は二カ月後には盧溝橋事件を機に消えてしまうのである。

なお、向坂が、コミンテルン第七回大会の人民戦線戦術について、どう受けとめたかは興味のあるところであるが、向坂はもとより山川も大森も、これはほとんど筆にしなかった。人民戦線戦術自体は「コミンテルン」などは伏字としながらも総合雑誌などでけっこう取りあげられていた。フランスの反ファシズムの大衆運動やスペイン市民戦争なども知識人の話題であった。だがマルクス主義者としての態度を公にしていた者たちは、自由主義者なら同じことを筆にしても見逃されても、治安維持法に引っかけられる危険があった。コミンテルンの指令・支持による言論活動とみなされると危なかった。こうした用心だけではなく、コミンテルン決議を待つまでもなく、とうの昔から共同戦線党という形態で日本的な統一戦線を提唱してきたという自負もあって、言及の必要も感じなかったのかもしれない。

ただ山川は、戦後も第七回決議には言及しなかったのに反して、向坂は七回大会でのディミトロフ報告を六〇年代末ころからたびたび援用するようになる。

10　鈴木研究所の最期

三四年夏から、向坂は鈴木研究所に協力してきた。研究所が編集して、三五年五月に叢文閣から刊行された『日本経済四季年報』は第四輯までつづき、三六年一一月から発行元を改造社に変え『日本経済四季報』と改称された。しかし印刷部数も少なくなり、ここに大きく依存していた研究所の収入も減っていった。向坂は鈴木研究所に月額三円の維持費を納めていたが、維持費だけではもたなかった。

一方鈴木は、三六年二月に加藤勘十を擁立した選挙以来、労農無産協議会＝日本無産党結成、自らの東京市会選、総選挙の立候補など忙殺されていた。こうして三七年初夏には、鈴木研究所自体の維持が困難になってきた（以上訊問調書）。向坂と親しかった稲村順三は研究所の専従編集員だったが、彼も退職して自活の道をさぐることになった。だが『四季報』の発行はつづけることになり、向坂と大森は改造社にでかけて「用紙をもっと厚い紙に改め年報を分厚にすること、定価を上げず印刷部数を多くすること」などを交渉し「其の結果部数は幾らか増加」した。

七月には銀座明治屋で阿部事務所と鈴木研究所の合同の会議がもたれ、研究所の存続について相談がされた。そして経営維持の方法として、『改造』に経済月報風の特設欄を設けてもらい研究所から原稿を提供する案もあったが、向坂は「『改造』には自分達の方で世界情報欄を執筆して居り四季報を発行させ其上に又此方から持ち込んで特設欄を設けさせることはどれもこれも駄目にする虞があると思ったので、それは考へものだと申しました」（訊問調書）。『四季報』は一〇月に第四輯を出して終りとなった。また向坂は三六年夏に改造社にかけあって、研究所から農業問題を平易に解説した単行本の出版をした。同年秋に発刊された『日本農業研究』である。こうして研究所維持のための下働きはいろいろおこなったが、『四季報』への執筆は叢文閣版と改造社版でそれぞれ一本ずつだった。

さて、鈴木所長が日本無産党書記長に就くと、鈴木研究所はおのずから日本無産党の研究機関のような体をなしていった。そうなると全農の大西（社大党員）や新聞記者が「安心して研究所に出入りする訳には行かなくなると云ふ意見が強くなりその結果研究所の改組問題が表面化」してきた。また三七年三月の東京市会議員選挙で、向坂が鈴木への推薦文を、「研究所顧問」の肩書きで寄せたのにも、研究所の関係者から「日本無産党の機関であると見られる」と危惧が寄せられた。

「斯くて…昭和十二年六月下旬銀座裏トンカツ屋に於ける会合で鈴木氏の所長を辞めさせて研究所を改組すべきやいなやに付き協議」がおこなわれ、向坂は「鈴木がやめてもやめなくても疑ふものは疑ふだらうから鈴木にやめて貰わなくても良いだらう」と述べた。しかし大勢は「鈴木を引退せしむる意見に傾いた」。そして七月の明治製菓の会議の帰りの「立話で鈴木が私に…君が後を引受けて呉れないかといふ相談を持ちかけてきましたが　その時…一応断って置きました」。しかしその後大森からも頼まれ「所長になることは厭だから合議制でやって行かうと云ふことに」なり、「改組后私は事実上の主宰者として以前よりも頻繁に研究所に出て純研究所とするやうに努めた」。合議のメンバーは稲村順三、布施陶一、芹沢彪衛らであった。

また三七年五、六月ころ、「改造社から経済学辞典の編集方の相談を受け話がまとまりましたので私は之を研究所の事業としてやるやうに計画を進め」、阿部事務所から芹沢彪衛を助っ人に出してもらい二人で辞典の編集にたずさわった。改造社との交渉で、辞典の印税から研究所に五千円をもらい、他に月額百円を支給させ半額は芹沢に、残りは研究所維持費にまわす。五千円は執筆者に分配するということにした。こうして一部の執筆分担まで決めたが、検挙されて仕事は中断した（以上訊問調書）。

なお改造社の『経済学辞典』はすでに『経済学全集』の別巻（全三冊）として三一年から三三年にかけて塚本三吉を中心に刊行されていたので、今回は改訂版の企画だったのであろうか。

第四章　日本資本主義論争

一　論争に遅れてきた主役

1　論争の大舞台と向坂の役回り

日本資本主義論争は、日本のマルクス主義陣営内の論争としては最大のものであった。労農派と講座派の論争として、戦後も日本社会党系と日本共産党系の理論的な体質として継承されて、二一世紀の今に至るまで余韻が残っている。またこのように双方ともにマルクス主義の正系を看板にして交わされた大きな論争は、世界的にも類例はない。良くも悪くも日本的なイデオロギー状況の産物である。

論争は理論的深化を生む。実際、資本主義と封建遺制の問題、資本主義と農業問題、民主主義と社会主義の戦略的な関係、自由主義段階と帝国主義段階の現状分析のあり方、マルクスの再生産表式の理解などの問題が、論争のなかで浮かび上がった。戦後の諸論争のルーツもほとんどがここにあり、日本のマルクス主義のレベルを格段に引き上げた。しかしこれもいかにも「日本的」なのだが、大衆運動が未熟で運動による検証が伴わぬ論争は、観念的に傾きがちになる。その上に反動とファシズムによって、実際運動が逼塞状態になりイソップの言葉しか許されなくなるほど、論争の方は妙にむつかしく煮詰まって行った。

抽象的だから論争から実る物がないのではない。たとえば向坂が全力をあげた地代論論争は、マルクスの労働価値説の正確な理解をめぐる論争の展開であった。そして多くのいわば経済原論的収穫が得られたのであった。そこに不用意に実践的な問題意識を持ちこむと、差額地代の源泉問題で櫛田民蔵ですら戸惑ったようにいいことはなかった。

これに反して日本資本主義論争の出自は、革命戦略論争なのである。労働者階級はいったいどういう支配階級とたたかうのか、どういう階級、階層が労働者階級の味方となりうるのか、を模索して科学的に根拠付けるものなのである。その論証は諸階級の、百万人、千万人単位の実際の運動にフィードバックされ点検されねばならず、運動不在の日本ではむつかしい。

もし二段階戦略が正しいとするなら、まずはブルジョア民主主義革命の推進力として労働者階級とともに、天皇制絶対主義と対決する自由主義ブルジョアジー勢力と農民の政治勢力（トルドヴィキやカデットやエス・エルのような）が現れていなければならない。しかし、地主階級を出自とした政友会にたいし商工資本家階級を出自とした憲政会が自由主義的なエネルギーを有して天皇制と対立したわけでもない。

労農派の唱えた一段階戦略も、その実現を担いうるだけの有力な社会主義政党が形成されるはるか手前で、帝国主義的ブルジョアジーに対抗する共同戦線党が初発段階で分解し挫折したので、やはり実践による検証はできなかった。

しかし農民政党や自由主義的小ブルジョアジーの党が独自に形成されることなく、そういう要素は労働者と共に帝国主義ブルジョアジーに対抗する無産政党に統合されたという経過は、日本では階級対立の線がどこに引かれているかを実証するものであった。少なくとも、天皇制「絶対主義」に抗して、無産政党以外に民主的な政治勢力が形成されるという現実離れした想定をしなかっただけましであった。

また、他国に比して共産系が理論的にもコミンテルンに極度に依存したことが、論争をゆがめる要因となった。各国共産党はコミンテルンの支部として結成されていくが、多くの国では労働運動や民族解放運動の実態がそれなりにあった。コミンテルンの各国支部への指導に振り回されることはあっても日本ほどではなかった。日本では主体的な受け皿のないところで戦略論も直輸入された。一九二二年の第一次日本共産党の綱領として、「二二年テーゼ草案」が与えられたが、戦略を検討する用意ができていたのは山川均はじめごく少数で、多くの党員にはまだアナルコ・サンジカリズムの残り香もあった（拙著『労農派マルクス主義』上　第三章7）。

しかし、ロシア革命への憧憬は、インテリと無産階級運動の活動家に共通していた。そのロシア革命は、ツアーリズム打倒＝ブルジョア民主主義革命のプロレタリア革命への急速なる転化によって成功したのだから、ツアーに比すべき天皇制下の日本でも同じように想定するのも自然だった。資本主義分析をふまえた戦略論というよりは、「二段階戦略」は先入観だった。客観的な歴史的諸条件の分析から革命戦略を考究する作業は、「二七年テーゼ」後の再建共産党から始まる。

一方、早くから資本主義分析をふまえた戦略論的な模索をしていたのは、共産党の再建に加わらなかった山川均と猪俣津南雄だった。「二七年テーゼ」はその解釈をめぐって猪俣も含めて盛んに議論されたように、戦略論争の幕を開ける役割を果たした。

共産党系の理論家にとって、コミンテルンの「テーゼ」を理論的に基礎付けることが本分となる。その二段階戦略を否定するような日本資本主義分析は排され、天皇制絶対主義に対応する「物質的基盤」が存在することを証明しなければならない。明治維新以降、ブルジョアジーの支配が確定すると見なせば、ブルジョア民主主義革命の必要性が薄れていくので、明治維新の性格を絶対主義の成立と規定しなければならない。いきおい農業における封建制を論証しなければならず、そのためには「経済外強制」概念を持ち出さねばならない。

これら諸々を「二七年テーゼ」に触発されてから数年しかたたぬ内に、しかもコミンテルンからは次つぎに新たな「テーゼ」が示されるなかで論証しようとしたものだから、無理が生まれてくる。コミンテルンの権威は疑うことを許さず、とくに学者は無理を合理化しようとしたから論理の透明性が欠けて難解になる。しかも実際運動が非合法に追いこまれて大衆性を失うようになると、インテリだけに通用するような議論が跋扈する。権力の弾圧下の論争だから、直接的に戦略論争の表現をとれずに抽象的な理論の形態でやりとりされるのはいたしかたないが、労働者にはわからないような難解な議論がもてはやされるようになった。

福本イズムと山田盛太郎の『日本資本主義分析』（一九三四　以下『山田分析』）はこうした傾向の典型であった。

こういう制約を有した論争ではあったが、講座派の中にも優れた業績はあった。初期の野呂栄太郎や歴史学者の服部之総などの著述である。論争による多くの実入りを期待できた相手だったであろう。また「地租改正」など明治維新の分析、マニュファクチュア問題、さらには「アジア的生産様式」の理解などの問題も提出された。

これにたいし労農派は、土屋喬雄が服部之総を相手に「マニュファクチュア論争」で応戦したが、史学や法学の専門家が多く口数では圧倒的に優位な講座派を相手に、全分野にわたってまで応戦していられなかった。労農派には土屋を別にして歴史方面にくわしい学者はいなかった。山川は資本主義分析の基本線を確立する大仕事を終えたら、論争からは引きあげていた。論争の初期の主砲であった猪俣も途中から引きあげた。大森や学者グループはさほど熱は入れなかった。宇野が独特の問題意識から関心を払っていたが、論争の終わりころに純理論的な見解を示しただけだった。最も執拗に応戦していた櫛田は急逝してしまった。一方、共産党系は岩波の『日本資本主義講座』を刊行し意気盛んであった。労農派のベンチに残っている強力バッターは向坂だけになってきた。

ちょうどそのころ、講座派系の観念性を体現した著作があらわれ、一部のインテリの熱狂的な支持をまきおこした。それが山田盛太郎の『日本資本主義分析』であった。

向坂はこの形而上学的=観念的な方法は、マルクス主義そのものを危うくすると考えた。いわば変質的マルクス主義を相手に論争するわけだから、内容に入る前にまずその態度=分析の方法自体を批判しなければならなかった。

読者は、向坂がウサギを襲うライオンのような猛烈さで論争に臨んだものの、『山田分析』批判はやむをえずおこなったもので、あまり積極的・生産的な意義は認めていなかった心境をもらしていることも知るであろう。向坂は、多岐にわたる日本資本主義論争の中では、根幹ではあるがごく限られたポジションで論争したにすぎなかった。それを理解しておかないと、日本資本主義論争における向坂の仕事の意味をとらえられない。後年、日本資本主義論争における向坂の位置に言及する論者が、論争の大状況への想像力に欠けがちなので、最初に一言した次第である。

以下、論争の経過と向坂の役割を追っていこう。

2　初期論争―山川と猪俣がレールを敷く

論争は一九二七年に始まる。

ロシア革命の成功で、日本のマルクス主義者の多くに「二段階戦略」は議論もなく摺りこまれていた。

しかし山川均はすでに一九二四年ころには、無産階級の相手はブルジョアジーの政治勢力であって、それが旧絶対主義勢力と抱合して反動的なのは、帝国主義の段階で遅れて資本主義化したという条件の故であるという観察をしていた。まだ日本資本主義の分析を展開していたとは言えないが、ブルジョア政治勢力に対抗し労働者と小作・自小作農民を単一の無産階級政治勢力に結集することを戦略的な課題としたことは、独自の認識であった。しかし福本イズムとの論争でしばし沈黙をした山川は、共産党系との戦略論的な論争には当初は立ちいらなかった（『マルクスを日本で育てた人』I第四話）。

そこで、労農派の最初のバッターは猪俣津南雄で、彼は二七年から二九年にかけての初期の論争の主役となった。猪俣が二七年に高橋亀吉と交わした「プチ帝国主義」論争は、帝国主義の段階の資本主義分析の態度をはじめて意識させたもので、ヒルファディングやレーニンを得意とした猪俣ならではの功績であった。猪俣がその分析態度にたって、戦略論争に投げかけた最初の総括的な論争文は「現代日本ブルジョアジーの政治的地位」（『太陽』一九二七年一一月）である。

福本イストたちは、系統的な資本主義分析に立って二段階戦略を唱えていたわけではない。一方では「日本資本主義はあわただしく没落しつつある」とも主張していた。絶対主義の下で資本主義が発展し没落するという乱暴な話に整合性をつけねばならず、「没落する資本主義が助けを求めて、政治的支柱たる絶対主義にしがみつく。だから絶対主義を倒せばブルジョアジーも倒れる」という、いわゆる「絶対主義とブルジョアジーの抱合」説が唱えられていた。

そこで猪俣は、コミンテルンの「相対的安定期論」に拠りながら、日本資本主義はなお上向過程にあり「膨張し強大化しつつある」と精密に資本主義分析を対置した。一方、絶対主義は「物質的基礎をもたず、イデオロギーとして存在する」ものと断じた。その根拠として、革命前のロシアの大地主のような巨大な土地所有と政治的実力を有した地主の不在など、実証的な分析を対置した。また福本イストが「政治的自由」がないことをもって絶対主義の証左としたのにたいし、絶対主義の産物とは決して言えないファシズムの支配が始まったイタリアの例をあげて、政治的自由と絶対主義との間には「何の比例関係もない」と反論した。

この猪俣論文と同じころ、コミンテルンが日本共産党に示したのが「二七年テーゼ」であった。テーゼは「現代日本は資本家と地主のブロック、しかも覇権が資本家に属するブロックによって支配せられている」と明言し、ブルジョアジーが民主主義革命で「多少でも一つの革命的要因として利用しえられるなどという希望は捨て去られねばならぬ」と、「自由主義的ブルジョアジー」をも絶対主義への対抗勢力とみなす認識を否定した。けれども結論は「ブルジョア民主主義革命は…社会主義革命に転化するであろう」と二段階戦略になっていた。猪俣は前半の権力規定を自説をオーソライズするものとして援用していくが、共産党系は後半の「二段階戦略」を根拠付ける作業に集中していき、論争はさらに広がることになった。

一方、山川も長年の思索を一気にテーゼ的な文書にまとめあげた。「政治的統一戦線へ！——無産政党合同論の根拠」(『労農』一九二七年一二月創刊号)である。当時としては抜群の洞察力を示す論文だった。

まず明治維新は「本質においてはブルジョア革命であったが、それはブルジョア革命を完成したものではなくて、その発端であった」。その後半世紀をかけて、「ブルジョアが階級的に成熟し、強大となったこと」、「地主そのものもまた資本家化したために、もはやブルジョアジーに対立した政治勢力としての基礎としての重要性を失ったこと」によって、当初の「半専制政府」の変容を説いた。そしてこう述べていた。「わが国の資本主義は明白に帝国主義的性質を帯び、独占的金融資本の支配が拡大しかつ強固となるに従って、ブルジョアジーはますます反動的な性質を帯びるにいたった」と、帝国主義段階において成長した点にブルジョアジーの反動性を求めていた。

山川の真骨頂は、政治勢力の分析にあった。地主勢力の「下半身は依然として、封建色に染まっている。けれどもかれらの上半身は…ブルジョアジーの黄金色をもって輝いてきた」。「かつては、政友会は地主党であって、憲政会は都市商工階級の政党と見做されていた。しかるに今日は、この分類は全くその意義を失っている」。そしてブルジョアジーは「同化することのできる一切の勢力を同化し、同盟を結ぶことのできる一切の勢力と緊密な同盟を結び…かくすることによって、資本主義の新たなる発展段階―金融資本と帝国主義の段階―に応じた強大な政治勢力―反動的、帝国主義的勢力―にまで結成しつつある」。ここで憲政会と政友会の階級的性格付けに言及しているのは、両党の基盤の違いを過大に見積もったヴァルガや「二七年テーゼ」への批判だった。

さらに普通選挙を通じて「政治勢力の圏外に遮断せられていた全く新しい社会層―労働者と農民と小ブルジョア下層とを含むこの広大な社会層―にまで、その政治的影響力を拡大し、これをブルジョアジーの指導の下に、強大な反動的、帝国主義的勢力に結成する機会として意識」していると見通した。

そこで、絶対主義に対立する自由主義的ブルジョアジーや農民政党の存在を予定して民主主義革命を戦略課題とすることはできず、「ブルジョアジーが未完成のうちに遺棄するブルジョア民主主義の要求を取り上げ、これを…プロレタリアとその他一切の被抑圧民の民主主義的要求に変じ」、それを実現するために「反ブルジョア協同戦線の特殊な一形態としての」単一の共同戦線党を追求することが必要と説いた。

3 政治主義的傾向強まる

さて、「二七年テーゼ」の受け止めをめぐる議論と山川と猪俣の戦略的な提起をうけて、共産党系のあらたな理論武装がはじまり論争は中期の段階に入る。

二九年に入り、共産党の指導的論客であった野呂栄太郎が、猪俣の「地主のブルジョア化」論を批判して、「地主は封建的な経済外的強制によって農民を搾取し、絶対専制支配の物質的基礎をなす。ここに…半封建的専制国家体制の根強き物質的基礎を見出す」と、「経済外的強制論」を対置した(「猪俣津南雄氏著『現代日本ブルジョアジーの政治的地位』を評す」『思想』一九二九年四月)。実は野呂は二七年に『社会問題講座』に連載した「日本資本主義発達史」では「土地は全く資本主義的所有に転化された」(である以上「経済外的強制」の余地はすくない)と客観的に現状を認めていたのに、自説を政治的に曲げてしまったのだ。このあたりから共産党系は、理屈のつじつまあわせに走り、さらに観念的になる。事実、野呂は『資本論』第三巻に短く示唆された「国家最高地主説」まで持ち出して、猪俣からそれは「二、三千年前の国家」にあてはまる概念だとたしなめられた。野呂と猪俣の間の論争の途中で日本共産党「三二年政治テーゼ草案」がモスクワから示唆された。これは「ブルジョア民主主義的任務を広汎に包容するプロレタリア革命」という一段階革命論だった。そしてこれもモスクワ内部の論争の決着の故であろうが、一年も経たぬうちに「誤謬」として葬られてしまった。共産党系もこれには面食らって、『日本資本主義発達史講座』の編纂でも封建色一色の山田盛太郎に疑義が唱えられるなど混乱したようだ。しかし労農派側は、コミンテルンを重く見ていた猪俣は関心を示したものの、向坂はじめ他は無視した(拙著『労農派マルクス主義』上巻三六頁以下)。

この「政治テーゼ草案」が短命で、結局二段階戦略を全面展開した「三二年テーゼ」に落ちついてしまったので当てがはずれたのか、猪俣は論争から身を引いた。彼がふたたび、しかし最後に資本主義論争に言及するのは五年ほどのちの「封建遺制論争に寄せて」(『中央公論』一九三六年一〇月号)である。

さて、論争テーマは野呂の現物高率小作料＝封建地代論に比重が移っていった。そこで猪俣にかわって論争の主役になったのは櫛田民蔵だった。彼は野呂の主張を意識しつつ、「わが国小作料の特質について」(『大原社会問題研究所雑誌』一九三一年六月)で、「現物納」形態をとり「剰余生産物のすべてを吸収する」高率小作料は、果たして「封建地代」であるかと問い、「封建的地代」ではなくして「前資本主義的地代」だと規定した。高率小作料の根拠を、零細な耕作地しかない小作農民間の「競争」に求める点では、猪俣と同じだった。櫛田が提起した大事な観点は、講座派が、土地所有者と「直接的生産者との直接的関係」からすれば、小作人を封建的な農奴とみなすべきであると論じたのにたいし、商品経済が農村をも制圧した日本資本主義の全体構造から地主—小作関係も判定すべしと主張したことだった。そして「現物納」については、その大多数を占める米が商品とされているので、「観念的には貨幣化されている」から封建地代とは言えない、と指摘した。

ところが、地主と小作の「直接的関係」を軽視するのは

「流通主義」であり、「観念的に貨幣化」云々については、「観念論だ」などという反論が講座派から加えられる。野呂も櫛田を批判したが、もはや冷静なものとは言えなかった。労農派の好敵手だった野呂栄太郎は、指導部をほぼ検挙された共産党の再建に没頭し、誠実なだけに政治的に思いつめていたのであろう。三三年一一月に検挙され、病弱の彼は獄中で衰弱し放置されて、翌年二月に三三歳の若さで病死した。

一九三二年五月から岩波の『日本資本主義発達史講座』の刊行が開始された（三三年八月に完結）。共産党系の理論家は以降「講座派」と総称されていく。そして三二年春に、コミンテルンの「三二年テーゼ」が日本の国家権力の性格を「絶対主義天皇制」と確定してからは、「講座派」の多くはそれに呪縛されるようになっていった。

一方、満州事変以降、言論の自由への規制が強まり、「三二年テーゼ」を正面から俎上に論争するのは、賛否を問わずやりにくくなった。論争は資本主義の経済的分析の形式を通じて継続されるしかなくなった。いきおい、何のための論争かはオブラートにつつまれ、専門的・学術的な表現を強めていった。「三二年テーゼ」を正当化するにあたり、内容は政治主義的なのに形式は学術的たらざるを得なかったので、講座派にはいっそうスコラ学的な傾向も強まった。その典型が、東京帝大経済学部助教授・山田盛太郎の『山田分析』だった。

4　重い腰あげる

こうして論争は後期に入ってゆく。論争の的となったのは『山田分析』とあわせ、東京帝大法学部助教授・平野義太郎の『日本資本主義の機構』（一九三四年四月　以下『機構』）だった。

しかし向坂が本格的に論争に登場するのは、この『山田分析』が出版されてから二年近くも経ってからである。『改造』三五年一〇月号の「『日本資本主義分析』における方法論」、およびその補足として平野の『機構』に焦点をあてた『先駆』同一〇月号の「日本における封建勢力の問題」が論争への登場であった。『マル・エン全集』編纂と地代論論争に集中したためもあるが、やっと腰をあげたのは論争が開始されてから七年ほどたっていた。向坂に腰をあげさせた心因の一つは三四年一一月に櫛田が急逝したこともあるのではなかろうか。櫛田は、便器まで書斎に持ちこんで論争文の執筆に打ち込むという生活をつづける中で、自宅で急逝してしまった。

向坂にとっては戦友が討死にしたようなものであったろう。誰かが遺志を継いでたたかわねばならない。

猪俣、山川、大森、有沢らは論争からは一歩身を引いていた。土屋喬雄は別として、高橋、岡田宗司、伊藤好道などはなお力量不足だった。やはり向坂が講座派の本丸を攻めるときが迫っていたのである。

『山田分析』にたいしては、鈴木研究所が三四年六月から七月にかけて、岡田宗司のレポートをもとに、向坂、鈴木、大森、荒畑、稲村、小堀らで検討会を開き「平野、山田氏の突飛な見解に対して笑声が絶えなかった」（訊問調書）。岡田報告は『改造』八月号に掲載された。総合雑誌上での最初の山田『分析』批判だった。また秋には阿部事務所でも同様の研究会が数回開かれた。向坂はこれらの会合にはほとんど参加した。三五年六月の『先駆』発行も、講座派の論壇であった『経済評論』や『歴史科学』に対抗する日本資本主義論争の発表の場として、向坂が推進したものだった。いわば裏方として、いろいろ汗をかいてはいたのである。

一方、鈴木茂三郎ら労農派の政治戦線の面々は、もっと直截な批判を求めていた。鈴木は「いつまでも研究していないで、早く批判を書け」と向坂に催促していたという（前掲『鈴木茂三郎』）。向坂も時折ジャブは出していた。土屋喬雄が主に担った「厳密なるマニュファクチュア」論争などに触れて、『批判』三四年二月号の「感想二つ」ではこう述べていた。

「明治維新の研究が…プロレタリアの戦略的態度に関係するばかりでなく、現在に於けるプロレタリア政治運動の立脚点と組織的活動にとりて一日も疎かにすることの出来ない問題」であり、「明治維新の研究が、右のような政治的視点を無視してなされるならば、それは無用ではないにしても、その価値が著しく減じたものにならざるを得ない」。とはいえ誰もが「AからZまで」論ずるわけにいかない。「ウルトラ・リンケンの万年青年的インテリ・ファン論客」は他人の論文にたいして「あれが書いてない、方法論が欠けてゐる」というが、それぞれが「シングルヒットや犠牲打」を打つことが必要だ。そして、土屋喬雄の「維新史研究の中心論点―幕末マニュファクチュアの諸問題」を「最も注目すべき内容」を持つ「シングルヒット」として高く評価した。

土屋は実証的な研究の大家であって、講座派の論客がどこかの山村にあった習慣（名子制度）をもとに「封建制」を論証したのにたいし、詳細な調査をもとに批判をしていた。彼は労農同人にも、また阿部事務所とも一定の距離を置いていたが、向坂との信頼関係は強かった。

岡崎三郎の回想（「ロマンチック時代」『北九州大学商経論集』）に、土屋と向坂の協力関係がうかがえる。兄・次郎が東亜経済調査局にいたとき、日本経済の研究を土屋、有沢に委嘱した際、土屋の助手に向坂の推奨で岡崎三郎が抜擢された。岡崎は毎週のように土屋宅と向坂宅にかよい、アドバイスを受けた。向坂からはレーニンの『ロシアにおける資本主義の発展』を教授され、土屋との共著で『日本資本主義発達史概説』（一九三七）の執筆にとりくんだと言う。

東大時代は同僚であった山田と向坂が、いつ頃から互いの政治的立場の相違を意識したのか、よくわからない。山田は一時大森義太郎に誘われて雑誌『大衆』のグループに参加していた。改造社『経済学全集』の『資本論大系』全三巻の執筆は、山田、宇野、向坂の三人が三〇年ころに話し合って分担した。その頃と思われるが、脇村義太郎の回想（『東大経済学部五十年誌』）によれば、『経済学全集』の件で向坂とともに山田の所へ行った際「向坂さんと山田さんとが議論をした。それをちゃんと拝聴して、偉い議論になったものだと思った」と言う。三〇年頃から、二人は政治的な意見のちがいを意識していたのではないか。しかし公然たる批判は控えていたものと思われる。

向坂が、山田と平野への批評を筆にするのは五年ほどたってからである。『先駆』創刊号（一九三五年六月号）の「農村工業化の問題を論ず」では、平野の西欧における封建制残存物への無知を軽く批判していた。また『山田分析』が刊行されてすぐ、『読売新聞』（一九三五年六月二八日）の「日本思想分布圏」で次のように軽くジャブを出したことはあった。

「福本イズムによって嘗て代表された傾向は、ここに最もよく保たれてゐる」。「『日本資本主義発達史講座』の一団」の「本尊は山田盛太郎氏である。山田氏は、公式主義的であり、福本とは異った、しかし一種のポーズをもってゐて、インテリゲンツイアの信仰の対象に不適当ではないが、福本の野心なく、積極性を欠いてゐる。その反面、福本よりは真面目で、質実なる勉強家であり、己を知る聡明さを有ってゐる。…山田君は第二の福本たり得ないし、また、自らもこれを欲しないであらう。…この一派と労農派との間に論戦が予想されてゐる」。

そうこうしているうちに、山田『分析』は、インテリの間では「第二の福本」にまつりあげられてしまった。

二　主砲火を吹く

1　「『日本資本主義分析』における方法論」

満を持して向坂が世に問うたのは、『改造』三五年一〇月号に寄稿した「『日本資本主義分析』における方法論」(以下「方法論」)である。地代論争において向坂の最初の論文「マルクスの地代理論」が基本的な論点を網羅していたように、今回もこの論文が彼の考えをほぼ明らかにしていた。熟考してから論争に参加するので、最初に全体像の骨格が示されるのである。なお同時期に『先駆』一〇月号に「日本に於ける封建的勢力の問題」を寄せたが、それはソ連の学者・マカロフの論文を援用して、山田・平野よりも「外国人の方が余程よく事の実情をつかんでいる」と軽くいなしたものだった。

さて「方法論」の書き出しは「聖徒の一団があって、その人びとの聖書は山田盛太郎著『日本資本主義分析』である」とはじまる。そして聖徒の一人であった相川春喜の言を引く。曰く『山田分析』を「二読、三読、しかも理解に困難を極めるのである。…だがいやしくも日本資本主義の諸特質を識らんとするものは、これを読みこれを掴まねばならない。ある人はこれを全部書写し、ある人はこれを自分の言葉に翻訳して理解に努めたという」。向坂は「かつて福本和夫氏の著書が現れたときにもインテリゲンチの中にはこういうように随喜の涙を流す人があった」と振り返る。

相川春喜は二三歳ながら、プロレタリア科学研究所から『日本資本主義発達史講座』の編纂スタッフに参加しつつ、櫛田民蔵批判などを発表していた。友人であった清水幾太郎は当時の相川をこう回想している。「山田盛太郎でなければ夜も日も明けない」相川が、山田宅の帰りに近所にあった清水宅によく訪れた際は「必ず相当に興奮していた。私の部屋でその興奮を冷まして行く、というより、私に向かって山田氏から聞いたらしい話を反復して、それで自分というものを確かめていたように思われる」。あるとき清水が「文章を易しくしたまえ」と忠告しても「山田氏の模倣であったから…ほとんど無意味であった」。また「『科学』と書いて、その横にヴィッセンシャフトと仮名を振り、その上、ドイツ語を加えるという念の入った方法を用いるので、やめたほうがよい」と忠告したが、相川が「『範疇的概念はこうする必要があります』とますます難しいことを言い始めたので、とうとうそのままで終わってしまった」(『相川春喜小伝』一九七九)。

福本和夫の論文を暗記して戸山が原で月夜の晩に学生達が踊り狂ったという話まで流布した時代からわずか一〇年もたっていなかった。向坂がおそらく気乗りはしなかったろうが、ふたたび世に蔓延しはじめた歪んだマルクス主義を、「聖書」を叩き壊すことによって正そうとしたのは、こういう風潮がマルクス主義そのものに深刻な弊害となりかねないと危惧したからと思われる。

向坂はまず相川のような人物が随喜の涙を流した「豪厳な鉄筋建造物」から、きわめて単純な構造を抽出する。それは日本資本主義の「型」は「明治三十年乃至四十年を画期する…過程」で確立された「半農奴制的軍事的金融資本」であり、「半封建的半農奴制的の基底」にしばりつけられているのであって、三〇年以上たっても変わらないというものである。そして「半隷農的零細耕作農民」と「半隷奴的賃金労働者」と「半封建的な地主」と「半『農奴主的』ブルジョア」が「型」として固定されるのだから、「日本資本主義にはブルジョアジーとプロレタリアートの確立なく、…いっさいが半封建的＝半農奴制的の灰色の一色に塗りつぶされてしまうのである」。

ほんらいならば向坂自身の、日本資本主義を構成する「各社会層の階級的規定を具体的にのべ」て批判をすべきだが、ここでは、山田の『『方法論的なもの』について、その根本的な欠陥を論評するにとどめざるをえない」と断った上で、向坂はまず「論証のしかた」を俎上にあげる。「聖徒団には論証の必要はない。支配的なのは信仰であって、理論ではないからである。…ただ人によってはこの論証のないことと特異なる文字文体が、非常な魅力となっているらしい」。

具体的な例の第一に、山田が日本の賃金が「植民地＝印度以下的」（これは山田にとっては「半隷奴的賃金労働者」を規定する重要な指標であった）であると「論証」したやり方をあげる。山田『分析』では簡単な明治二五年輸出関税関係のデータだけを根拠に、「論証」した。向坂は『資本論』の労賃の国際比較を論じた箇所を示し、それは理論的には可能だが実際はいかに難しいことかを説明した。

向坂は日本はインドより高賃金だなどと断定したわけではない。「おそらく高くはないかと推測される」と示唆しただけである。実は日本の国際的な低賃金の「論証」については、向坂の方が先達だった。一年ほど前に「ソシアル・ダンピング論」（『改造』一九三四年六月号）で国際比較を試みていたのである。日本の輸出攻勢にたいする「ソシアル・ダンピングだ」（賃金と労働条件を切り下げ国際競争力をつける）という国際的な非難にたいし、政府は「温情的な家族主義に立つ経営だから」能率が高いと弁明したのだが、日本の社会的諸条件はやはり国際的な低賃金であることを証明しうると反駁したのである。この場合も向坂は、零細経営農業、潜在的過剰人口の貯水池たる家族制度、女性と未成年の差別的な地位など、それこそ「封建遺制的」諸条件を低賃金の条件として分析し、国際比較の困難性も明示し、断定はさけつつ論じていた。向坂にとって山田の

「論証」ではとても話にならなかった。

第二の例は、「いかなる社会的条件が…農民を…農奴に近い状態においているか」の論証がないことである。「耕作規模の零細なこと、現物小作料の高額なこと」が「半隷農」たらしめる理由とされているが、それも論証にならないという。耕作規模の零細も高額小作料も、近代化した過小農経営にもありうるし、現物小作料も「計算上貨幣化されている」のであって、商品経済が未発達で経済外的強制が存在する場合の「封建地代」とは言えない、と批判した。この現物小作料問題は「印度以下的」よりははるかに重要な問題で、前者は少数の山田教徒をのぞいては、蒸しかえされなかったが、こちらは櫛田が論陣を張り以降も長く論争のテーマとなる。

こうして論証の不備を指摘したのちに本題に入る。山田『分析』の論法によれば「半封建的、半農奴的」と表現されていても、その内容はみな「全封建的、全農奴的」だということになる。「半封建的」というなら残りの「半」はどこへ行ったのか、と向坂は問い、「山川、猪俣の諸氏によれば、この他の半は『ブルジョア化』しているのである。それ以外にない」と自答する。ブルジョア化していないなら、残りの半分も「封建的」のままということになり、「全封建的」ではないかというのだ。このように向坂は「半封建的」に対置して「全資本主義的」を唱えたのではなく、「半封建的」を「発展の方法」によって正しく規定しようとしたのである。

次に向坂は『分析』における根本的欠陥」は「発展がない」ことで、日本資本主義の型が確定してから三〇年、その型は本質において変化はないと考えることにある、と指摘する。

むろん向坂も、どの国も『資本論』が想定する状態に階級分化するなどとはいっていない。「各国の資本主義は、それぞれの発展の特殊性をもっている。この意味で相対的な型についてのべても構わぬ」。しかしどの「型」であれ何十年間も変化しないなどということはありえず、「資本主義の一般的傾向―二大陣営の対立の傾向―に近づく」のであって、金融資本の確立まで認めるのに、地主と農民と労働者だけは旧い性質を三〇年間変えないというのはおかしいと言う。「封建的なものが決定的」で、かつ労働者階級も「半隷奴的賃金労働者」ならば「独立の階級的結成など不可能」であって、日本は「ロシアにおける一九〇五年、ドイツにおける一八四八年のはるか以前の状態にある」ことになると言う。

向坂は、ロシア資本主義の発展と農村における階級対立の変化に対応したレーニンの政治指導をよく勉強して書いている。ただそれをイソップの言葉も交えて述べるほかなかった。その含意するところを述べれば次のようになる。

レーニンは民主主義を推進するのは労働者階級であるという考えを〇五年ロシア革命の前から有していた。けれども、〇五年当時の人口の圧倒的多数を占めるロシアの農民は「資本の圧制より、より多く大地主の圧制と農奴制の残存物に」苦しんでいた。つまり、レーニンはまず徹底したブルジョア革命を考え、労働者階級もこの革命の徹底化のためにたたかったが、農民は、ツアー・大地主とは対立しても、資本家階級との対立を意識していなかった。ツアーを打倒した革命も不徹底なブルジョア革命で終わるしかなく、社会主義革命までは「比較的永い過程が予想」されるほかなかった。しかしロシアにおける資本主義の発展によって、「ロシア下層農民にとって、封建的大土地所有の圧制はなお存在していたが…これと結合した資本の抑圧のほうがはるかに痛感せらるる」にいたり、農民と労働者階級との同盟を形成できる条件が整えられた。だからレーニンはブルジョア革命から社会主義革命への急速な転化の「過程をはるかに短く考え」て指導し、一七年二月革命から一〇月革命への急速な進行を大胆に示唆できた。このようにレーニンにおいては「発展」があり、社会の構造的変化を直視したからこそ、「ロシア資本主義の一定の時期(例えば、一九世紀末前後と一九〇五年前後と一九一七年前後)において、ロシア社会の歴史的発展の形態を、同一と見なかった」し、それに応じた「諸階級間の対立の方向が明確に規定されている」。

それではレーニンに倣って「諸階級間の対立の方向」をどう具体的に規定するかは、方法論批判が主題のこの論文では述べていない。ただ伏字も検閲も心配無用な「訊問調書」では、いくつか直截に示唆されている。

例えば五・一五事件への言及である。

「訊問調書」では、「農民の大部分が地主に対立すると同時に半プロレタリアとして没落しつつある商品生産者としてより露骨に資本に対立する」ことは「五・一五事件に先鋭化した農民の反感が地主より先に独占資本の経済的・政治的代表者達に対して向けられたことによっても立証されます」と述べて、橘孝三郎のイデオロギーも「反資本主義を示して居る」と指摘した。

実際、五・一五事件のイデオロギーは、橘孝三郎をはじめとする農本主義にあった。世界恐慌は農村を直撃し「農村窮乏化」が最大の社会問題となった。恐慌によって米価・繭価の下落など商品経済に大きく依存した農民が直撃された。農本主義は、「自給自足」の奨励によって商品経済競争に対抗しようとしたがかなわず、反財閥・既成政党に「窮乏」の怒りをぶつけ、海軍の一部将校と連携して五・一五事件をおこした。白色テロも、犬養毅首相の暗殺の他は日銀や三井、三菱など財閥指導者を対象としたことは象徴的であった。

また、「訊問調書」では、次のように山田・平野説の矛盾を突いている。

「山田、平野氏等は日本においてもプロレタリアートを主動力とするブルジョア革命と云ふだけである。然し氏等によると日本に独立せるプロレタリアートはなく有るものは半隷農的賃金労働者であります。之に反してロシアには二月革命の遥か以前に既に独立せるプロレタリアートがあったのであります。それだけでなく既にこのプロレタリアートは確固たる階級的意識を持った自分の政党を作り上げて居りました。独立の階級としてのプロレタリアートなき日本に日本共産党の成立し得た事は不思議としなければなりません。此の矛盾を同一の頭脳で同時に考へ得ることは驚嘆に値します」。

『山田分析』では、日本では一七年ロシア革命どころか〇五年革命における推進主体すら生み出されていないはずなのに、共産党が存在するのは辻褄があわない。これに反して、日本ではどの無産政党も労働者と農民が一体で構成していることは、労農派の日本資本主義分析と整合的なのである。

『日本資本主義分析』における方法論」の続編は「資本主義における構造的変化の問題」として『中央公論』三五年一二月号に発表された。主に平野義太郎を俎上にのせて、「マルクス、エンゲルス、レーニンの方法と対比させつつ、山田＝平野氏の方法と彼らのそれとの相違をあきらかにする」ものだった。

平野も「工業資本は、むしろ農民を土地に緊縛したままでその労働力を利用することを利益とし、その点で、半封建的土地所有と共通の利害がある」ことに、日本資本主義の「型」が変化しない根拠を見出す。しかし「平野氏は資本主義のもつ根本的な矛盾を忘れている」。「低賃金であり、緊縛されている土地が狭小である」からこそ、「土地の耕作は劣悪となり」、商品経済の下では「さらに賃金収入の方へ農民を押しやる」。すなわち「資本の意識は、この場合土地に農民を緊縛することによって利益をうること以外にない。しかし、この意識を実行に移すと、資本の論理の必然をもって…矛盾が発現する」。

支配階級の意図だけで社会の構造（階級関係）が固定するという錯覚は、「方法論」で向坂がデューリングの「強力説」の類だと批評した山田の方法にも内在していた。

さらに向坂は、レーニンが『ロシアに於ける資本主義の発展』などで、ナロードニキの方法的欠陥を批判したことを援用する。ナロードニキは農民層の貧富の「分化」、農民の窮乏という時点で分析を止め、そのことが旧い農村共同体を強固なものとなし、ロシアでは資本主義が発展しない要因をなすと主張したのにたいして、レーニンは農民のプロレタリア化という新たな歴史的性質をもつ階級への転化によって、ロシア社会に構造的変化が生じることを示した。その点、たんに農民の窮乏化のみを重視する「山田＝平野氏らの一団は…まさにナロードニキである」と。

最後に「この論文をもって、『日本資本主義分析』における方法論的のものを正面から取り扱うことを一応やめて、次に進みたい」という予告で、この論文は終わっている。

2　宇野とポジションのちがい

人は、向坂は山田『分析』にたいし「階級分化」や「資本主義化」の一般論を対置したのみで、日本資本主義の特殊性が何故生まれたかの分析に欠けている、という類の評価をしがちであった。しかし、向坂自ら後年になって「向坂逸郎は方法論だけしかやっていないじゃないかという批評がありました。それはそのとおりです」と述べてはばからなかった（『昭和経済史への証言中』一九六八）。一般論がわかっていない者相手の論争だから、一般論を説くことから始めるほかなかったのである。

『山田分析』批判としても、まだ重要な問題点を解明していなかった。向坂は「方法論」の最後にこう記した。「山田氏によれば『本書は、これを日本資本主義における再生産過程把握の問題として、謂わば再生産論の日本資本主義への具体化の問題として、果たすことを期している。この意味において本書は、『再生産過程表式分析序論』に連携を有するものとなる』と。例によってどういうふうに二つのものが結びつくかは論証されていない。だが、『表式分析』と本書『分析』との関係こそまことに見ものである。『方法論的なるもの』を論ずることをもくろむ本稿に見逃すべからざるものであるが、このテーマだけで一論文をなすであろうから、すでに予定の枚数をはるかに超えているいま、他の機会にゆずるほかはない」。ここに言う「再生産過程表式分析序論」とは、改造社『経済学大系』の『資本論大系中』におさめられた山田の論文である（『山田分析』が『資本論』第二巻の「再生産表式」の誤った理解を前提に展開していることは『日本のマルクス経済学下』（一九六八）の降旗節雄・渡辺寛論文参照）。

ついでに紹介しておくと、『山田分析』では一箇所だけ向坂の名が出てくる。巻末の「凡例」である。向坂が、資本蓄積論について猪俣が「吾が国に於ては始めて…独立の考察をなし、この問題の取扱いを一段と上の段階にひきあげた」と評価したのにたいし、河上肇の方が先だとして「言を失する」と批判したのだ。かんじんの問題では労農派の見解への批判は示さないのに、二次的なことで向坂を名指しするところも、山田の変わったキャラクターを示している。

それはともかく、良く意見交換をしていた宇野弘蔵が『中央公論』三二年一一月号に寄せた「マルクス再生産論の基本的考察」および『改造』三五年二月号に寄せた「資本制社会における恐慌の必然性」は、ローザの蓄積論批判をたてまえとしながらも、間接的には山田流「再生産表式」理解への批判でもあった。

また、「資本主義における構造的変化の問題」の最後に、向坂はこう付記した。「本誌前号宇野弘蔵氏の論文と問題において重複する部分があるかとも思うが、実は、本稿が宇野氏の論文の現れる以前に脱稿されてあったため、これを斟酌するを得なかったのは遺憾である」。

この宇野の論文は「資本主義の成立と農村分解の過程」（『中央公論』一九三五年一一月号）である。

宇野は「私自身も向坂氏と同様にすでに山田『分析』に対して方法論的にもその所論にも幾多の疑問を持つ」とし、「これら見解の対立を検討し理解するに必要と考えられる

1930年代半ば　和服は有沢、対局者は大内か　右二人は南謹二と向坂、碁盤向こうに美濃部

予備的理論を明確にしておく」と前置きしている。そして、イギリスの原始的蓄積と、後進資本主義諸国のそれとを比較して、直接に機械制大工業を導入した後進国の資本主義化が農村分解のあり方にどういう偏倚をもたらすかを論じている。いわば向坂の日本資本主義分析の前提—帝国主義段階の農村分解の一般的な特徴を解明しようとした端緒的な論文だった。

向坂が宇野論文を「斟酌」できなかったのは「遺憾」とわざわざ「付記」したのは、これに理論的な刺激を受けたからだと考えられる。

宇野の論文は当時は話題にならなかったが、戦後になって、講座派とは異なった、日本資本主義の特殊性の解明の出発点として評価された。そして向坂が日本における「農村の分解」にも一般的な法則性がつらぬかれるということを強調したのと対比させる議論が一般的となった。後年、宇野はこう回想している。「東京に来て向坂君や大森君と会っても…どうしてこんなことで争っているのか、もっと重要な問題があるのじゃないかという感じはしていた。…マルクスはこういっているというのじゃ、特に封建論争では解決にならんと思っていた。やはり自分で経済学的にはこう考えるほかないんだということを説明しなければいけないんだ…それじゃぼくがそれを解決しうるかというと、そこまでは自信がなかった。…だから消極的には向坂君なんかに会えば、どうもあれじゃいかんのじゃないかということはいつも話していた」(『資本論五十年上』)。

ただ、この宇野論文にも「資本主義はイギリスにおいても戦前のロシア、ドイツにおいても、また日本においても同様なる発展の法則をもって発達するのであって、それが阻害され歪曲されるところに各国の特殊性があるにすぎない」と述べていた。

向坂は資本主義に「同様なる発展の法則」を説くことが大事と考え、宇野はそれが「疎外され歪曲」される様を解明するための方法の探究が大事と考えたと言ってもよい。ゴロを打つものとヒットを飛ばすものと、どちらが正しいかと論じても無意味なのであって、あまり違いを強調するとかえって両者の積極面が一面的にしか理解されなくなる。向坂は、山川、猪俣、櫛田、土屋、宇野ら先輩同僚たちが放ったたくさんのシングルヒットをにらみながら、自分は犠牲打とはいえ決定的な一打を受けもったつもりかもしれないのだから。

3　山田と平野の各論の批判

方法論的な講座派批判を一応終えて、向坂は各論的な批判と、自らの農業を対象とした積極的な分析に向かう。

まず「『ナポレオン的観念』の物質的基礎」（『サラリーマン』一九三五年一二月号）である。「ナポレオン的観念」とは、フランスの自由な土地所有農民が「一袋のジャガイモ」のように何等の階級的紐帯も有さぬために、自らが政治勢力となることができず、それ故に社会の上に立つ権力者＝ナポレオンを押しだしたとする、マルクスの規定である。このフランス農民は経済外的強制からは解放されているが故に、個々バラバラの小所有者で何の共同性も有していないのである。

ところが、『山田分析』では、天皇をナポレオン皇帝と類推し、「日本における『ナポレオン的観念』の精髄は、自作農の中堅、中農の上層部分である」と論じたからおかしなことになった。そもそも『山田分析』の論理では「自作農」ではなく「半農奴」しか存在のしようがなく、「ナポレオン観念」など形成されるはずもないのである。『山田分析』のご都合主義をついた小論であった。

『改造』三六年四月号に掲載された「農民の歴史的性質」は数十ページにわたる長大なものである。この論文は、主に「経済外強制」や「封建的地代」にかんする平野説を俎上にして、土屋喬雄、櫛田民蔵の所説を援用しつつ、実証的な統計も紹介して日本の農民の性質を具体的に分析した。「方法論批判」から積極的な研究に重点が移っていた。

まず向坂は「半封建的」の「半」についての自らの積極的な規定を示す。すなわち「農村に封建的性質が残存していることについては…なんびとも問題なく承認しており、したがって、われわれがこれを半封建的性質という場合には、農村経済機構をさして、『範疇として』封建的ともいうべからず、しかもなお『範疇として』資本主義的ともいうべからざる状態にあるとするのである」。「前者が崩壊しつつ後者に移行せる状態」である。

この「過渡的な具体的な現象について半というのである。一つの範疇に属しないとすれば、他の範疇に属しなければならぬという考え方は、発展の法則を忘れた公式論である」。

「経済外強制」に関しては、「封建制愛好者によって虎の子のようにだいじにされる名子制度」について土屋が「いちじるしく近代的性質がはいりこんでいる」と論証したことを紹介する。そして農業における歴史的発展の動力となる矛盾はどこにあるかを次のように総括する。「問題は、農奴制的不自由に対する自由なる所有の要求の矛盾ではなく、小所有に対する社会的生産力の矛盾であり…きたるべき歴史的展開の主眼は、自由なる小所有の確立ではなく、確立された小所有をいかにして社会的に集積されたものに転化するかにある」。

さらに、「半封建的地代」論に言及する。平野の「半封建的地代論」(『改造』一九三五年一一月号)批判である。高額小作料については「同じ高額でも決定の法則は、経済外的でなく、経済的なものとなった。競争の法則である。このことを理解せずして、なにゆえに高額小作料がながく今日まで維持されたかを知ることはできない」と主張した。

また平野が、櫛田民蔵は「生産者の直接的関係」からではなく「流通関係」から小作料を規定する誤りをおかしたと批判したことをとらえ、平野こそ、農奴として土地に緊縛されて搾取される関係から、自由なる土地所有者として搾取される関係へと、「生産者の直接的関係」が変化することを理解していないと批判する。ちなみにこの地主と小作農の「直接的関係」の固定的な理解は、日本資本主義論争の初発段階(一九二八年)で、野呂栄太郎が猪俣津南雄を批判した際、土地所有の性格は「土地の所有者が直接的生産者に対して占むる直接的関係」によって判断しなくてはならないと強調して以来の、講座派の固定観念であった。

この論文で向坂は小作農についてこう述べた。

「小作農は、その大部分がいかに貧乏していても、社会的性質としては、一定の生産手段の自由なる所有者として独立の農民であり、…かかるものとして資本家と同一の性質をもち、みずから労働する自由なる労働者として賃金労働者の性質をもつ。正確にいえば、この二つに分解発展すべき性質を内在している。彼等の競争の法則にもとづく窮乏化の現象は、かかる分解の発展である」。小生産者のもつ内在的な矛盾の展開から、その分解を説明するのはマルクス主義の常道なのであるが、この「資本家と同一の性質」云々に平野がかみつくのである。このやりとりは後で紹介しよう。

さて、向坂は小作農がたやすく「分解発展」していると説いたのではない。むしろそう簡単には「分解発展」できない困難を説いた。すなわち、小規模の土地にいっそうしがみつき、家族労働力を限界まで投入しながらも低い生産性ゆえに競争に負け零落しつつ、半プロレタリアから長期間かけてプロレタリア化してゆく矛盾に満ちた過程を分析したのである。

これに反して平野の方が農民の分解を機械的に理解していた。彼は、身分的な土地への緊縛などの「経済外的強制」さえブルジョア民主主義的な変革で排除すれば、資本主義的な農業、すなわち土地所有者と借地農業資本家と農業労働者があらわれると観念した。日本で農民の分解が進まないのは「経済外的強制」が存在するからだと思い込んだ帰結であった。この硬直した理解については向坂は「農村工業化の問題を論ず」(『先駆』一九三五年六月号)で、

「経済外的強制」の存在しないフランスやドイツでも「封建的残存物」が「清掃」されてはいないと指摘した。この問題は、後に木村荘之助（河合悦三）への反批判で展開する。なお、平野が「経済外的強制」と見なした要素は、十年余の後にＧＨＱの農地解放によって一掃されるが、それでも過小農制という「封建的残存物」は一向になくならないのである（第六章二—3）。

平野の無理解のもう一つの例は、向坂が「農民の歴史的性格」で、「農民経営には自足的な部分を残さぬではないが、これもすでに貨幣計算を許している（観念において金である）」と述べたのにたいし、平野が「頭のなかだけの観念でもって…擬制するのみである」とかみついたことである。現物小作料も「観念において金である」という規定は、櫛田も「封建的地代論」批判では重要な根拠として使用したところであるが、これが貨幣の機能の一つとして「価値尺度」機能を意味するのは、少しマルクス経済学をかじったものならわかることである。だから向坂は「平野氏はマルクスの貨幣論をまったく知らない。貨幣論を知らないで、商品を云々する度胸は、みずからいうように『法制経済教師風』のみのよく有するところである」（「農民層分解の一研究」、『日本経済四季年報』一九三六年一一月）と言ってのけた。

山田・平野批判の公にされた最後といってよいものとして、「日本における封建遺制の問題」がある。これは三五年一〇月に、全購連にいた相原茂らが企画した産業組合中央機関職員講習会で、美濃部亮吉、大内兵衛、近藤康男と並んで講演した速記を、三六年六月に『現下の農村問題』として時潮社から刊行したものである。話し言葉なのでわかりやすい。

向坂の講演への「質疑応答」では、参加者がどうしてものみこめない様子もうかがえる。おそらく参加者は農業問題にくわしいインテリ職員だから、講座派へのシンパシーを有していたものも少なくなかったろう。農村では「地主のはるか手前で平伏してあいさつする」とか「冠婚葬祭で封建的な座の占め方が依然としておこなわれている」とか、「封建的」慣習を例にあげてはくりかえし「封建的なもの」が存在すると向坂に詰問するのである。向坂はやはり「あなたが推測されるほど私は封建遺制を軽く考えてはおりません。しかし同時に資本主義社会に向うよう変化されているかどうかということを研究しなければなりません」とくりかえし答えている。業を煮やして「都会の労働者でも、冠婚葬祭の場合に労働者が下座に座って資本家の息子が上座に座るということはある」とかんでふくめて説く場面もあった。

今のわれわれが、向坂の論争文を読めば、同じように資本主義の法則ばかり執拗に説くものだから、ややへキへキするかもしれない。しかし当時向坂が、どういう固定観念におおわれたインテリゲンチャの頭を解きほぐそうと論争に臨んだのか、想像をしておく必要があると思う。「聖書」を叩きこわすくらいの強烈さがないと、この固定観念は揺るがなかったのである。

4 山田盛太郎の「つぶやき」

さて、問題は向坂の批判にたいして、山田、平野の両巨頭がどう応戦したかである。結論から言えば、平野のジャブを除いては反論はなかった。

平野は、櫛田への批判は相当筆にしたが、どういうわけか向坂にたいしては、すでに見たように、「観念としての金」云々の件と、「農民の資本家と同一の性質」云々（後述）について批判しただけだった。山田は沈黙した。この沈黙については向坂は、「相手方のご本尊たちは、コソコソとすみの方でつぶやいているだけ」（「『封建派』批判・余論」、『サラリーマン』一九三六年五月号）とやんわり触れただけで、それ以上はあげつらわなかった。

しかし、その山田が一回だけ沈黙を破ったことがあった。三五年一二月一二日に東大経済学部の経友会の講演会で「再生産表式と地代範疇」という演題で話をしたのである。批判にはじめて応えるとの期待もあり、立錐の余地なき盛況だった。ところが記録は「帝国大学新聞」（一二月一六日）の次のような要約しかない。「発展一般、発展することが問題でなく発展の型が問題なのだ。…全構造から見なければそれが発展なのか分解なのか分からない。例えば現在の関係からみて旧来の関係が壊れて行く時それは直ちに資本主義化といいえぬかも知れぬ。一般的危機における一要素の分解だけであるかも知れぬ」。「純粋に経済的な形態に対して経済外というのだが、これにおける関係は必ずしも眼に見える素朴な強制を必要とするのでなく、諸関係のマハトで充分説明できる」。

「発展の型」は向坂も日本資本主義が特殊な発展をしていることは大前提に論じているのだから、反論にならない。しかし旧い「構造」が壊れても「資本主義化」でない物を生み出すと言われると向坂は納得できないだろう。「経済外的強制」についても、地主と小作の封建的外皮に覆われた「直接的関係」だけではなく、その日本資本主義の生産関係総体における存立条件を論証せよという向坂の問いにたいして、「諸関係のマハト」で充分だと言うのも禅問答だ。『資本論』第三巻の「資本主義的地代の生成」に言う「諸関係の力」とは、労働地代から物納地代に変わる段階の「経済外的強制」の作用の変化を述べたものであって、これで「充分」と言われても納得できるものではない。向坂がこの講演会の内容を伝え聞いたかどうか、言及は見あたらない。

山田盛太郎の独特のキャラクターについては、東大経済学部の同僚だった有沢広巳はこう回想している。大森と福本イストの対立が激しくなったころ、山田は有沢に「大森君と同じ行動に出ないように、婉曲にぼくを説得しようとしているように思われた。ぼくは山田君となんども会い、その問題で話し合った。…山田君はいよいよ理論的につきつめた考え方に立っているようだが、その考えにゆとりを与えることが、この際むしろ山田君のためによいように考えたからであった。…山田君もむろんその考えをかえようとはしなかった。…その後も学校ではずっと親しくつき合っていたのですが、山田君の心の奥底にある考えはますます奥底に沈んで、ぼくの前でもふたたびその一端すらあらわれることがなかったのです」(『学問と思想と人間と』)。

もっとも山田、平野両巨頭がその後反撃ができなかったのは、口を封じられた事情もあった。いわゆる「コムアカデミー事件」である。すでに向坂が講座派批判を一とおり終えて、北海道の農業調査など現状の研究に入ったころの三六年七月一〇日に、山田、平野らが検挙されたのである。半月ほど前に検挙されていた相川春喜の供述をもとに「日本共産党への協力」とされたのが理由だった。山田と平野らはその後「転向を誓った」と大々的に報道され、翌三七年三月には起訴猶予として釈放された。以降、山田、平野だけでなく講座派の論客のほとんどが論争については沈黙を余儀なくされ、「転向」して論壇に復帰しえても当局の許容する範囲内でしか筆を執れなくなったことは言うまでもない。もっとも平野はかなり華々しく論壇復帰をする。

5　論争余話

こうして日本資本主義論争は権力によって打ち切られてしまった。向坂ら労農派の一網打尽もすぐそこに迫っていた。

以降の向坂は、少なくとも総合雑誌誌上の論文には、山田、平野両氏の名ざしの批判は控えるようになる。「水に落ちた犬をたたく」ようなアンフェアなことはしなかった。平野の貨幣論への無知を指摘した『日本経済四季年報』は共著の一部だ。それ以外は『日本資本主義の諸問題』(一九三七年一〇月)に書き下ろしで加えた「マルクスにおける近代的土地所有」で山田・平野説批判を再論しただけである。この論文の筆を執った時は、すでに山田、平野の両氏は「転向」して釈放されていたから、遠慮も不要だったのであろう。ただ同書も向坂の検挙で発売は不可となり、店頭では三カ月しか陽の目を見ることができなかった。

それはさておき、大勢いた両氏のエピゴーネンは猛然と向坂に反撃を加えてきた。それにたいしては向坂はあまり相手にしなかったが、「『封建派』批判・余論—論争つれづれ草」(前出)で軽く批評した。

まず「東朝」新聞(一九三五年一二月一日)の論壇匿名批評が「資本主義経済の日本型が独占的金融資本支配の現在では全然解消したみたいでも困ります。その解消の程度、構造的変化の進行程度の具体的な点に講座派と労農派とでどれだけの差があるのか、その検討から逆に方法論問題へ及ぶべきが本当です」と論じたことを、「私の論文を全然読んでいない」「まったく両派の争点を知らない」見本として取りあげた。

そして「この論争から新たなる理論的発展や日本資本主義の構造に関する新知識が生まれてくるという期待よりも、われわれの理論を公式に固定化し、石女に化する封建一派の考え方の徹底的批判を通じて、神々を転落させて凡俗なる誤謬にすぎないことを明らかにすることが重要である」。「宗団的態度がいかに根本的な誤謬を生むかを…明らかにすることは、わが国における理論的および実践的発展にとって重要なる条件である」と述べた。

もう一つは戸坂潤の批評である。哲学を専門とする戸坂だから、「半封建的」とか「インド以下的」についてまでも山田を弁護しようとしたのが無理だった。「余計な言葉は抜きにして、実質的で重みある、有益な議論をして欲しい」という戸坂の注文にたいしては「一番よけいな言葉は坊主主義者のしかつめらしいお説教だ。このことを心得られたい」と応えた。

また『日本資本主義の諸問題』には、主要な総合雑誌の論文を収録したが、その際におびただしい注釈を書き加えた。その多くは、当該論文に寄せられた講座派エピゴーネンたちからの批判への反批判だった。

「『日本資本主義分析』における方法論」への注釈では、内田譲吉の『日本資本主義論争』(一九三七年四月)をとりあげて、「印度以下的労働賃金については、今日ではもう一座の笑い話になってしまった、と思っていたら、まだ、まごまごとこれを本気で考えている」と揶揄した。同じく相川春喜が、向坂がソヴィエトの学者・ポポフを援用したことにたいして、ポポフはトロツキストだと批判したのにたいしてはこう応えた。「こういうやり方は、相川氏のような『半隷奴的』エピゴーネンにのみ権威があるのである。彼の『新トロツキスト』として犯した政治的な過誤があったにしても、彼のいった正しい意見は正しいのである。ある時は、なんでもある理論的指導者の一言一句を暗記して尊奉し、…一朝その人に政治的失脚があると、手をかえすがごとく、その人のいっさいがまちがっていると、わめきたてる態度には、われわれは無縁でありたい」。

相川や内田が「型制の不変」になおこだわるのにたいして、次のように指摘する。封建派は「日本資本主義は、その世界資本主義における特殊なる地位からいって、旧い遺制を残したまま…その歴史を終わる時期にいたる」と言うのかもしれない。「もし、そういうことであるならば、われわれも反対ではない。いや、われわれは、そういう条件から日本資本主義の分析に対している。しかし、こういう議論であるならば…理性ある研究者の間に、問題なく解決されている」。「封建派諸君は、あの特製のいたずらに人をまどわすペダンティックな言葉で、こういう一般論、公式論をやっていたにすぎぬことになる」。

「農民の歴史的性質」への注釈では、木村荘之助（河合悦三）を槍玉に挙げ、「人が一行ですましうるところをくどくどと話をAから始める。自分の知らないことは他人も知らないと思い、自分のはじめて考えついたことは、他人が、とくに考えているなどとは反省してみようともしない。世にもうらやましき幸福の人である」と評した。

さらに別の注釈では木村を「ベルンシュタインの修正主義の一歩手前にいる」と指摘する。なぜか。「ベルンシュタインはマルクスの学説を解して、資本主義における生産力の発展は、資本の集積集中として現われ、『苦もなく小経営を拡張するか、没落せしめるかする』と考えていた。ところが、事実上小経営は執拗に資本主義下に残存した。残存するうちに、不断にその窮乏とプロレタリア化は進行している。しかし彼が考えていたほど急激でなかった。このことから彼の下した結論は、マルクス説の『修正』であった」。資本主義の下でも小経営はイギリスのように典型的に消滅するわけではなく、一定の歴史的段階では、小経営は「飢餓的な子女虐使的な長時間労働による抵抗力を」示さざるをえず、内部にプロレタリア化を常にひきおこしつつも簡単には存続をやめられない。このことは、向坂が日本における零細農民の根強い存在の分析にあたってくり返し述べたことであった。

これに反して、木村は、小農民が資本家的農業経営と労働者に分解していない以上、資本主義社会ではありえず「封建制」でしかないと、硬く観念する。

「資本主義の支配の下に、都市工業における小経営と、ことに、農民的小経営とが、急激に消滅しなかったことは、いわゆる修正派論争にふくまれて、一九世紀から二〇世紀初頭にかけて、マルクシズムの最大の問題の一つであった。

木村氏はこのことを忘れている」。

マルクス主義の総合的な理解というよりも、各専門分野で特化した知識しかもたない講座派エピゴーネンにとって、批判するたびに自らの基礎知識の欠落を指摘される向坂は扱いにくかったろう。

平野にも一太刀あびせている。

「農民の歴史的性質」で小作農が「生産手段の自由なる所有者としては資本家と同一の性質をもち、自ら労働する自由なる労働者として賃金労働者の性質をもつ」と、向坂が述べたのにたいして、平野がかみついた。飢餓的な小作人はその生産手段も「資本」とはいえないから「資本家と同一の性質」を持ってはいない、というのであった。おまけに平野は「欧州大戦中から大正末期までの、ある特例」として小作人の生産手段が「資本」として見られたなどと口走ったものだから、向坂は飛んで火にいる虫とばかりに取りあげた。曰く、自分は「生産手段の所有者」とは言ったが「その生産手段が資本である」などとは、どこでも言っていない。そして「日本の小作農が資本家であった時代を知らぬ」。「こんなことは、経済学の基本的な問題に属し、平野君以外にはいまごろこんなことを大まじめに否定するものなどいないのだ」。

ついでであるが平野は向坂の批判が最後までのみこめなかったらしく、戦後になっても、「(向坂にたいして)生活のための小作と利潤のための小作との混同をいましめたのです」と得意げに語っていた(『昭和経済史への証言』中)。『日本の科学者』(一九八〇年一月号)誌上の対談でも「労農派の人たちはドイツとイギリスをごちゃまぜにして、いちがいに小作といっても、一種の資本家的性格があるようなことを言って問題になりました」と語っている。いずれの回想でも、労農派への批判らしきものは、ただこの一点でしかないのだから済度し難い。例の「観念としての金」もそうだが、政治学者・平野は、マルクス経済学には半可通だったので、怖いもの知らずで向坂に食いついたようだ。向坂には食いつかなかった山田は、『資本論』を識っていたから慎重だったのであろう。

三　論争の周辺

1　レーニンを咀しゃく

向坂はレーニンの著作としては、戦後は主に『帝国主義』と『国家と革命』を取りあげた。しかし戦前は主に『唯物論と経験批判論』と『ロシアにおける資本主義の発展』(以下『発展』)から強く影響されたと回想していた。

前者は新カント派的な観念論から脱却させてくれた書であったが、後者はそれをよく咀しゃくして日本資本主義論争で自分なりの言葉で生かしたのだった。『発展』自体を取りだして論じることはあまりなかったが、『レーニン伝』では「不朽の名著の一つ」としてつぎのように紹介していた。

一九世紀末のロシアのナロードニキ経済学者が、マルクスの再生産理論を曲解して、ロシアでは海外市場の欠落と「国内市場の存立の不可能」という事情から、「資本主義の発展は不可能であって、その固有の村落共同体の基礎の上に一足飛びに社会主義社会を建設するほかない、と主張した」。これにたいし「レーニンは、マルクスの再生産の理論を借りて…資本主義は、その再生産の過程の中に、それ自身で、自己の商品の市場を見出して行くものであることを論証すると同時に…ロシアに於て、如何にして国内市場が形成され、事実上資本主義が成立し発展しているかを立証した」。「この書はブルジョア大学教授によりても偉大なる科学的著作として高く評価され、パリにあったコヴァレフスキー教授は『レーニンはどんなに偉い大学教授になれたことだろう』と言ったという。この大学教授的に最大なる賛辞があるに拘わらず、彼は大学教授にはならなかった。彼は労働者ロシアの指導者になった」。

二四歳のレーニンが流刑地で『資本論』と膨大な公的統計を読みこなして仕上げた『発展』には瞠目したにちがいない。今日ではあまり話題にならぬ『発展』は、レーニンの経済学書として『帝国主義』と並びマルクス主義の現状分析の方法の模範例として、すぐれたものであった。向坂の現状分析の方法の立脚点を定めたと言ってよい。「『日本資本主義分析』における方法論」と「資本主義における構造的変化の問題」、および「農民の歴史的性質」においては、『発展』から多くが引用されている。

たとえば、平野が理解できなかった「農民の二重性」の問題である。レーニンは『発展』の第二版序文で「農民の二重の立場と二重の役割」、「内的に矛盾した階級構成」、「内部にある経営主的傾向とプロレタリア的傾向の敵対」を、ナロードニキはまったく理解できないと述べている。この対立・矛盾の展開がロシアでは〇五年から一七年にかけての巨大な農民政治勢力の分化・変遷として、現実として分かりやすかった。しかし、大衆運動のない日本では、平野のようになかなかのみこめなかったのである。

なお、レーニンは『発展』を脱稿したあとで入手したカウツキーの『農業問題』を「もっとも注目すべきもの」とし、ロシアと西ヨーロッパではまったく異なった条件にありながらも農業の資本主義的進化の「基本的傾向」が同じであることを解明した点を高く評価していた。『農業問題』を訳出していた向坂もわが意を得たりだったろう。

他方でレーニンも、農民の分解は機械的に進むものではないことはわきまえていた。

レーニンは、「資本主義は土地をもたない自由な労働者を必要とするという理論的命題が、わが国の文献ではあまりにも紋切り型に理解されている」と指摘し、「農業においては、資本主義はとくに緩慢に、きわめて多様な形態で侵入してくる」ことを、実証した。そして、困窮ゆえのいっそうの土地への緊縛や、賃金労働者以上の強労働で家族ぐるみで懸命に働き零細経営を維持する実態を、生き生きと示した。だからといって、農民が零落するほどに農村共同体に立ち戻るという、ナロードニキ的空想を排し、にもかかわらず、否、それだからこそ時間がかかっても、農民の分解とプロレタリア化が進むと説いた。

同じように向坂も、日本農業の「半封建的」状態が、劣悪な労働で「分解」に逆らいながらも、いかにジワジワと分解を促進するかをくりかえし示した。

ロシア版「資本主義論争」の書といえる『発展』の記述と、向坂の諸論文を、テーマごとに比較すると、レーニンが乗り移ったかのような向坂の態度がよくわかる。

2　積極的な現状分析に向かう

向坂は実証的な調査と研究領域にも踏みこみ始めた。「方法論」よりは、こちらの方が楽しかったようだ。

三六年七月にはほぼ一カ月かけて北海道に農村調査旅行に出かけた。農牧畜産物の商品化の歴史を調べるために、大内兵衛の紹介状をたずさえて札幌近郊の町村牧場をおとずれたのを始め、函館から北見まで農事試験場もたずね歩いた。その成果は、「資本主義と農業—北海道旅行報告その一」(『改造』一九三六年九月号)、「北海道農業瞥見記1~6」(「北海タイムス」一九三六年九月五日~一〇日)、「北海道の農業—旅行報告その二」(『改造』一〇月号)に寄稿したが、検挙されなければ「全国を調べあるくつもりでいた」(「大内先生と『白雲幽石』」)。

『改造』の論文は一服の清涼剤のような感がある。ファッショのカーキ色におおわれる東京から、もっともよい季節に北海道を回ったことも一因だろうが、何よりも近代工業との競争下に、極限までの家族労働で絶望的に対抗する内地農民の実態とは異なった、近代的な農業経営を見聞したことが作用したと思われる。

「M牧場主は理想家である。農耕の理想を説いて止まない。…神がかりの説教ではなく…科学を如何に農耕に適用すべきかを、起業家的な熱意を蓄へて、しかも平静にじゅんじゅんとして説くのである。牧場を渡ってくる早朝の微風のように心よいものであった」。「神がかり」云々は、零落せる農民を前に「農本主義」を唱えるファッショ・イデオローグへの皮肉であろう。

　M牧場の「すべての人々の挙措に農民生活の停滞と遅鈍とがない。…人々の想像だにしなかった農村における近代的なものの有ついろいろな面を感得することができる」。「しかしこの知識とこの理想と生活とが農村に一般化するには、日本農業は、すでに日本全体の余りに末世的な事情の中にまきこまれてゐる。この事実は、社会に大きな変化のない限りどうにもならないものであらふ」。「農場の広場を歩きまはってゐると、これがほんとうに農業だと思ふ。星をいただいてどうとかするといふやつは農業ぢゃない。近代工業と肩をならべる農業ではない」。

　この快い興奮ともいうべきルポルタージュの味わいは、今日のわれわれには賞玩しきれない。

　向坂自身の日本資本主義分析は、総合雑誌の論文としては「資本家的農業経営について」（前掲）からで、以降は『日本資本主義の諸問題』発刊にあたって書き下ろされた数編が執筆されはじめた。

　「資本家的農業経営について」では、小農および中農の分解について、その日本的な特質に言及した。すなわち「中間層窮乏の傾向は、現金収入をうるために副業についで賃金労働に従事するということに現われているが、日本資本主義はこれらの層に十分の賃金労働を供給しえない。いきおい彼らの窮乏は他の一面に現われなければならぬ。…これらの経営が窮乏に対抗する唯一の道は、『ただの労働』である家族の労働を強化するにある」。「家族労働の『合理化』は、…農民のプロレタリアに転落する前の最後の抵抗線である。…ただ、この過程が急速に進行すると考えることはできない。この最後の抵抗線は、かなりに屈伸性に富んでいるものである。ことに都市工業がこれらの『過剰』なる人口を吸収しえないかぎり、小農民の子弟は超人的に働かなければなるまい」。ここでいう「日本資本主義は…充分の賃金労働を供給しえない」という認識は、はじめて文章として登場したと言ってよいが、先に紹介した宇野論文と問題意識を共有している。

　さて『諸問題』に書きおろしたのは、「第三章　土地所有の近代化」の四つの論文である。

「土地所有の近代化」はこう始まる。

　山田・平野批判をはじめてから二年すぎて「今日では、『封建派』的信仰は、壊滅に近く、旧き信仰をそのまま人前にだすのは、白昼の幽霊のごとく、こっけいにさえ見える。…『封建派』批判というだけのためならば、もうだいたい役割は終わったといってもよかろう。しかし、私は、最初から意図していたように、この論争を通じて私自身の研究をまとめて、日本における資本主義の発達とその将来の変化にかんする多くの人びとの研究に協力したいと思っている」。

そしてまず「土地所有の歴史的性質」について、マルクスにしたがって、資本主義にとっては土地私有は異質なものであって、それなくとも（つまり土地が社会有化されても）資本主義は成立すること、土地私有は資本家階級にとっても「負担」であって、地主から土地を社会有に移すことによって、絶対地代は無用となるし、差額地代も地主の手から資本家階級の共有になることをおさらいする。そういう意味では地主は本質的には封建的な存在である。そして地主がいかにブルジョア化しても、土地所有をしているかぎり、「封建的」であることに変わりない。イギリスですら大土地所有は存在するように、現実の資本主義は「封建的」な地主を完全にはなくしはしない（この辺りは、レーニン「ロシア社会民主党の農業綱領」を援用した）。ただ地主を資本主義に適応させるという意味で「地主のブルジョア化」は確実に進行する。

なぜこのようなことを再確認したかというと、山田・平野が「地主のブルジョア化」というと、封建的な性質はなくなるかのように誤解して混乱をひきおこしていたからである。

さて、論争渦中で急逝した櫛田民蔵については、多くの遺稿が大内兵衛らによって三五年春に続々と発表された。だから講座派からは天国の櫛田に向かって引きつづき論争が挑まれた。かわって反撃するのも、主に向坂の役割であった。そこで向坂は、「農産物の商品化と小作料」と題し、まず「観念としての金」＝貨幣の価値尺度機能を再確認しつつ、現物小作料も「今日明白に貨幣計算を許すものである」ことを、帝国農会の『米生産費に関する調査』や『農家経済調査』などによって詳細に明らかにした。そしてそれを小野武夫や中村寅一らの中世農民の研究と対比させ、いかに商品経済によって封建的な自給自足経済、なかんずく小作料が大きく変容するかを説いた。

そしてこう述べた。「現物小作料である米と農業生産物の一般的商品化を立証することは、…現行小作料が資本主義的地代たることを証明せんがためになされるのではない。すでに、そこに一般に商品の、ことに資本主義的商品生産の法則である競争の法則の支配のあることを立証せんがためである。…そこには、今では封建的な地代はないが、しかもなお資本主義的地代もない。前者から後者への移行過程を意味する、その意味で『半』であるところの、過渡的地代形態を見んとするのである」。

小作料の性格について向坂が「過渡的地代形態」という規定をしたのは、この論文がはじめてと思われる。

向坂は後年の回想（前掲「櫛田民蔵」）で「櫛田さんの『日本農業に於ける資本主義の発達』は極めてすぐれた論文で、私はマルクスの理論が、日本資本主義の発達の分析にどう適用されなければならぬかを、この論文で学んだ」とし、絶筆「米生産費について」について、「櫛田さんが、この問題を例の徹底したやり方で追究し、完成されないでしまったのは惜しみてもあまりあることである」と述べた。

『日本資本主義の諸問題』は、育成社の「日本政治・経済研究叢書」の一つとして三七年一〇月に刊行されたものの、二カ月後の向坂の検挙と同時に発売禁止処分となった。

なお現状分析となると資料が決め手だが、その分野では土屋喬雄に期待したらしい。戦後も二〇年もたって「土屋君に会うと…君は昔から資料を俺のところに集めさせて、大いにやると言っていたではないか。俺は一生懸命集めているから、利用してやってくれと、今でも言う」と語っていた（『唯物史観』復刊4号座談会）。

3　猪俣津南雄への敬意と反発

ここで理論的には微妙に平行線をたどった向坂と猪俣について振りかえっておこう。

猪俣は向坂より八歳年長だった。一九二一年に米国留学から帰国したときすでに、若き猪俣の気分はボルシェビキだった。他方、研究室で勉強していた向坂は、入れ代わるようにドイツ留学に旅立った。帰国して猪俣の『金融資本論』が出版されているのに驚いて、猪俣には一目おいたものと思われる。二九年には猪俣の『現代日本研究』を高く評価する書評を寄稿した。彼の「日本ブルジョアジーの政治的地位」については「日本労働者階級の運動に期を画した論文である。…『労農派』の運動の理論的基礎を提供した」（「猪俣津南雄」）と、戦後も高く評価した。理論家でありかつ実際運動に全身でコミットする姿には、敬意を払ったにちがいない。

猪俣もまた、向坂には一目おくようになったらしく、自分の地代論争論文（『中央公論』一九三〇年二月号）の原稿を持参し向坂の意見を聞きに遠く鵠沼の向坂を訪れた（第二章四―4）。とはいえ向坂の回想では、両者の自宅への往き来は向坂が一回だけ猪俣宅を訪れたのを含めて二回だけだったと言うから、個人的な親交ではなかったと思われる。

また、向坂が猪俣と接するようになったころは、日本大衆党の清党運動など、猪俣の実際運動上の挫折は、山川と猪俣の『労農』同人からの離脱という事態を招いていた。

当時、堺ら同人たちが、山川と猪俣の間を調停して『労農』に復帰させるための努力がされていた（『マルクスを日本で育てた人』Ⅰ　第六話1）。

そのころに、向坂は猪俣の理論的評価を筆にした。本格的な猪俣論はこれが最初で最後であった。「猪俣津南雄氏の資本蓄積論と地代理論」（『中央公論』一九三一年五月号）である。地代論については異説を対置しながらも、「理論的領域に於いて」、「猪俣氏の姿は巨大である。そしてその活動の範囲も極めて広範である」と述べた。そして「資本蓄積論」に関してはこう評価した。

この問題はローザ以来「幾多の異論」があるように「なまやさしい問題ではない」が、「我国に於いては初めての人として独立の考察をなし、この問題の取扱いを一段と上の段階に引き上げた人は猪俣氏であったといふことにちゅうちょしない」。猪俣は『『資本論』体系の中で蓄積論がいかなる地位におかれておるかを先ず考察する立場」から「問題の解決に近づかれた、吾国に於ける最初の人である」。しかしなお猪俣の見解をふくめても問題の解決は「異論の余地なきまでには何人によりてもなしとげられていない」。

ヒルファディング、レーニン、ローザなど帝国主義段階のマルクス主義の理論的諸問題について、早くから言及しえた猪俣に、必ずしもその結論には同意しなかったものの向坂は触発されたのである。

その後、実際運動において猪俣は孤高になった。彼にしたがった活動家の多くは共産党系の非合法組合「全協」に解消してしまう。共産党にカンパした容疑で取調べを受けたこともあり、非合法運動への接点もあったようだが、合法大衆運動の方面では、高野と木村禧八郎と全農の一部に近い者がいたほかは寂しくなった。

それはともかく、実際運動から遠くなったが、理論活動に精力を割けるようにもなり、『金の経済学』、『農村問題入門』、『窮乏の農村』、『インフレーションの基礎理論』などを著してよく売れた。これに太刀打ちできる売れ行きの著作としては、向坂はかなわず、大森義太郎の『唯物弁証法読本』くらいであったろう。

猪俣はしばらく日本資本主義論争からは身を退いていたが、『封建遺制論争に寄せて』（『中央公論』一九三六年一〇月号）で一回だけ沈黙を破った。

まず論争に参加しなかったわけについてこう述べている。「私自身は山田氏の著書に対しては前に一通り批評を述べてあるし、山田・平野両氏の著書に見える私への批判はつまらぬ思い違いによるものだし、それに前の地代論争の時のようにあまり横槍が多く入っては論争者達にも迷惑なことだから、私の発言は論争が一段落ついてからでもよかろうと思っていた」（この「横槍」云々の意味は第二章四―4で触れた）。

山田については、「図式化への誘惑こそは、思考し分析する者―分けても現代日本の若き理論家たち―にとって最大の誘惑であり、最悪の誘惑である」とか「山田氏はただ『規定』しているだけで、説明は与えていない」等々、向坂とほぼ同じ切り口である。ただ「経済外的関係」についての「論争が近来かなりスコラ的になって来たようで、面白くなく思う」と述べた辺りは、当時のこの種論争ではほとんど向坂一人で担っていたから、向坂への苦言ともとれる。そしておそらく向坂との違いを意識した見解をこう述べる。「高率小作料」の原因が、経済外的強制ではなくして小作人間の競争にあるとしつつも、「しかし私は、『単なる』競争によって説明しようとするのではない。競争が半封建的な諸条件、諸関係の下で行われること、行われざるを得ないこと、それが重要な点である」と言う。そして「半封建的な諸条件とは如何なるものか。これが研究さるべき問題である。論争の当事者達は、双方ともまだこの問題に十分な具体的解答を与えてはいない」と。

そして「私は一通りの解答の用意はあるつもりだが、それを要約的に述べることは差控える」と言いつつも「農村における高利貸資本の独特の発展形態と、日本の村落共同体の独特の構成とを双方相関連させて分析することが必要である」と示唆する。「独特の構成」は「封建制の以前に成立したが、現代に持越されている」ものであり、「水田耕作の方法に制約される諸要求を体現しているもの」と規定した。マルクスの「アジア的生産様式」論である。向坂は、「半封建的」なる状態の分析とその変容について、猪俣論文が発表されるより半年前に「農民の歴史的性質」でかなり詳細に論じていた。猪俣はそれでも物足りなさを感じたであろう。自分は「アジア的生産様式」の探究に入っていたのである。

「アジア的生産様式」をめぐる議論は、マルクスの「ザスリッチ宛書簡」などをもとに当時ソ連でも栄んであった。猪俣は『農村問題入門』（一九三七）で日本の特殊性解明にこれを適用した。かって野呂の「国家最高地主」説を批判した論法との整合性は不明であるが、ともかく封建遺制の強固さについての山田=平野流の「経済外的強制」論ではない、独自の論証の努力に向かったと言ってよい。やはり晩年は向坂とは反対の方角に目を向けていたのである。

4　猪俣津南雄回想

戦後になって、向坂は猪俣についてよく回想した。

大内兵衛との対談（『社会主義』一九六五年一一月号）ではこう語っている。

『農村問題入門』を重視する大内に対して、「猪俣さんがレーニンやカウツキーを読まれたものが非常に公式的に、日本の農村に適用されているんじゃないかというような印象をもっています。それにしても…われわれの理解を助けるのには役立った本だと思います」とやや的外れに応じた。『金の経済学』は「その時代には、実は僕自身が猪俣さんに批判的になっているときだったものだから、こっちの方はあまりたかく評価しなかったな」と述べた。

大内が「俗流経済学的だという意味ですか」と問うと、「そういうふうにいい切っては、猪俣さんに気の毒だと思うけども」、「それを実際の現状分析の問題にまで持ってゆこうとされた努力は、認めなきゃならんと思うけども、マルクシズムにたいしての理解が、それと現実と結びつけることにおいて、すこし簡単に考えられているんじゃないか」と応えた。

一方、彼の実際運動面についてはこう述べている。「横断左翼」つくりで「無産政党における猪俣さんの指導振りは、山川さんとは違ったわけですね。それで、決定的に山川さんと別れるようになっちゃったと思う」。「性急な指導ぶりをやって、ことに右派の暴露をすべきだということで、つまり、その暴露戦の中で左翼がずっとのびてゆくという方針だったのです」。「櫛田さんほどには『資本論』やマルクシズムにたいする深い理解はなかったと思いました。だけれども、あの当時の労農派の中では、もちろん非常に高くそして広く経済を知っていた人だったと思います。ただ、猪俣さんが持っている性格が、運動の中では拡がりえなかったし、猪俣さんを支持していた人たちにも猪俣さんの理論的な水準をちゃんと評価し、これを消化する人が少なかったんじゃないでしょうか。山川さんの方は、逆に支持者があったし…自然、猪俣さんは影にかくれたんじゃないか、と思うんです。だから、僕はやっぱりもういっぺん猪俣さんの意義を再評価して考えなければならんときじゃないかと思います」。

どこか孤高の影と、カリスマ性を有していたらしい猪俣には、心酔者も現れたであろう。

また、次のような回想もしている。

「櫛田さんと猪俣さんのちがいは、櫛田さんは議論するときは実に準備していくんです。だからどういう手持ちの駒をもっているかということをはじめみないと、うっかり議論はじめられないのです。猪俣さんはだいたい百のものは百二十ぐらいだせるというジャーナリスト的なところがあります」。（前掲『昭和経済史の証言』中）。

しかし向坂は、こうも述べていた。

「私は山川さんのコミンテルン批判に、そのまま同意することはしなかった。この点では、私は猪俣津南雄さんに近かったかと思う。これも猪俣さんと議論したことはないから、はっきりはいえない」。「労農派のなかで政党の問題をはっきりだしてきたのは、時期はちょっと遅れますが、むしろ猪俣さんだったように思う。その意味で猪俣さんについては、もういっぺん検討する必要があると思う。あとで無産政党論に関連する横断左翼のことで、山川さんと猪俣さんははっきりちがってくるが、猪俣さんは、前衛党については、ひじょうにはっきり考えようとしていたようだけれども、それをどうしてつくっていくかについては、少し性急でありすぎたのではないか」（「社会主義協会テーゼ学習のために」）。

向坂と猪俣が最後に会ったのはいつか、確かにはわからない。人民戦線事件で釈放されてから「一度お会いしたと思うが、その時は、猪俣さんのからだが、さすがに弱って見えた」（前掲「猪俣津南雄」）とだけある。治安維持法容疑の被告として出廷したときであろう。山川の猪俣追悼文（「その夜のこと」一九四三年　発表は敗戦後）によれば、一九四一年の結審の日に猪俣ほか数人で日比谷公園から銀座に向けて散歩したというから、その際ではなかろうか。

その翌年、四二年一月一九日、東京・赤坂のアパートの狭い部屋で、猪俣は五四歳の生涯を閉じた。

四　検挙直前の日々

1　「日本的なるもの」批判

一九三七年になると、向坂は知識人の間に目立ちはじめた国粋主義や、「日本的なるもの」への傾倒を意識的に取りあげた。

三六年までは総合雑誌にはフランス人民戦線やスペイン市民戦争などが誌面を飾り、人民戦線がブームであった。しかし当局が「人民戦線」という言葉自体も検閲対象としたために、誌面から消えていった。代わりに流行のテーマとなったのは「日本論」だった。仕掛け人は林房雄、推進力は小林秀雄、それに転向組の浅野晃、亀井勝一郎、赤松克麿らが加わってしきりと論壇をにぎわした。盧溝橋事件以降は「列強帝国主義から支那を解放する」という建前のためには、単に「日本的」を中国に押しつけるわけにいかなかった。「支那事変の影響のもとに、『東洋思想』とか『東洋文化』という問題が新たに日程に上り始め…かくて今や『日本的』」なるものは『東洋的なもの』にまで拡大されようとしている」（三木清『中央公論』一九三七年一一月号）。「日本的」なるものに、「東洋」の仮面もつけねばならなかった。この問題については、大森は「日本への省察」（『中央公論』五月号）で、猪俣は「日本的なるものの社会的基礎」（『中央公論』五月号）で批評した。

向坂の『改造』春季特大号の「政治と文化の相克」と、『自由』七月号の「国粋と自由の相克」は対をなすもので、すでにイソップの言葉が駆使されているのでもどかしいが、筆を奪われる直前の向坂の思索の詰まった力作である。

「政治と文化の相克」は、「日本主義」とファシズム批判ではあるが、それは向坂の文化への蘊蓄をかたむけた珍しい文章である。下部構造の上部構造への反映について、機械的でない考察方法を示している。

「ブルジョア文化は、ブルジョアジーによる政治権力の掌握の前に、その華麗な姿を示すことが出来た」。それもブルジョアジーの活力に正比例するような単純なものではなく、ブルジョアジーの活力がフランス革命のような政治的表現をとれなかったドイツでこそ、「ドイツ市民階級の政治的活動を観念において『仮象』」したゲーテやシラー、ヘーゲルなど偉大な文化が生れた。一方日本では、「プロレタリア解放闘争が、当面の重点を政治におかせるといふ特殊な事情は、…ウルトラ政治主義を生んだ」。そこでは「真実に、科学的であり芸術的であるものは、真実に政治的であり得るといふことが、間違って、すべての政治的であるものは必ず芸術的であり、科学的でなければならぬといふ風に考へられた」。そしてウルトラ政治主義が破産すると、今度は「インテリゲンチャにおける政治的無関心といふ現象を生んだ。或は、反政治的気分の醸成となった」。

そしてファシズムがさし迫った問題となるにつれ、今度は「民族的なるもの」「日本的なるもの」という「文化問題が一つの政治問題」としてファシズムの側から提起されている。

それでは「民族とは何か」。向坂は青野季吉が「『源氏』より『アンナ・カレニナ』の方が数段おもしろい」と述べたことを「問題の核心に触れている」と同感し、「吾々は同一民族よりも、他民族にヨリ近く感ずることも出来るのである。民族の同一でなくして、社会生活の同一性がこの共感を作り出すのである」と指摘する。だから「日本人が作った文化といふことは、多くに意味を持たぬ。如何なる時代の如何なる階級生活をなした日本人が作ったものであるかが、その文化の本質を規定することになる。だから、近代日本人が、時代的に遠い日本人の文化よりも、時代的に同じ西欧人の文化的遺産に、ヨリ多く惹かれるのは、少しも無理でない」。ただ「日本人が作った」というだけでは、「日本文化の本質もわからない」。なぜ紫式部が『たけくらべ』を書かないで、『源氏物語』を書いたかはわからない」。

こう述べておいて、向坂は「国民文化を、今日の日本に提唱することは、どういふ意義があるか」と問う。「国民文化」とは資本主義発展期に形成された、近代市民階級の文化であって、西欧にあってはそれは「古代を再発見し、中世の暗黒に埋れてゐた文化的財宝を、白日の下に引出して…消化して成長の糧にした」文化だった。しかし日本では「充分なる国民文化形成の時代を有たなかった。…吾々自身の頭脳で、吾々の古代や中世と共に、西洋の文化をも織りなして、充分に吾々自身のものとして再現する暇もなく、西洋を追はなければならなかった」。たとえば三浦梅園の経済論は天才的なひらめきをもったものではあったが、明治時代の日本人が「先ず取っついて読まなければならぬものは…『国富論』であったであらう」。

しかし貧弱だが日本の市民階級も「国民文化を作った」。「明治大正の文化はそれだ。…国民文化と称するには、不消化の胃腑のやうに、余りに西洋的のものが紛然と原形をとどめてゐるとなげいて見ても、いまさらどうにもならぬ。もう前に進む外にない。これこそ『日本的』とあきらめる外ない」。

かくて「国民文化の提唱は、その物質的土台を欠いてゐる」。それゆえ「かかる提唱は、事実に対する無知か、単なるデマゴギーであるしかない」。「フィヒテの『ドイツ国民に告ぐ』に注がれた情熱と力は、今日、日本で何人も有ち得ない。対象がないのである。ドイツ語を語る国民が四分五裂の状態にあった代わりに、今日の日本は、日本語を統一する以上に、朝鮮語を語る国民をも、支那語を語る国民をも、その統一の下においてゐる」ではないか。

ファシズムは「資本主義がすでに『国民』又は『民族』を失った時代に現はれて、強力政治の統制に服する統一ある『国民』を作りあげねばならぬ。だから、ファシストは民族主義者である。…民族のない所に、民族文化を作らうといふのだから、それは人為的にこしらへなければならぬ。文化が政治に従属しなければならぬ」。それは「政治による文化の破壊である」。

このように巧みに論理を運んできた向坂は、最後に困難な時勢下の心構えを説く。

渡辺崋山や高野長英の知識から直接に学ぶべきものはなくても、彼らが「旧いものとどう闘はなければならなかったか」を知るのは「興味深い」。「伝統、旧い文化は、摂取すべき栄養を有ってゐるばかりでなく…重荷である」。「これに如何に耐へ、如何に闘ふか、その過程に吾々の道徳や文化が生れて来るに相違ない」。

ファシズムにおける「民族文化は、そういふものが、ありうるかどうかでなく、成立させなければならないものである。といふ意味は、プロクルステスのベッドのやうに、はみ出した部分は切り取るといふ方法を用ふるのである。『民族』からはみ出した者には思想や言論の自由がなくなるといふことである」。だから「吾々が、『民族的なるもの』や『日本的なるもの』に対して、一定の回答をなしつつあることは、政治的にベッドからはみ出す部分になるかどうかを、自分自身についてきめてゐることである。しかし、このベッドからはみ出す者だけで、一つの力にならないことはない」。

無理に作り出された「民族文化」の型にはまらぬ者は、容赦なく切り落とされる事態が迫っていることを、静かに覚悟した心中を感じさせる。

この論文は反響が大きかった。「転向」を完了していた林房雄は「トルストイやイプセンを向坂氏以上に再読し三読した人物が、万葉や源氏の方が面白いと言い出したら、こんな講座理論では説明できまい」（「東京朝日」三月二八日）と居直って批判した。小林秀雄は「理屈にはべつだん反対したいものを覚えなかったが、その理屈を辿って行くとやはり常識が戸惑う様な処に連れて行かれる」（同四月一六日）と批評した。向坂の巧みな論旨にはさすがの小林も反駁はできないが、それでも納得できないと言うのである。一流の知性と言われるようになる小林にも潜んでいた「旧い低級な教育」の残滓が、小林をして理性的に考えるのを途中で止めさせたのである。

向坂は「『日本的』論争の結末」なる小論を「中外商業新報」（一九三七年六月一六日）に寄せ、「『日本的なるもの』に関する論争が私に残したものは、日本を知れといふよりも、外国を知れといふ教訓だ。封建論争も、先進資本主義の勉強が足りないことから起こった」と述べた。

もう一つの文化論ともいえる「国粋と自由の相克」は、関東大震災の「鮮人狩り」に有名な知識人が率先参加したことを回顧して、「戦争が始まると、民衆の興奮が、冷静なるべき学者、文士等をも一挙にして普通の人間にして了ふ」ことを喚起する。それは「低級な伝統的な教育」が、その人を「哲学者、科学者」たらしめる教育の「下積み」になっていて、「興奮がかういふ上積みを取り払ってしまふと、哲学者も科学者も文士も、一般民衆と大して異はない者になりかねない」からである。「幼少の頃から吾々のうちに巣くってゐるものは、後の修練によって獲得した科学的なもの、理性的なものより、はるかに本質的であり、人間的であるかのやうな感を與へることである。あたかも国粋的感情のみが、本来的のものであるかのやうに考へられることである」。この「本質的」のように感じられるものは「日本的なるもの」なのだが、それは「政治と文化の相克」で論じたようにまったくつかみどころのないものであって、一皮向けば子供の頃の「旧い低い教育が」体にしみこんだものにすぎない、と説いた。

七月に本格的な中国への侵略戦争が開始されると、知識人までもが興奮し、世相は一気に好戦的になった。『改造』三七年九月特大号は「北支事変の感想」という小特集を組み、各界から募ったが、向坂は「感想一二」を寄せた。「新聞紙上に現はれる二三文士の興奮した様子は余り見よくない。国に重大なる事件があればあるほど、日頃高級なる知識人をもって任じてゐる人々のことだから、冷静なる態度を持すべきではあるまいか」。「宗哲元（中国軍の軍人—引用者）を徹底的に撃滅するといふ…貼紙の前に人が一杯たかってゐた。そこに一六、七歳位の二人の女学生らしいのがのぞきこんで来た。その一人が…『あら可哀さうだわ』と云って、貼紙を読み始めた。…相手の強くないことを教へられてゐるので、真情をたくまざる言葉にしたのであらう。徒に時局に興奮したのよりも、かういふ女の中に却ってある筈の真実の日本女性を感じた」。

これが向坂が書ける精いっぱいの表現となっていた。な

1937年春　右から大森、美濃部、向坂。3年後に大森は病没する

おこの特集には、戦後に山川の「転向」と誤解された有名な「支那人の鬼畜性」も載っていた。

『改造』は三七年一二月に「支那事変増刊号」を出したが、巻頭で社長・山本実彦みずから「防共戦」としての支那事変支持、「南京政府打倒」を訴えた。

2　伏字と反語

さて、向坂の執筆活動への制約は三〇年代なかばから強まったものと思われる。いわゆる伏字の量が増えてくるのである。先に紹介した「現下の思潮とマルクシズム」(『改造』一九三四年一二月号)などはそうである。三五年三月に出した『知識階級論』の過半は総合雑誌に発表したものであるが、発表した時は伏字になっていなかった部分も大幅に伏字にされている。

しかし伏字の量だけで、権力による圧力の大小を推しはかることはできない。伏字は編集者が発売禁止による損失などを勘案しつつ自主規制するものだ。伏字が多くて趣旨自体が伝わらなかったりする場合もあるが、逆にあえて伏字を増やして、いかにも扇情的な「あぶない」内容であることを誇示する場合もある。だから三六年秋には内務省警保局が業を煮やして「伏字の濫用」排除の通達を出した。また編集者も、学術研究的なものなどにしぼって執筆依頼をするようになる。

そうすると、伏字自体は減ってくるが自主規制で論文全体の不掲載が増えた。向坂も三四年四月に「読売」に家族制度について四回の連載を執筆したが載ったのは一回分だけだった。「反動団体がやかましいからという理由であった」(『自由人』一九四八年九月号)。三六年に入ったころから総合雑誌の論文は、資本主義論争に関する純理論的なものや、農村の調査報告的なものが主になった。また総合雑誌よりは新聞への寄稿が増えた。結果的に向坂の文章からは伏字はそうは増えなかった。先に見た『中央公論』三七年六月号に掲載された河合と向坂の論文は、同じく総選挙をテーマにしたものだが、河合には伏字があったが向坂にはなかった。

大森義太郎が『改造』九月号に「飢ゆる日本」を執筆したとき、戦時下の労働者・農民の困窮と戦争経済の問題を論じただけなのに、全文削除を命じられ発禁処分となった。標題が痛く当局を刺激したらしい。さすがの大森も向坂に「今度はすこしくらうかもしれないね」と言った。そして山川や向坂からの来信をすべて風呂のたきつけにして処分した。向坂も大森論文の件で「『労農』派の検挙も一段と早められるであろうと、私は感じた」(前掲「大森義太郎」)。

同じころ、中央公論社編集部の雨宮庸蔵から「反戦反軍的なことは勿論いけませんが、日本経済の分析などでも国民に不安を与へることはいけないようなので、ブルジョア経済学の破産でもやっていただけませんでしょうか」（九月一七日）と頼んできた。

改造社は、大森では削除命令が必至なので、時事問題は向坂に書かせることにしたという（「大森義太郎」）。大森よりは向坂の方が慎重だったのである。「政治と文化の相克」、「国粋と自由の相克」、「感想二三」などはその例である。しかし、先の雨宮の依頼に応じた「ブルジョア経済学の課題」（『中央公論』一一月号）と「統制日本の行方」（『改造』一一月号）が、戦前における最後の総合雑誌への登場となる。

だが、「支那人の鬼畜性」に代表される当時の山川の文章は逆説を多用し、皮肉が横溢しはるかに巧みだった。大宅壮一によればこうだった。猪俣が「近頃書くものは農村問題が主で政治的急所にはあまりふれないので、案外安全と見なされている」。「目下風あたりがもっとも強いとされているのは大森義太郎である。政治的急所に触れることと、例の毒舌的表現がたたっているらしい」。「そこへ行くと……山川均は、さすがに海千山千の古強者だけに、投球はチェンジ・オブ・ペースの妙を極めて巧みに逃げている」。「向坂逸郎は、経済の限界からあまり出ないし、出ても新居格程度の自由主義的見解を示すだけだから、あたりが軟らかい」（『日本評論』一九三七年一二月号）。

向坂がファシズムと好戦的世相への精いっぱいの批判を新聞に寄稿したのは、「都新聞」の固定欄「狙撃兵」への連載である。これは三六年秋から三七年一一月にかけ、向坂、大森、鈴木、岡田、戸坂潤、青野季吉、河野密、黒田礼二、新居格、石川準十郎、本多顕彰などの面々一四名が、匿名で執筆をしたものである。もっとも匿名といっても、連載の途中にあたる三七年一月に実名で執筆者座談会が数回連載されたから、筆者は天下周知だった。向坂は二〇回執筆した。今日ではなかなか見ることのできないものであるが、『嵐をついて』（新評論一九八二）にすべて収録されている。

そこには、ファシズムへの鋭い分析も含まれていた。例えば「二・二六事件一周年」（一九三七年二月二七日）ではこう論じた。「五・一五事件の後では、農民救済という言葉は、政治家や軍人の口ぐせであった。…四年後の二・二六事件になると、言葉としてはどうあれ、農民の問題は、はるかに重要性を失ったかのように感ぜしめた」。四月二一日の「狙撃兵」では「革新勢力は、自己の本体を暴露して、金融資本の番頭結城蔵相が、林内閣の主要人物であることを示しつつある」と指摘した。「農村救済」や財閥批判をかかげて無産運動まで引きつけて登場した日本的ファシズム＝「革新勢力」の正体が、金融資本の利益のための統制経済であることを示唆したのである。

巧妙にイソップの言葉で世評をついたものも多い。ベルリン・オリンピックのマラソンで日本中を沸かせた村社選手についてはこうだ。「村社は悲壮であったかも知らんが、悠々たる西洋人の大きなからだの間で見ると、悲惨面を背けたくなる。あの体でよくも耐えたものだと感心するが、この我慢は増税だ軍事費だといくら荷を背負わされても、じっと忍んでいるあの忍従の精神と共通のものではないか」。日中戦争について中国政府の後ろ盾はイギリスだから「支那事変はイギリス事変だ」と言われていたころの「狙撃兵」はこうだ。「イギリスの外交は、自国の利益を最小の負担をもって衛るに巧であり執拗であり、果敢である。祖国を焦土と化すも可なりというような短気な見得を切るのは、外交とは考えていないらしい」（一一月六日）。一一月二〇日、九カ国会議が日中戦争における日本の国際法違反を批判したことについて、日本政府が弁解がましく反駁したのを俎上にし、「吾々国民は、支那事変が領土的野心などでなく、世界平和のための戦いであると承知している。こんな戦争は世界始まって以来あまりない。九カ国条約の大多数に分かりにくいのは当然だろう」と反語を駆使して批判した。

しかし都新聞社から九月二二日にこんな案内が届いた。「（「狙撃兵」を）継続することも無意義な状態に追い込まれて参りましたので、今月限りひとまず停止に」したいので「皆様とともに『狙撃兵』葬送の会合を持ちたいと存じます」。

『日本評論』三七年一一月号に、三七年に活躍した「評論家」として名を挙げられたのは、長谷川如是閑、馬場恒吾を筆頭に、三木清、谷川徹三、青野季吉、中島健蔵、本多顕彰、戸坂潤、向坂逸郎、石浜知行、岡邦雄、小林秀雄、河上徹太郎の順であった。

だがもう限度だった。検挙が向坂に迫っていた。

3　耐える犬にまなべ

筆も絶たれる日の到来を充分予想させるころ、向坂には絶望はなかった。むろん事態を転換させられるとは思いもよらなかったであろう。しかし戦争とファシズムの敗北のあとを見すえて、矜持だけは堅持しようとした。そしてそれを特に未来をになう青年たちと分かとうとした。

当時論壇ではいわゆる青年論がさかんだった。青年の「煩悶」にどう答えるかが主要なテーマの一つとなっていた。例によって大森と向坂は歩調を合わせていた。大森は

「何もしないでいることに強い自己嫌悪を感じる」と訴える青年にたいしこう辛口で応えた。

「良心の痛む」とき、「僕等はいつもふたつの方法のどちらかをとります。第一は良心の命ずるままに行動することです。第二は、その行動を敢えてすることが自分に不可能であるとわかれば、僕は良心の痛むのに相手になりません。だから…いづれにしても、良心が一日とながく痛んでいることはありません」。「現代の青年諸君はあまりにもながく痛み続ける良心を與へられてゐるやうですね。あまりにかよわい良心だとも云へます。しかしながく痛んでゐてしかもなんでもないところをみると、ひどく丈夫な良心だとも云へやしませんか」（『改造』一九三六年八月号）。

もっとも最後に「お仕舞いはなんだか皮肉になってしまいました。疲れると僕の癖で、どうか許してください。もう書くことをやめます」と結んだあたりは、大森の優しさもうかがえた。つい数カ月前まで長く病臥していた大森は、疲れるとつい棘が出たのだろう。

他方健康だった向坂は、同じことを言うにもすこしばかり優しく語りかけた。

「小樽高商緑丘新聞」の三七年一月五日号で向坂は「学生は何をなすべきかという問いに答えて」を寄せている。ジャック・ロンドンの『ホワイト・ファング』から、ブルドックとホワイト・ファングという強くて敏捷な犬のたたかいが紹介される。ホワイト・ファングは何度もブルドックに噛み付き二〇カ所も痛手を負わせるのだが、都度ブルドックは血だらけになっても悲鳴一つあげずに黙々と耐え、敵から目をさらさず追うだけだった。しかしホワイト・ファングが攻撃に失敗して自ら横転した一瞬、ブルドックが一気にそのノドもとに食らいつき、勝負を決したという場面である。そして「吾々は、この犬から学んだらどんなものだらうか」と語りかける。今は青年の良心の要求する一〇〇％のことはできない。例えば一〇％しかできないので悩む。しかし「一〇％しかできない時代には、それで満足ではないにしても、出来るだけにして、あとはじっとしてゐる外はない。徒に悩んで見たところで、どうにもならぬ」。敵が「大きい体で、強い力で、飛びかかって来るときは、身をひくくして、じっと耐へてゐる外に仕方はない」。しかし「青年は幸ひに学ぶことを知ってゐる。…学ぼうと思へば、そろばんからも、教科書からも学べる」。「学ぶことによって力を蓄へてゐる外に方法はない」。

何もしないと言うのではない。「あらゆる境遇に適応する屈伸性に富む人間となる工夫をするといふのである。ただ消極的に沈み込むのでなく、何か歴史的進歩の上に積極性をもつことを少しでもやる」ことである。そして反動期にマルクスを金銭的にも助けるために、父親に妥協して工場主となったエンゲルスのことも紹介した。

同じころ、「夕刊大阪新聞」（一九三七年一月一六日）ではこう論じた。向坂が留学していたころのドイツの青年は「インタナショナル」を口ずさんだが、今や「ハイル・ヒトラー」を唱える。「全く時代である」。しかし「時代だからまた変り得る」。「いま時を得顔に風切って歩いてゐる人々は、このことを考えておくといい」。「幸徳事件」以降の「時代に比べると、今日は、なほ、青年が社会的進歩のために積極的になし得る余地は多い」。「社会的進歩のための火を消さないために一％のことをするのでも、何もしないよりはるかに大である」。

また「都新聞」の三七年一一月二二日には「良心の相対性」という小文を寄せた。向坂の検挙の一月前で、もはや「社会的進歩のためになし得る余地」は無きに等しくなったときである。『改造』に日独伊防共協定の批評を寄稿したら、すぐドイツ大使館から改造社に向坂の素性調査にきたほどの警戒レベルになっていた。一月からこの間、近衛内閣の成立、盧溝橋事件、日本軍の華北侵略、国民精神総動員実施要綱の発表、労働総同盟の同盟罷業絶滅宣言、社大党のファシズム綱領採択と事態は急迫していた。

いつ特高が玄関先に現れるかという緊張の日々に執筆した「良心の相対性」にはこうある。

ある学者が「今どき良心的な仕事をしようと思えば原稿など書けぬ」と原稿依頼を断った話を紹介し「この学者は…原稿を書かないでも生活が出来る筈になってゐる」とした上で、向坂の知人・T君を回想する。自分と一緒に九大を追われ優秀だが「原稿でめしを食ふには余に有名ではなかった。その上に、彼は現代にうまく生きるには少しく率直にすぎた」。そこで食うために翻訳でかせぐしかなかった。だがその翻訳にはときおり間違いが出てくる。「それはT君自身悩んでゐた。殊に彼は、翻訳家で終わらずに、何か自分のものを書きたいと不断に言ってゐた。彼は、拙い翻訳をやりながら良心をすり減らして居りますと、よく言ってゐた」。しかし彼が「良心をすり減らしながら」翻訳したメーリングの『ドイツ社会民主党史』があるために「どんなに、吾々は利益を得てゐるか知れない。彼は、自分の良心をすり減らすことによって他人を利してゐる」。

T君とは塚本三吉である。翻訳に精を出したが「からだに自信があって、老母と妻子とを食はせるために、自分を酷使して、これからといふ年齢で死んで行った」。三六年八月一三日、享年三七歳だった。

九大を追われた塚本は向坂の後を追うように上京したが、その時に伴ってきた新婚の妻は、貧乏生活に耐えかねて別

1921年ころ　塚本三吉　東京帝大生のとき

れて帰国してしまった。その後再婚して子供をさずかり、一家を養って懸命に暮らしていた。向坂は翻訳の仕事をまわすなど、何かと気を使った。塚本の大仕事は、改造社の『経済学辞典』上中下（一九三二）のマルクス経済学方面の編纂であった。数十人に執筆を分担し、その原稿催促から整理、稿料の計算に至るまで、塚本一人でやり、その過労がもとで体をこわしたらしい。

もう一つは、メーリングの『独逸社会民主党史』（一九三一年に春秋社から刊）の訳出である。本人はこの訳に不満足だったらしく、改訳をしようとしていたが三六年に病に倒れた。療養費も考えて向坂が差配したと思われるが、これを改造文庫全四冊として再刊した。同文庫版のあとがき（一九三六年七月付）に向坂は「他日、同君に改訳の事業を完成して貰ひたいと思ふ」と記したが、その一カ月後に亡くなったわけである。長男の塚本健も向坂がかわいがり、戦後は東大教授として社会主義協会の中心的な学者の一人となる。

向坂の戦前の文筆活動の末期に、異色のものがある。『改造』三七年八月号の「社会主義の理想と現実」だ。三七年になると社会主義などはイソップの言葉でしか語れなかったが、諸外国のこととなると別であった。日中戦争の敵方だった毛沢東の伝記も、トロツキーの論文も、総合雑誌に掲載された。だから向坂のこの論文には伏字はほとんどなかったが、同じころ『改造』に掲載された河合栄治郎の論文は、「日支事変」支持なのに、相当伏字があった。

それはさておき、三四年のキーロフ暗殺事件以降、スターリンによる反対派の大粛清がはじまった。トロツキーはすでに国外に追われ、国内にいたかつてのコミンテルン議長ジノヴィエフ、カーメネフはただちに処刑され、ブハーリンやラデックにも手がかかった。ソヴェトのイメージは陰惨なものになった。三七年春には、公開されていたモスクワの反対派裁判の様子が商業新聞でも詳報され、総合雑誌にはラデックの陳述なども掲載されるようになっていた。そこにアンドレ・ジッドの『ソヴェト旅行記』が出版され世界的に大きな反響を呼んだ。保守派でなければ、西欧の文化人はおおむねソヴェトに親近感をもっていた。ジッドもその一人だったが、ソヴェトでの見聞をもとにスターリン独裁下の社会を告発したのである。三七年春に小松清の訳で刊行され、日本のインテリにも影響は大だった。

向坂のジッドにたいする問いは「吾々は、余りに、社会主義の社会、或は、やっとその入口にたどりついた社会を理想化して考へてゐたのではなかったか」というのであった。向坂はソヴェトについては、「全帝国主義的諸国の間にたった一つの社会主義国が存在する場合…それが、資本主義の発展が不十分であり、従って、封建遺制が多量に残存し、ブルジョア・デモクラシーの国民への浸潤が不足した所に、実現された場合、この社会主義国の歩みが、どんなに困難であるか想像出来ないことはない」と観測していた。そして『「一国社会主義」』は不可能ではない。ただそれは人口と資源の豊富、国土の広大、国民全部の英雄的活動を条件としても、極めてデリケートで、強力なる政治を欠くべからざるものとする」と見なした。ジッドはそういう事情をわきまえずあまりに理想を見ようとした。ソヴェトの人間の「非個性化」を批判するジッドには「フランス流の趣味的に貴族的な個人主義者を目の当たりに見るやうな気がする」と返し、「高度の個性ある趣味の生活が発展するのには」大変な生産力の発展がなければならないが「それは、今日のロシアなどには問題にならない。今日のロシアの労働者農民の日常生活が、旧時代からどれほど高められてゐるかが問題である」と説いた。ひるがえって「日本の青年に東郷元帥や乃木将軍についてきいて見るがよい。一人の青年と話してゐても、すべての日本人と話してるやうな気がするに相違ない」と、日本の「非個性化」のほうがはるかに上手だと指摘する。

ここで向坂はソ連社会論を展開しているわけではなく、ジッドの認識の甘さを指摘したにすぎないが、「社会主義の社会、或は、やっとその入口にたどりついた社会」という表現をしたところは注目される。社会主義の勝利を前提にしたスターリン憲法が三六年に採択され、ソ連共産党にはソ連は工業化の進展で成熟した社会主義に向っているという認識があった。これに反して、社会主義の「入口にたどりついた」段階という規定は、冷静な判断だったと言ってよい。山川均もソ連社会については「社会主義ではないが社会主義をめざす国家」という表現をしていた。

当時、「大粛清」の全貌はうかがい知れなかった。向坂も、西郷隆盛と大久保利通の死闘を例に引き、「社会の変革期に活動した人々の評価は、非常にむつかしい」などと、激動期にはどこでも起こりうる事態というあつかいだった。しかし、向坂がこの論文で紹介したウエッブ夫妻のソヴェト調査旅行記がソ連の現状に肯定的な評価をしていたように、世界的にも進歩的な学者・文化人は、ヒトラーに対抗し反ファシズム人民戦線を提唱したコミンテルン・ソ連共産党には好意的だった（少なくとも三九年の独ソ不可侵条約までは）。

そして粛清・暗殺されたトロツキーを信奉する政治勢力は、反ファッショの砦を危うくするものとみなされ、スペインのポウム（ＰＯＵＭ）を除き、欧州の社会主義運動には皆無にひとしかった。戦後は反スターリニストになった荒畑寒村も「トロツキーは果して無辜か」（『改造』一九三七年八月号）で、トロツキーを「大衆を信頼せず、大衆を知らざる個人主義的英雄」と批判していたのである。

いずれにせよソ連社会をめぐる議論は権力によって封印され、向坂は検挙され、出獄しても向坂の耳に入るのはナチス・ドイツの猛攻と懸命にたたかうソ連の動向だった。こうしてソ連社会をめぐる議論は戦後にゆだねられる。

第五章　獄中と戦時下をしのぐ

一　獄中・獄外

1　三七年一二月一五日早朝

向坂が検挙される寸前に公にされた最後の論文は「三七年の労働問題」（「三田新聞」一九三七年一二月一〇日）と思われる。

「七月八日の盧溝橋事件、龍王廟占拠は、支那事変に発展した。…国内においても一変して、いはゆる準戦時体制は戦時経済体制となり、挙国一致の方策が講ぜられた。…十月一八日総同盟大会は、罷業絶滅を声明した。…翌一一月には、社会大衆党の綱領転換が報じられた。…我国最大の労働組合と最大の勤労者政党のこの方向転換は、社会に大きな衝撃を与へた。人々は、一九三八年とその後に来るべき我国の姿を、より具体的に想像し始めたやうである」。

このとき向坂自身も、自らの身にふりかかる事件を想像していたであろう。

五日後の一二月一五日早朝、内務省警保局は労農派、日本無産党、日本労働組合全国評議会の指導部約四〇〇名を治安維持法容疑で一斉検挙した。日本無産党と評議会には二二日に治安警察法によって結社禁止を命じた。内務省が同日に発表したところによれば、労農派は「日本共産党と同じく共産主義革命を目的とするもの」であり、コミンテルン第七回大会で人民戦線運動が決議されると「之に勢を得て労農派の活動は頓に活発となった」ので、治安維持法違反で検挙をおこなったものとされた。世はこれを「人民戦線事件」と呼んだ。

同法は、一九二五年に「国体を変革し私有財産制度を否認」するための「結社を組織し加入」した者を対象に制定され、一九二八年に改訂された。「国体を変革することを目的として結社を組織」し「役員その他指導者たる任務に従事」した者には「死刑」が最高刑として加わり、さらに結社に加入していなくても、その「目的遂行の為にする行為を為したる者」も処罰の対象とされた。

人民戦線事件では「結社」に相当するとみなされたのは『労農』同人であった。同人はこのことも予想して形式的には解散したことになっていたが、権力には通用しなかった。また同人自体はわずか数十人しかいなかったが、「目的遂行の為にする行為」をした容疑者は、日本無産党、労働組合全国評議会、日本農民組合などのメンバーにも及び、四〇〇人余の大量検挙となった。それだけではない。阿部事務所メンバーや向坂と交流のあった者までその容疑がかかり、三八年二月一日に大学教官ら三八名が検挙された。これを教授グループ事件（第二次人民戦線事件）という。

現役の大学教官は、大内兵衛（東大）、美濃部亮吉（法政）、南謹二（法政）、阿部勇（法政）、芹沢彪衛（巣鴨高商）、有沢広巳（東大）、脇村義太郎（東大）、笹川金作（法政）、宇野弘藏（東北大）、杉森二郎（東北大）、高橋正雄（九大―ただし海外留学中だったため検挙は遅れて四月）だった。多くが阿部事務所の常連で、労農派へのカンパなどが罪状となった。仙台にいた宇野はまったくのとばっちりだった。

さて、人民戦線事件についての「東京朝日」の号外（一二月二二日―報道管制が解かれるまで一週間ほどかかった）で大見出しに出された名前では、山川、猪俣、大森、加藤、鈴木、向坂、荒畑。「都新聞」号外では加藤、鈴木、山川、猪俣、大森、向坂。「報知新聞」では山川、猪俣、大森、向坂、黒田、加藤、鈴木、荒畑。「東京毎夕新聞」では山川、加藤、猪俣、大森、黒田、鈴木、荒畑、向坂という順番だった。「都新聞」号外の「検挙者の横顔」では向坂は「論壇に於ける地位は華やかな大森義太郎と好対照を示し性格の反映する真摯な論法は地味ながらヂャーナリズムに確固たる地位を占めてゐた」とある。世間では労農派では四～八番目に入る首魁とみられていたようだ。新聞記者が大物の検挙の現場で当人や家族の反応を記事にした。山川、猪俣、大森は取材対象となったが向坂はなっていない。地味で「ニュース性」には乏しかったのだろう。

なお、内務省警保局が作成した「労農派の党的指導グループ」という図によれば、指導部の「第一段」が「山川、荒畑、大森、鈴木、黒田」とあり、「第二段」として、向坂を筆頭に「大西、小堀、伊藤、岡田、稲村」があげられていた。

一二月一五日について、向坂はこう回想している。「警部と警部補の二人が、玄関からはいってきて私に会いたいといっていると、家の者がいう。ちょっと心臓の鼓動が高まった。…大分前から、そんな噂がたっていたいまでは、来るものが来たという感じであった」（『学者受難史』）。ゆき夫人の回想などによればこんな具合だったらしい。早朝、等々力の自宅に警視庁特高第一課の矢野豊次郎警部以下四人が来た。そのとき家には病気で寝たきりの母、ゆき夫人、末妹の元子、末弟の正男が在宅していた。母親は何も知らないで「今日は朝早くから、ばかにお客さんが多いのね」と言った。ゆき夫人は、向坂に「来たわよ」と知らせ、寝巻きを着替えてインバネスを羽織って、刑事二人に伴われて、近くの玉川警察署の留置所に連行された。

残った二人の刑事は家捜しをした。しかし大事な資料類、向坂の著作リストなどは母親が寝ている部屋の押入れに入れておいたので、刑事は病人がいたからそこは捜さなかった。

「本棚の本は刑事さんたちと対峙することになりました。

1930年代後半等々力で　臥せていた母コハルと　特高が捜査しなかった部屋と思われる

マルクス主義、レーニン主義に身をかためている本たちは、しっかりとスクラムを組んで団結の力を示し、二時間近くにらまれてもビクともしません。刑事さんたち、敵し難しと見たか、この大群の始末にお手上げか、たまたま机上にあった赤い表紙のドイツ語の辞書、赤い色の外国雑誌―どうも『赤』がお好きのようでした―その他お粗末なものを少々まとめて持ち帰られたばかり。ああよかった、本当によかったわねー、大黒柱を奪われた大衝撃の中に、せめて居並ぶ本棚一同の無事を喜んだのでした」（向坂ゆき「思い出あれこれ」『社会主義』一九八六年七月号）。ほとんどドイツ語の背表紙は解読されず、原書の大群が没収されなかったことは、向坂の後半生にとっては幸運であった。

ゆき夫人は落ちついて、サンドイッチを妹・元子にこしらえさせ紅茶を添えて「朝お早かったでしょうから、おなかがすいたでしょう」と刑事に勧めたが、彼らは紅茶だけでサンドイッチには手をつけなかった。

「彼らが引上げた丁度その後に、向坂の叔父が訪ねてきて何も気付かずに普通に話して帰っていった。そうしたらもう噂は広がっていて、（叔父が）帰ったら『逸郎君がやられていたのだろう』と言われたけれど『何も変わったことはなかったから、それは何かの間違いだろう』と言ったのですって。『それなら逸郎君はいたのか』『いや、ちょっと出掛けていた』と。あとで叔父がびっくりしたらしい」。なかなか肝っ玉のすわったゆき夫人だった。

そのとき向坂は四一歳。「著述に依る収入月平均二百五六十円の収入に依って一家六人の生活を支えて」いた（訊問調書）。父母、ゆき、末弟・正男、末妹・元子の五人に加え、ゆきの弟・嶺卓二が最近同居していた。皆、これといった収入もなく、向坂の稼ぎに頼っていた。次妹・坂梨秀子は向坂が収監されたころには大牟田の夫の実家にいた。弟・八郎は小石川の山崎家に養子に入り早稲田高等学院の講師をしていた。

家からの護送車の中で考えたことは「調べられるとき、どんな侮辱を受けても怒らないことにしよう、怒るとうまくしてやられるということだった」。向坂はその日は玉川署の地下の独居房に入れられ、その後は一般犯罪の容疑者といっしょの雑居房に移され、翌三八年九月末日までそこに留置されていた。ゆき夫人の父親・嶺の教え子に「東京市内の警察署長をしていたのがいたのです。それで、私は知らなかったけれど『婿が入っているが、何とか便宜を図ってもらえないものか』と頼んだらしいですね。そのせいではないでしょうけれど、『胃腸が丈夫ではないから』ということを理由にして食事を届けさせてもらった。お昼と晩と毎日持っていきました」（前掲ゆき夫人回想）。とにかく留置所から特高室に出してもらいゆき夫人を前に弁当を使えたのは幸いだった。大の甘党の向坂を知っている知人友人が「東京中の有名な最中」を差しいれたので、ゆき夫人は特高の面々にもおすそわけしてよろこばれた。

2 獄友、取調べ、活字禁断症状

留置の雑居房では、博徒などが一網打尽にされて大勢入ってきたときは頭と足を交互にして寝たから、慣れるまでは寝つけなかったろうが、「そのときつくづく感じたことは、人間というものは、じつに適応能力をもっているものだ。ということです」（『流れに抗して』）と回想している。

シラミの苦労もしなかったが、それはゆき夫人が毎日せっせと洗濯物を持ち帰り、消毒して着替えさせたからだった。

また、色いろな種類の犯罪者達たちと長く同居して、いい勉強になった。政治犯は一般的に獄中では敬意をはらわれていたが、長くつながれている向坂が治安維持法容疑でひっぱられた元大学教授ということで一目おかれた。「殺人犯や強盗犯から先生と呼ばれるのは妙に愉快なものだった」。「筋金の入った人間ほど先輩（以前からの入房者）に対して礼儀正しいんだ。僕は一年半もいたからいちばん先輩だったわけだからね」とは本人の説明であった。『流れに抗して』などに「強盗三犯」「万引き女」「ばくち打ち」

への親近感を込めた思い出が記されている。

留置所で同房の強盗三犯の男が拘置所送りになるとき、寒中なのに下駄がないことを知り自分のものをあげたところ、男が涙をポロポロ流して下駄を胸に抱き「この下駄は家宝にします」と言ったという話はよく筆にした一つだ。浅薄な作家なら「これでこの男は改心した」などと書くところだが、向坂は、彼の人間らしさはこのとき一瞬垣間見せただけであって、娑婆に出たら再犯者はまず更正はできないだろうと締めくくるのが常だった。

留置では書物の差し入れは禁じられていた。最大の苦痛は九カ月も読書できなかったことだろう。留置所では一日に二回しか便所に行かせてもらえなかった。「板ばりの上に坐っているのであるから、ことに冬はからだが冷えて小便をもよおす。私はなるべく、もよおすことのないように、水の摂取をひかえていた。小便をもよおすのは落着かなくて…牢獄の中の唯一の自由である、考えることがよくできなくなるからである」（「社会タイムス」一九五八年八月二八日）。後年、向坂の身辺の世話をした和氣誠によれば、水を飲まぬ習慣も晩年の脳梗塞悪化の一因ではなかったかという。

ただ決して「退屈」はしなかったのは、取り調べだった。

まず三八年四月から八月までだいたい週一回程度の頻度で、玉川署にて警視庁特高課警部補・片岡政治による「聴取」が三〇数回なされた。この片岡の人柄を向坂は気に入った。彼のことだと思うが、宮本顕治を担当していてその様子もいろいろ聞かされて感心していたらしい。

「聴取」といっても大半はマルクス主義の講義みたようなものだから、警部も我慢強くなければ勤まらなかった。毎回聴取した内容を四千字程度の「聴取書」にまとめ、向坂本人に見せて最後に「読ミ聞カセタルニ相違ナキ旨申立テ署名拇印」させる。速記者はいたのだろうが、趣旨を理解するだけでも勉強になったであろう。七年後に向坂宅に敗戦を逸早く知らせにきたのも、この片岡だった。

聴取が終わる七月二九日に、向坂は「治安維持法第一条違反容疑」で東京刑事地方裁判所検事局に送検された。

そして今度は九月六日から三〇日まで、やはり玉川署で、東京刑事地方裁判所検事局検事・井本台吉による「聴取」が三回おこなわれた。冒頭で向坂が「本年四月より八月に掛け三十数回…片岡に申述べ聴取書を書いて貰いました。其聴取書の記載事項は大体其通り間違いない積りです　右聴取書を補充し若しは取纏める意味に於て…陳述致します」と述べているように、片岡「聴取書」の要約・補強のようなものである。

送検された向坂は、一〇月一日には巣鴨の東京拘置所に移された。今度は独居房である。

移ってから、東京刑事地裁で予審判事によって「予審訊問調書」作りがはじまった。予審とは公判前の非公開の訊問で、「調書」は裁判では証拠としてあつかわれた。「訊問調書」作りは三九年一月一〇日から保釈の前日の五月八日まで二七回にわたっておこなわれた。これも筆記を本人に確認させて署名捺印させた。

予審にあたっては、毎回巣鴨から東京刑事地裁まで、編み笠で顔を隠し腰縄で数珠つなぎにされて、監獄の自動車に乗って送迎された。傍目にはよいものではないが、月数回は娑婆の空気が吸えるので本人は「とても楽しみだった」。三八年暮れのことだろうが、向坂がこの姿で、芭蕉の「年くれて笠きてわらじはきながら」をつぶやいたら、看守が「それお前がつくったのか」と感心したと言う(以上前掲ゆき夫人回想)。

それはさておき、以上三種の調書類はみな内容が重複するが、一番最後の「予審訊問調書」が、実際的な行動の経過については一番細かく陳述されている。本書でも、主にここから引用した(なお煩雑なので本評伝では三種類を一括して「訊問調書」とした)。

またこのほかに、三九年二月から「上申書―心境について」を執筆し、三月一〇日付で提出している。

なお向坂の回想によれば地代論争を解説したものがあったという。地代論争について陳述したが警部や判事たちにはむつかしすぎた。そこで、かみくだいて解説を書いてくれと頼まれたので、よろこんで応じたものだそうである。生涯これだけ静かな環境で筆を握れたのはめったにないことだったろう。本人もよくできたのでいつか出版しようかとすら思ったが、警察で無くなってしまったらしい。

訊問は長いときは丸一日をかけたというが、向坂にとっては、自分の経歴、思想形成過程、マルクシズムの正しさ、労農派の考え、講座派への批判など、検閲も気にすることなく特高刑事や予審判事を相手に講演するようなもので、決して苦ではなかったろう。もっともあまりに正直すぎて、教授グループの被告たちに冷や汗をかかせたかもしれない(後述)。

玉川署の留置所から巣鴨拘置所に移されると、面会や差し入れなどが大きく制約される(書籍は許可される)。そこで移る時に、署の配慮で「誰か会いたい人はいないか」と問われたので「犬にあいたい」と即答した。愛犬マル(紀州犬)は荒畑寒村からもらったものだが、連れてこられた留置所の運動場で「一〇歩くらいのところでじっと私を見ていました。…私だということを認めると、パッと鎖を引きちぎって、とびかかってきました。私が倒れてしまったくらい強く。そして私の顔をペロペロなめて、なめたかと思うと、パッと退いて、私のまわりをグルグル走りまわる。そしてまたパッと飛びかかってきます。じつにかわいかった。この様子を、警察の人びともうたれたように見守っていました」（『流れに抗して』）。

拘置所では面会は週二回。食べ物などの差し入れは直接はできず、売店を通じておこなう仕組みだったが「当時の売店というのはいいかげんよ。私は毎度ようかんを差し入れたの。ところがようかんなんて一度もこなかったと言うの。…おじが梅だかの鉢植えを差し入れたのも木瓜になっていた。木瓜のほうが安いの。…（ようかんのかわりに）何が行ったのと聞いたらやすもののおせんべいですって」（前掲ゆき夫人回想）。

1934年秋等々力でマルと　大森義太郎撮影

一方、書籍の差し入れは一回につき六冊まではできるようになった。拘置所に移ったその日に本の差し入れを求めたが断られ、やむなく房に備えつけの弁護士名簿をくりかえし読んだ。二日目午後にやっと一冊の仏教の本を貸してもらってすこし落ちついた。手にできた本は無論拘置所の許可するものだけで、バイブルを毎朝おきてすぐ一時間ずつ、ゲーテの『詩と真実』と並行して六カ月で全部読んだ。「これ（バイブル―引用者）からどうしたら神の信仰に導かれるのか、この上もなく不可思議であった。しかし、地中海を中心とした人類文化の巨大な集積として見れば、そこに探り求むべき人間生活のつきない泉がある」（日本独文協会『ゲーテ』一九四九年一〇月）。「『資本論』の次に研究に値する本を見たような興味がわいた」とも回想している（『毎日新聞』一九五四年七月一五日）。『歎異抄』『教行信証』も読んだ。「三畳の部屋に端座して、毎朝宗教の本を読んでいるのを見た監獄の役人たちには、敬虔そのものだったようだ」（『流れに抗して』）。

フライタークの『ドイツ　過去の思い出』原書は四巻五冊の大作だが、出獄後に『独逸文化史』として第一巻を訳出した（後述）。戦後「巣鴨の三畳の部屋で…この五冊を、私は毎日、高い天井についている五燭の電灯では、目がかすんでくるまで読みつづけた」と回想している（「ある出版部長」）。

頑強な向坂も痛い思いをしたことがある。四〇歳代になると持病になる腎臓結石の発作がはじまり、その二回目に獄中で見舞われたのである。猛烈に左下腹が痛み、医者を呼んでも日曜だからダメといわれ、看守が「盲腸だろう」と言ったので「盲腸は反対側だ」と抗議すると「食いすぎだろう」とタカジアスターゼを二、三服おいていった。もっともこの二回目の発作でも病因はわからず「実に不安だった」（以上「私のオプティミズム」『中央公論』一九四九年三月）。

3 留守を守るゆき夫人への励まし

この間、ゆき夫人の苦労は大変なものだった。自身も結核をかかえていて、三五年末から三六年いっぱい実家に静養していたあとだった。

「妻は先ず愚痴をいったり、怒ったりしてめちゃなことを口ばしる父を、しかりつけるようにして私の正しさを擁護しておちつかせた。一歩も譲らないで父を説き伏せた。あんな力がどこから出たかわからない、と彼女自身が述懐している」（「妻のこと」）。

等々力から巣鴨までは交通の便も悪かった。「等々力の向坂の家の家計を救うためと、接見にゆくのに近くて便利のいい上落合にあった実家・嶺に戻りました」（ゆき夫人回想）。経済的な援助は実家の嶺家、満鉄調査部に勤めていた正男の大陸からの仕送り、八郎の養子先の山崎家からあった。次郎は三九年四月に結婚して同居していたが、女学校の講師で収入は得ていた。

東大を卒業した正男の就職の世話もした。検挙から一月しかたっていない三八年初春で「盛んに書きたてられている時だから、その弟の就職というのは難しいですよ」、「どうしようかと思ったけれど、河合良成氏（後の小松製作所の会長）の息子さんと正男が大学で割合に親しかったのです。その縁を頼って、私、河合良成氏のお宅に頼みに行ったの。…それと、向坂の大学の同期生に、東さんという次官がいたの。恐る恐る『次官室』に入っていってね、頼み込んだの。…もちろん大内先生や有沢さんにもお願いしたのだけどね」（前掲ゆき夫人回想）。こうして、正男は企画院に入り満州鉄道本社調査部に派遣された。妹の元子の結婚も世話をした。

三八年四月一四日に巣鴨から、向坂次郎・正男に出したハガキにはこうあった。

「…御承知のやうにユキ子といふ女は、仕事を始めるとある程度充分なまでやらないと気がすまないといふ厄介な性分だから、必ずまた病気をぶり返すことになる。従来、女中をおいてすらすでに再三ぶり返してゐるのだから、女中なしでは、皆なが手伝ってくれても、先ず必ずぶり返すといってよかろう。で、恒久的方法としては、別に考へてくれるやうにたのむ。暇があるから独りで考へて見たのだが、暫定的には、次のやうなことも考へた。即ち、女達はいやがるが、家政婦を月に二三度やとって洗濯、掃除とをさせる事、畑草花等をやめる事。鶏もやめること。風呂は男の手でくみ込むこと。それからこれは少し悲しいことだが、犬のマル公が手がどうしても足りなくて困るなら、いい人があったら譲ってもよい。手がとどかないと犬もかはいそうだからね。…」。

思わぬひとびとが、好意を示してくれた。ゆき夫人が大家（大工）に、出獄するまで家賃をかんべんしてもらうよう交渉したら「私たちみたいに口のきけない者のかわりに、口をきいていろいろなことをいっていただいて、そのためにいらっしゃった監獄なんだから、家賃なんかご心配なく」と言われた。「私は、この人が、そういうことをいおうとは、じつは思いもしなかったのです。まったく意外でした。そしてこれは、世間の白い眼のなかにあって、孤独な妻を励ますかけがえのない力でした」。「私は危うく涙をこぼしそうでした」と、ゆき夫人は回想している。

マジシャンの阿部徳蔵もあらわれた。向坂が鵠沼から田園調布に越す時「方角が悪くて自分は東横線には乗れないので、引越し先を変えられないか」と迫り、越してしまったらもう来なくなった男だ。その「阿部さんは、方角が悪いにもかかわらず、私の留守宅にやってきたそうです。妻に会って、涙を流しながら『向坂さんは悪いことをする人じゃないんだから、安心していてください』といって帰っていったそうです」。

九大時代の同僚で、家族を捨てて鎌倉で禅宗の坊主になっていた男も、「ある日、墨染めの衣を着、笠をかぶり、手にハギの花をもって、チリンチリン鈴をならしながら」見舞いにおとずれた。ゆき夫人は「帰ってゆく墨染めの衣の後姿を見ていたら、涙がでてしかたがなかった。阿部さんも、暑いにつけ、寒いにつけ、向坂さんのことが思い出されてなりません、といってくださってね。私はなにもいえないで、涙がでるばかり、だまって何度も頭をさげるばかりでした」と回想した（以上、前掲『流れに抗して』）。

ゆき夫人へ励ましの手紙がいくつか届いた。

北海道紋別の中濱明からは見舞いが寄せられた。彼はジョン万次郎の孫で、東大と京大を出た後一九二八年に当地に入植していた。天皇制に反発し当局からもにらまれていた反骨の人物だった。彼についてはゆき夫人が「ふとしたことからお知り合いになった」と回想した他に記録は見当たらない（「忘れ得ぬ人々」『社会主義』二〇〇〇年二月号）。

「ご主人様お留守の様伺って居りますが、お留守宅皆々様お障り無くいらっしゃいますか。ご主人様と御文通は出来ないと存じますが、御差入れ程度のこともいけないのでございましょうか。僻地にいる者とて何の御手助けも出来ず、ただお留守の皆さまの御心強きご健闘のほど念ずるばかりでございます。近日自家製のバタ少々お目にかけます…」（一九三八年元旦）とあった。獄中にいる間、幾通かのハガキと、バター、蜂蜜が届いた。

三八年元旦には松本の百瀬嘉郎から「御災厄にて誠に御気の毒と存じます。…小生も…選挙の為に松本の警察署に、八日目には留置所に行きました。大衆党に関係したからいけなかったのです」と賀状が届いた。

相原茂からは一月一九日に「小野の病状ははかばかしからず…この厳しい寒さでは、先生はさぞかし大変で御座いませう。おくさまのご心労もお察し申し上げて余りあると存じます。家内も毎日それを申して居ります。…何時かの様に一同揃って面白く話す日の来るのを待って居ります。そのため小野も勇気を振って病気に克つ様に努めることと存じます」と書いてきた。小野とは相原の同僚・小野道雄で、土屋喬雄に師事し向坂も期待していた学究だった。彼はこの八月に病没した。

元中央公論社編集者の佐藤観次郎は徴兵されて中支派遣陸軍主計中尉として大陸にいたが、そこから軍事郵便ハガキで「大内先生からはお便りいただきましたが、向坂さんは未だですか、ご心労察します。…非常に元気でやって居りますから安心して下さい。…近くお目にかかれることを喜んで居ります…」といってきた。大内兵衛は、教授グループ事件で在獄だったが佐藤に便りを出したらしい。

同じく「留守」をまもっている収監者の夫人たちの便りも健気だ。どれもゆき夫人が筆まめに彼女たちに励ましの便りを出していて、その返事らしい。

鎌倉の大森千代の便りが多い。一月一九日の手紙には自分が結核もちの大森のために工夫していることとして「綿入れに毛のシャツを二枚、毛糸で編んだスエタ、毛糸のチョッキ、ズボン下を今は三枚か二枚か、ズボン下を今は三枚か二枚か、それに腰ぶとんを巻いて居ります…お試しになっていかがですか。前で丁度合う位の巾でぼたん（紐は許されないので）で止めるやうに致しました…」。

一月三〇日の便り。「割合元気ですので、ご心配なされませんように…山川さんは入院許可になるほどでございますからよほどお悪いのでございませう。今日藤沢まで参りましたが奥様はずっと病院の方へお泊りの由、お会ひできませんでした」。

岡崎三郎の妻・岡崎敏子の四月九日の手紙。「私共兄の方も共々かわりなく元気に過ごして居ります…先月から一週間に一度づつ御弁当を持って参ります事をゆるされ又その度に面会も出来ます事となります…お弁当持参が唯一の楽しみでございます」。幸い岡崎次郎、三郎兄弟は同年末に起訴猶予で保釈される。

教授グループ事件で検挙された南謹二（法政大学教授）の妻・南すみ子の八月二三日の手紙。「一口に二百五十日と申しますが本当に長い長い日々でございます。…私も二百余日の皆勤を自慢に毎日真黒になって出前もちをつづけております」。病弱だった南は留置所での待遇が悪くて結核が悪化し、三九年六月に保釈されたがしばらくして亡くなった。

このように同志の家族たちは、便りを交わして励ましあっていた。

これに反し向坂がいちばん厭な思いをさせられたのは身内であったらしい。母方の叔母はゆき夫人に「あなたが悪いから、逸郎がこういう逆賊のようなことをする。親戚じゅうに恥をかかせる」と手紙をよこした。出獄してそのことを知り、向坂はその叔母に一生絶交を申しわたした。

長い獄中生活もやっと終止符がうたれた。三九年五月九日に保釈になったのである。保釈金は五〇円だった。「次郎さんが（弟の次郎夫婦は逸郎留守中わが家に同居）松岡（門司や大阪でお世話になった松岡叔父の家が東京目黒区、わが家から割合近い所にあった）に五〇円だか工面してもらった。叔母が、うちのお金をかき集めましたと言って五〇円渡してくれたのですって」（ゆき夫人回想）。この松岡叔父ですら、ゆき夫人と出獄後の向坂に「出入り禁止」を申しわたした。もっとも母方の叔母のようなことは口にしなかった。血のつながらない松岡の叔母のほうが獄中に毛布を差しいれして、出獄後も「変わらず親切にしてくれた」（ゆき夫人回想）。

娑婆に出てまずしたのは「上野の博物館に行ってぼんやりと書を眺めた」ことだった（「大森義太郎のこと」）。

二　片岡「聴取書」、井本「聴取書」、「予審訊問調書」

1　特高の調書類の性格

獄中のこの種調書類の利用は大変デリケートである。「心境について」も含めてどれも直筆ではなく、筆記されたものに本人が確認して署名捺印したものである。文章化する当局にはできるだけ検察側に有利なニュアンスを強くしようという作用が働くだろうし、被告も表現に詳細に異議を唱えるわけにもいかないだろう。そのままは信用できないのである。しかし、ふつうなら検閲にかかる言葉も使って供述できるから、ある意味ではあからさまに語ることもできる。

　身におぼえのない容疑に抵触しないように配慮し、また同じ容疑で検束されている同志たちに不利な供述はさけるのが自然である。事実とちがうことを言えばいずれ追及され不利となる。だいたい日本共産党関係とは違って、労農派関係は合法線上であけっぴろげで行動してきたから、筆名の執筆などを別にすれば隠すことがなかった。また治安維持法違反容疑自体がでっち上げで、当局はなにがなんでも容疑をこじつけようとする。そういう場合はどう配慮をしようが効果はない。

　山川、大森、向坂の調書類はどれも同じ様に淡々と理論的な問題と活動の経過を供述して事実関係にズレはほとんどない。労農同人会議、阿部事務所、鈴木研究所などの諸会合も隠すようなことはないし、執筆活動も検閲を経た合法出版物だけである。当局にとっては、はじめからわかっている事ばかりである。十数年も見過ごしてきて、何を今さらという検挙であった。

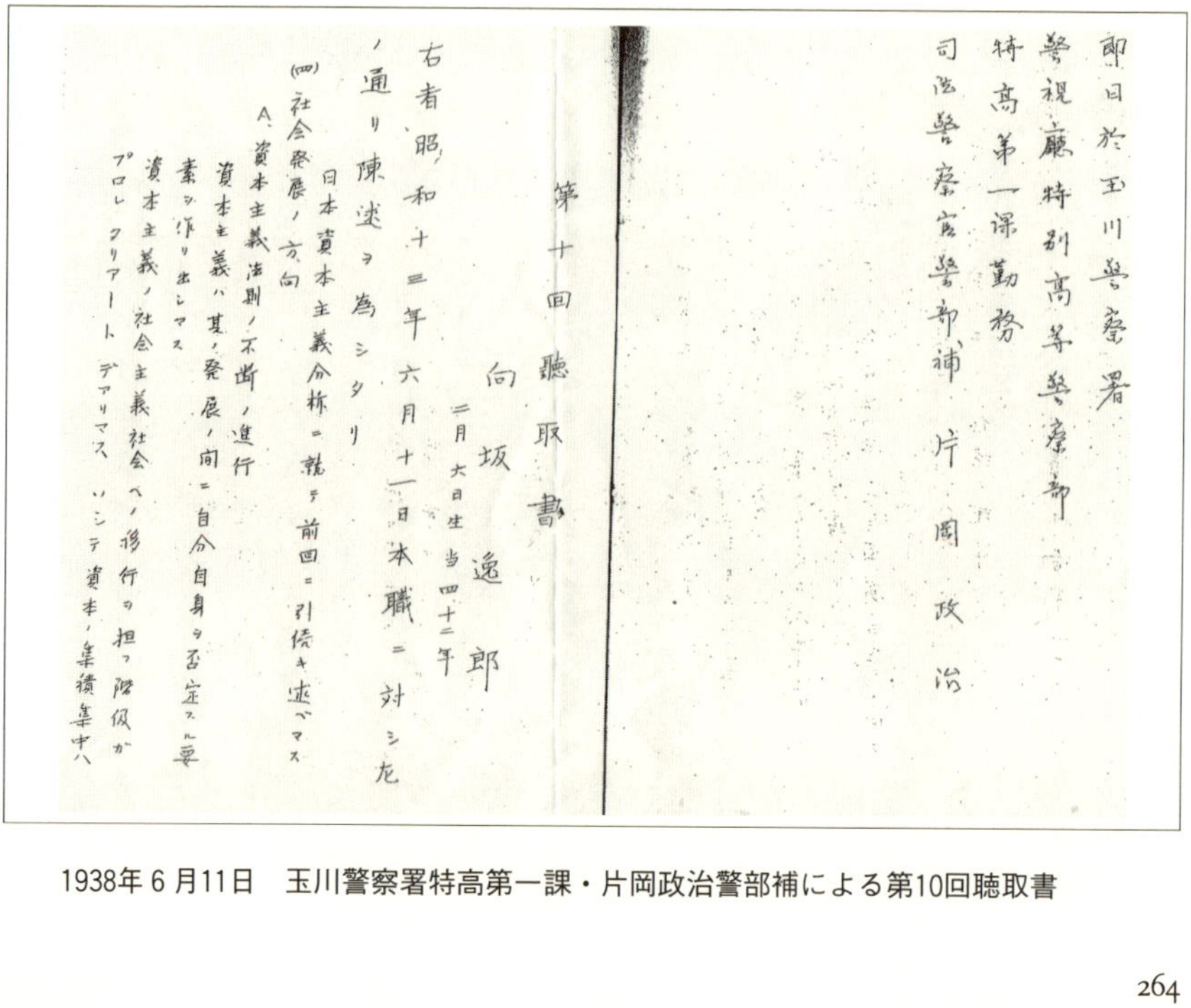
即日於玉川警察署
警視庁特別高等警察部
特高第一課勤務
司法警察官警部補　片岡政治

第十回聴取書
向坂逸郎
二月六日生当四十二年
右者昭和十三年六月十一日本職ニ対シ左ノ通リ陳述ヲ為シタリ
日本資本主義分析ニ就テ前回ニ引続キ述ベマス
(四)社会発展ノ方向
A、資本主義法則ノ不断ノ進行
資本主義ハ其ノ発展ノ向ニ自分自身ヲ否定スル要素ヲ作リ出シマス
資本主義ノ社会主義社会ヘノ移行ヲ担フ階級ガプロレタリアートデアリマス　ハシテ資本ノ集積集中ハ

1938年６月11日　玉川警察署特高第一課・片岡政治警部補による第10回聴取書

ただ、山川の調書や直筆手記は、すでに四回通算一〇年近い獄中暮らしを経験して体も虚弱だったので、できるだけ揚足とられぬよう巧妙なレトリックを駆使しているが、向坂の調書の特徴は、ストレートで党派性が全開なことである。向坂は合法出版物では奴隷の言葉も使ったが、供述では、経済的な論争の底に潜めていた政治的な論点があからさまに語られている。それだけではない。はじめて見解を明らかにしているものがすくなくない。たとえば皇室経済や共同戦線党論についてなどである。また、これらは簡単な自伝でもある。向坂宅に保存されていた調書類のコピーには、戦後と思われるが向坂のたくさんの書き込みやアンダーラインがある。『流れに抗して』やさまざまな回想の執筆で参考にしたのではないか。

以下、内容の一端を紹介しておこう。本文はカナ書き、句読点なしだが、読みやすくするために、ひらがなになおした。

2　片岡警部補による玉川署「聴取書」

「第七回聴取書」では「労農の性質と目的」について陳述している。

すなわち、「『労農』同人は次の如き科学的見通しと之に基く政治的意見の略一致した人々の集団であります」としてこう述べた。「現代の資本主義社会は階級闘争を通じて必然的に社会主義社会に転化するものであり現代は所謂資本主義最後の段階として且つ其の一般的危機の時代として此の転化が現実の問題となり得る時期であります」。「現代を世界的に一般的危機の時代と申しましたが未だ各国社会は社会主義的社会変革の前夜にはないのであります。即ち支配階級の間に極度の経済的政治的混乱なりプロレタリアートに変革を遂行すべき現実的勢力はありません。…所謂共同戦線党の主張は斯る必要条件を作り出すことを目的とするのであります」。

公の論文では触れてこなかったが、この場ではじめて言及したのが「三二年テーゼ」である。

すなわち、「テーゼ」が、日本の支配権力を「絶対主義的君主制」と規定しながら「特殊な資本主義発展の結果として封建制の厖大な残存物と金融資本との組合せを基礎としてゐる」と規定したのを、「意味不明な相互に矛盾する文句」として批判する。さらに「日本における来るべき革命の性質」を「社会主義革命への強行的転化の傾向を有するブルジョア民主主義革命」と規定するのは、「それ程プロレタリアの成長があり封建的残存物のブルジョア化がある」からこそではないかという。そして「これ等の本質的問題を不明確のままに放棄して居る点では三二年の論文と山田・平野氏の論文とは同一の欠陥を示して」いると指摘した。

第八回聴取書以降は、山田『分析』批判を中心にみずからの考えを全面展開してゆく。ときおり著作にはみられない指摘がなされている。たとえば第四章二―1で紹介した、五・一五事件についての記述である。

また、帝国主義の時代におくれて参入した日本資本主義の階級分化の特殊性について、あらたな指摘がみられる。「独占的大財閥」と「国家企業」の形成によって、「自由競争が広汎なる範囲に浸潤することを妨げられ…中小資本の整理が充分に為され得ず、日本社会の残存物である」親方的小経営や農民のプロレタリア化も徹底され得なかった。また「日本資本主義はこれ等の諸階層の分解によって発生するプロレタリア的要素を賃金労働者として急速に吸収する程一般的に高度化し包括的である事を得ませんでした」。そこで中間階級の「窮乏化したものは広大なる産業予備軍を形成し…低賃金の主たる原因となって逆に却って中小資本家や親方的経営の支柱となって」いる。日本の資本蓄積の特殊な性格から農民分解の偏倚や中小資本の存続を説明したわけである。

さらに日本労働運動の性格についても述べている。
「以上述べたやうな日本資本主義の特質は我国の労働運動の上に次のやうな一つの特徴を残しました」。機械制「大経営」の賃金労働者は「広汎に組織化され統一ある大衆的組織的集団たるやうに自然に不断に訓練されるのでありますが、我国では著しく此の作用が弱く且つ歴史に於て短い」。一方「之に相応する現実の状態がない所にも新たなるイデオロギーが移入されました」。「思想そのものが現実の生活に先走りする傾向を常に伴ひ、従って労働者運動の上に観念的な公式的な傾向を齎した」。「ラディカリズムは日本労働者運動の小児病であります」。「他方に於て中間的諸階級の多いことは労働者運動に右翼的現実至上主義的な傾向を生じます。茲では単純に現状の改善のみが運動の一切であるとされます」。

熟練渡り職人主導で「アナ・ボル論争」華やかに戦闘的な労働運動が勃興したものの、大経営の労働争議があいついで敗北し、三〇年代半ばからは大経営の労働組合の多くが労資協調に覆われてしまったという経過は、向坂の観察を裏づけている。

「第一二回聴取書」では皇室の経済基盤が直截かつ詳細に論じられている。この問題は「国体」そのものを分析するのだから従来は遠回しにしか筆にできなかった。

「副次的支配階級としての絶対制的諸階級」「皇室を中心とする貴族や大土地所有者」を取りあげ、「皇室の経済は恐れ入りますが、切手をお張り下さい。

〒113－0033

東京都文京区本郷

2－3－10

お茶の水ビル内

（株）社会評論社　行

おなまえ　　　　　　　　　　　　　　　　様

（　　　　才）

ご住所

メールアドレス

購入をご希望の本がございましたらお知らせ下さい。

（送料小社負担。請求書同封）

書名

メールでも承ります。　book@shahyo.com

今回お読みになった感想、ご意見お寄せ下さい。

書名

メールでも承ります。　book@shahyo.com

何に依存して居るか」としてこう説明している。

「第一に…皇室費、資本主義的租税制の上に立脚するものであります。第二に、株式等による収入、即ち基礎の確実にして規模の広大なる資本制企業の大株主…第三に、皇室有企業の収入之は確に大土地所有者であり広大なる山林を有するものであるが其の多くは山林企業、牧場等の近代的企業となって居ります。御料林の一千万円近くの純収益（一九二四年度）は封建的地代による収入ではなく延長七三里を有し建設費七百五十六万円の山林鉄道を有し近代的機械を以て賃金労働者延人員（一九三〇年）約百万を雇用する近代的大企業であります。

斯の様に経済的土台が近代化されて居るに従って所謂重臣等が皇室をイギリスのいはば『ブルジョア王制』のそれを模範とすることに力めて居ると言ふ事実も之に照応して居ります。…茲に於ける絶対制の意義は物質的であるよりは遥かによりイデオロギー的であると云ふべきであります。即ちブルジョアジーの国民的支配の精神的中心であるという意味をより多く有して居るのであります。従って例えば抬頭するファシズムに対して又彼の二・二六事件に対する皇室の態度は正統なる金融ブルジョア政治支持であるかの様に見えるのも当然であります」。

さらに「貴族」（大土地所有者）の多くが「近代的企業に投資」しブルジョア化していること、「官僚軍閥」も「枢密院、統帥権等のかたちに於て絶対制的な性質を示して居りますが、…其の下層に於ては…著しく近代的俸給生活者の性質をとっており…上層部は経済的にブルジョア化されて居る」と指摘した。

自作農については「商品経済の網の目の中に置かれ」て窮乏化しており、「絶対主義の支持者たるよりも無産政党又はファシズムの支持者たり得る性質を持って」いると述べた。

こうして、天皇、貴族、軍閥・官僚、地主、自作農などの「諸社会層は…ブルジョアジーの支配に服しつつ之と抱合してのみ支配階級たり得るのであって、逆に絶対制のブルジョア支配は全く不可能となっている」と総括した。

「第十四回聴取書」では共同戦線党について考えを詳細に述べている。ほぼ山川均の考えを踏襲している。

「世界大戦前のドイツの社会民主党は前衛党が同時に共同戦線党たるの実現を具備した大衆政党でありました。…戦後に於ても共産党が合法性を得て居る諸国に於ては斯る性質を持って居ります」。しかし合法性を有しないなど「前衛党が直接に斯る大衆性を有しない事情」にある場合は、「共同戦線党の実質を兼ねる様な事はありません」。こういう「前衛党は…共同戦線党の確立成長の過程を通じて其の中にあって其の努力を忠実に且つ成功的に遂行する人々の意識的な結集の中心として成立するのであります。斯くして成立した前衛党の精神的影響の指導力が真実に共同戦線党を動かし得た場合にのみ反ブルジョア政治勢力は成長し社会主義社会の実現の方向に進行します。即ち、前衛党は共同戦線党の発展的解消によって生ずるものではありません。共同戦線党は一定の戦略的段階に到達するまで（社会変革の決定的な瞬間迄）存続し前衛党は之と別個の存在として意識的に結成され、然も前衛党員は多く共同戦線党の党員として前衛党の意思を共同戦線党内に実現せんとする、此の事によって共同戦線党は社会主義の実現の方向に推し進められるのであります」。

「党内には幾種類かの理論が共存」するのであって「真実に党内外の大衆の利益を代表する理論のみが次第に党の内外にある大衆の上に影響力を拡大してゆく…。大衆政党を社会民主主義の党に改造せんとする指導者も…ファッショの党足らしめんと目論む指導者も出てくるであろう。共同戦線党はこれ等の影響力に対する絶対安全な障壁を持っては居りません。…斯くの如く前衛分子の目的は何等の障害に出会うことなく実現され得るように容易なものではありません」。

そして、決定的な瞬間（社会主義革命）の際に、前衛党と共同戦線党がどういう関係になるかは「極度に具体的な歴史的条件によって規定されるものであって今日之を正確に述べる事は科学的に困難であります」と保留している。

3 なお生硬な向坂、練れた大森

向坂は、各種供述で労農派と自分の理論的なスタンスを語る場合、社会民主主義、共産主義、極左派という三つの範疇をもとにしていた。井本検事の「聴取書」ではこの三つの範疇と自分の考えの関係を直截な表現で語っている。そして自らの立場を、「極左派」（日本共産党系）とは区別された「共産主義」としている場合が多い。「社会民主主義」もマルクス主義をある範囲までは採るとしているが、「右翼社会民主主義」という場合は、マルクシズム自体の範囲外の存在としている。また「レーニニズム」と言う場合は社会民主主義派は除かれ、「共産主義」と「極左派」に共通としている。

そこでは「労農派の理論の概要」を、唯物弁証法、経済学説、国家論、帝国主義論、一般的危機論、日本社会の特殊性と労働運動、日本資本主義の構造・戦略論、絶対主義遺制の問題、共同戦線党論、労働組合運動、極左主義・社会民主主義・左翼社会民主主義に分けて説明し、最後に社会民主主義、共産主義との関係を説明している。

「帝国主義論」については社会民主主義者の一部と共産主義者によって採られているが、「日本に於ける極左派は『ヒルファーディング』が社会民主主義者であるの故を以って之を排撃して『レーニン』のみを帝国主義論創始者の如く考へる傾向あるも、私共は『ヒルファーディング』の金融資本論にも最高の価値を置き彼の政治的見解から区別して居ります」。

「一般的危機論」については「この理論はコミンテルンの称ふる処であって社会民主主義のとる処でありませぬ。日本に於ては左翼系では一般に採られて居りますが具体的な解釈に至っては必ずしも一致して居りませぬ」。

ここで「左翼系」と表現しているのは、共産党系と労農派を共に含めていると思われる。

運動論としては、「未発達の労働者運動の上に…最高の意識を其侭注入せんとする公式主義ラジカリズムが日本無産階級運動に大混乱を惹き起こしました」と断じ、極左派にたいしては、「ウルトラ政治主義」、「コミンテルンの盲目的信仰」、「前衛党組織の公式論を其侭受納して大衆の政治的成長との関係に於てのみ前衛党は前衛党たり得る事を知らない公式主義者」などと規定した。この辺りは山川をうかがわせる。

「極左主義、社会民主主義、右翼社会民主主義等との関係」として、労農派は「マルクシズムでありレーニニズム」であるとした上で、つぎのように述べている。

「マルクシズム、レーニニズムの精髄は科学的であり冷静なる判断であり、計算であるに他ならない…。此の理論の適用の形態は時と所とによって同一でなく寧ろ客観的及主観的な事情の如何によって考へられます。…極左主義の公式主義と対立するに至りましたのは要するに此の根本的態度の相違によるものと存じます」。

「社会民主主義は一般的にはマルクスの基本的理論を否定すると云ふ根本的態度に於て労農派の立場と異」なる。「カール・カウツキー一派の様にマルクスの理論を取ると称しつつ唯物弁証法に於て観念論を肯定するが如き態度を示し国家論に於てプロレタリア独裁を否定するものあり、又フリードリッヒ・アドレル、マックス・アドレル、オットー・バウエル等の所謂オーストリア派マルクシスト（又は左翼社会民主主義者）の様にロシアの独裁を必ずしも否定しないが西欧には之を否定する様な態度を取り、且つフリードリッヒ・アドレルの様に哲学論においてマッハ主義を取り、マックス・アドレルの様にカント的観念論を取るものもあります。社会民主主義若くは左翼社会民主主義の理論的態度は労農派の理論的立場と異なるかと考へます」。

このあたりは、向坂が胸を張って哲学も含めた「正統派マルクシズム」を誇示している風である。「プロレタリア独裁」にかんしては、左翼社会民主主義者は「独裁をロシアの特殊なる形態とし西欧の先進国に付ては『カウツキー』の考へ方を採る者がある様に思ひます。日本に於ける極左派も労農派も共に『レーニン』説を採るものと考へられますが具体的な場合に付て見解の相違が在り得るものと信ぜられます」とも述べている。まだ向坂の思索の途中で、とりあえず公式的考え方を示した感がある。戦後の平和革命論の考究のなかで、山川と意見交換しつつ練られていくと考えられる。

最後に、「私以外の労農派同人も、私が右申し述べた程度に於ては大体に於て理解していたものと想像されます。殊に大森義太郎等は私と終始同じ立場に立って居たので大体私と同じ様な考へ方をして居たものと考へられます」と付言している。

それでは大森義太郎はどう述べていたのか。三八年三月からおこなわれた。高輪署の特高警部・矢野豊次郎による大森義太郎の「聴取書」(以下「大森聴取書」)でも、「マルクシズムと社会民主主義」を対比させて論じている。しかし「共産主義」と「社会民主主義」という表現はしていない。内容的には向坂のいう「共産主義」「マルクシズム、レーニニズム」と、大森のいう「マルクシズム」は同じであるようだ。そして経済学説と唯物史観と新カント哲学への態度、レーニンの帝国主義論へのヒルファディングの『金融資本論』の果たした役割などについては、向坂とほぼ同じ考えを供述している。

だが大森は一般原則にとどまらず、考察を実際運動の面から展開している。たとえば「社会民主主義」についてはこう述べる。「一定の社会情勢によって生まれたもので…単に日和見主義といって批評し去るが如きは大なる誤謬であります。一定の社会情勢に対しては社会民主主義が正しいと言わねばなりません」。しかし全体理論としての社会民主主義は「一定の社会情勢を固定化し永久化したものであって、別の社会情勢の存し得ることを忘れたものであると言わねばなりません」。

向坂の供述類ではコミンテルン日本支部としての共産党への批判はあるが、コミンテルンへの評価には言及していない。これに反して「大森聴取書」はつぎのように詳細に批判を加えている。「コミンタンが固定化された結果、共産主義理論が甚だ機械的な、流動性を欠いたもの」になった。「固定化し機械化した後の共産主義が誤りであることは言うまでもありません。少なくとも夫れはマルクス・エンゲルスの所説と相反するものであります」。「即ち社会民主主義が其成立の当時の社会情勢を固定化し永久化して考えた如く、共産主義は同じくその成立の時代即ち世界大戦直後の社会情勢の固定化を永久化して考えている」。とくに「ロシア革命を普遍化して考える」のは「マルクシズムの根本に反した誤謬」である。

「純粋理論におけるレーニンの所説は殆んど正しいのでありますｏ而して社会民主主義に余りに対立しようとした結果は、レーニンにおいても…誤りが少なくない」。そしてレーニンの指導で結成したコミンテルンの「創立其ののが正しかったとしても」、その後の政策は「到底賛成し難い」。とくにコミンテルンへの加入資格「二一箇条」による社会主義政党の分裂は「大いに遺憾とせざるをえない」。さらに「社会ファシズム」論や「下からの統一戦線戦術」などに批判を加えている。また、スターリンによるブハーリン、トロツキーらの粛清も、コミンテルンの理論の硬直化の一因として挙げた。

実際運動へのかかわりという面では、大森は向坂の先輩だった。学者としては大森ほど生臭い政治運動に関与した人物は少ない。そして彼の思索に決定的な影響を与えたのは、山川だった。大森は二九年から鎌倉の塔の辻に居を構えていた。そうすると「最も頻繁に訪れるようになったのは山川である」。山川が「住んでいた稲村が崎から江ノ島電車を利用して大森宅を訪れるには四、五十分もあれば十分だった…午後、訪れて夕方までいる山川と大森がどんな内容の話をしたか分かるはずはないが、口付き煙草の吸殻がみるみる火鉢に林立し」た（前掲『労農派の昭和史』）。山川菊栄が大森を指して「あのくらい呼吸のあった友達はいなかった」と言うくらいの仲だった。病弱の山川の代理として無産政党の調整会議にも参加し「エランドボーイ」として走り回りもした。

慎重な山川はきわどい問題は、よほど気を許した相手でないと口にしない。おそらく、コミンテルンやレーニンについて、山川は腹蔵なく大森には胸中にたまったものを吐き出したのではないかと思われる。それが「大森聴取書」に反映したと考えられる。そこでは「山川氏の態度は一語にすればコミンターンには全然反対であるが皆がコミンターンを持て囃して居るから暫く黙っているという風でありました」などと、山川が恐らく大森などごく限られた同人にだけもらしたと思われる内容も多く供述している。また、レーニンの『何をなすべきか』の前衛党論から、『共産党宣言』でマルクス・エンゲルスが説いた共産主義者の組織の在り方、さらには各国共産党・労働者党の性格にいたるまで、共同戦線党論をめぐる組織論に蘊蓄をかたむけて論じているが、やはり山川の影響が強くみられた。共産主義や社会民主主義についての向坂の型通りの判定にくらべると、大森のそれは実際運動の中で練り上げられたものだった。

4 「予審訊問調書」と直筆メモ

予審判事・鈴木忠五、長尾操による予審訊問調書は、直接判事の判断材料となるものだけに、諸会議や行動へのかかわりなどがこまかく訊問されている。全体の印象はきわめて「正直」である。たとえば「労農派の性質目的、任務等」につき「定義的に申し述べます」として、「究極に於て我国体の変革私有財産制度の廃止の意図を内包するプロレタリアートの独裁樹立を最終の目的とする集団であると云ふことが出来ます」と述べている。これだけ取りだせば、治安維持法違反そのものの供述である。これは検事による後日の捏造かどうかは、直筆ではないし、わからない。

それはともかく、戦前の主要論争についてはこう述べている。「封建論争の如きは直接労農派の戦略論に触れるので労農派の理論を擁護して之を徹底せしめんとする意識が最も強く働いたものであり、之に反して地代論争は学問的な興味が中心となったもので労農派の理論を普及さすと云ふ気持の最も希薄なものであります。行動主義論争及び自由主義論争は其の中間に立つものであります」。地代論争では「対差地代に就ても一般価値論と於けると同様に平均原理が行はれると云ふ猪俣氏と異なり、又対差地代においては限界原理が行はれるとする櫛田氏とはこの点で同一であります。唯生産物地代と貨幣地代とを分けて考慮される点で櫛田氏と異なります」と櫛田との相違も明瞭に述べている。

教授グループの面々への評価の程度もうかがえる。労農派への「理解と認識の深いものとして私共（大森と向坂―引用者）が受取っていた」人物としては、有沢広巳、大内兵衛、阿部勇をあげている。「有沢に対しては私たちの行動の一切を秘密にする必要はなかったので色々と同人にも相談をかけ有沢も私共に対しては深く理解して居たと信じます。大内さんとは私共は労農派のことに付て特に改って意見を交換したことはありませぬが…私共が日本資本主義論争に従事して居たとき大内さんが私共の味方となって平野義太郎に対して論争され…それ以来世間から労農派と目されるやうになりました」。

向坂とは対称的な供述をしたのは高橋正雄だった。高橋は取り調べで大内について何か記せと求められたさい、「ホンモノのマルクス主義者ではない。…世間が過大評価しているだけ」と述べた。そして「保釈後、大内からほめられた。ほかの連中は、大内先生をあがめたてまつり、その指導でマルクス主義に傾倒するようになったと書いている、困ったよ、と大内がいっていた」（『八方破れ私の社会主義』）。高橋がすでに政治的には大内や向坂とは離れてからの回想だから、そのまま受けとれるとは言えないが、少なくとも法廷戦術上は、高橋のように言ってもらったほうが大内は有利だったろう。

向坂は、阿部事務所で大内が、山田『分析』は難解だが、山田勝次郎の解説論文を読んだほうがわかるとアドバイスしたこと、脇村義太郎がコミンテルン七回大会決議を『インプレコール』を持参して紹介したことなども供述している。

さて、向坂家には裁判に関連する向坂の直筆メモ（文房堂原稿用紙）が保存されていた。その内容からして、未決で保釈後に作成した公判廷での陳述用のメモではないかと思われる。おそらく弁護士のアドバイスもあったろうが、「予審訊問調書」などそれまでの調書類とはトーンが変わっている。それまでの供述では、向坂本人だけがその責を負うならば覚悟のうえであったろうが、阿部事務所の被告たちにとっては裁判上有利とは言えない部分もあった。そういう懸念のある部分を打ち消すような意図が見受けられるのである。

メモの冒頭に「労農同人達は、別に綱領や規約を持っていたのではありません。従って次に述べますことは厳密には私一個の意見であります」とある。他に累をおよぼさぬよう伏線をはった。共同戦線党については「科学的に客観的に分析し、前衛党が成立すると仮定すれば、このようになると」述べたにすぎないのであって、「コミンテルンや共産党の存在を予想して、これらのために」作るというのではないとことわった。さらに「私自身の認識でありまして、他の労農同人と一致しているかどうか分かりません」と念押しした。

「労農」同人の性格については「社会変革というような困難な事業が極めてルーズな雑誌同人の集団…で出来るとは考えられません。同人達はこんな夢をいだくほど若くはなかったかと存じます」。

予審訊問調書で「労農同人」は「究極において社会変革を内包していた」と述べたことについては、「社会発展についての学問上客観的な考察」にすぎないとしたうえで、「私一個の考えであり…同人が意見を開陳し、討論し、一致決定してまとめたというようなものではありません」と断った。

鈴木の「日本経済研究所」について予審訊問調書で労農派の「精神的結合の一拠点」とした供述については「漫然とした気持ち」の問題とかわした。

「教授グループ事件」で検挙された大内、有沢、美濃部、脇村、阿部、芹沢、南謹二、高橋らは、高橋をのぞいては『労農』同人ではなかったから、総合雑誌の稿料を大森の療養費というたてまえで労農同人に資金カンパした件、阿部事務所で向坂・大森を含めて集まっていた件などを検事から追及されていた。向坂も大森も調書類で、阿部事務所のメンバーに「理論的な指導をしたとも申し得ると考えられます」とか、「大森と二人で労農派の立場を理解させるために努力した」旨の供述をしていたことも、教授グループは検事から聞かされたことであろう。高橋は、取調べではノラリクラリやりすごしていたが、さすがに何か供述しろとつめられたので、ほかの被告の調書を見せてくれと頼んだ。見たら「みんなオープンな人たち。悪いことをしているとは思っていない。なにもかもアケスケ。そうせざるをえないほど当局の『事前調査』がゆきとどいていたのかもしれない」。そこで自分も「一番軽そうな論文」（筆名の物と思われる）をさして、『労農』に寄稿したと供述したという（『八方破れ私の社会主義』）。

教授グループは、検事が「つねに個々の調べをもちより」総合して対応しているので、保釈後に被告が一堂に会して「共同研究」をして対応するようにした（脇村義太郎「有沢広巳回想」）。この「共同研究」の結果と思われるが、教授グループ被告が、検事局への異議申し立てとして提出した「上申書」の「草案」が残っている。それには「大森、向坂両氏と阿部事務所の関係」という項目が立てられ、こう述べていた。大森、向坂が「いつとはなしに顔を出すようになったのも、当初に多少危惧された様な…政治的色彩を事務所に持ち込む様子もないので所員一同も安心したからである。従って…両氏が『労農派』なるものの本質につき説明したり或は労農派理論なるものをあげつらったようなことは一度もなかった」。

なお、同人に参加した高橋正雄は執行猶予付きの懲役二年（控訴せず）、有沢と阿部は同じく一審で執行猶予付きの懲役二年だったが控訴審で無罪、他は一審で全員無罪となったが検察が控訴しやはり控訴審で無罪だった。しかし病弱だった南謹二は留置所で体調を崩しろくな処置もされなかったので、公判中に没した。

大内兵衛の獄中での態度は立派だったという。検事は再三、大内ら教授連に「南京傀儡政府の顧問に就任すれば、告訴を取り下げる」などと「転向」を迫っていたが、大内は拒否した。大内の態度を推測して、有沢たちも勇気づけられ、同じような誘いをことわったという。

教授グループ事件の一審判決のすぐあとに大内から向坂に宛てた手紙にはこうあった。「先日の裁判の結果を聞いて少しふんがいしてゐます。…検事なんて云ふ人間は、どうも法律を知らないでこまります。…判事には多少ものの分かった点があるかも知れない（勿論ないかも知れないが）。

この上にも義憤等を願上げます」。権力と対峙する気力が感じられる。

なお、先の向坂の直筆メモに注目すべき記述がある。平和革命への言及である。「平和的に社会変革の行われることは、マルクスやエンゲルスも認めていた所でありまして、例えば当時のオランダやイギリスについては平和的な社会的変革の可能であることを認めました」。マルクスが第一インタナショナルのアムステルダム支部で行った演説のことである。論敵・河合栄治郎がこの演説を援用していたし(第三章二─5)、改造社の『マルクス・エンゲルス全集』にも収録されているから、向坂はとうに知っていた。しかしレーニンに倣って、その頃はなお「帝国主義段階では通用しない」と考えていたように思える。すくなくとも戦前はこれを援用して筆にしたことはない。全面的に展開するのは敗戦後の有名な「歴史的法則について」を待つが、かなり前から向坂はこの小演説に注目していたことがうかがえる。

三　「心境について」など

1　傑作─「心境について」

調書とは異なり自分で書いたのが「上申書─心境について」である(謄写版刷りになっている。直筆の原稿は残されていない)。三九年三月一〇日の日付で、巣鴨で執筆した。これはある意味では向坂の特殊な傑作である。

トーンは調書類とはかなりに変わっている。向坂を知らぬ者が読めば、これからは危ないことはいたしませんと、低姿勢に自己弁護をしているとしか読めないであろう。しかし、山川張りの巧妙な挑戦状にも読めるのである。

冒頭はお詫びからはじまる。「今回の事件によって、研究を共にした数多くの前途ある友人先輩にはかり知れざる迷惑を掛けたことを申訳なく思って居ります。殊に、そのうちには私の尊敬する恩師をすら数えるということは、私の心の大きな重荷となって居ります」。「恩師」大内兵衛をはじめとする教授グループのことである。

そして「籠りゐて木の実草の実拾はばや」(芭蕉)を引き「目下の私の心境」は「これに似てゐるかと思ひます。独りになって考へて見たいといふのが、ここしばらくの私の心持であります」と神妙に切り出す。「私の思想のマルクシズムへの発展」は「常に理論的研究の興味でありました」。二〇代のころは「理論と実践の問題」は「相当に大きな問題でありました。年と共に私はこの実践といふ義務を公式的に理解することによって、どんな悲劇が生まれるかを、福本イズム以后のインテリゲンチャの一群の上に見ました。悲劇は、余りに義務を考へて、自己の生活史、境遇、性格に対する検討の不足せるところに醸し出されたと考へました」。これは河上肇の「転向」への批評（第三章一—7）に通じている。

そして「知的興味」の増進とともに「各種の会合のやうなことによって、自分の知識的興味、思索、読書等の中断されることが何よりも苦痛になりました。私は東京市の中心から離れたところに住むのを常と致しましたが、用事があって市の中心に出ることが二日続くと三日目には余程のことでなければ外出する気になれませんでした。私は会合、宴会等に遅刻することが多いと人に言はれたのでありますが、これも以上のやうな事情によるのであります」。

これも神妙だが、向坂は学者グループや労農派の理論家の誰よりも、事務的なことから選挙応援演説にいたるまで熱心に参加し、そこからも貪欲に学んでいたのは見てきたとおりである。これだけ多忙の中で、理論的な思索の筋を絶やさず追いつづけるには、エネルギーを無駄にせぬように努めねばならない。宴会に遅れるのはもっともなことで、下戸の向坂は、酒を飲んでる暇があったらマルクスを読みたかった。

こうして「私の心を落着かせた所は…内心の興味とならない義務の遂行は惨めに中断されるといふ考へでありました」。つまり「百％のマルクシストであるといふ誇りを有ったり、そのやうに主張したりしやうとも思はないが、同時に他のためといふいはば外的欲求の犠牲となったやうな感じをもたずして、自分自身の内心の欲求が同時に外的の欲求に合致する限りにおいて一生を消費したいと…思ふに至りました」。こう落着いたのは「三十才を半過ぎてゐた時であった」。

そして「四十才に近づくに従って…非実践的不活動的であるといふ非難を蒙ることがあっても、少しも意に介しないやうになりました」。櫛田民蔵が「自分も五十才になっていよいよ学問の面白さが分かった」と語ったのが、「当時の私をかなり動かし、私の一生の全情熱を学問のために注いで悔を残すまいといふ決意を固くせしめました」。

要するに、科学として自分が納得したことをおこなう、納得できない外的な政治的権威ではおこなわないという生き方、日本共産党系や「行動主義」評論家たちから「非実践的不活動的」といわれても意に介さないようになった近年の姿勢を、イソップの言葉で確認しただけのことである。

とはいえ、神妙に取りつくろっておく必要がある。「これを期として私は決定的に無産階級運動の実践から去ることになります。…一定の政治的立場をとるいはゆる『労農派』の運動と無関係となり、本来の学究の生活に帰る所存であります」。だいたい「無産階級運動の実践」などは当局が許さないし、すでに同人は解散し維持しようにも不可能にされたのだから、言わずもがなである。

さて、ここからが巧みである。「私の経済学の方法と基礎理論に関する限り、今日直ちに、これが全く誤謬でありましたといふと致しますならば、これは却って虚偽の気持を中述べることになります。しかしながら…私の今日の理論は、是が非でも支持しなければならない『信仰』ではなく、一定の時まで到達した体系的知識の水準でありまして…理論的誤謬が発見されると共に一段と高い水準に止揚さるべきものであります」。

自分のマルクス主義の理解に「誤謬」などない。日本共産党の転向者のように理論的な懺悔はいたしませんというわけだ。ただ理解は「高い水準に止揚さるべき」ともいう。これもあたりまえのことを述べたにすぎない。今後はマルクス主義を捨てる意味だろうと判事や検事が解釈するのはご勝手になのだ。

こうつづける。「嘗て二十才時代の海外留学の頃、経済学の研究が一定の段階に落付いたら、今一度哲学の研究に帰り…再び経済学方法論を点検すると共に、自然及び人類の歴史を追求して、最後に、この知識大系の中に於て自己の経済学を検討して見たいといふ願望を起しました。経済学研究者が経済学の中にのみ没頭することは、却ってこれが正しい理解を妨げるといふやうに考へたからであります。この願望は、なほ四十才代の私にも止み難い要求として残っております」。

この「願望」も判事や検事には含意するところはわからなかったろうが、唯物史観や弁証法的唯物論を総合的に研究してマルクシズムを基礎つける構想であろう。処女論文（「マルクス経済学」）を「人類は二つの世界に住む。自然と社会である」と記してはじめたように、「願望」達成の一歩は踏み出されていた。つぎの一歩が、「経済学の中にのみ没頭」しては却って経済学の「正しい理解を妨げる」という態度で戦後に仕上げた大著『経済学方法論』として実を結ぶ。

夢を堂々と開陳した向坂は、ふたたび神妙さを装って現実問題に帰る。なにしろ食べていかねばならない。

「私と雖も日本国民を愛し、その文化的発展に貢献することに於て人後に落つることを欲するものではありません。…海外留学中ドイツにあって…この時代ほど日本国民の有する学問の貧窮を感じたことはありませんでした。従ってまた、この時ほど祖国の経済学のために奮起せんことを心に誓ったことはありませんでした」。アメリカではなくドイツを引き合いに出せば、日本の学問の低レベルを指摘しても文句はつけられない。

経済学では今の自分には「貢献」したくともできない。なぜなら「私の経済学理論体系」は変更できないので「発表にしてなほ国策に違背ものがあると致しますならば…全く沈黙を守る外にない」からだ。しかし、「若し、私に国策の線を逸脱することなき学的領域において活動することが許されるならばかかる仕事に携はりたいとも存じます」。

例として「農業経営学」で「窮乏せる農民生活に多少とも貢献する」こと、「植物や肥料に関する研究、その他農業技術に関する研究等に方向転換するのも面白い」こと、「財政的操作とインフレーションの基礎的調査」などをあげる。といいながらも、また風呂敷を広げる。「我国の科学にドイツ的気魄の不足せるを痛感」し「冷静なる科学的精神の我国に成長することを願ひます」。「具体的には、ドイツ古典文化の吸収によって、強靭なる日本文化を作る準備に貢献しえればと考へるのであります。偏狭なる排斥主義によっては、一国の文化は成長しません。…私の外国語の知識にして少しでも役立てば、かやうな大文化建設事業の礎石を置くことに多少とも寄与し得ると存じます」。

最後にまた神妙になり、将来の夢は別として「家族の生活をも考慮に入れる」と「ドイツ語の研究進歩と普及に寄与」し、「このことが、同時に生活資料を得る方法ともなり得るならば、なほ幸ひであると存じます」と述べた。ドイツが日本の同盟国であったことは歴史的不幸であったが、向坂にとってはドイツ語で食いつなぐ条件となった。

出獄後、ここで述べたような学問や調査はおろか、ドイツ語の塾を開くことすら禁ぜられたので、見事に「植物や肥料に関する研究」に転身することはあとで紹介しよう。

山田盛太郎、平野義太郎、相川春喜ら「コムアカデミー事件」の講座派学者五人が、世間では大々的に「転向した」と報じられたのに反して、そういう報道は向坂、山川、大森などの面々にも、また教授グループにも見あたらない。

野呂栄太郎や岩田義道など共産党の知識人は獄中で過酷にあつかわれ命を落とした。しかし山田、平野らは不起訴となったが、労農派の学者・理論家は、教授グループも含め全員が起訴された。保釈後も、向坂も大内も翻訳以外は禁じられ、その翻訳すらできなくなったのに反し、平野は軍部に迎合した著書を四冊も戦時下に刊行する「健筆」ぶりだった。

2 一審判決

さて、裁判は三九年一二月二八日に「予審終結決定」が下され、向坂は東京刑事地方裁判所の公判に付されることになった。「理由」は「労農派グループ」が「国体の変革並私有財産制度の撤廃を随伴すべきプロレタリア革命を遂行し依て以て『プロレタリアート』の独裁政権を樹立し之を通して階級目標たる社会主義社会の実現を企図する結社なることを知りながら」加入したこと。そしてその「目的達成」のために、第一に『労農』『前進』編集・執筆、グループでの協議参加、第二に高橋正雄、塚本三吉のグループ加入勧誘、第三に政治学校の責任者と講師、第四に総合雑誌誌上での労農理論の展開（例として「日本資本主義分析に於ける方法論」「ある自由主義者の自己暴露」があげられる）、第五に各種議員選挙での資金提供と応援演説、第六に阿部事務所で教授グループの多数を労農派の影響下に置き、『労農』の「国際情勢欄」、『改造』の「世界情報欄」、『改造年鑑』に執筆させたことがあげられていた。

四〇年一二月一八日に第一回公判が始まり四二年八月二四日に第一審判決が下る（判決内容は後述）。全員が控訴し四四年九月二日に二審判決がでて、その控訴手続中に敗戦を迎える。

さて弁護士の引きうけ手はなかなかいなかった。社会大衆党の代議士をしていた三輪寿壮に向坂と山川は依頼したが断られた。引きうけたのはゆき夫人のいとこの榛村専一と木下郁（戦後に大分県知事）だったが「ふたりとも、弁護料は一文もとらないどころか、ときどき先方からもらいものをしました」（『流れに抗して』）。

四二年八月二四日の一審の判決主文は「被告人ヲ懲役二年ニ処ス　未決拘留日数中百八拾日ヲ右本刑に算入ス」だった。「国体ヲ変革スルコトヲ目的トスル結社ニ加入シ之カ目的達成ノ為ノ行為ヲ為シタル点ニ於テ同法律第一条後段ニ、私有財産制度ヲ否認スルコトヲ目的トスル結社ニ加入シ其ノ目的達成ノ為ノ行為ヲ為シタル点ニ於テ同法律第十条ニ各該当スル」云々というのが判決文の結語である。

治安維持法は二度にわたり改訂されるが、向坂への判決は最後の改訂（四二年三月）が適用された。「第一条後段」には「三年以上ノ有期懲役」が定められている。「前段」は「結社ノ役員其ノ他ノ指導者タル任務ニ従事シタル者ハ死刑又ハ七年以上ノ無期懲役」とあるから、「後段」は一ランク軽い求刑だった。「第十条」は「私有財産制度否認」を問題として「十年以下ノ懲役又ハ禁固」が定められていた。

「結社ノ役員其ノ他ノ指導者」とは見なされなかったが、有罪は理屈の通らぬことであった。向坂の執筆活動、労農政治学校、選挙応援などすべて検閲と臨検の下に十数年にわたってなされたことであって、後になって問題とすること自体無理があった。そこで当局は、労農派は、「国体変革」と「私有財産制度否認」を目的とする結社だと強引にきめつけ、如何に微小な同人でしかなくともその存在そのものが治安維持法違反であると規定したのである。治安維持法には「結社ニ加入シタル者又ハ結社ノ目的遂行ノ為ニスル行為ヲ為シタルモノ」とある。この条項を利用して、「結社ニ加入シタル者」すなわち労農同人以外の、労農派の「目的遂行」のために協力したとみなされる合法労働組合、農民組合、消費組合などの活動家、教授グループをも一網打尽に召し取るには、いかなる牽強付会も権力は辞さなかった。

こうして権力のねらい通りに労働組合と無産政党は決定的に委縮し、産業報国と大政翼賛に追い込まれていった。

なお、第一審判決は、山川は懲役七年、鈴木は同五年、荒畑は同三年、山花秀雄、小堀、伊藤好道ら同二年六カ月、橋浦、青野、高津正道、岡田宗司、高橋正雄、稲村順三、島上善五郎らは向坂に同じ二年だった。全員がただちに控訴した。判決を待たず、大森義太郎は四〇年七月に、猪俣津南雄は四二年一月に、夫々病没していた。

岡崎兄弟は罪状がこじつけられず、一年の留置ののち三八年一二月に処分保留のままいち早く保釈された。岡崎三郎によれば「大川周明氏の配慮で」東亜経済調査局に復職できた。

教授グループ事件では、有沢と阿部が執行猶予付き懲役二年、大内、美濃部、脇村らは無罪だったが検察が控訴し二審で無罪。大内、有沢らの無罪には向坂も安堵したであろう。

こうして向坂は、戦時下で引きつづき被告の身でくらさねばならなかった。

四　大森義太郎との別れ

1　出獄はしたけれど

三九年五月、出獄して考えたのは「上申書」にあったようにドイツ語の教室を自宅で開くことだった。「ところが世間にでてみると、私のところに人を集めるということなどは、とてもできる状態ではありませんでした」。

荒畑は三月二八日、山川は五月一五日、大森は九月に保釈となった。荒畑は野依秀市の世話で『実業の世界』社の嘱託として食いつないだ。同じころ保釈された高橋正雄は鉄鋼連盟調査部に、稲村順三は帝国農会に、有沢は各国経済力の陸軍関係の調査機関（秋丸機関）に、一応の職は得た。岡崎次郎、三郎は満鉄の東亜経済調査局に復職できた。

しかし山川はまったく筆も折られ、農業に徹した。湘南うづら園は、山川拘置中に菊栄一人では維持できずに廃園した。

大森は鎌倉の自宅で検挙され高輪署で留置され、送検後もそのままだったが肋膜炎が悪化し、拘置所へ移されることなく留置所のそば（泉岳寺裏二本榎の借家）に療養を許された。療養中も予審訊問はつづけられた。予審訊問をしたのは特高課矢野豊次郎警部補だったが、彼は向坂の検挙にあたった人物で、大森の人柄に惹かれたらしい。大森の調書の前書きとして矢野自身の名で次のように記した。

「大森助教授は…病体を伏考して此の口述著作が最後のものとなることを悟り、筆者矢野に対して曰く、山川均…と自分の亡き後は、高橋正雄、向坂逸郎の両君が日本に於ては正しくマルクス理論を発展々化して行く人物にて心残り無くも、今回の機会はせめて最後の著述と心得て自供するを以て無理なく任意に少し長くなるも云々と…。情相打つものあり」。

仮保釈で民家にいても、親族以外との連絡は許可されなかった。三九年九月に正式に保釈になると、映画時評だけは執筆を許可され「都新聞」に一一月中旬から寄稿を始めた。体調も回復すると、借家をして二年ぶりに鎌倉に帰った。

向坂と大森はお互いに身の上を案じていたろうが、なにせ保釈・公判中の身で監視下におかれ、連絡を取りあうことも自制していた。大森は保釈後にどこにいるのかも向坂には、わからなかった。すぐそばに高橋正雄が仮住まいしていたが、後も向坂には配慮して知らせなかったらしい。

この件は向坂はどこでも語っていないが、向坂は出所して間もなくの七月と九月に仮保釈中の大森に送金している。いずれも改造社の「経済学辞典印税貴下配当分御送付申上げます」という文面で一回目二八円五十銭、二回目四円。いずれも差出人は改造社名で宛先も入獄前にいた鎌倉塔の辻で、そこから静養していた二本榎に転送された。一刻も早く大森に届けたいが、自分の名前では迷惑がかかるので改造社名で送ったのだろうか。しかし大森が筆跡を見れば一目でわかるのだから、ある種のサインを送ったとも考えられる。大森も保釈前なので返事は向坂には出さなかったようだ。

一一月に入ってからと思われるが「都新聞」に大森の寄稿が載った。さっそく向坂は「都新聞」気付に大森宛の手紙を出し、それが二本榎の大森に転送された。返事は速達で届いた（一二月一日の消印）。「そんなに心配していてくれたのか。実にすまなかった…君に会はずに死ぬなんてことは絶対にない。僕の健康は新聞に書いたよりももっといいくらいだ」とはじまる、四百字詰め原稿用紙に小さな字でビッシリ六枚の長文だった。向坂は、この手紙の一部を

「大森義太郎」（前掲）で紹介している。だが手紙は快活だった。向坂は紹介していないがこんなくだりがある。

「君のところ、お母さんが丈夫になられた由、きいて非常に嬉しい。ときどき頭に浮んで心配してゐた。一時はだいぶ悪さうだったんで。奥さんも元気ださうだね。改造の和田君に会ったところ上野の風月かどこかで、奥さんとふたりで仲よくしてゐたといふことをきいて、感慨無量だったね。二年の間に世の中がずゐぶん変ったと思ったが、君が奥さんとお茶をのみに入るやうにならうとは思はなかった。いやほんとだよ。この感慨を妻にもらしたところ、さういふこと云ふからいけないんだと非常な憤慨を買っちゃった。僕は決して反対したわけぢゃなかったんだがね。実際、有沢のやうに奥さんを大事にするのもどうかと思ふが、君のやうに奥さんを冷遇するのをもって偉らしとしてゐるやうなのも、風景としてあまり見よくないことを、忠告しておくことにする。…」。

延々とこんな調子でつづき、最後はこう筆をおいた。「書いてゐればきりがないね。もう十一時をすぎたからきりあげよう。また書く。早く会ひたいね。

大森生

向坂大兄侍史」。

2　大森の病魔暴れだす

明けて四〇年一月四日、「また鎌倉に立ち戻りました（塔の辻から同じ鎌倉の名越に転居）という大森の葉書が届いた。そこにも「はやくゆっくり会ひたいね、もう直きだらう。奥様によろしく」と書かれていた。

三月二〇日に来た手紙には「決定になったらすぐにでも会ってゆっくりつもる話をしたいと楽しみにしていたが、さて決定が来てみるといつでもいいやうな気がして、手紙を書くことすら怠ってゐた…この土曜（二十三日）やって来ないか」とあり、続けて気になることが書いてあった。「軽い胃潰瘍らしくむやみと吐くので困ってゐる」というのだ。すでに病魔が暴れはじめていた。ここにいう「もう直だらう」とか「決定になったら」云々は、裁判の日程のことらしい。

二三日に向坂ははじめて鎌倉にいき再会した。大森は印税が入ったのでホテルで食事をおごり、海岸を散歩して語りあった。二人で東京に遊ぶこともできはじめた。春のある日「大森義太郎とその日朝から、絵の展覧会を見たりして、午後浅草にゆき映画を見た。それから大森君は『今日は東京一の汁粉を食おう』といって、めずらしく彼みづから進んで…『松村』に行った。当時一杯たしか六十銭したお汁粉で、それは大変おいしいものだった。…『松村』を出ようとすると出口の所で、林達夫と出逢った。林、大森共に、みづから通をもって任じた気取りやのことだから、両人相当てれくさそうに挨拶していた姿を思い出す。大森君とはよく一緒に出歩いたが、これが最後だった」（「甘い話」『VAN』一九四八年一二月号）。

六月一四日にはこんな手紙がきた。「選任書、有がたう。…榛村氏には、なんとも恐縮のいたり、君からくれぐれもよろしく願う」とあった。公判開始を控え、向坂が自分の弁護士、榛村専一と木下郁を紹介したのであった。さらに癌ではないかという疑いを報告し「どうもこんな病気が出てくるとは思いもよらなかった」とやや深刻な文面がつづいていた。三日後には検査の結果は胃潰瘍だというハガキが着いたが、向坂は疑っていた。「私は、このはがきを見てすぐ大森を訪ねたようである。ほとんど一日中話をして、終列車で帰ってきたように思う。…公判に対する対策なども打ちあわせたようである。多くは学界や映画のことかと思う。…二人とも『やせがまん』な男だから、人間の死とかいうものについて、あまり深刻なことをいうことをきらっていたので、そんな話はあまりしなかったが、…二人の笑い話の間にも大森の心の中を、ときどき冷たい風が吹きぬけて行くようなことがあったのであろう。彼は、しきりと帰り支たくをする僕を引きとめた。そして、二度食事を共にしてしまった。…彼と、一日談笑する機会はこれが最後になったのであるから、いまから考えると心残りがして仕方がない」（前掲「大森義太郎」）。

その後、「暑い盛り」にもう一度大森をたずねたが、「彼は帰ろうとする私をしきりと引きとめた」。そして七月四日、「結果は、やはり最悪の場合だった」と、牛込の陸軍戸山病院での診断を伝える手紙が届いた。「…まあ、これから死に直面するけいこをしてみようと思っている。ついくだらぬことを書いたが、以上のやうな次第で形成が急迫してしまったので、いろいろ君に相談したい。いそぎはしないが、もういちどきてくれないか」。

向坂はすぐに鎌倉に向かった。そして東大の大槻教授に診察を依頼し、九日に東大病院に入院させた。

入院を伝え聞いた荒畑は向坂にこう書いてよこした。「大森君いよいよ入院の由、先達て鎌倉へ見舞いに参り、心配していた病気が確定して実に痛心に堪へず。大森君の書面によれば詳しいことは老兄から聞けとありましたが、帝大病院の何処へ入られましたか、面会はできますか、手術をするのでせうか、御承知ならば御知らせ下さい。噫、近時何ぞ傷心のこと多きや」（七月一〇日）。

大内兵衛は「大森君大病の由…どうしたらよいか思ひな

やみますが、どうにも仕方のないことばかりです。せめて見舞いでもしてあげやうと思ひますが、まだだめでせう。然るべき時期を御教示下さい」（七月二二日）と言ってよこした。

大槻教授は「恐らく手術しても、半年くらいの命であろう。しかし手術後しばらくは、大変神経爽快になるから、手術されることをすすめるといわれた。そして一切本人にはガンであることはいわないように、と繰返された。夫人やお母さんその他には言わなかったが、しっかりした妹さんの一人には、大槻教授の話をそのまま伝えた。この妹さんと私だけで秘密を保ったわけであるが、夫人やお母さんの心配げな顔を見たりするときは、心苦しかった。手術の日から、私も病室に泊まりこむことを教授にたのんだら、許可された。ところが、病院には健康な人間の入院用の室などはない。大森の病室には大森夫人が泊るので、私は、大槻外科病室の空いたベッドに転々とねることになった。…大森は、ガンでないという教授の診断を信用した。手術もうまくいった、という教授の話で安らかな気持になったようである」。

没後に東畑精一からこう書き送ってきた。彼は手術直後に大槻教授から容体を聞いたので「その話を大兄に伝えようかと思ったが忍びませんでした。病院に奥様をお訪ねした時には一層しのび得ませず、黙々と帰宅した事でした」。

容態は急変し、輸血が必要になったが向坂は血液型が合わないので、知人、友人の血をかきあつめた。「しかし、そのころのことと て、どんな友人でもというわけにはいかず、結局、同罪の被告となっている同志たちをかき集める外なかった」（前掲「大森義太郎」）。事が終わった八月五日付の岡田宗司からの来信には「柳瀬正夢と…の住所お知らせします…小生関係の血液型検査者のほうへは私の方からよく礼を言っておきました」とあった。柳瀬にまで血液提供を頼んだようだ。

しかし甲斐なく、大森は向坂と家族に看取られ、四〇年七月二八日に四二年の生涯を閉じた。「最後に、手術直後から病院に泊り込んで激励し続けた向坂のほうに向って何かいった。『しっかりしろ』といったように聞こえた。向坂が『しっかりしろ』と大きな声で励ましたが、大森は、もう何の反応も示さず、そのまま瞼を閉じたのである」（『労農派の昭和史』）。

大内兵衛が病理解剖に立会い、高橋正雄が鎌倉の自宅まで遺体が帰るのに同乗した。告別式は七月三〇日におこなわれ、向坂と大佛次郎が友人総代となり、葬儀委員長格は大佛がつとめた。高峰三枝子が弔問にあらわれ「われわれの葬式に映画女優が参列するのは大森ぐらいだろう」と向坂に言わしめた（以上前掲『労農派の昭和史』　向坂の回想では女優は三宅邦子も来た）。

告別式から二月ほどたった九月二四日、荒畑は向坂にこんな手紙をよこした。

「僕は一昨日か昨晩か、妙な夢を見ました、大森君の夢です。…数人も集まってゐたやうでしたが、少なくとも僕自身と、足立君と、あなたが居たことだけは、甚だハッキリしてゐます。…其処へ突然、大森君が奥さんと一緒に、或は奥さんに介抱されながら、姿を現はしたのでした。…大森君はチャント生きてゐたのでした。僕はあなたが持ってゐるニユウスは、これだったのだナと、其時感じたのです。…僕は嬉しくて涙がアトから〳〵溢れ出して、終ひには上を向いたか或は仰臥したのか、よく分かりませんが、そうして涙の溢れるのを止めやうとしました。…この夢の中で経験された僕の真情もよく諒承して頂けるのは、恐らくはあなたと大森夫人とでせうが、大森夫人にこんな話をするのは徒づらに新しい涙を誘ふだけのことでせうから、あなたに夢物語をした訳です」。

大森の長男・映の教育資金集めを企画したようで、向坂が荒畑宅をその件でたずね、荒畑が喜んで協力すると返事した荒畑書簡があるが、実際どうしたかはわからない。

年が明けた四一年一月三〇日に大森千代からゆき宛に来た葉書にはこうしたためられていた。「…御主人様度々おいで下さいましていろいろと私共をご心配下さいましてありがとう存じます。そしてお話いたして居りました主人の着物、なほしていただけば召して下されると存じましてお送りいたします。実は、昨年から明日は持って上がらうとばかり思ひながらとうとうこんな時になってもうそろそろ春になりますのでお役に立たなくなってはと思ひまして、却って奥様には余計なお手数をかけることになりますがお目にかけます…」。

敗戦後も向坂は映の就職など何かと心配りをしてゆく。

なお一件、厄介な問題が残った。裁判自体は被告の死亡で控訴棄却となったが、調書類の作成経費の支払いが残ったのである。大森の聴取にあたった矢野警部補が彼にほれ込み、「少し長くなる」のを構わず聞き取ったものだから謄写作成の費用も多かった。榛村弁護士が大森の病が重篤になった七月に、「記録謄写」は大森の分量は向坂の倍あり、大内分は「六百円かかったとの事ですがその割合からすれば大森さんの分は千二百円にもなる」ので、「大森さんの了解を得たい」と向坂に伝えてきた。さすがにこれは大森には伝えられなかったであろう。千二百円といえば相当な金額だった。

没後に相談した結果は、大内からの来信（四〇年一一月）

にこうあった。「大森君の分については、昨日お話の通り…大森君の方へご迷惑をかけることは出来ませんから、実費全額、貴兄と僕等とにおいて合理的配分を後で決定しませう」。

五　戦時下の日々

1　翻訳で糊口をしのぐ　『独逸文化史』のこと

ヒトラーは破竹の勢いだった。向坂は当時の心境をこう回想している。

「ヒトラーは間もなくフランスになだれこんだ。ちょうどその頃（一九四〇年五月―引用者）私の従妹が死んで、お通夜しながらも、ドイツ軍の進出が気になってしかたがない。そうっとぬけ出して、夕刊を買ってきた。…イギリス、フランス連合軍はダンケルクに押しつめられていた。…私はイギリスの写真入りの軍事雑誌をとって、ひそかに、日本の新聞雑誌の戦争記事の裏を考えていた」。そして「英海軍健全なりと思って心の中で拍手した」。向坂は友人に仏軍、英軍は「必ずドイツ軍を食いとめるよ」と述べたてた。「すでに自由を奪われていた私共にとって、ヒトラーの敗北は科学より希望だった」。そして四一年六月、ヒトラーの電撃侵入が開始されたときは「しめた！と思った。ナポレオン一世が、同じようにロシアに侵入して破れたことを思い出したからである。ところがヒトラーは破竹の勢いで進む。…ソ連軍が退却するさまを新聞で見た日々のなんともいえないうっとうしさ！私はレニングラードもモスコウも陥落しないよと、また二、三の親しい友人の間で希望的予言をした。そしてもしヒトラーがソ連軍の捕虜になったら僕は徹底的によっぱらって見せると誓った。時勢に対する無力であわれな反抗である」（『進歩的とはなにか』）。

ドイツ語の塾もできないとなると、語学を生かす道は翻訳しかなかった。中央公論社の世話で、一九世紀ドイツの地理学者・民族学者フリードリッヒ・ラッツエルの『ドイツ』を翻訳し、四一年九月に刊行した。布張りで、写真、地図など入れられ、なかなか凝っていた。詳細な訳者注も多数付記されている。

同じくラッツエルの『アジア民族誌』は、四三年一月に生活社から刊行した。「この本屋さんは、私が巣鴨からでてきてまもなく翻訳した、ラッツエルの『民族学』の一部を、『アジア民族誌』という題名でだしてくれるように頼んだのを、快く引き受けてくれました」（『流れに抗して』）とあるから、フライタークの『独逸文化史』同様、獄中で読んだものかもしれない。

向坂名の翻訳は何かとにらまれるので、他人名義の翻訳もかなりあった。南満州鉄道（満鉄）の調査機関（三九年に東亜経済調査局が満鉄に吸収された）にいた岡崎三郎が中央公論社から『支那問題辞典』（一九四二年三月刊）を出すにあたって、自分の名前で向坂に幾つかの項目を執筆させた。「岡崎君は中国のことの専門家でない私に、文献も教えてくれて、書くことになりました。この辞典は、戦争末期に、もういっぺん岡崎君が検挙される原因になったようです。それで、私も、もういっぺんやられるかなと思って、覚悟していましたが、そこまでいかないで終戦になってしまいました」（『流れに抗して』）。

岡崎の検挙とは、四四年一月末の「横浜事件」である。中央公論社、改造社の編集部などが一網打尽に検束された。向坂のように執行猶予中の身で検挙されると、前のような「穏便」な取りあつかいで済むはずはない。岡崎三郎も喚問されて警察で暴行を受けた。辞典の執筆者の一人、細川嘉六も牢獄で拷問されて酷い目にあった。半年足らずで敗戦を迎えなかったら、向坂もどうなったかわからない。

向坂の執筆項目は不明だが、岡崎とされている執筆項目は「イギリスと支那」「資源」「度量衡」「南支那」となっている。

岡崎次郎は、自分の名前で、フリーデンスブルグの『世界鉱業論』を生活社から刊行させてくれた。四二年六月刊で九〇〇頁の大冊だった。このほか、日本製鉄調査部にいた広田豪佐が、鉄鋼に関するドイツの専門雑誌の翻訳をもってきてくれて「ありがたかったが、むずかしくて弱った。製鉄の勉強をやったが何のことか分からぬ所がある。おそらく誤訳が沢山あったろう。あの訳で鉄をつくろうとしたら大変なことになったかもしれない」（前掲「学者受難史」）。満鉄にいた「N君」は「ユダヤ人にかんする科学的な大きな本」の翻訳を斡旋してくれた。

さて、向坂が一番熱を入れていたのはフライタークの『独逸文化史』だった。原書で四巻五冊の大冊で、向坂自身も非常におもしろくて、意気込んで全巻翻訳に取りくんでいた。「早く出すために、派出婦をやとって、食事その他はその人に頼み、私が原本を訳すのを妻が筆記した」。第一巻は四三年五月に中央公論社から刊行された。五七〇頁の大部で、しゃれた装丁の「当時としては割りときれいな本」だった。向坂は中央公論社の名前で各方面に献本した。反響は大きく、多くは中央公論社宛に称賛の声がたくさん届いた。

「直ちに学生にも推奨いたしたく、尚機会あらば新聞雑誌等に論評いたしたく存じます」（林健太郎　一高教師）、

フライターク『獨逸文化史』第１巻

「原本の学芸的価値につきて今更賛辞を要せず候処、今般流麗なる訳書を出し候段学会の一慶事と存じ候」（上原専禄　東京商大教授）、「訳者の御高名はさること乍ら…困難なる中世史を巧みに御訳述なされ候段誠に讃嘆の至りに御座候。固有名詞を原独語のままに発声して表現される点も却って結構な方針と奉存候」（松田智雄　立教大）、「学兄のご努力により独逸の民族と文化と社会とを基礎的に理解せしめる名著の相次いで世に出ますことは、喜びに耐へません」（石田英一郎　民族学者）。

いずれもドイツ史、ドイツ言語では気鋭の最高水準のメンバーである。被告の身にもかかわらず、これだけの賛辞がよせられたことからも、向坂の学殖のすべてを打ちこんだ仕事だったことがうかがえる。

しかし、「ところが第二巻になると、ちゃんと紙型も、写真版もできて、本にするばかりのとき、訳者が向坂逸郎であるという理由で、軍部の指図だったというのですが、だせなくなってしまいました」。「私は、この本の印税に生活をかけていたわけですから、弱りました。ともかくも、中央公論社に行って、印税だけは、だしてくれるように交渉をはじめたのです。だれでも、泣きごとを並べて、金を借りるのはきらいです。けれども、このときだけは、なにしろそれがなければ食えないのですから、みっともないと思いながらも、事情をくどくどと述べて、係りの人に頼みました。編集長だかなんだかでてきて私の頼みを頑として拒絶しました。私は、ぜんぶが無理ならば、半分でもいい、半分が無理ならば三分の一でもいいと、譲歩していったのですが、…何しろサーベルが、暴威をふるっていたのですから。とうとう、一文も印税をもらわないで帰ってきました。帰ってくる自分がじつにみじめで哀れでした。…いわば哀願して、一文ももらえないで帰ってきたときは、見えないなにものかにたいして、腹がたって、腹がたって仕方がありませんでした」（『流れに抗して』）。

「戦争が終わったら、この社と出版部をやっつけてやるぞと、腹の中で思って、だまって家に入った。妻にも口をきかせたくなかったが、ただ一文も金にならなかったことを報告した」（前掲「ある出版部長」）。「みじめな思いをしている彼を私が見たのは、この時だけでよく覚えています。『いまに見てろ、ヨ、ネ』となぐさめのつもりか、つい言っちゃった」（ゆき夫人回想）。その数カ月後に中央公論社編集部は横浜事件でやられるのである。

同じ出版屋でも改造社の山本実彦は太っ腹だった。向坂は検挙された時には『改造』の三八年新年号の原稿を渡していた。無論陽の目は見ない。そこでゆき夫人は山本実彦に稿料を支払ってほしいと頼んだ。そうしたらすぐ承知した。ゆき夫人が改造社に稿料を取りに行ったら、実彦の弟で営業部長の重彦が石坂洋次郎の『若い人』を指して、「貴女のご主人も、こんな本を書くと監獄に行くことにもならないし、大変儲かるよ」と言った。その話を面会に来たゆき夫人から聞いた向坂は「苦笑する外なかった」（前掲『わが資本論』）。

陽の目は見なかった訳出に、ハンス・デルブリュック『兵術史』、カール・メンガー『貨幣論』などがあった。いずれも他人名義をかりたが出版はかなわなかった。

2　戦時下の読書　正男のこと

戦時下で「一番読んだのは奴隷制に関するもの」でウエーバー、ティコティ、サルビオリ、カウツキーなどを読み、エドヴァルト・マイヤーの『古代の経済的発展』は面白かったので出版のあてもなく訳出だけはした。そして、マルクスは社会発展の歴史を奴隷制社会からはじめるが「むしろ奴隷制は傍系であって、古代から農奴制に移って来るのが、正系の発展のしかた」ではないかと思うようになった。「生産関係としての奴隷制度…があったのは、僕の語学で読めた限りではギリシャ・ローマしかない」という「結論を戦争中にえていたのです」。そして後にソ連の学者も同じようなことを言ったので「ちょっと楽しかった」（『資本論』の改訳」）。

向坂が奴隷制に関心を持ったのは三〇年代後半にマルクスの「資本制生産に先行する諸形態」の公表を契機に議論となったアジア的生産様式論争も頭にあったと思われる。ただ彼がこの論争にどういう見解をもったかは不明である。

『独逸文化史』翻訳当時の向坂の面影を描写した文章がある。仏文学者・川俣晃自（後に都立大教授）の「丸の内界隈より」という随想である（「日本読書新聞」六三年三月二五日）。当時川俣は中央公論社の仕事をしていて、『独逸文化史』の訳稿をもらいにたびたび等々力をたずねた。向坂を鷺坂、中央公論社を中央評論社などとしている。向坂が元気なころに公にされた文章だから、そうは脚色していないと考えられる。

『独逸文化史』第一巻の原稿を受けとりにいったときのことだ。原稿料前払いの封筒を渡すと、鷺坂は「もう少しで、君、干乾しになるところだったぜ」といって受けとった。私（川俣）はこの翻訳仕事が続く間は「印税の一部を月割りにして前払い」がされるが「大した金額でもなかろうし、長つづきのするものでもあるまい」、このままでは「定期的に現われるという警察の監視係りは、年毎日毎に痩せ衰えていって、やがて次々と飢え死にしてゆく一家の姿を見ることになりはしないだろうか」と心配する。部屋を見渡すと机の上に、『一葉全集』、『北村透谷伝』、『幸田露伴伝』、「犬の研究書」、「山の案内書」、「句集、歌集」などが見え「どうやらこの家の主人公は本と名のつくものでさえあればなんでもかんでも読んでしまうらしかった」。

そして思い切って「この戦争は、どのくらいつづくでしょうか？」と聞いてみたら「長くて二年だな」と「平然と即答した」。「それでは二年たったら日本はどうなりますか」と聞くと「そりゃ日本は負けるに決まっているさ」。「本当に負けますか？」「負けるね」。やがて兵隊にいって敵兵とたたかわねばならぬ「私」は「それで日本が勝つ可能性は絶対にないんですか？」と食い下がるが「絶対にないな」と淡々としている。「むっつりと黙り込んでいる」「私」に、ふいに鷺坂は「君は犬が好きかね」と話題を変える、犬の話に引きこまれて「仕方なしに笑い出した私を、旧式な鉄縁眼鏡の奥の、昔の侍のような目がまじまじと見ていた。私はその目がすこしも笑ってはいないらしいことに気がついた」。

さて、何でも読んだ向坂だったが、「戦争中に経済学書を買って読む気にはなれなかった」が「余り浮世ばなれをしても困ると思って、ラジオでやる学者の講演はつとめて聞くことにした」。また雑誌類はほとんど買わなかったが、『世界週報』は「たまに買って読んだ」。「かすかに海外の事情が伝わってきたからだった」（「日本読書新聞」七〇年一二月二〇日）。また「四十歳代を無為にすごすことに、焦燥を感ずる日もないではなかった」が「小説を夜のふけるのも忘れてむさぼり読み」「読んだらいろいろな本の感想を当時大連にいた末弟に書き送った」（「秋深し」）。

この末弟とは正男である。彼は満鉄で北京にいて、よく向坂家に仕送りをしてきていた。四三年二月に寄こした手紙にはこうあった。「書いて送ってくれる、いい書物の読後感は大変ありがたい。…読後感に交へてこのような時代に如何なる仕事をし、如何にいくべきかを書いてくれる兄さんの手紙は、よい書物を指示してくれる以外に、誠に有難く感じる。欲を云へばもっと頻繁だといいのだが。…ゾムバルトの近世資本主義確かに受け取りました．ブエッヘルの『国民経済の成立』若し貰へるのなら送ってください。ゾムバルト、ブエッヘル、ブレンターノ、リヤシチェンコ、宇野氏経済政策論等々の経済史のものを一まとめにして読んでみたいと思ってゐます」。

ところが勤務の傍ら腰を据えて勉強しようと思っていた正男もそうはいかなくなった。六月には「突然調査部を出て総務局付を命ずといふ事になった。…理由は手紙では一寸書けない。これ以上悪い事態が来ることはあるまいと思ふからべつにしんぱいされぬよう…」。

一月後にはこんどは大連から「思はざる事情から、車掌や駅助役までやることになりましたが、こんなことをやる機会は一生のうちでなかなかあり得ないので…なんでもやるつもり」と書き送ってきた。

やはり満鉄にいて社の独身寮でも一緒だった岡崎次郎はこう回想している。満鉄調査部の元左翼系を検挙した「満鉄事件」のあと「検挙される恐れのある者はすべて鉄道や港湾や炭鉱などの現業部門に配転された。たとえば、向坂正男などは向坂という苗字と逸郎の弟だということが悪いという理由で大連埠頭勤務となった」（『マルクスに凭れて六〇年』）。

3　山川の農業指導

さて、いよいよ農業しかなくなったわけであるが、土地は充分あった。農業を予定して借りた等々力の家の敷地だけで三百坪ほどあり、しかも周りは空き地だらけで勝手に占拠して畑にできた。さらに徒歩で三〇分程度の成城にゆき夫人の実家が土地を持っていたので、そこも開墾して、総計一反半くらいの畑ができた。等々力に越してすぐのころは、農業理論は口にしても、実践は弟とゆき夫人にまかせていたが、こんどばかりは理論と実践は一致した。実践が豊富になるにつれ理論も深化する。戦後「土の不経済学」（『新農芸』一九四七年一二月号）では『農業植物学』、『食用作物学』、『栽培植物の起源』などを当時の愛読書としてあげていた。

主要な農産物はジャガイモだった。「ジャガイモについては、たくさんの本を読みました。だいたい世界のどこに発生して、どういうふうにまわって日本にきたか、というようなことまで調べているうちに、日本でジャガイモを紹介したのは、だれがいちばん早いかは知らないけれども、高野長英が、そのつくりかたや性質なんかを書いていることを知ったのです。それからそのジャガイモの絵をかいたのは渡辺崋山で、そういう珍本があるということを知りました」。あいかわらず古本には凝っていたようだ。徹底的に教科書どおりに実践し、種芋をおく穴の深さも物差しではかりながら進めた。近所のお百姓はそれを見て笑った。他家の人糞ももらいうけ、カリ肥料の代わりに空襲があると夫婦で焼け跡の灰をもらいに駆けつけリュックサック一杯につめ何回も往復し、道すがら馬糞を拾って歩いた。はじめての収穫でジャガイモが豊作だったときは「ほんとうに涙がでました」。「主食と頼んだジャガイモがとれなかったらたいへんなことになります。一家の浮き沈みにかかわるのです。…ほんとうにうれしかった。『おれにも百姓ができる!』というのうれしさであり、戦争を生きぬけるというのうれしさです」。笑ったお百姓さんも関東地方の平均の倍近い収穫にはびっくりした。

豊作には、よい種イモが入手できたことも大きかった。それを密かに入手してくれたのは稲村順三だった。彼は保釈後は帝国農会の新聞編集で食っていたが優良な種イモを確保し向坂に回した。稲村がいなくなったあとは石山健二(筆名一布)という、やはり人民戦線事件で検挙された青年が引きついでくれた。種イモは農家でなければ配給は受けられなかったし、相手が治安維持法違反の容疑者なので、「わかればクビになるという危険をおかして」のことだった(以上『流れに抗して』)。

農業では山川均が大先輩だった。毎月のように農事指導のハガキが来た。向坂家に保存されているものだけでも四三年に一一枚、四四年に五枚ある。すべてが向坂からの問いあわせへの回答である。たとえば「只今おはがき拝見しました。…下肥は固形部分が溶けて形がなくなる程度と言ひますが、昨今の陽気ではそれ迄にはよほど長くかかります。水を割って倍くらいに希釈しておくと早く腐熟します。…」といった具合である。人糞の腐らせ方について論じあったわけだ。このほか、各種タネの入手法、肥料の量、畝の作り方、除草の注意など詳細をきわめたものである。貯蔵ジャガイモの芽の取り方は「大きな薯で芽が一つだけならばそのまま植えるのは不経済ですから芽のある部分だけ切り取って植えます」という初歩から、ジャガイモの病気(バイラス病菌)の消毒液の作り方にいたるまで懇切丁寧な指導。隼人瓜の種を売っている花屋の紹介、胡麻、砂糖大根、南瓜、小麦、しいたけ等々の手ほどきもある。ときおり種子も送ってきた。

逆境にあっても、何事かを自分の思想的糧にする態度は、

1944年等々力　屋根にカボチャ栽培

農業生活でもつらぬかれた。先の「土の不経済学」にそれがうかがえる。一つは田園と都市の分離、農業と工業の分業によって「我々は精神的にも肉体的にも一種の不具者に近いものにされてしまっている」ことを、エンゲルスのルドルフ・マイエル宛書簡を援用しつつ、あらためて実感したという。そして、戦時下に都会人が農業に手を染めざるをえなかったことは「戦争と敗戦の苦の中から拾い出された利益のかけらである」と説いている。

もう一つは、徹底的に勉強してからジャガイモ栽培に取りくんだら、近所のお百姓さんたちが眼をむくほど収穫できたという経験から、「素人が、少し熱心にやると普通の農家より収量をあげるところに日本農業の反省すべき多くの点がある」と指摘する。過小農制のもとで、家族の強労働と家族による経験的な技術の継承だけでなりたつ日本農業の近代化の必要を実感したわけだ。

4　荒畑の犬指導

向坂は釈放後、努めて等々力の家には人を寄せないようにした。非国民のところに来て、にらまれてはいけないという配慮だった。自分も裁判のメドがたつまでは、しばらく等々力の家に篭り読書と翻訳と農作業にはげんだ。

「あの戦争の開始された年の暮にも、私は崋山の書いたものを読んでいた。夜もふけていた。寂として声なく万物はねむっていた。ただ遠くのほうで、歴史の大流が音をたてて流れているやうな気がした。その音がかすかにきこえて来るように思えた。『板の間の釘もひかるや夜のさむみ』という崋山の句を思い出して、冷酷な権力と伝統の中に、日本の運命を静に考えている彼の姿を、見にしみて感じた。『行く春も来る春あれば我なかず』と言って見て、はかなく自らを慰める外なかった彼と彼の親友の一生が、さびしく私の心をうった」（『科学の道　高野長英のこと』一九四六）。濫読の中でも、思想の自由を奪われ自殺した高野長英と渡辺崋山についてはとくに傾倒したようである。

山川や荒畑はよくあらわれた。山川は鎌倉だからそうは来なかったであろうが、荒畑は淀橋、百人町などの近辺を転々としていたから便もよく、向坂からたずねることもあり往き来は多かった。

少し話がさかのぼるが、荒畑からの来信が急に増えるのは、向坂宅に保存されているものでは三三年ころからである。そのかなりは犬の飼育方である。

向坂の犬好きは小学生の時からで、口之津時代を除けばずっと犬を飼っていた。ちなみに最初の飼い犬の名はエスだった。だが荒畑のほうが一枚上手だった。

「今日せっかくおいでになったのに不在でお目にかかれず残念でした。…レイ子がおほめにあづかった由、これも有りがたく御礼申上げます。…レイ子をやはり紀州生れの柴犬にかけて仔をとりますから、そうしたら一人さし上げませう。…」(荒畑、三三年二月二五日ハガキ)。

荒畑は無類の犬好きで、一匹でなく「一人」というくらいだった。このレイの仔が向坂家のマルと思われる。三五年一月二四日のハガキはこうある。「先日おハガキでマルの近状を詳知致し、昨日は又マルとメクとの写真を頂戴いたし、両人とも健全に立派に成人した姿を見て、嬉しく存じます。お二方の丹精、令弟の丹精、感謝の外ありません。…」。荒畑からは二匹をもらい、マル(雄)とメク(雌)と名づけた。向坂が検挙されてめんどうが見切れなくなってメクは人にやり、マルが残った。留置所で面会したのはこのマルである。

ところで「マル」とはマルクスのことだったが、マルクスでは特高に追いかけられるといけないので「マル」にしたと、向坂は大まじめでよく筆にした。「メク」とは向坂が中学一年のころまで飼った雌の名である。以降向坂の犬は雌であれば、みな「メク」と名づけた。

三七年二月の荒畑のハガキは、マルとメクの交配と出産の諸注意を、五月八日の長文の手紙は子犬のえさの諸注意を、一一月七日には、子犬用の犬小屋の作り方を敷き藁の種類にいたるまで原稿用紙四枚に書き送ってきた。

向坂は保釈後もときおりマルの近況を写真をそえて荒畑に送っていたようだ。四〇年四月二八日の礼状(ハガキ)がある。「麻流先生の近影ご恵送に与かり多謝々々、益々いい犬になりましたが、さすがに顔が老けました。然し今がまさに分別盛り、男ざかりといふところでせう。…」と述べ、「犬の子の物もえいへずいはずとも、いつはり多き人にまされり」と詠んでいた。ここでマルのことを「麻流」としているのは、弾圧のいっそうの激しさを慮って、漢字表記にしたと考えられる。二人ともそれくらい冗談とも本気ともつかぬくらい、犬を心配した。

「荒畑さんのひたむきな気質を知れば知るほど、荒畑さんの犬好きがわかるような気がする。それはこの世に対する荒畑さんの痛烈な抗議なのである。人間どもの世の中の汚さに対する荒畑さんの失望が、愛犬によって救われているといってもよい。世を怒る一途な気持が、犬を溺愛することによって、多少とも緩和されているとでもいうか」（「荒畑寒村さん」）。

マルのその後の運命はこうなる。

「荒畑さんは、まるでおじいさんが孫を可愛がるように、マルを可愛がった」。戦争も終りころ、栄養失調と老衰でマルが死にそうだと知ると荒畑は「あの食料不足の時、…おそらくなけなしの財布をはたいて、鶏を一羽持ってこられて、食欲も衰えたマル公に、ささ身のところをやって、あとは荒畑さんと私と妻の三人で、久しぶりに豊かな食事をした。…マル公は、昭和一九年一二月二六日にとうとう死んでしまった。このことを荒畑さんに電報で知らせると、弔電がきて、翌日は速達で荒畑さんの悲しみの手紙がきた」。

手紙には「…さり乍ら当今の世情人心を想案いたし候へば、むしろマルが今日に於て逝去いたしたる事を喜び、この悲しみを喜ばざるを得ざる事情を深く悲しみ申候」とあり、弔歌が六首そえられてあった。「四つ足の犬にはあれど人よりも、聖く正しく直かりしマル」。

向坂も負けておらず、庭に懸命に「前方後円墳」をつくりそこに丁重にマルを葬った。翌春の荒畑の向坂宛年賀には「近づきの犬みな死んで春さびし」とあった。

荒畑は四一年一〇月に長年つれそった愛妻・玉をうしなって、ひどく落ち込んだ。そして、四二年なかばには藤沢の山川宅に長逗留したりしてさみしさをまぎらわしていた。一方人民戦線事件の第一審判決が八月に出て、控訴審を控えたとはいえ一段落した。それまで控えていた交友関係も再開し、向坂の外出も増えたようである。

荒畑の戦中日記（『春、雪ふる』一九九三）によれば、山川、荒畑、向坂に、ときおり堺ためも加わり、四三年中に一〇回ほど歌舞伎と文楽（新橋演舞場）の見物にでかけている（翌年は春から演劇・娯楽は禁止された）。無聊の堺ためと荒畑の気を紛らわそうとしたのだろう。山川は義太夫を実践したくらいだし、荒畑は大の「文楽狂」だから楽しんだろうが、向坂は、歌舞伎はともかく文楽は「サッパリわからず」、「隣で荒畑さんが…感極まったような表情で聞き入っているので笑いをかみ殺していた」。そこで次回から手引書を読んで観劇した。そうしたら面白くなり、「俊寛」の最後の場面では「われを忘れて見入って」しまい、浄瑠璃や文楽の本を買い込んで読むようになった（「文楽を見た頃」）。

法事はいくら札付きが沢山あつまっても、お上から禁止はされなかった。四三年一〇月一四日には荒畑玉三回忌の法要がおこなわれて向坂も参加し、山川、堺ため、堺真柄、近藤憲二、岡田宗司、稲村順三、石井安一、亡き大森義太郎の千代夫人、小堀甚二、黒田寿男といった面々と一堂に会すことができた。

裁判の出廷も交流の場であった。同年一一月から人民戦線事件の控訴審が開廷となり、荒畑、向坂、黒田が併合審理となった。一二月三日の審理が終了後、荒畑、向坂、鈴木で会食を共ともにした。

5　岩波茂雄、渋沢敬三、同僚たち

『資本論』研究会などはもとよりできなかった。しかし「岡崎三郎さんと一緒に銀座あたりで偶然に会ったような顔をして本などもたないで、家で読んできて議論をしたわけです。…まるで悪いことをしているような状態で研究会を続けてきました」(『都政』一九五八年一一月号)。

岡崎三郎もこう回想している。「私はかなりよくうかがい、『資本論』など持ち歩ける時代ではなかったので、二人だけでスミスの『諸国民の富』を読むことにしました。…また先生は御自分ではマックス・ヴェーバーとシュムペーターに取り組んでおられました。この二人の学者は取り組むに値するということでした。ヴェーバーの『古代農業史』だったと思いますが、これはむつかしいドイツ語だと言っておられました。またインフレイションを解明するために貨幣論をやっておられました」(「ロマンチック時代」)。

後年、おりにふれ「二人いれば研究会はできる」と力説したが、実際に岡崎と二人で、しかもテキストなど持たないで実践していたのだ。

戦時下で和解できた人もいた。四一年ころ自由が丘の駅でばったり岩波茂雄と出くわした。「岩波さんは…『私は、あなたに大変失礼なことをしたといまも思っています。四人の人たちは…とうとう『資本論』の翻訳はしてくれませんでした。あなたは現在生活におこまりのようにききますが、よかったら、私の信州の家に御夫婦一緒に行ってください。食料は私がなんとかいたします』と言ってくださった」。この申し出は「即座におことわりした」が、「この時、私の岩波さんと岩波書店に対する苦い思出は、消え失せてしまったようである」(前掲「岩波さんと『資本論』と私」)。棒村弁護士の勧めで軽井沢の別荘には世話になったのだから、まだ意地ははっていたらしい。四二年一一月に「岩波書店回顧三十年感謝晩餐会」が開かれ向坂も招待され参加し岩波と会い、アイ・コンタクトだけですっかり「和解」

1942年11月　向坂も招待された岩波書店30年晩餐会で挨拶する岩波茂雄

したという。

まったく別世界から陰ながら支援の手を差しのべる人物もいた。東大経済学部で同級だった渋沢敬三だ。敬三は大財閥・渋沢栄一の孫で、大学で土屋喬雄と親しくなり、自分は銀行家として渋沢家を継いだが一方で柳田国男とアチック・ミュージアムを設立して民俗学に功績をのこした。土屋の名子制度の実態調査などではアチック・ミュージアムの協力が大いに役立った。また、日銀の副総裁の時には、教授グループ事件で東大を休職処分されていた大内兵衛に、日銀調査部のスタッフの仕事を用意した。

土屋が向坂の窮状を渋沢に話したら、渋沢が援助を申し出た。それを土屋が向坂に伝えたので、向坂は「ドイツの第一次大戦敗戦後の復興政策について調査する報酬としていただきたい」と返事をした。そしたら土屋を通じて二千円を寄こした。向坂は約束の報告書を匿名で書いて渋沢に提出した。「二千円は、私にとっては一年間の現金支出をまかなって余りあるものであった」。そして「アメリカ軍の攻撃のために東京を脱出しなければならなくなる時の費用に」蓄えておいた。

治安維持法違反の容疑者を援助したことが公になれば、ただで済むはずはなかった。向坂も土屋もこのことはいっさい秘密にした。敗戦直後すぐ、二人は渋沢のところに礼にいったが、それでも向坂は秘密を守りつづけた。六三年に『エコノミスト』に寄せた「渋沢敬三」ではじめて公にし、そして渋沢敬三が亡くなった直後、『エコノミスト』（一九六八年一一月一二日）に寄せた渋沢の追悼文で謝辞を述べた。

向坂の弁護をひき受けた榛村弁護士は、ゆきの実家の親族とはいえ、手弁当で実によくやってくれたが、四一年夏には軽井沢の追分にある別荘を向坂夫妻に貸してしばし休養させてくれた。

高橋正雄はドイツ留学中に人民戦線事件が起きて、三八年四月に帰国してから検挙されたのでやや遅れて三九年九月に保釈となった。その後有沢広巳の紹介で上海の日本語新聞「大陸新報」に職を得て上海に渡ることになった。上海行きの前に「等々力のお宅にはときどきお邪魔した」。「(上海行きについては)『戦争がすんでから、責任を問われるようなことはしないことだね』。そういって向坂さんは注意してくださった」。そして上海から上京の折には「向坂さんのところへはいつもお邪魔した」(前掲『私の造反』)。

相原茂もよくあらわれた。卒業後は農業団体である全国購買組合連合会に勤務していた。向坂が獄中にある間、全購連の仕事柄、向坂家に炭を安く手配したり何かとゆき夫人を助けてくれた。しかし彼も四〇年春に検挙され一年半ばかり別荘生活を強いられた。四二年七月に保釈された報せが、幸子夫人から向坂ゆき宛に来た。相原が帰宅出来るようになり「只今自宅にて謹慎して居ります。留守中に一方ならぬご配慮を賜り殊に御遠路の処奥様には再三わざわざお出かけ下さいましてお心を盡していただきました事を生涯の御恩と本当に有難く感泣して居ります」とあった。相原は釈放されてからまた度々等々力をおとずれた。

彼は部類の酒好きだった。向坂は下戸だし、だらしない飲兵衛はきらったが、相原の場合はいくら酔っても「人に不愉快な思いを少しもさせない。いい酒である」と認め「彼のために、出来るだけいい酒を買っておく」のだった。そして戦時下で酒は配給制で向坂宅には飲めない酒が「物々交換」用に蓄えられていった。相原の方は配給の砂糖をためておいた。そしてときどき砂糖と酒の交換のためにやってきたのである。

教授グループ事件でもっともとばっちりだったのは宇野弘蔵だったが、仙台で開廷された裁判には、向坂も証人になったらしい。降旗節雄の宇野弘蔵伝の遺稿(未定稿)に向坂が証人となったという記述があり、それに付されている教授グループの主任弁護人であった鈴木義男(元東北大

1941年夏　軽井沢の榛村弁護士別荘　和服はゆき夫人、座っているのは向坂

教授　弁護士）の「弁護要旨」に度々向坂の証言が援用されている。また向坂家には、鈴木弁護士から宇野の無罪を知らせるハガキが届いている。宇野も向坂もこの件については語っていない。文書で証言したか、あるいは弁護士と判事が上京して向坂に証言をとったのかも知れない。

東北帝大教授時代の宇野は仙台から上京すればだいたい向坂、大森、有沢といった面々と歓談したが、かれらは配慮して宇野に阿部事務所の存在すら教えなかった。ほかの教授グループの場合は阿部事務所の関係が決め手とされたが、事務所とはいっさい関係のない宇野の検挙には、なんらかの理由が必要だが、向坂との付きあいに目をつけられたようだ。鈴木義男弁護士の「弁護要旨」によれば、裁判でのやりとりは以下のようなものであった。

まず労農派への協力の証拠として、向坂宛の一通の手紙があげられた。しかしこれは改造社の出版についての問いあわせに過ぎなかったので、除外された。

向坂は（たぶん書面で）、労農派は「理論集団であって綱領も組織も持たない」、「合法的結社であることは、当局が一〇年もその存在を公認してきたことからあきらかだ」等々と説いた。向坂に頼まれて宇野が『先駆』に執筆したことについては、『先駆』は労農派の同人雑誌ではないし、仏文学者の河野与一にも寄稿を頼んだくらいだと証言した。

もっとも主要な証拠としてあげられたのは三五年一一月一三日の向坂と東北大生の懇談会、三七年五月二八日の同大での大森と向坂を囲む懇談会だった。向坂は、三五年の来仙は経済学会一周年記念茶話会に有沢とともに招待されたにすぎないこと、三七年のは有沢が東北大で講義をする謝礼が高額なので、その金で大森と向坂も宇野と会いに来仙した際、学生の依頼で座談会をしただけのことだと証言した。

宇野は無罪となった。

ここで宇野以外の教授グループの保釈後に触れておこう。美濃部、阿部、南は法政大から解職、帝大関係者は休職処分された。自著の発行も論文発表も許されなかった。ただ向坂、大森より少しましだったのは、大企業や軍の調査機関などでかろうじて仕事にありつけたことだ。

有沢は軍の秋丸機関という諸外国の国力調査の部署から米国の調査を依嘱され、日本が逆立ちしてもかないそうもない米国の力を物語る調査結果を提出した。ところが軍の上部はそれを都合悪いから廃棄処分にした。とはいえ敗色濃厚になると目先の利く官僚は、教授グループの分析力、経済知識を活用し敗戦にそなえようとしはじめた。敗戦後かれらには各種政府機関やＧＨＱへの協力が要請される。

仙台で宇野弘蔵と　1935年か37年かは不明

6　里村欣三との出会い　珍品古書との遭遇

異色の訪問者としては、作家里村欣三（本名前川二亨）がいた。里村について向坂は「総評新聞」連載の人物回想の一つとして「里村欣三」を著している。彼は労働者からのたたきあげで、徴兵を逃れて放浪生活をしばし送った文芸戦線派の作家である。葉山嘉樹とはとても親しかった。三七年総選挙で日本無産党の応援をしたのを最後に運動から遠ざかり、日中戦争勃発と同時に兵役につき中国で八路軍とたたかい、三九年に負傷して秋に帰国していた。向坂宅をたびたび訪れたのは、三九年末から四一年初にかけてと思われる。四一年秋からはいわゆる従軍作家（陸軍宣伝班員）として、戦争に憑かれたようにしてふたたび南方の戦地に赴き、四五年二月にフィリッピンで戦死した。向坂と話し込んだのは「転向作家」と世間でみなされはじめたころだった。実際、四〇年四月に発表した『第二の人生』は、彼の転向のあらわれと受けとられ、前田河広一郎などかつての同志たちから批判されていた。

そういう精神状態の里村への向坂の対処と受けとめが、この「里村欣三」という小文にはにじみ出ている。ある種の「転向文学論」ともなっている。

「戦争になってから、どういうわけか、彼は時どき私の家にやってくるようになった。…私は、たずねてくれる友人は、ことごとく、うれしく迎えた。…いかにもなつかしげにやってくる里村欣三に、好感をもたないではいられなかった。しかし、彼の態度は、何か暗い影を引いていた。ある時こんな話をした。『妻が妊娠したので弱っています。おろさせたいが、それもできず、弱ります。』私は『そんなことしないで、生んだ方がいいでしょう。どうにかなりますよ』といった。彼は返事をしないで黙っていた」。四一年一〇月に里村の次女が産まれている。

「彼は戦争の話をすると、いかにもゆううつそうな顔をした。そしてよく、私にきいた。『戦争はゆくゆくどうなるのでしょうか』という」。「私はこの戦争は、はじめから負けると思っていた」。しかし里村欣三には「敗戦の必然性と、民主主義について説く勇気をもたなかった。これを不用意におしゃべりされたら、私の身辺は、また妙なことになる、と思ったからである」。

「彼は、ただ、自分は『第二の人生』という作品を書きたいと思っている、ということを述べ」た。「私は、あんまり早まって『第二の人生』などは書かぬ方がいいよ、また、『第三の人生』を書きたくなる時節が、こないわけでもあるまいから、と言った。彼は、ただ淋しそうに笑っただけであった。そのうちに『第二の人生』という小説がでて、それを送ってくれた。…里村欣三の腸を引っかきまわすような惨たんたる告白がもっとつづく」。「正直な里村欣三は、器用に、転向する理屈を見つけることはできなかった。彼は、まっ正直に、身をさいなむようにして、苦しんだらしい」。「彼は、敗戦近くなって報道班員として、ふたたび戦場におもむき、弾丸雨下を突進して倒れたといわれる。自殺であったかも知れない。『第二の人生』にも『愛想がつきはてた』のではあるまいか」。

「私はいま『第二の人生』を、ところどころ読み返して、暗い彼の姿を思い出す。今日この作品は、立派な反戦小説になっている。一人の正直な労働者の、ファッショ支配下の告白である」。

己は権力に同調せず生きながら、しかし他者の内奥の葛藤を忖度できる人物を、里村は向坂に見出したのだろう。

すでに向坂は「葉山嘉樹の徒」であったが、人民戦線事件ののちは会うことはなかった。葉山の作品の傾向はあきらかに変ったが、葉山とは最後まで親しく登山などをともにした荒畑から、彼の心境は伝え聞いていたと思われる。最後は満州開拓団に身を投じた葉山の噂は風の頼りに聞いていた。葉山没後二〇余年を経てであるが、向坂はこう回想している。「葉山嘉樹が飲酒で、時世の圧力と多くの同志たちがいなくなった淋しさを、まぎらわそうとして、ますます、そのころの悪い酒におぼれてゆく、葉山の転心はこのようにして起こったのではないだろうか。そのころの葉山と会ったことはないので、まったく想像だが、戦争中、時どき私のところにやってきた…里村欣三についても、同じようなことを感じた」（「葉山嘉樹」）。

文学関係で戦時下に新たな出会いとなったのは、劇作家・久保栄だった。

自由が丘に紙魚屋という古本屋があり、向坂はあい変らずそこに入り浸っていた。主人は向坂が獄中にいるときもゆき夫人に何かと気を使ってくれた。ある日久保と紙魚屋で知りあってからたちまち親しくなり、当時久保が翻訳に取りくんでいた『ファウスト』のことなど話がつきなかった。向坂がたまたま日本評論社の編集者から世界古典文庫に入れるべきものの相談を受けた際、久保が訳していることを教え、実際に戦後になってから収録されることになった。戦争末期になって、久保家のフトンを向坂家に「疎開」させたこともあった。

一目置きながらもついにうちとけた話をする機会はなかった猪俣津南雄は、獄中で悪化した腎臓病でずっと療養していた。向坂は保釈されてから「一度お会いしたと思うが、その時は、猪俣さんのからだが、さすがに弱って見えた」（「猪俣津南雄」）。公判に出廷した時と思われる。

胸を痛めるような話ばかりの中でも楽しい事もあった。

本郷の古本屋の主人で向坂の東大研究室時からの友人（東北大教授になった吉田震太郎の父親）が、ある日「ニュー・アメリカン・サイクロペディア」らしきものが神田に出たと教えた。向坂は早速たしかめることを頼んだ。まちがいなくドイツ留学以来捜し求めていた本物だった。「高まる胸をおさえながら、いくら位ですか、ときいたら一〇〇円だという。戦争中の貧乏時代であるから、僅か一〇〇円でも大金であったが、惜しげもなく投げ出してこれを買った。一冊一冊めくってみたり、ならべたり、しばし楽しんだ」（「蔵書の数々」）。一〇〇円は当時の生活費二カ月分に相当したのではなかろうか。

二〇年前にベルリンで東大のために購入した時は八百円だった。全一六巻揃いというのはドイツでも珍品なのだ。とてつもない安値を聞いて、声のふるえを古本屋の親父に覚られないよう苦労したにちがいない。

六　やっと戦争に敗けた

戦争の終りころには、負け戦ということは冷静に物を考えられるものなら誰でも見通していた。

権力内部では、ただどうやって天皇を守り有利な負け方をするか、またそれを誰が泥をかぶって言い出すかで、延々とかけひきや疑心暗鬼がつづいただけなのである。誰かのせいにして、何かの大義名分を担ぎ、自分はあくまで玉砕辞せずなのだが「万止むを得ず」という見せかけをつくるためには、南方諸島での玉砕も、沖縄戦、ヒロシマ・ナガサキ、東京大空襲での数十万の民間人の犠牲も、おかまいなしに時を無駄にしていただけであった。

「戦争の末期にいわゆる特攻隊というものの組織されたことを新聞紙で知ったときに、私はその事実であることを疑った。我国の未来を担う若い人々の生命をこのように軽く取扱っていいものかどうかを疑ったのである。…私を訪ねてくれたある将校にこのような話をしたところが、彼は笑って、飛行機の数より乗る人間の方が沢山にありますからねと答えた」(「いのちを軽んずる思想」)。

民衆には「本土決戦」を呼号しながらも、負け戦であることを痛感していた軍部・官邸のうごめきは末端にも伝わったであろう。

同居していた向坂の母親コハルは二五年間患っていたが、四四年四月八日に栄養失調で六五歳で亡くなった。一週間にいっぺんだけ買う魚を自分は食べないなど、向坂家の貧乏を若いころから一身に背負ってきて結核になっていた。父親は大牟田に疎開させた。向坂の姪にあたる加茂篤代(旧姓坂梨)によれば、賀録は向坂の親戚筋の家にいたが、逸郎の父ということでどこに世話になっているかはごく一部にしか知らせなかったという。すでに女学生だった篤代も知らなかった。ゆき夫人の嶺家の両親も家を焼かれて同居していたが、すぐに疎開し、等々力は、向坂夫妻と義弟・嶺卓二と三人だけの生活になった。ゆき夫人の一〇二年の生涯の内でも、もっとも水入らずで夫婦が話せる時間であったろう。

「甘藷の収穫の時はいつも帰りは夜になった。妻と二人リュックに一杯つめて棒の端を二人でもって、これにいくつかの甘藷の袋をぶらさげて夜道を帰るのは決してつらくはなかった。空は綺麗に晴れていて、月の光で途はあかるかった。空腹を感じて、袋からいもを出してナイフで皮をむいてなまのままかじった。道端の草むらにねころんで」(「秋深し」)。

さすがの頑強な向坂にも衰えが来た。「戦争の末期には、自由が丘駅の階段を上がっていても、途中で一度ちょっと立ち止まりたくなった。少なくともその程度にはからだが弱っていることを感じて、暗い気持になりました。ふろにはいると、おなかのところに青い血管が見える」。

それでもまだ向坂の家は空襲の延焼の危険のすくないところにあったので、いろいろな疎開先になっていた。例の紙魚屋も四五年に入ってから古書を向坂宅におかせてほしいといってきたが、間に合わず空襲で古書ごと灰になってしまった。向坂は焼け跡に行って、灰のまま原型を留めている古書をそっとさわりながら惜しんだ。

鈴木茂三郎も三軒茶屋にきたが、五月に隣家に焼夷弾が落ちたので貴重な資料を行李につめて向坂宅に持ってきた。荒畑も本をあづけた。都心に近い豊島にいた荒畑は「昨夜空襲で焼夷弾、荷物を穴埋めに。鈴木君宅に一泊したがそばに焼夷弾が落ちた」(向坂宛五月二八日)という具合で焼夷弾から都内を逃げ回っていた。

しかし向坂のところも危なくなってきたので、庭に防空壕を掘った。それは人間のためではなく、本のためだった。「隣に若い医学生がいて、…その方と卓二と向坂と三人で掘ったの。向坂はあばら骨がそっくり出ているし、はげしい労働に、私はハラハラのしどうしでした」（ゆき夫人回想）。

こうして本棚を四つ入れるだけの壕ができた。桐のたんすの衣類を出して資料を入れ、本棚とマルの犬小屋まで活用して本をつめこみ土をかぶせた。完全な疎開も想定し防空壕の上に「ここは学者の家で本が大事だから心してくれ」という意味の英文の札を、占領を想定して書いて刺した。疎開も考えたが「戦争の初期には動かせない重病の母をかかえていたので、疎開は出来なかった。母が死んでしまった後には、もう費用がかさみそうで疎開などを考えることも出来なくなっていた」（「秋深し」）。疎開費用にとっておいた渋沢敬三の二千円は、とうに使いはたしてしまったらしい。

防空壕をつくって一息というとき、八月一〇日早朝、人民戦線事件で玉川署で最初に訊問をおこなった片岡警部が自転車でやってきた。「一瞬、またかと思ったのですが、彼はこういいました。『じつは、けさ未明『ポツダム宣言受諾』という無電を、日本政府が発しましたから、また先生がたの時代になりました。これはおみやげにちょうど手にはいりましたから』と、牛乳を兵隊さんの水筒にいっぱいもってきて、おあがりくださいといって帰りました」。「戦争が終わるということを知ったときは、うれしかった。そこらへんを大きな声をあげて『戦争が終わったぞ！』と、ふれて歩きたい衝動にかられました。しかしまだ険悪な空気でした。一刻も早く知らせたいところには、『戦争が終わった！』と知らせて歩きました」（『流れに抗して』）。

ゆき夫人の回想によると、「近所にも絶対言うのはよしましょうということで、本当にうちの中だけで、親類にもいいませんでした」。むろん家中の灯火管制の黒い布をはずしたのは八月一五日になってからで、「明るい灯の下で本を読むというのがすごくうれしかった」（ゆき夫人回想）。

第六章　戦後戦略論議と『資本論』三昧

一　「疑い得る精神」で

1　四五年秋―心躍る来信の数々

四五年八月一五日に一五年戦争は終った。

労農派の実際運動家たちはただちに行動をおこした。鈴木茂三郎、荒畑寒村、小堀甚二、高野実、岡田宗司らは、八月末から労働組合と農民組合の再建と社会主義政党の結成準備にそれぞれ着手した。戦時下で肩身の狭い思いをしていたリベラル的政治家も動き出した。彼らは自分の手兵として旧無産運動関係者を引きだそうとした。敗戦後の数カ月はそういう動きが複雑にからみあって沸き立っていた。

しかし向坂はそういう動きとは関係はなかった。一度「芦田均（自由党の代議士。二年後に首相―引用者）が僕に会見を申し込んだこともある。山川さんに相談したら、会いたいというのなら会ってみたらいいでしょうという。そうしたら彼は、自分たちがつくる政党の綱領を書いてくれという。…それで僕がつくれば、社会主義政党の綱領になるからだめでしょうといったら、そうですね」となったことがある（再刊『唯物史観』一〇号座談会）。向坂のキャラクターは、当時の山師風の人物もまじった政治運動には不似合だった。

けれども広島の国府村に疎開していた山川均が、敗戦の翌日に最初に出した手紙の宛先は、運動関係者では向坂だった。山川が藤沢（村岡村）に帰ったのは九月一六日だったが、一九日には向坂宛に「本日おたづねするつもりでしたが急に用事ができてちょっと村岡へ帰りますが、両三日中にまた出て来ますゆえ、その時お伺ひします」と書き送っている。彼が戻ってから向坂は忙しくなる。

鈴木茂三郎は八月二八日のハガキにこう書いてよこした。「おたよりを有難う存じます。…この終結はやむを得ないことですが、いかにも残念です。今後の日本は、私共でなければ再建するものがないでせう、とうぬぼれてゐます、が何分大へんです。私は現実を見るものですから。荷もつは、いづれ、車を―リヤカーでもたのみます。明日は大内先生とお目にかかります。そのことはいずれ」。彼は早くも「革新的殿様」徳川義親の新党懇談にも顔を出すなど、走り回っていた。「荷物」とは向坂が空襲対策であずかった書籍であろう。

ベルリンのシュトライザントから向坂の安否をたずねる便りが、九州大学宛に届いた。向坂もユダヤ人である彼の安否を気にしていた。向坂はすぐ返事を出した。それへの返信は「私と同じ敗戦国民のあなたも裕福ではないだろうから、昔の借金は全部ぼう引きにする」とあった。しばらくしてのち、彼から『自伝』が贈られてきたが、それには向坂のことも回想していた。

敗戦のもたらした知的解放感は、苦労を共にしてきた親族からの便りにも満ちあふれていた。

焼け出され大牟田倉永の坂梨家の物置に雨露しのいでいた坂梨忠から来た手紙（九月九日）。「本も絵の道具も焼きました。秀子、篤代、それに私の読みもの手あたり次第みつかったら御送り下さい…敗戦後の私の読むべき本をほしいのです、趣味的なものはいりません」。

坂梨の娘の篤代から一一月に来た手紙。「私達は産れるより軍国主義一点張りの教育を受けておりますしその上女学校の授業さへも動員で受けて居りません。今まで最もいけなかったのが実はよい事であったり最上と思ってゐた事がいけなかったり分らぬ事ばかりです。…本家の伯父様も本を全部焼失されましたし父も絵の本をのぞいて他は全部焼いてしまったので読みものなしに困っております。何か良い本があったら送ってくださいませんか。西洋歴史を全然習っておりませんから一部でも読みたいと思ひますし私達にとって耳新しい色々な思想やその他の事についても知りたいし古文等も読みたいし自分ながら困っております」。向坂は早速たくさんの本を送ったようだ。

向坂の友人たちも堰を切ったように向坂に接してきた。

宇野弘蔵が早かった。彼は東京の西荻窪にいたがそこからの一一月八日のハガキ。「過日は御馳走有難う大いに満腹して帰りました。あのときお話した例の自小作農論、貴兄の注意があったが丁度大学新聞で…一寸書いた。…機会があったら貴兄の批評を得たいと思って居る。兎に角もう一度昔の論争を繰り返す必要がある様に思へてならない」。御馳走といっても芋をたらふく食わせたのだろうが、マルクス碩学の間の通信が食い物からはじまるのは時代である。それはともかく「自小作農論」とは、日本の過小農制の要を小作ではなく自小作に見るという宇野の独自の見解で、筆を折られる前に提起して生煮えだった問題である。

大内兵衛からの一二月二日の手紙。「先般来、岩波の人と『文庫』復興のことを考へ、貴兄に資本論の翻訳をして貰いたいと申出ることにしてゐました。このことについて岩波氏の本意は別紙の通りで、行きがかりからゐふと、此際、彼からは申出にくいのでせうが、それで私から御願する次第ですが、何とか御寛恕の上、一つこの大事業を引きうけて下さいませんか」。同封されていた岩波茂雄の大内宛の手紙は第三章一―3で紹介したが、「現在の日本に於いて向坂さんにお願ひすることが一番よい途と思召さば、申上げ難い事でありますが尊兄よりお願いして戴き度く存じます」とあった。

このほか、四五年秋は、向坂には勇躍すべき仕事があらわれるのであるが、おいおいふれていこう。

しかし、栄養失調の体は、まずは食うものの確保から再建していくほかなかった。食料の確保や親族の生活の世話などにもかなりの労力が必要であった。食糧事情は配給がそれなりにあった戦時中よりも、敗戦直後の時期のほうが深刻だった。向坂の農園の役割はいよいよ大きかった。

四六年春に、早くも『資本論』翻訳で信州にこもっていた向坂が、等々力のゆき夫人に出した手紙にはこうあった。「馬鈴薯は上の畑と家の前後になるべく多く植えたがいいだらう。八郎の所、嶺の家の消費が加はるから、種いものこと、至急頼んだがよい。それと肥料のことも考えねばならぬ。人ぷんだめもあれでは足りぬ…」。向坂の両親だけでなく、満州から引き揚げてきた弟・正男と山崎八郎一家やゆきの弟の嶺一家も等々力に同居していたのである。

2　「疑いうる精神」と平野義太郎批評

文筆活動は早速再開されたが、戦後しばらくの文章には、当時のインテリには珍しい反省の通奏低音が流れていた。最初の文章は、「学問の自由」（『大学新聞』四五年一〇月二一日）である。

「我々の最大の弱点は妥協、無性格にある。主張しつづける強靭なる性格の欠如である。…我々の妥協性と無性格とは今日の和平を我々国民自身の力で持ち来すことが出来なかったではないか。我々国民の先頭には、再び多くの妥協無性格の政治家達が立ってゐるではないか。我々は再び明治以来の過ちを繰返そうといふのであらうか」。

「和平を…自身の力で」実現できず、占領軍をおそるおそるながめながら、「国体護持」や戦時利得の隠匿と確保にしがみつく旧支配層への批判だけではない。マッカーサーの「五大改革」指令が発せられるや、数カ月前までは「聖戦」のお先棒を担いでいた文化人、旧労働組合=産業報国会や旧無産政党=大政翼賛会役員などが、掌を返したように労組と無産政党再建に参加する姿にも批判的な眼差しを向けたのである。そういう人種は、四六年一月の戦犯の公職追放によって一時追われたが、「妥協無性格」は左右を問わず相かわらずだった。

四五年一〇月九日に開催された座談会「日本政治経済の変革」（『評論』一九四六年二月号）では、森戸辰男が「敗戦によってもう一度デモクラシーの強い光がさしてきた」と楽観的だったのにたいし、向坂は「いま、…資本主義が許す限りのデモクラシーをその極度まで確立し得る、という条件が一応成立している。しかし問題は、外から与えられたという形で来た。…デモクラシーの獲得の戦いを通じて戦争を終りに導くことは出来なかった。このことのなかに…非常に困難な問題が課されたというように思われます」と述べた。

「軽薄と乱調子　最近の総合雑誌を読む」と題した時評（『日本読書新聞』一九四五年一二月二〇日）は、ジャーナリズムが強圧に屈したことを述べ、「新しいジャーナリズムの出発は、このことの反省から始められなければならない。再び徒に『茶坊主』として民主主義の波に乗って金儲けに専念すべきではない」と辛口だった。これ等の論稿には、民衆全体に強く刷りこまれた旧い観念をいわば外から批判するのではなく、内発的に反省させようとする態度がうかがえた。

四六年春に「いのちを軽んずる思想」（『自由』二月号）、「『家』の思想における封建制」（『新生』四月号）という二つの小論で、「家」、「忠孝一本」、「国体の本義」などの観念をとりあげた。後者ではこう述べている。「多くの軍人や政治家が自殺した。自殺によって責任が解除されるという思想も、わが国民の間に相当に広く行われる習慣的な考え方である。同時に『死におくれた者』に対する不当な侮蔑も伝統的な国民思想の習慣である」。「個性の死がその一切の責任を解除すると考える習慣が、死の賛美から生まれる」。

同じ号の『新生』には、林要も執筆し、蓑田胸喜の自殺を論じている。彼は「左翼の確信犯が長い獄中生活にも信念を貫いた」のに比して、「国民の前に男らしく謝して罪を待つべき」蓑田が自殺するなどは「無責任だ」し、「支配者文化の野蛮性ないし奴隷性」が示されている、と論じた。

同じ戦争扇動者の自殺を論じながらも、民衆の心理に深く分け入ろうとする向坂と、「支配者文化」として断罪する林とはニュアンスがちがう。

向坂は、さらに自称「マルクス・レーニン主義者」にも反省を求めた。「マルクス・エンゲルス・レーニンに帰れ！」（民主人民連盟機関紙「民主戦線」四六年九月二三日）

と題して、こう述べた。

知識人が「一番何か強い者に仕へないでゐられない性質をもってゐる」。そして「自己をごまかしながら、軍部の暴虐なる征服政策を巧に合理化する『理論』を考案した人々の中に、いかに多くの往年の『ウルトラ・マルクシスト、レニニスト』があったことであらう!」。「再び往年の『ウルトラ・マルクス・ボーイ』…的小児病患者がともすると肩で風を切って歩きかねない時節になった。ちょうど戦争中の何々報国隊のやうに」。

「ヨーロッパやアメリカには永い民主主義的思想につちかはれた社会主義的諸政党の伝統があって、新しい世界的情勢に急速に適応する運動形態が出来上がりつつあるのではないかと思はれる。この点で我国の現状は、必ずしも楽観すべき状態にない。我国には力強い民主主義の伝統はなかった。従って我々は独立にものごとを考へることに慣れてゐない」。「社会党が言ふからほんとうだと決めてしまったり、共産党のいふことだから信じなければならぬと考へたりする習慣をやめなければならぬ」。「我々は新しい時代に対して、新しい態度を樹立しなければならぬ。マルクス・エンゲルスが、彼等のそれぞれの時代に最も適応する方策を考へたやうに。ちょうどレーニンが、前大戦後の世界的新情勢に向って、マルクス・エンゲルスの思想を武器としてレーニン的な諸方策を生んだやうに。我々の新事態は、少しく誇張して言へば、新しいレーニンを必要としている。…そして我々自身が独立して考へる考へ方を得て来なければならぬ」。

こういう独立して考えられる人の在り方を、当時向坂は「疑い得る精神」としてたびたび説いた。「疑い得る精神」と題した小文を『フェミナ』四七年八月号に寄せている。

マルクスが娘たちから「あなたの一番すきなモットーは?」と問われ「すべては疑いうる」と答えたことを紹介した。「人々が独立の人格である限り、理由なくして信じなければならぬものはなく、したがって屈服しなければならぬものはない」。「すべては疑い得るということは民主主義の精神でもあるのである」。

疑うことを禁じられた民衆に説いただけではない。むしろ「進歩的文化人」を念頭においたのではなかろうか。

純粋な論争は別として、向坂は他人の生き方を批判するのには慎重だった。だが、めずらしく仮名だがある人物を槍玉にあげたことがある。

「Z君という有名な学者評論家がいる。彼は戦争前から論壇で最も有名な左翼学者の一人で、大変な活動家であった。戦争中も最も有名で、研究所の所長のようなものであったり、昔の思想は忘れてしまったかのように、沢山論文や本を書いたり、ナチス理論家達の翻訳にたずさわったり、大変活動した。戦前と同じように戦争中も人々の尊敬を集めていた。…私は、この人の適応能力にこの上もなく感心して、彼の活動ぶりを眺めていた。…彼は戦争後も、わが国の論壇で最も有名で、最も活動的な左翼学者の一人である。やはり、研究所をやったり、左翼的大論文を書いたりして、無能なもの共を驚かせている。戦前、戦中、戦後をつうじて彼の如く有能に活動し、人々の尊敬を高め得た者はまずあるまい」(「現代精神のある断面」、『社会』一九四八年六月号)。

Z君とは日本資本主義論争での花形役者・平野義太郎である。向坂は半年ほどたってから、『前進』(一九四八年一一月号)に「平野義太郎氏の問題」と名ざしの批評を寄稿する。当時出版された平野義太郎の著作(『ブルジョア民主主義革命』)で、労農派を「真実の実態を把握せんとする意力に乏しい」とか、「反動的意図をもったものもある」などと批判したので、堪忍袋の緒が切れたらしい。

四七年九月に東京都教育委員の公選が実施された際、平野は徳田球一の推薦で立候補した。しかし文部省から「不適格」として立候補を拒まれた。向坂は「彼の戦時中の行動を多少なりとも知り、彼の戦時中の著書・論文を読んだ者は…処置を当然と思うに違いない。私も当然と思う者の一人である」と述べた。GHQによって戦争協力者は公職に就くのを制約されていた時代であった。土屋喬雄は、戦時中に他人(大内力『埋火』によれば対馬忠行)が書いた『国防国家建設の史的考察』という表題の本に、著者として名前を貸しただけなのに、GHQから「教職員には不適格」として東大復職に待ったをかけられた。けれども「不当だ」と騒がなかった。向坂ですら、GHQによる教師の思想調査で、戦前に『改造』に書いた論文を全部書きだして提出し「審査」を受けねばならなかった。

しかし、平野を支援する共産党系団体は「立候補拒絶は…教育ファッショの第一歩だ」と文部省に抗議し、平野本人も「戦時中の文章は、大東亜民族の民族的立場を尊重し相互敬愛の上に立たないでは、帝国主義政策が破綻することを、消極的ながら批評することを眼目とする。…今日の私は『行先変更ではなく、行先の発展である』」と強弁した(『毎日新聞』一九四七年九月一九日)。

そこで向坂は戦時中の平野の著作から引用する。「日本民族の武力の優秀卓越は大東亜戦争そのものにより、原住民に対して明確ならしめた。…今後もこの戦勝によって、日本に対する信頼と尊敬との意識を明確ならしめねばならぬ。…日本国家の優秀性を会得せしむべき大道は、区々たる宣撫や片片たる啓蒙の方策ではなく、帝国の戦力増強と作戦の遂行とに原住民を全面的に動員協力せしめ、日本が勝つにある」。これでは「民族的立場の尊重」や「相互敬愛」とは言えない。

向坂が許し難かったのは平野の態度だけでなく、共産党がそれをもちあげたことであった。平野がいっこうに悔いあらためないのは、共産党のインテリ利用策にはまったからでもあった。向坂は「共産党に媚びる者は進歩的であり、かかる者を批判し、追放する者は、そのことのために直ちにファッショ化したり反動化したりするのだろうか」と問うた。

さらに向坂は、「共産党に媚態を呈することによって罪状消滅をはかりうるという隷従的精神こそわが国の民主主義的精神の発達を阻害するものである」、「こんな精神の人間がいかに多く日本共産党を支持してもわが国における共産主義、マルクス主義の発展はない。むしろ、このような醜業婦的精神によってマルクシズムは死ぬ」とまで述べた。特定の人物への批評としては最大級の辛口であった。

向坂は平野にたいして、戦時下で反戦を説くべきだったなどという無理を求めたわけではない。軟弱だった労農派学者グループでも、平野のように戦時下で立派な装丁の勇ましい書を続々と上梓はできなかった。生活のために出獄後に政府や満鉄の調査機関に協力したりしたが、そのていどのことすら、平野とは対称的に自省していたようだ。学者グループについて調べたローラ・ハインの繊細な表現を借りれば、「大内たちはみな、自分が…道義的にも無傷で、なんとか戦争をくぐりぬけてきたと感じていた。それでも彼らの回想記には、戦争中の自分の行動について、彼らしくもなく口を濁して語らずにいる、いまだに消えない心の動揺をうかがわせるところがある」(『理性ある人びと力ある言葉』二〇〇七)。

「文学報国会」に参加したことを恥じていた青野季吉は、野坂参三の帰国歓迎集会に誘われた時、「凱旋将軍を迎えるような周りの異常な興奮が」いやになって行かなかった(『文学五十年』)。

このように向坂の周囲の人物には、敗戦に浮かれるような者は少なかった。すくなくとも恥を知り、静かに自省していた。それにくらべて、平野と共産党の態度は日本人の主体性のなさの左翼的象徴と思えたのであろう。

3　新歴史協会

運動主体の体質改善の必要性を痛感したのは山川も同じだった。九月に疎開から帰ってすぐに山川が向坂に相談したのは「新歴史研究所」の構想だった。当時もっとも国策によって歪められ、真実が隠蔽されてきた社会科学といえば「国史」と称された日本史だった。ここから認識をまず改めようという日本史の共同研究作業である。

向坂もまた、「戦前いわゆる『労農派』に、学者や理論家が足りなかったことを痛切に感じていたので、学者思想家を組織する仕事にしばらく専念したい旨、山川さんと話し合った。たしかそのころ私どもと志を同じくしていた小堀甚二君にも、このことを話した」（前掲「山川均」）。

四五年末には研究所の―といっても事務所は麻布の内藤民治の私邸で、事務的に動いたのは当初は小堀甚二、岡崎三郎らわずかだった―所長を向坂が引きうけ、日本経済史の史料編纂に取りくんでいた親友・土屋喬雄をまず誘ったようだ。四五年末と思われる土屋宛書簡には「新歴史協会の件ありがとう。今日…君をお訪ねするから、出来れば大久保君その他の人々に会ひたい。宜しくお手配乞ふ。…なるべく早く研究所を確立したいので、宜しく頼む」（大久保とは大久保利謙）とある。さらに岡崎三郎を介して東大助教授の林健太郎に協力を求め、学者では土屋、林の両名を中心にすえた。歴史学関係のメンバーは主に林に選考を依頼した。だが、楫西光速など経済史は別として歴史学の分野では石母田正、松本新八郎など講座派系が主だったので長つづきしなかった。

四五年末に土屋が渡したと思われる向坂宛のメモには、「新歴史協会の件、山田・科学史、大久保・教育史、加藤・金融史、安藤・大東亜戦経済史、承知してくれた。古島氏は郷里へ行ってゐるので、まだ会はない」とある。加藤は俊彦、安藤は良雄、古島は敏雄であろう。おそらく向坂が中心になって、経済から文化、技術史にいたるまでの多方面の日本史研究集団を構想し、各方面に土屋を介すなどして担当を依頼したものと思われる。同じころ、TAMIJI NAITOH の銘の入ったレターペーパーに向坂の走り書きで、テーマと担当予定者らしきリストがある。そこに「オランダの影響」（中村孝志）、「日本肥料史」（古島敏雄）、「日本水産史」（楫西光速）、「宗教史」、「美術工芸史」（杉田）などメモされている。向坂一人の発案ではないだろうが、向坂がライフワークとして志していた日本資本主義発達史の構想の一端もかいまみえる。

なお、林健太郎は後には自民党の推薦で国会議員になるなど、向坂とは対極的な立場に立つことになるが、なぜか両人は気脈の通じるところがあったらしい。「（戦争中に『中央公論』に掲載された林健太郎の論文は）戦争中にかかれた多くの学者の無数の論文の中で、私の感心した唯一の論文であった」。「会って見たかったが戦争中は遠慮していた。終戦後間もなく彼と交わるようになった」（「わが好ましき学友　林健太郎君」「世界日報」一九四八年五月二三日）。林

1946年１月11日麻布内藤邸　新歴史協会スタッフ。前列しゃがんでいる左から山内房吉、足立克明、椅子は山川菊栄、山川、その右荒畑　後列左から内藤民治、向坂、高橋正雄、小堀甚二、大倉旭、渡辺文太郎

も、戦時下に向坂がフライタークの『独逸文化史』を訳出したことに「敬服し、早速『帝国大学新聞』に、これを賞賛する書評を書いた」。そして「変節漢」平野義太郎とくらべて、向坂の戦時中の態度に「尊敬の念を抱いていた」と回想している（『昭和史と私』）。

新歴史研究所は、内藤民治が資金と私邸を提供した。四六年一月一一日に、内藤邸で、新歴史研究所スタッフの顔合わせをした記念写真があるが、そこには向坂をはじめ、山川均、山川菊栄、足立克明、荒畑寒村、小堀甚二、高橋正雄らが顔をそろえている。

四六年初春の山川からの来信には「本日岡崎、土屋と三人で相談の結果、新歴史の編集について…岡崎氏の下に編集技術者を配し二人の相談で細点を決定し」云々とあった。

しかし山川は、民主人民戦線運動で多忙になり、また四六年五月から癌の療養生活に神奈川県の下曽我にこもった。そのため一頓挫したが、四六年一一月二九日付の山川の土屋と林宛の手紙では「新歴史協会のふしまつにつきましては、皆様に相済まぬことと恐縮してをります。幸ひ向坂氏その他の方のお骨折りにより再出発のできましたことを心からよろこんでおります」とあった。一時、向坂によって立て直しがこころみられたようである。しかし内藤の資金提供がつづかなくなり、向坂も九州大学に復帰してまた多忙になることもあり、研究所自体は有名無実になった。それでも雑誌『新歴史』は五月に創刊され、七月一九日には向坂が司会で、『新歴史』創刊記念講演会が開催された。『新歴史』は三号までしか続かなかったが、岡崎三郎の実務的な努力もあり、大内兵衛と向坂を代表にすえ、楫西光速や林健太郎、鈴木鴻一郎、相原茂らの協力で四七年からの『唯物史観』の刊行などに継承されていく。

林健太郎が信州松本の向坂宛に出した手紙（一九四八年六月）にはこうあった。「歴史科学研究所は相変わらずやって居ります。今度はブリュメールでも読もうかなどと云って居ります。…先生のお顔が見えないと一抹の淋しさがあります。今度の文献解題の仕事は大変良いと思います」。「文献解題」とは四九年二月に刊行される『マルクス・エンゲルス著作解題』（向坂逸郎監修・歴史科学研究所編）である。

河出書房は四七年初に「社会主義経済学」という全二一冊の叢書を計画し、向坂、宇野、鈴木鴻一郎、有沢、田中定、大内兵衛、高橋正雄らを執筆者に依頼した。もっとも経営が苦しくなって頓挫し、実際に出版されたのは、向坂の『経済学方法論』を含め数冊にとどまった。

当時河出書房はとても景気が良かったらしく、社主・河出孝雄は道楽者で金持ちだった。赤坂の料亭に大内兵衛と向坂を招いて芸者も呼んで接待した。その様子は大内力によればこんな具合だった。「向坂先生は芸者が出てきてお酒が出てくると、くるりと後ろを向いて芸者の方にお尻を向けて校正をはじめるとか本を読むとかしていました。親父は遊び人で酒が大好きだったものだから、お酒飲んで一人で大騒ぎしていた。どうしてまったく好対照な二人が親しかったのか不思議です」（前掲『埋火』）。

4　九大からの復帰依頼

さてそうこうしているうちに、二つの重大な転機がおとずれた。四五年一一月に岩波書店社員が『資本論』の翻訳を依頼するために来訪し、1で紹介したように大内兵衛からも岩波茂雄の手紙同封で同様の依頼が来た。向坂は快諾した。

大内の『経済学五十年下』によれば、岩波と大内で、戦前に文庫で出されたマルクス・エンゲルスのものの改訳や新訳で、文庫のシリーズで刊行していく企画を立て、その一環として向坂に『資本論』を割りふった。『資本論』翻訳の件はあとでくわしくふれよう。

もう一つは九大への復帰である。

大学を追われた教授たちへの復職の打診は四五年秋から始まった。四五年一二月二一日に、九大法文学部教授会が、向坂と高橋正雄、石浜知行、佐々弘雄の復学を要請することを決めた。すぐ要請に上京した波多野鼎教授にたいし快諾した。講義は秋の一学期だけに限り、社会主義運動はつづけ年半は東京にいてもよいという条件だった。もっともこれは向坂の言であって、国立大学が公に了承したかどうかは定かではない。当時の経済学部の教授は一〇名だったが、向坂のキャリアからしても行動に文句を言える者はいなかったのではないか。

復帰にあたり九大当局から一応履歴書の提出を求められた。波多野教授への手紙に曰く「賞罰欄で最初の一通には『無し』と書いたが、よく考えてみると禁錮に処せられたことを思い出し、あとの一通には禁錮〇カ月と書き加へた。いずれなりともよろしく」。波多野は「無し」の方を総長に提出した（「西日本新聞」一九四六年一月）。

大学当局は何かと神経を使ったであろうが、ご本人は「何しろ一八年の浪人風が身にしみていた。いかんともしがたく、教授会などで向坂教授などとよばれると、どきっとしてにわかに居ずまいを正さないと悪いような気がする」（『展望』一九五七年二月号）と、至ってどこ吹く風であった。

山川は四六年初春に民主人民戦線を提唱する。山川は新歴史研究所も含めて向坂を片腕のように頼っていたにちがいない。さらにGHQは財閥解体や農地改革、税制改革などで、日本の民主的学者の力を借りようとして、大内や有沢や高橋を経済安定本部の長官をはじめ各種委員会に誘っていた。有沢にたいしては吉田茂が追いかけまわしたくらい執心だった。ほとんどの者が断ったが、引く手あまたで労農派教授グループの権威は相当なものだった。もっとも本人によれば、向坂に来たのはGHQからの財閥解体委員就任の依頼だけだった。

大内兵衛はNHKから依頼されて四五年一〇月一七日に「渋沢蔵相に與う」と題して一五分ほどの放送をした。莫大な軍事公債の棒引き、軍事産業への損害補償の中止など「蛮勇をふるって」おこなえと提言したのだが、これが「蛮勇演説」として大きな反響を呼んだ。GHQも大内提案に賛意を表し、世論も広がり、政府は方針の修正をせざるをえなくなった。

向坂は九大復帰については「その気はなかったが、昔の友人たちの熱意にほろりとしたので」という。しかしあえて華やかな東京を離れ、三池炭鉱や八幡製鉄のような巨大な労働者群の存在する福岡に帰ったことは、やはり期するところがあったにちがいない。

なお、満鉄にいた正男は満州から引き揚げると経済安定本部（後の経済企画庁）で活躍するようになり、兄とは別の道を進む。

このころ、向坂は雨後の筍のごとき総合雑誌にも肩入れして育てようとした。その一つは四六年二月に創刊された『世界文化』だった。編集長は水島治男。『改造』の編集部時代から山川や向坂と付きあいがあり、『改造』編集部員だったというだけで、敗戦の一年前に一年間牢屋に放り込まれた人物だ。向坂は創刊号に「封建的残存勢力の経済的基礎」を寄稿した。

水島によれば、創刊と同時に「世界文化研究会」というクラブがつくられ、向坂、芹沢光治郎、豊島与志雄、青野季吉、土屋喬雄、林健太郎らがあつまった。

四六年六月に逗留先の信州扉鉱泉（以下扉）から水島宛にこう書き送っている。

「お約束の原稿も必要な本をここにもって来て読みながら準備していますが、『資本論』原本の小さな字を余りつめて…訳したせいか、ここ数日眼がかすみ、目やにがひっきりなしに出てどうしてもはっきりしない。…何とも仕方がない状態です。こんなことで、今月もまた書けない危険があるので早くお知らせしておきます。…今度は少しゆっくり勉強して書くつもりですから、なるべく我がままを許してください。片々たる原稿なら一日、二日もあれば出来るし、めくらになっても出来る。これはと思ふ原稿はあとで読んで自分で気持がいい。…終戦以来方々の雑誌の義理も今月あたりでおしまいだから、これからあなたのところでいいのが書けませう。なるべく書くことを少なくするから」。

ここに言う「ゆっくり勉強して」書いた原稿こそ、『世界文化』九月号に掲載される「歴史的法則について」である。また大森義太郎の『唯物弁証法読本』の復刊について「方々で話を持ち込んで来てこまる。僕は君がやると言ってゐるからの一点張りで断ってゐる。ほんとに君の手でやりますか」とも勧めていた（これは実現せず向坂と親しい黄土社から復刊された）。

しかし『世界文化』自体は二年足らずで廃刊になった。

5　岩波文庫『資本論』第一分冊の翻訳

さて『資本論』翻訳をひかえて、引きうけていた新聞・雑誌原稿をまず一カ月余でかたづけた。「土地制度改革について」（『日本評論』一九四六年一月号）、「日本経済に於ける民主主義革命の課題」（『世界評論』同二月号）、「封建的残存勢力の経済的基礎」（『世界文化』同二月創刊号）のほか、時評や随筆が数本あった。

戦前の著作の再刊も始まった。その第一弾がカウツキーの『農業問題』岩波文庫新版（一九四六年一〇月刊）だった。新訳にしたかったが、『資本論』翻訳を引きうけたので「なるべく他の仕事を少なくしたかった」ため「旧版を読みやすくし、友人に通読してもらい意見を求め改め」るにとどめた。

問題は翻訳作業をどこでやるかだった。東京はもちろん、福岡でも落ちついて仕事はできないし、米にも不自由した。そこで帝大生時代から気に入っていた信州にこもることにした。四六年一月から、最初は戦前から知りあいとなっていた松本市の百瀬嘉郎宅に逗留した。農家だから家人は早朝から野良に出かける。残るのは婆さんと向坂だけ。婆さんから、野良にいかず散歩以外は部屋にとじこもるのをみて「先生方はいい。遊んでお金になる」と言われた。しかし農家では暗いので、次に松本の宿屋に移り、さらに松本市内から四里程の山中の一軒宿だった扉の鉱泉・明神館におちついた。まだバスも通っていない時代で、原本と資料は相原茂や岡崎三郎や松本の知人がリュックに担いで宿まで運んだ。以降、『資本論』の翻訳はすべて扉にこもって取りくんだ。短い時で一週間、長いときは一月以上こもりっきりになった

四六年春と思われるが、向坂が松本に滞在中、自宅にGHQから呼び出しがきた。当時はGHQが学者の戦時中の言動についてきびしく思想調査をしており、何ごとかと思ってすぐに帰京したら財閥解体委員就任の要請だった。これは即座に断り、すぐに松本にとって帰った。

政治的な仕事も頼まれた。四六年一月に、山川の依頼で徳富蘇峰の家まで民主人民連盟への参加を勧誘に出かけたこともある。山川が四六年三月末に病臥してからは、民主人民連盟の関係にも顔をださねばならなかった。さらに一一月からは、九大の講義が予定されていた。

食糧事情が悪くだれもが栄養失調状態だった。壮健な向坂は、先の水島宛書簡で「…『剰余価値学説史』を反訳したときは伊豆の湯ヶ島に一と月篭りました。当時小生三十四、五歳で、驚くほどエネルギーが出ました。今度の『資本論』反訳も久しぶりでエネルギーの湧くのをおぼへましたが、目が猛烈に悪くなった所などにやはり五十歳といふ年齢を感じてゐます。しかしまだまだ小生のエネルギーは馬鹿にしたものではないということを発見してうれしい」と意気軒昂だったが、さすがに夜を徹して根をつめたのがつづいたある日、貧血で倒れてしばらく寝込んだ。山の中で栄養が充分にはとれず、運動不足を補うために温泉にいくども入ったからだが、執筆中に脳梗塞で倒れた櫛田民蔵を思い出して「俺もそろそろおしまいか」と思った。

こうして四七年春には訳稿は校正刷りとなった。岩波文庫第一分冊の「訳者あとがき」によれば、以降はこう運ばれた。

校正刷りは三通作り、自分と大内兵衛、宇野弘蔵にまわした。宇野はそれをまた鈴木鴻一郎に見せた。大内からは「ほとんど見ることは出来なかったのは申し訳ない…文体は雄渾…」と来信があったから、ザットと目を通しただけのようだ。

向坂自身の校正は相原茂と岡崎三郎にも回した。そして

これらすべてを回収して、五月末に逗子に相原茂、岡崎三郎、鈴木鴻一郎と一週間泊まりこんでゲラの最終的な校正をおこなった。大内兵衛と宇野弘蔵が校閲したものも参考にしながら、基本となったドイツ語原本（アドラツキー版）、二種の仏訳、二種の英訳、さらには独語原本初版から三版、エンゲルス版、カウツキー版、マルクス・エンゲルス・レーニン研究所版などを参照し、訳文を一字一句最終点検していった。

そのときのことを鈴木鴻一郎が「逗子の一週間」として回想している（『一途の人』）。それによればこうだ。

問題が生じると「みんな勝手な熱をあげ、みるみるうちに煙草はなくなるわ、百円、二百円とまとめて買いだめしてあった飴玉はなくなるわ、ということになる。夜ふけて問題の前に立往生したときなど目にみえて先生は不機嫌になった。相原君も叱られた。僕も叱られた。どちらもペダンテリーにすぎるというのだ。先生はペダンテリーを極力斥けた。…どんな困難な問題にぶつかっても、問題を翌日回しにしないというのが、先生の建前だったようで、議論の沸騰した問題もその場で一つ一つ片付けられていった。そして最後の先生の断定はきわめて断定的であった。もうこれ以上考えてもむだだというふうに」。「朝は九時ころから始めて夜は十二時を超すことも珍しくなかった。岡崎氏も相原氏もついに参って半日ばかり寝込んでしまう始末。僕もクタクタになったが、向坂先生は強かった。驚くほど頑丈であった。そしてよく、君たちはもっと身体を丈夫にしなくちゃいかんといった」。鈴木は向坂より一三歳若かった。

缶詰の一週間が終わって向坂は大内に訳了を報じたが、それへの返信にこうあった。「信州の山奥からのおたより拝見しました。…ほんやくができたといふお知らせはうれしい。こん度こそは、数年のうちに或はもっと早く完成してください。貴兄も年齢五十歳とはいうが、その位の年のとき僕はあの事件にひっかかったと思ふ…この頃僕も全く忙しいが、健康は悪くない。高野老人の如きは復活した感さへある。まァ年のことなどいはずにおおいに大いにやって下さい」。上には上があった。

「あとがき」では、「クリスト教関係事項」の訳語は波木居斎二、独語は山崎八郎、英語は嶺卓二が協力した事、百瀬嘉郎が一室を提供してくれた事に謝意を表し、岡崎、相原、鈴木鴻一郎、向坂は歴史科学研究所員であるから、訳業は「研究所の事業ともなっている」と記していた。

こうして向坂訳『資本論』岩波文庫第一分冊が刊行されたのは四七年九月一〇日だった。

すでに前年の四六年一〇月に日本評論社から長谷部文雄

訳の第一分冊が出ていたので、戦後新訳の一番乗りはできなかったが、向坂は「『あれ見て安心したな』と言い、自分の訳に自信をもったようだった」（岡崎次郎『マルクスに凭れて六十年』一九八三）。

6　第二分冊以降と岡崎次郎

『資本論』第二分冊以降の翻訳については、向坂もむりを重ねて櫛田民蔵の二の舞をするのは御免蒙りたかったのだろう。中国から引き揚げてきたばかりで、翻訳の仕事をさがしていた岡崎次郎の助けを借りることにした。

岡崎次郎はこう回想している。四七年秋ころと思われるが、向坂から「第一分冊が向坂の手でできているので名義はずっと向坂訳とする。第二分冊以下は向坂と岡崎が代わる代わる適当な分量をやることにし、どちらがどこをどれだけやっても印税は折半する。差し当たり第二分冊は岡崎がやる」などの条件で翻訳を打診された。そして岡崎の訳を向坂が原本と照合して修正した校正刷りを大内と宇野に回し、それを岡崎三郎、相原茂、鈴木鴻一郎、山崎八郎の四人と向坂で「一緒に集まって、更に原本と比較しながら検討」する「前巻のやり方をそのまま踏襲した」（第二分冊向坂あとがき）。

こうして、四八年一一月末に第二分冊が出た。ところが岡崎次郎は、「その訳者あとがきを読んで私は驚いた。そこには大要次のような一節が書かれていた。『この第二分冊からは岡崎次郎氏に下訳をしてもらうことにした。同君の訳はそのままで公刊できるくらいに良いものだったが、私はそれを自分の思うままになおした』。……いったい下訳とはなんだ！二年前の申し合わせでは…全体として見れば共訳ということだったのだ。私は知らぬ間に下働きの手伝いにされていたのだ。…」（前掲）。

岡崎は不満だったが、胸中を向坂にぶつけることなく以降も「下訳」を全分冊の終わる五六年までつづける。

印税は約束通り半々で支払われていたはずである。「名義は向坂」で継続すると合意したのになぜ怒ったのか等々、岡崎の回想自体に疑問もあるが、細かなことはいい。

しかし向坂亡きあとの、ゆき夫人と小島恒久のやりとり（「思い出あれこれ」）にはこうある。

「ゆき　これは私だけしか知らないのかも知れないけれど、あの当時向坂は、岩波に『岡崎次郎君の業績がとてもある翻訳だから、二人の共訳にしてくれ』と言ったそうです。そしたら　岩波が『それは困る。先生一人の名前にしてくれ』と言ったのですって。

小島　岡崎先生はご存じないかも分からないですね、そこらの経過は。

ゆき　それはご存じないでしょう。別に言わなくてもいいことだから。

小島　向坂先生はそういうことをいちいち弁解したりおっしゃったりする方ではないから」。

岩波にしてみれば、すでに他社から長谷部訳が先行していただけに、訳者には権威ある名前がほしかったので、向坂の申し出には応じられなかったのであろう。戦前も向坂がだれかとの共訳を打診したのに対し、岩波茂雄は強く拒否した。

向坂は相手がどう誤解しようが、弁解などせずにわが身に引き受けるというところがあったようだ。ただ、向坂は岡崎次郎にたいしては、大月書店からマルクス・エンゲルスの論文集『唯物史観』の出版を斡旋したり、九州大学教養部教授の席を斡旋したり何かと気を配っていく。この口も岡崎はあまり乗り気ではなかったようで、気を使われて公然と文句も言えない自分がいやになっていた心境が、岡崎のさきの書にもうかがえる。

この件の顛末は第九章三―3で紹介する。

7　九大で、生き残った若人たちと

故郷にもどるのは四六年三月だった。「私は約二十年ぶりで東京を発って故郷の地を踏んだ。弁当を四回分と万一の用意に米をもって、東京駅から乗った」。電報が着いておらず、午前三時に大牟田駅に着いたが迎えはいない。「暗闇の中に焼跡がどこまでもつづいているようであった。仕方なく駅前の広場で小便の臭気の中に腰をおろした。なさけない故郷の様に、却ってむかしをなつかしみつつ、疲れてはいるが、ねむたくはなかった」。それでも汽車の長旅にはさすがに参ったらしく「帰りには辞表を出してこようかと思ったほどだった」(「封建的と近代的」『世界春秋』一九四九年一一月号)。向坂は直ぐ帰京し扉にこもったと思われる。

学生や若手教官には向坂だけでなく高橋、石浜、佐々も一刻も早く復帰してほしいと期待されたようだ。三月に顔を出してすぐに帰京してしまった向坂に、九月に田中定が出した手紙にはこうあった。「波多野先生から九月中に講義をお頼みになっただらうと思いますが…高橋氏は一度も顔を出しておられないし、石浜先生も教授会にまだ出席しておられないのですから…石浜、高橋両教授の九月中のご来福を鶴首してお待ちする次第です。尤も九月中は果たして学校が始まるかどうか…七月以来無米、代替物も一ケ月近い遅配になってゐます」。

催促されて福岡に来たらしい高橋からはこんな便りが来た(九月一三日)。「在京三人に対しては、学生にも当局にも不満はありますが、悪質なものではなく、何とか早く来てズッといてもらいたいとゆう懇願といった方がいいようです。それだけにつらいですが。……（開講が）延期になったのを知らないで来た学生が少しあり、かわいそうです。……こういう学生と九州の勤労者を相手に頑張ろうと思っています」。

こんな状態ではあったが、大目に見られて、向坂の講義は一一月二〇日からだった。食い物が手に入るのが第一で、

1949年12月福岡の田中定宅で　田中と向坂夫妻

講義のある秋期だけ大牟田の坂梨家（妹・秀子の嫁ぎ先）に世話になり、そこから何時間かかっても握り飯やイモを持参して福岡まで通った。坂梨家に滞在するのは毎年一〇月から翌春にかけてだが、田中定、川口武彦、奥田八二などが福岡から頻繁にたずねてきた。ゆき夫人は朝鮮から引き揚げてきた正男の子供らの世話のために等々力にとどまった。

敗戦から未だ日も浅く、大牟田から福岡の通勤で、帰路は「学校を五時頃でて夜の十一時近く大牟田に着く。電車は極度に暗く、時として暗黒である。寒風は吹きすさぶ。…駅で待っている時間が永い時は二時間近くであった」。（『月刊西日本』一九四八年二月）。

五〇年には福岡市内の馬屋谷にあった石橋清宅に下宿して落ちつけたが、通勤でもかなり体力を消耗したであろう。大学の最初の講義の日、法文学部大教室は通路まで満員だった。「生き残って復員してきた学生たちのあかるい顔がぎっしりとあの大きな教室にみちていた。私はあふれ出そうになる涙をこらえるのに必死であった」（「九大新聞」一九六〇年三月）。

向坂にとって、青年たちと自由に話しあえるのはひさしぶりのことだった。敗戦後、学徒動員の兵役を解かれ、戦地から命からがら引き揚げたり、疎開から帰ったりして学

窓や仕事に復帰した青年たちは、屈折した思いを抱いていた。むろん、すぐに左翼に走る青年も沢山いたが、多くの青年はそうでもなかった。そして向坂は、急に勇ましいことを口にし「革命家」を気取るタイプの青年よりも、戦時下の閉塞状態の精神からなかなか新時代に適応できない青年の方にまなざしを向けて寄りそった。そういう態度は、戦後すぐに度々書かれた青年論にうかがえる。実際、向坂の薫陶を受け、社会主義運動に入りこんでいった九州大学出の青年たちには、川口武彦や山本政弘など、そういうタイプが多かった。

　川口武彦は、向坂が九大にもどったころは法文研究室の助手であったが、田中定教授のもとにいた関係で向坂に紹介され、すぐ傾倒したようだ。東京にいることの多かった向坂の、九大での助手的な役割を果たすようになる。のちに社会主義協会の看板代議士になる山本政弘は、九大卒業後すぐ召集されネグロス島の激戦で敗残兵としてやっと生き残り、引き揚げてきて親友だった川口の下宿を四七年暮れにたずねた。そこにいたのが向坂だった。向坂は「ふたりのやりとりを黙って聞いていた。それから何日かたって、川口と私は先生持参の配給酒の一升瓶を御馳走になっていた。…先生はむろん社会主義の話など一言もされず、私の話に時折声を立てて笑われた」。その後、川口がたまに社会主義のパンフレットなど渡したが「そんな入門書ですら、簡単には受け付けなかった…時には自分がはがゆくなるほどのろのろと皮を脱ぐほかなかった」（山本政弘「青年の声」七二年八月二四日）。

　向坂は山本を五年後には社会党委員長・鈴木茂三郎の秘書にすいせんする。

　若者たちと接する中で、向坂はこう述べた。

　戦争中の「苦悶が一方では青春をだいなしにしたかも知れない。しかし、他方彼の人間性に陰影を作り、思慮の複雑さを増したに相違ない。軍隊から帰って来た若者達に接する毎に、私は彼等が多少ともいわゆる大人になって来たことを感ずる。無論彼らは本を読まなかった。しかし、本はこれから読める。…新なる知識によって、彼等の深い経験は生きる」。「プラトンやアリストテレスやカントやヘーゲルや西田哲学やを読んだ青年についても、私は望みをもっている。マルクス主義は何らかのかたまったドグマや信仰ではない。…彼等の哲学したことは、このようにして生きてくるだろう。若いマルクスやエンゲルスがカントやシェリングや殊にヘーゲルからやって来たことを思い起すべきである。…一夜に暗記した者よりも根づよくなり得るし、公式的でなくなり得るからである」（「若き世代の思想」）。

「われわれは徐々に研究をすすめるほかに致し方ないまい。…早くなになにイストたる名乗りをあげる必要はあるまい。…私は一挙にしてマルクシストになったと考えない。私の経済学の第一歩」は、河上肇、福田徳三、山崎覚次郎だった。「今日思い出して興味を深くするのは、新渡戸稲造氏の経済史の講義である。…神話の話ばかりである。当時学生として、近代資本主義成立史のない講義に大変不満であった。しかし後になって考えると、新渡戸さんの講義が一番おもしろい」。「凡庸な人間の常として、なにかつねに無駄をしているような気がして仕方がない。しかしいきせききってかける者に、よき成果のあがることは稀である」（「わかき世代のために」、『中央公論』一九四七年七月号）。

8　民主人民連盟

四五年一一月に日本社会党が結成されたが、発起人の賀川豊彦は、「民主主義の復活を連合国が要求する場合においても、…皇室の存在は少しも動揺せずに永続せらる必要がある」（『公論』一九四五年一一月号）と述べていた。一二月には日本共産党が再建されたが、中心は徳田球一と志賀義雄で、ともに獄中に一八年も置かれていたので「三二年テーゼ」の時代の感覚で娑婆にあらわれた。両党とも、それなりに落ちつくまでは混乱がつづき、戦後民主化の主導勢力たりえなかった。

一二月にはGHQによる農地改革が指令された。四六年一月に山川均が民主人民戦線を提唱し、野坂参三が中国から帰国すると、山川が音頭をとって野坂参三帰国歓迎国民大会が開かれた。社会党は右派の反対で民主人民戦線への党役員の参加を見合わせたが、共産党も個人的な参加ということにして三月には民主人民連盟準備会が発足した。

やはり四六年春、GHQと日本政府と高野岩三郎、大内兵衛らの民間識者の間で日本国憲法の草案が検討され、三月にはGHQの見解も反映した政府の憲法改正案が示された。四月に実施された初の普通選挙は自由党一四一議席、進歩党九三議席にたいし、社会党九三議席、共産党五議席だった。この選挙結果を受け、社会党は民主人民連盟からはいっそう距離を置き救国民主戦線を独自に提唱した。共産党も民主人民連盟から離れた。

こうして七月に民主人民連盟創立大会が開催されたが、もはや旧労農派中心の小さな団体になってしまった。山川はガンを発症し神奈川県の下曽我に療養していたが、四七年五月には連盟を解散し社会党に合流することを示唆し、五月三一日には「解散・社会党への合流」を決め発展的に解消した（『労農派マルクス主義』上一四章）。

一方、共産党は産別会議の主導権を握り、労働攻勢を強めた。中止したとはいえ、四七年の二・一ゼネストはその頂点だった。しかし四月に実施された第一回参院選と総選挙の結果は、社会党の大躍進（衆参ともに第一党、共産党は不振）となり、六月の片山哲・保革連立政権を生んだ。一方、夏以降産別会議は職場離脱闘争などの極左傾向を強め、それに批判的な反主流派は産別民主化同盟（民同）の組織化に向う。

社会党の保守政党との連立参加と混迷、共産党の極左化傾向という主体の分裂と困難の中で、旧労農派の再結集がすすみ、四七年八月に板垣書店から雑誌『前進』が発刊される。この同人は山川、荒畑、向坂、高橋、小堀、稲村順三、黒田寿男、岡崎三郎、板垣武男（出版元）らが中心だった。『前進』は社会党の左派と労働運動の民同派・無党派左派活動家に次第に影響をおよぼしてゆく。

社会党も共産党も、理論的にも百家争鳴だった。旧権力が消滅し、占領軍の支配下にあったとはいえ一時的に権力の空白状態が生じた。そこで平和的に社会主義革命が可能か否か、農地改革など戦後民主化をどう見るかが議論になった。

旧労農派の面々も依拠すべき政党は、鈴木茂三郎や伊藤好道らは社会党、山川らは「山川新党」、黒田寿男らは労農党と、それぞれに模索する段階だった。

向坂の精力は四七年五月までは、第一義的には『資本論』の翻訳にさかれていた。民主人民連盟についても、山川の代理と政策づくりという限りで協力はしたが、新聞・雑誌類で論じることは稀だった。民主人民連盟関係でも、先に紹介した「民主戦線」（一九四六年九月二六日）に小文を寄稿しただけだった。「北海道新聞」（一九四六年四月一四日）に「総選挙後の政局　民主戦線を巨大に」と題して、社会党にたいし吉田自由党が連立を持ちかける一方で、社会・共産両党が民主人民連盟に消極的という状況についてこう述べていた。

自由、進歩、社会の連立工作は、「わが国における民主主義的な進出を最低限ならしめんと」するものだ。社会、共産両党の参加なくして強力なる民主人民戦線の確立はない。ドイツではブルジョア階級自滅の危機を社会民主党との連立でまぬがれ、しかるのちに社会民主党を連立から追放し、「幾度か社会民主党に火中の栗を拾わせつつ遂に不幸なるナチス・ドイツの成立がもたらされた」。

一方、実際運動にたずさわる旧労農派メンバーは、向坂の協力をあてにしていた。

向坂は四月三日の、民主人民連盟結成準備大会で野坂参三とともに副議長をつとめた。「神田の教育会館で行われた大会であったかと思うが、いつものようにぶらっと出かけたら…副議長をやってくれないか、議長は共産党の野坂氏がやることになっているが、といってきた。私はこんなことになれていないからといって断ったが、たってということなので引き受けた。まったく未経験なことで、何をどうしたか覚えていないが、共産党の野坂氏に助けられながらどうやら任務を果たした。山川さんが病床になければ、当然議長で、私にこんな仕事がまわってくるわけもないがと山川さんの病気をうらんだ」（「総評新聞」連載「山川均」）。

四日後に開催された民主人民連盟準備会主催の幣原内閣打倒国民大会でも、七万人の聴衆を前に山川の代理として議長を務めた。このころは松本から上京し、任務を果たしたらトンボ帰りするような日程だったのではないだろうか。

また民主人民連盟の政策委員として、第一回政策委員会（一〇月三一日）の経過報告をおこなった。そして第二回政策委員会（一二月一二日）では、向坂起草の「農業政策」が審議された（このときは福岡にいたので出席はしていない）。

四七年三月二六日付で、小堀甚二から向坂のもとへ次のような手紙が届いた。当時小堀は民主人民連盟の末期で実務的な中心を担っていた。「連盟はいま危機にあり、どう切り抜けるか日夜苦慮してゐます。これについてはその中詳しくお話し度いと思ひますが、御助力を切望してゐます。…明日の拡大中央評議員会にも…大兄が顔だけでも出して頂ければ地方の立候補者など心強く思ふことと思ひます」とあった。「地方の立候補者」とは翌月の参院選と衆院選に民主人民連盟から立候補させる者で、結果は誰一人当選しなかった。山川もまだ体調が回復せず、社会的にも権威のある人物を引き出そうとすればやはり向坂だったのだろう。

9　政治教育同盟、『前進』、『唯物史観』

またこの小堀の手紙では「雑誌」の発行の件で「板垣君がかなり不機嫌になってゐるので…大兄と小生と打ち連れて板垣君を訪れて諒解を得る予定でゐました」云々とあり、自分は手一杯だから「大兄が雑誌の方は中心となって切回して頂くといふやうな風に行けばと思ってゐます」と懇願していた。この「雑誌」とは何をさすか不明だが、小堀が半年ほど前の四六年八月の手紙で、やはり向坂に「民主人民連盟を構成する要素の中のマルクス主義的要素の理論雑誌」創刊の相談をもちかけていたから、四七年八月に板垣書店から創刊される雑誌『前進』の前段の企画だったと思われる。板垣武男は、戦前は同盟通信社にいて九大の高橋正雄とつきあいをはじめ、戦後は時事通信の役員となり板垣書店をおこした。山川には政界の情報などを入れたり、小森武（黄土社）とならび戦後初期労農派の出版活動のスポンサーだった。

このとき向坂は『資本論』岩波文庫第一分冊の仕あげの段階で、とても小堀の要請に応えられる状態ではなかった。しかし五月に翻訳が一段落すると一肌脱ぎはじめた。下曽我で療養中の山川からの頻繁な来信がその様子をうかがわせている。「お手紙拝見しました、お骨折り感謝にたえませぬ。ヘンしゅう員、それで結構とおもいます。大内さんは、私も直ぐにはむつかしかろうと思うています」（一九四七年初夏の来信と思われる）。「昨日はわざわざ相済みませんし都合よく進行していまして安心しました、この上ともよろしくお骨折り願います」（六月一三日）。「今日、河村君が来てくれまして十三日の準備会のだいたいの様子も聞きました。お託しの手紙拝見万事承知いたしました」（七月二〇日）。

一方、当時社会党の代議士をしていた荒畑は、「政治教育同盟」という、民主人民連盟解散後の社会党左派も含めた左派の理論的な拠点つくりをはじめた。これも荒畑の片腕的な存在だった小堀が実際の手配をしたものと思われる。向坂はこれに加わり、四七年六月一日に読売新聞社で開かれた準備会合に参加し、荒畑、高橋、小堀、大倉旭、相原茂、対馬忠行らと協議し、「同盟」の方針草案の起草を引きうけた。また一七日の同盟準備会では副会長に就いた。八月九日付の「同盟」の「結成趣意書」には、準備委員として荒畑、黒田、小堀、稲村順三とならび向坂が名をつらねた。

「同盟」自体は講演会を開いたくらいでたいしたことはしなかったが、重要なのは雑誌の発刊の準備をしたことであった。五月下旬に雑誌編集の準備の協議が、荒畑と小堀などで、下曽我の山川と相談しつつ始まったようだ。当然編集の中心人物として向坂が期待されていたであろう。そして翻訳からやっと解放された向坂はたちまちかつぎ出された。先の山川書簡から推測すれば、編集スタッフの人選も依頼されたのだろう。山川は編集同人の代表には大内兵衛も嘱望し、おそらく向坂を介して打診しようとしたのだろうが、向坂はそれはまだ無理だと応えたものと思われる。「昨日はわざわざ相済みません」（六月一三日付）とあるのも、六月初旬にあいついで開催された「同盟」準備会での雑誌発行の相談の内容を報告に向坂が下曽我を訪れたのであろう。

こうして八月一日に発刊にこぎつけたのが月刊誌『前進』である。「編集委員代表」に山川均、向坂逸郎。「編集委員」に板垣武男（発行元の板垣書店主）、荒畑寒村、高橋正雄、小堀甚二らとある。創刊号の「創刊の言葉」は山川の筆になるものだが山川と向坂の連名。巻頭論文は向坂が

「社会党と社会主義」を寄せた。

『前進』は「平和革命論」の考究を軸とした戦後労農派の再結集の場として、さらに左派社会党形成の理論的な推進力として重要な役割を果たすのだが、向坂はその編集において山川とならび要の位置にあった。たとえば山川の手紙にはこうある。「…編集会議でも、たぶんこの問題が出ることと思います。つきましてはそれ以前に詳しいお話を承り、かつ我われの考へをきめておいた方が好都合と思います。そういう機会をお作り下さるよう願います」(一九四七年一二月二七日)。「この問題」とは片山連立内閣にたいする社会党内鈴木茂三郎ら「五月会」の造反への対応ではないかと思われる。

編集の中心であった岡崎三郎の回想によれば、毎月一回の編集会議の恒常的な出席者は、山川、荒畑、板垣、高橋、小堀、岡崎と向坂だった。毎号のように執筆もしていくから、相当の力の入れようだった。

並行して向坂は、もう一つ定期刊行物の発刊にたずさわった。河出書房刊の季刊の『唯物史観』である。『前進』発刊の三カ月後の四七年一一月一五日に創刊された。「編集代表」は大内兵衛と向坂。「著者代表」は岡崎三郎。創刊号の筆者は、向坂と大内のほかに、鈴木鴻一郎、林健太郎、大島清、楫西光速、岡崎次郎らで、開店休業になっていた歴史科学研究所の陣容を、歴史学関係者の多くは別としてほぼそのまま執筆陣として継承した。この場合も、実務は岡崎三郎と相原茂だが、雑誌の名前を考えるように岡崎三郎、相原茂、鈴木鴻一郎が向坂から相談されたという(『一途の人』)。創刊号の巻頭論文もまた、向坂の「『資本論』における方法の一考察」という重厚論文だった。

岡崎三郎はこのころから向坂に寄り添うようにサポートし、『前進』、『唯物史観』の編集、『評論』での『資本論』座談会の世話と速記録づくりなどよく働いた。しかし原稿料以外の食い扶持は『読売新聞』論説委員だけだった。当時『読売』は荒畑らと親しい渡辺文太郎(読売争議で共産党系組合に対抗して有名になった)が力をもっていて、正力松太郎が戦犯で追放されたあと、リベラリストの馬場恒吾が社長で、論説は好きなように書けたし、「読売」に在籍したままあとで創刊される『社会主義』の編集にたずさわることができた。

二　敗戦直後の「革命」論争の中で

1　戦後講座派の混乱

占領軍によって急に春の陽光の中に解放されて目がくら

んだような左翼は、何でもできるかのような過信と錯覚にもおちいりがちであった。その傾向は再建された日本共産党に強かった。戦争に反対しつづけた彼らにたいして、学者、文化人、インテリは大いに敬意をはらった。それだけに、共産党の理論的な混乱は運動全体に大きな影響をおよぼした。

一方、社会党は、当初は戦犯も含めて発足し天皇制維持が指導部の大勢で、占領軍による戦犯追放と新憲法での象徴天皇制によって、やっと世間の民主化のレベルに政策が追いついた。そのくせ綱領に「社会主義の実現」をかかげて、政権を取れそうになると「社会主義的政策」を大安売りしたり、農地改革による農民への土地の分与まで「社会主義的」とみなすなど、理論的には何の一貫性も持てない状態だった。

戦後民主化は日本国憲法を生んだが、この輝かしい憲法に比して、社会党も共産党もその主体はお粗末だった。

向坂は「西日本新聞」(一九四八年五月三日)紙上の金森徳次郎との憲法記念対談でこう述べていた。

「日本人の力だけでなく他の援助によって、あれだけの憲法になったものと思う。したがってわれわれの肉体にしっくり合っていない。…日本国民の多くが自覚しているよりはもっと進歩的な形で憲法ができたともいえる。だから今後われわれに残された問題は…着物を縫い直して小さくして身体に合わせるのでなく、国民がその着物を身につけるようになるよう成長してゆかなければならぬ」。

こういう新憲法の受け止めは、山川など、戦争を止められなかったことの自己批判にたって戦後解放を冷静に受けとめた者の共通認識であった。

さて、再建共産党指導部の中心は徳田球一と志賀義雄と野坂参三だったが、徳田と志賀は獄中生活一八年で娑婆に出てきたばかりだった。野坂は長年の亡命生活から帰国して再建に加わった。いずれも日本の運動については長い欠落状態のままだった。だから一方で米国占領軍を「解放軍」と規定し、その占領下でも平和革命が可能であるという「占領下革命論」が唱えられ、他方では議会を通さないでもゼネストによる革命的民主的政権が樹立できるかのようなアジテーションをするような、ちぐはぐが目立った。向坂はこれを「理論の乱闘状態」と評した(「日本政治の悲劇」『改造』一九五一年一月号)。

そして政治方針が出るとそれを根拠付けようと牽強付会に走りがちな講座派的体質は「占領下平和革命論」においてもあらわれ、神山茂夫などは東欧革命に倣って、なしくずし的に社会主義へ移行するのが戦後の一般的な「型」であるかのような見解を打ち出した。ところが四九年に入り、占領軍が冷戦に対応して政策転換をして共産党つぶしに出ると、こんどは地域人民闘争や、職場離脱などを背景にした「九月革命」を呼号し、「占領下平和革命論」へのコミンフォルムからの批判を受けると「五一年綱領」の武力革命方針に向かう。わずか三年たらずで変転するのである。引きまわされた産別会議は、社会党系の労働組合を圧倒する勢いだったのだが急速に後退した。レッドパージなど弾圧に加えて、指導の混迷と民主化同盟の台頭によって自滅する。

統一戦線についても同様だった。徳田たちはコミンテルンの「社民主要打撃論」の感覚のまま出獄してきた。河野密や浅沼稲次郎など社会党幹部を「戦犯リスト」にして告発するなど意気盛んだった。だが海外にいた野坂はコミンテルンの人民戦線戦術を日本に伝えようと努力していたから頭は柔らかかった。野坂が帰国すると、山川を中心に社会党系の幹部も含めて盛大に野坂帰国歓迎集会が開催され、その際山川が提唱した民主人民連盟にも当初は積極的に参加した。しかし、すぐに消極的となった。そして社会党にたいしては「下からの統一戦線」と称して、社会党内の秘密共産党員が地方組織を「切り取る」ような陰謀までめぐらして、社会党からの不信感をみずから増幅させた。

また、共産党の理論家たちは、「占領下平和革命論」とは両立しえない「天皇制絶対主義」の存続の有無などの議論をはじめていた。いまだに「三二年テーゼ」のドグマが支配していたからである。「平和革命論」が可能なほどに民主化がされたのであれば、天皇制絶対主義も「経済外的強制」による「半封建的」諸関係も一掃され、ブルジョア民主主義革命は完了したことになる。しかし、蛇が棒を飲んだように理屈だけは「厳密」にしたがる講座派はそうはいかない。農地改革などの民主化ではじめて天皇制絶対主義の基盤が排除されたのだから、「三二年テーゼ」や『山田分析』は正しかったと強弁する向きもあらわれた。しかしついこの間まで天皇制絶対主義であった日本がそう簡単に変わるはずがないという固定観念は、農地改革の不徹底からなお反封建農地解放の革命が必要だという見解を、共産党内では多数派にしていった。逆に共産党方面から、農地改革などによって独占資本が主要な支配者となったのだから社会主義革命が戦略課題だという見解（中西功意見書）もあらわれた。

かくして、講座派あるいは新講座派などと呼ばれたように、内部には多様な見解が入り乱れたのである。

2　民主化＝「平等な競争条件」を提唱

こうして戦後講座派は、より情勢にそぐわぬ方向でつじつまを合わせていくことになる。これはマルクス主義の豊富化に逆行する事態であった。だから、向坂はしばらくの間、歯に衣着せぬ批判を日本共産党とその理論家たちに加えつづける。

向坂による戦後社会の構造と戦略課題への積極的な見解は、「日本経済における民主主義革命の課題」(『世界評論』一九四六年二月号)に簡潔に示されている。

「日本経済における民主主義革命は徐々に進行しつつある。ここに経済における民主主義革命とは、日本経済に存在する一切の経済要素に対して、平等なる競争条件を与えるということである。それは、資本主義経済における競争条件の平等化を、その極限にまで拡充することに外ならない」。向坂の言う「経済における民主主義革命」とは、「経済外的強制」を排した「農奴解放」を意味するのではない。まず「進歩せる技術を独占し」「封建的なる『家』の支配を付随させる」「財閥の解体」によって、「企業の自由なる競争」を保障することである。しかし資本の競争は「独占を成立せしめる必然性」を持つから「中小経営の存在に対して特別の考慮を払われねばならない」。「中小経営に対して競争力を確保」することが「民主主義的要求である」と具体的に提起した。

次に「労働の搾取ということは、資本制社会の存続する限り排除できることではない。従って、民主主義が極限まで実現されたとしても、この事実を如何ともなし得ない。しかし独占を弱め、または、労働者の競争力を強めることは、民主主義の確立によって可能になること」である。こう述べた後で、もっとも講座派とは対立するテーマであった農業における民主主義革命について、こう詳細に展開する。

すなわち、農地改革によって「一挙に農村における民主主義が確立されたとも考えない」が、「小作人の自作農化と現物小作料の金納化が…農村における民主主義革命の進展に対して重大なる意義を有する」。しかし農村に残る「濃い封建的伝統」の原因は「農民の土地への緊縛」でも「領主に対する人身的隷属」でも「経済外的強制」でもない。「小規模経営」と「著しく低く、停滞的である技術」のために「資本および土地所有に対する競争力の弱小」にある。「農民の競争力の弱小は、封建的伝統を破砕し得ないのである」。だから農民は「地主に対して身分的に低いという観念を未だ失っていない」。

そして「競争力を強化するには、彼らが集団の力とならねばならぬ。…小土地所有や小経営」による「孤立から解放されて結合した力とならなければならぬ。このことによって初めて資本と土地所有者に対して対等の力となり得るのである」と言う。

それでは、成人人口の四割を占める農民の民主主義化は日本社会全体にとってどういう意義をもつか。「貧乏のどん底に落ちつつある農民が…都市に向かって流れでる傾向にあることは、都市の小市民や労働者階級に対して、その有する競争力を圧迫する作用をなす」。「流入農民による圧迫は、労働者の低賃金の条件となる」。「農村に支配する旧い小経営とその旧い観念とは、都市労働者や小市民の集団の形成とその威力を破砕する力として作用する。農民の民主主義化は、労働者小市民の民主主義化の要件である」と結論付ける。

このように、向坂は「民主主義革命」という表現はしているものの、それは民主化の徹底のことであり、資本主義の限度内での現実的な処方箋を示したものだった。そしてそれは、戦前の資本主義論争における労農派の見解となんら矛盾するものではなく、その継承の上にあらたな条件への適応を示したものだった。資本主義の下においても「平等なる競争条件」として小零細企業、労働者、農民に特別な保障を求めたことは、社会権を明確に位置づけた日本国憲法に通じるものである。民主主義的課題と社会主義の課題を区別して、資本主義の限度内での徹底した民主主義を説いた向坂の論調は整合性のとれたものであった。

なお、天皇制については、共産党は最初の総選挙でも「天皇制廃止」をかかげ、また山川均も四六年ころには集中的に論じていたが（『マルクスを日本で育てた人』Ⅱ　九九頁〜）、向坂はなぜか言及しなかった。

3　農地改革と土地国有化を論ず

農地改革はまず現物小作料を排して金納にかえて小作料を引きさげ、地主から有償で買い上げた土地を小作農、小自作農に安価に払いさげた。小作料の金納化は、その算出基準によって小作料の引きさげになったが、それ以上に農民が生産物を直接商品として販売できるので、価格変動に生産者として対応することが可能になり、価格騰貴による利益も得ることができる点に重要な進歩性があった。

その結果、農村に残っていた封建的な遺制はうすれ、大量の小規模自作農が生みだされた。この事態をどう理解するかは、戦前の「封建論争」を局部的に再燃させた。

講座派系は、GHQの農地改革によって、地主小作関係と高率現物小作料を固定化させていた「経済外的強制」が廃棄されたものととらえ、戦前の「経済外的強制」の存在が逆証されたと理解した。「『労農』派の諸君の見解が正しかったとするならば、戦後の土地改革などは必要もないであろう」（平野義太郎）というわけである。

向坂は平野のような見解にたいして、「農地改革さえあれば、絶対主義の社会であったことになるなら、ドイツもそうであったことになる。戦後の土地改革が現に行われている様相をとったことは、正に労農派の見解の正しさ…を証明している」と述べた（「平野義太郎氏の問題」『前進』一九四八年一一月号）。

また「遂行されている土地改革が真に一般的全的農奴解放たる性質をもつものであるならば、今日の農村には、極めて大きな土地所有のための動揺や土地への緊縛からの解放要求や『経済外強制』排除の広範な要求が、起っていなければならぬ。『小作に買取の熱乏し』といい『土地よりも耕作権』という…調査報告は何を意味するであろうか？単純な土地渇望農奴でなく、採算的農奴は、知識人たちに何を示唆しているのであろうか」と指摘した（「何を学ぶか」）。

向坂は、資本主義論争から一貫して農業の封建的性質と農民の劣悪な状態の原因を「経済外的強制」に求めるのでなく、基本的には資本にたいする農民の競争力の弱さに求めていた。だから、「経済外的強制」を廃したように見える農地改革によっても、農民が解放され農民の状態が大きく改善されるとは見通さなかった。また資本主義的な大農経営が形成される可能性も認めなかった。

「読売」（一九四七年九月九日）紙上でこう主張した。農地改革で「地主の圧力から逃れ得ても、独占的都市資本の力に抵抗し得ない」。「農村において地主さへ一掃すれば、封建制が払拭されると考えることが出来ない。我国の農村の封建的性格の担ひ手が本質的に地主であったことに間違いない。だが、この点においても、我々は革命前のロシアの大土地所有者や一九世紀前半のドイツのユンケルを、そのまま移して考へることは出来ない。…地主階級の一掃をもって…封建的なるものの解消は、これをもって了ったとすることは出来ない。農村における小規模経営の存在は、なほ封建的なるものを保存するからである」。「自作農を保守的性格たらしむる物は、小土地所有とその上に孤立する小規模なる自足的経営方法である」。

これに反して講座派は、農地改革にもかかわらず「半封建的」なものが残存する現象をもって、農地改革は不徹底であって「経済外的強制」を排除できず、「半封建的制度」は温存され、それを基盤として封建的勢力と買弁資本と米帝国主義が一体となって日本を植民地として支配している、という見解に傾いていった。

向坂はこういう議論はもう相手にもしなかった。

向坂にとって考究すべき問題は、農地解放＝小土地所有化が果たして農業の民主化の根本的な方策たりうるか否かにあった。だから四六年初期の時点までは、農地改革のめざすべきこととして農民への土地の分譲よりも国有化を期待していたのである。

「土地制度改革について」（『日本評論』一九四六年一月号）では、「小作農の自作農化」について、「農村における民主主義確立の方法として小作農の問題を取扱う仕方は、この外に考えられなかったかどうか」と問い、「土地の国有で全国の小作農の集団化」をおこない「小作料引下げと免除、近代農法導入などの要求を国家に統一して要求できる」ようにする対案を提唱していた。講座派のように「小作農を封建的農奴と規定すれば土地所有権をあたえることは農奴解放の意義がある」。しかし「小作農の中にある程度現出している近代無産者的性格を看取して、現代におけるそのヨリ進歩的な性質を確認するとすれば、この点に立脚して、その伸張に重点をおくことの方が、小所有者としての自作農に立脚して一歩後退し、しかして後二歩前進を計るよりも有利ではあるまいか」と述べた。小作農の状態の改善は、土地の所有よりも、経営の集団化や国有地における農業労働者としての団結によって実現するのではないかというのであった。

なお、大内兵衛も、農地改革のうち小作料金納化については小作料を半減させるものとして評価したが、社会党が農民に土地を分与し自作農化することを以って「社会主義的」政策として売りだしたのには「農家の経営規模にはなんらの変革も起こりえないのみならず、農村になんら新しい社会層が生まれるわけでもない」、「小農と小農主義とが、資本主義より遥かに前期のもの」であり「そういうものを創設することが何か社会主義的であるかの如く考え且つ言いふらすのは、大きな間違いである」ときびしく批判していた（『中央公論』一九四六年二月号）。

講座派の多くが当初は農地改革を「経済外的強制」からの解放とみなしたのにたいし、社会党は「社会主義的」政策と勘違いした。しかし土地の国有化は、資本主義の枠内であれもっとも民主主義的な政権が樹立されることが前提であった。政治情勢の推移はそういう想定を非現実的なものとしていった。農民運動は、土地改革の徹底化を要求して戦後一時的に活性化したものの、小土地所有者となるにつれ次第に消極化していった。

こうした変化にたいし、向坂は割り切った考えを示すようになる。二年後に著わした「土地国有化について」（『文化評論』一九四八年七月号）ではこう述べた。

「土地改革は、一定の地主の土地を農民に分割所有せしめる方向に決定されてしまった。…一旦与えられている土地（自作農の）に対して国有宣言をなすような乱暴な政治はなさるべきではない」。「小作農についていえば、…高額小作料その他の桎梏を排除しうる条件の下にある限り、地主的土地所有に関しては、土地国有が不可能ではなかった。…したがって、当時私は、地主的土地所有に関する限り、土地国有が可能ではないかという思想を述べた」。しかし「もはや、…農民自身が自分の経験によって、小土地所有の不幸を感得するにいたった時以外には、農民と土地所有を引離す術はない」。「真実に進歩的な方策は、観念的に考えられた進歩性によるものではなく、現実的な諸階級の地位に従って遂行されなければならぬ」。

こうして「国有化」の道は現実的ではなくなり、向坂はもう口にしなくなった。彼の見通しは的確だった。

後年、岡崎三郎はこう総括している。（農地改革によって）「農村の階級関係は著しく変わった。大部分の農民は重い小作料負担をまぬかれ、それだけにその経済的地位はいくらか向上した。しかし農民の大部分は依然として過小農であり、農業の著しい近代化を促進する条件が作り出されたわけではない。しかし…農民の経済的地位のささやかな向上と、所有者意識の成長は、農民を資本主義の大衆的支柱に転化する傾向を示してきている。これは農地改革が要するに日本資本主義の再編成の一端であったにすぎないことを示しているが、おそらく連合国の意図も当初からやはりそこにあったものと見るべきであろう」（『現代日本資本主義体系』第六巻　一九五八）。

さて向坂の農業問題への見識は、日本農民組合（日農）内の旧労農派メンバーからも期待された。日農は四八年四月の大会で「正統派」と「主体性派」の対立が表面化し、前者は共産党系にかつがれた黒田寿男を表にたて、後者は稲村順三、江田三郎、岡田宗司ら旧労農派が中心だった。山川が四八年六月二三日に松本市の百瀬方に滞在していた向坂に出した手紙がある（向坂は持病の腎臓結石で倒れて百瀬宅で病臥していた）。

「御快方のことと存じますが、御大切をいのります。別紙の研究会のことについてお帰りを待っていましたが、日農の大会も迫って来、それまでに是非まとめる必要がありますので、御帰京後参加していただくことにしてとりあえず始めることにしました」。別紙には研究会の目的として「農村事情の変化のために農民組合運動が根本的方針を再検討する必要」があるが、共産党（正統派）の方針にたいする「積極的な方針」を八月の日農大会までにまとめることとあった。メンバーの選考も司会も向坂に頼むはずだったのが、急に病臥したので、とりあえず岡崎次郎を中心に、稲村、江田、岡田、佐々木（更三）、大内（力）、対馬、鈴木鴻一郎らで研究会を開始すると、山川はしたためていた。

4　批判された「二段階的社会革命」説

もう一つ向坂が戦後民主化をめぐって問題としたのは「民主革命」論であった。

戦前日本を天皇制絶対主義とする講座派からすれば、敗戦によって「ブルジョア革命」の課題が一応達成されたのか、それともなお課題として残されたのか、二つの理解がありえた。そこが以降の講座派の混迷の一因となったことは、前に見たとおりである。これに反して、労農派からすれば、戦後改革は、すでに終了していたブルジョア革命の不徹底さを徹底させた変革であって、その先は社会主義革命と考えられた。

さて、向坂の『日本資本主義の諸問題』が黄土社から四七年七月に再刊された（伏字起こしと校正は、対馬忠行がおこなった）。三七年一〇月に刊行された本書は、向坂の戦前の論争の集大成であるが、わずか二カ月後に、向坂の検挙で発売禁止をくらった書である。戦後すぐ各方面から再刊の勧めがきたが、向坂は応じなかった。決着はすでについた「方法論」を中心とした論争なので、あまり今日的な意味を感じなかったからであろう。民主人民戦線運動を成功させるのに差しさわる「無駄」な論争をしている暇はない時でもあった。同時に、敗戦と占領という戦前では想定外の新事態は、過去の論争よりも、あらたな戦略的な検討の方を精力を注ぐべき仕事としたのである（農地改革の検討はその一端であった）。

同書の「再刊のことば」（一九四七年四月二八日記）は、こう述べていた。

「この書の再刊を躊躇した理由は、意見の変化といふような点にはない。ただ私は…第二次世界大戦後の世界の政治経済の動向と日本の新たなる社会情勢とは、恐らく日本におけるプロレタリアートの戦略と戦術とを根本的に変化させるのではないかと考へてゐた。そしてさらに、このような事情の下では、理論上の見解の対立は対立として、他に闘うべき共通の敵があるのではないかと考へた。つまり、我々の当面の問題である民主主義の体制を確立するといふことに、主要なる努力がそそがるべきであって、その意味ではここしばらくは理論上の対立の面より理論的協力の面が表面に表はるべきものではないかと考へた」。

さて、問題となったのは次のフレーズであった。

「敗戦後の日本の社会構成は…この書で述べた通りの方向に、より明確な態様を示した。しかし、新たに生じた日本の国際的地位は、日本プロレタリアートの主要なる当面の階級的任務を、民主主義革命の完成におく外なからしめてゐる。そしてこのことに日本国民が成功するか否かは、社会主義社会への進展がいはゆる平和的な途を通って最小の摩擦をもって遂行されるかどうかを決定する。この意味では、この書の結論は変更されねばならぬ。すなはち、日本における社会情勢の変化は、社会革命を一段的といふよりも、むしろ二段的といふのをより適切としてゐるかのようである。しかしこのことは決して日本社会の階級的構成そのものによるのではなくして、敗戦によって日本のおかれた国際的地位によるのである」。

この「二段的といふのをより適切として」いるという表現が共産党系から「労農派理論の破綻」とみなされ、また高橋正雄も異議を唱えるなど、後々まで話題とされることになる。

一般的にブルジョア革命は社会主義革命とは異なり、その政治的課題も相当な期間をかけて達成するものであり、また、完全に達成する前にブルジョアジーが反動化し民主化をさまたげ、その意味では担い手はブルジョアジーから労働者階級に引きつがれても民主主義革命は継承される場合もある。「明治維新はやはり民主主義的な革命の要素をもっていたわけだが、現在もやはり民主主義革命が行われているといえる」(山川均との対談「平和革命を論じて戦略論に及ぶ」『新経済』一九四八年一月号)という表現ならよかったのだが、「戦略と戦術とを根本的に変化させる」とか「二段的」という表現はたしかに誤解を生むだろう。そこで、やはり『日本民主革命論』(一九四七)というタイトルの著書を著した山川も、向坂も、しだいに「民主的変革」というような表現を使うようになる。

多くの論難は、向坂が「日本社会の階級構成」ではなくして「国際的地位による」と明記していることを無視してなされた。占領下にあるということが決定的な理由なのである。別の論稿ではこう述べていた。「現在の日本の階級的な対立関係は、すでに一挙に社会主義革命を行い得るまでに熟している。だが今日わが国のおかれている国際的地位からいって、現段階においては社会のあらゆる面で民主主義化を徹底させるほかない」(『朝日』一九四七年一月七日)。

向坂はこの種の批判にはもう答える必要を感じなかった。「神山茂夫、豊田四郎、石渡貞雄ら諸氏の一連のいわゆる『労農派』の批判も、虚勢と大言壮語の標本の一つである」といいなした。そして「ふたたび行われつつある『資本主義論争』は…かならずしもみ入りのある論争ではない」(「わかき世代のために」『中央公論』一九四七年七月号)とだけで片付け、具体的な反論は他人に任せる風であった。

また「なにを学ぶか　マルクシズム論争史論序説」(『評論』四七年一月号)でも、資本主義論争は、(コミンテルンという権威への）「信仰心が、我国のインテリゲンチャの間に濃厚であった」ために「極めて無用なエネルギーの支出を伴った」。「この論争を、このままで再び繰返すことは極めて無駄であるし、また極めて退屈な仕事である」と言い切っていた。

同じころ宇野も「早稲田大学新聞」（一九四七年一月二一日）で、「封建論争はまえのままのような形でくりかえしたくない」と言い、「政治運動の方でも…大衆と直接接触して活動しうる道が開かれたのだから、その見解も固定する危険は少なくなってきている。経済分析もこれに対応して固定した見解を解説すると言うようなことは少なくなってくることを期待する」と述べていた。政治運動の大衆化によって理論も無用な論争は避けられるという期待は、向坂の周辺では共通認識だったようだ。

そして、日本共産党からの批判は軽くいなしておいて、逆に「占領下平和革命論」への批判に集中したのである。

向坂は敗戦直後から、米国による占領政策をかなりきびしく見ていた。山川均はこう語っていた。「（敗戦直後に）親米英的なブルジョア政権の下で、労働階級の党が反対勢力としてそうとうに苦難の道を歩んで伸びてゆく。…運動が民族主義的な傾向をおびてくる危険が非常にある、この点はいまから充分に警戒しなければならぬという話をし、向坂さんも同感で、このとき『民族の独立』といったような言葉を使うのは、なるべくさけようじゃないかということを二人で話したくらいです」（『日本の革命を語る』一九四八）。

5　「絶対主義を作り出した」ブルジョア革命

向坂は、後半生のライフワークとしていた日本資本主義の発達史に関する多彩な関心をいろいろな場で開陳していた。

四七年の七月から一〇月にかけて四日間、大内兵衛、土屋喬雄、高橋正雄とともに日本資本主義の歴史過程について終日論じあった速記録がある（『日本資本主義の研究』上下　黄土社一九四八年一月）。過半が明治維新の分析で、大内の話題の豊富さ、土屋の実証的な博識、向坂の理論的な切りこみがかみあって内容豊かな本に仕上がっている。

この研究会で向坂が大胆な仮説を提起した。向坂は、「明治維新の歴史は日本歴史を書くのに一番厄介な、つまり理解するのに一番厄介な点だと思うのだ」とその解明が容易でないことを強調した。実際に討論では、尊王攘夷論の性格、倒幕と明治政府を担った変革主体、徳川時代の封建制と絶対主義、マニュファクチュアなど資本主義の萌芽の水準、天皇制の性格、天皇制の物質的基盤、開国の外圧の役割の秤量、などなど議論は錯綜する。その中で向坂はこう発言している。

「僕はこれからよく勉強したいと思っているが非常に複雑で面白い関係じゃないかと思うんだ。…つまり明治維新はブルジョア革命であると同時に、絶対主義を作り出している革命なんだ。こんな革命はほかにそんなにないと思う。フランス革命は、徹底的に絶対主義を叩き壊して、完全なブルジョア的な政権をつくり出したわけだ。ところが明治維新は、それ自身がブルジョア革命の要素をもっていると同時に、絶対主義をつくり出している。だから、この絶対主義は、ヨーロッパで絶対主義として純粋に考えられた性質と非常に違ってきているのじゃないか。…物質的な基礎から相当離れつつある絶対主義じゃないか。だから、日本においては、絶対主義として強力な力を持ち得た期間はそんなに長くはない。急速にブルジョア化していく可能性がある」。

この発言にたいして、大内や高橋が次つぎに疑問を呈し、やりとりが延々とつづく。明治政府の重商主義的政策や、農業の封建的な性格などでも、向坂は「日本の資本主義の発達は、公式的な意味でのみ考えていたのでは、何ら解決ができぬ」とか「世界資本主義の中に遅れて登場した日本の特殊事情」などを強調した。

一般に明治維新＝ブルジョア革命説は労農派の生命線とされていた。また向坂は戦前の資本主義論争では、封建的な性格が強い社会を固定的に捉える主張に、商品生産の一般化が法則的に必ず貫かれることを対置した。向坂は一般的に政治を説明するのに経済体制に還元して説明しがちな人間であると受け止められがちである。だがこの政治的上部構造の独自性を重く見た発言からは、向坂の別の側面がうかがえると言ってよい。

あくまでもマルクスの方法論を守ることに主目的があった日本資本主義論争は決着ついたと考えていた向坂は、具体的な歴史過程の解明では、むしろ「公式的な意味でのみ考えていたのでは解決できぬ」ような、政治的・社会的な諸条件から規定される特殊的なものを大胆に採り入れようとしていたのではなかろうか。ただ宇野の段階論のような図式的な整理ではなく、世界資本主義の諸条件が日本資本主義発展にもたらした偏倚として具体的に解明しようとしたと思われる。

なお、戦前の地代論論争については、やはり決着済みという態度だったが、一回だけ『唯物史観』四八年第三号で、「差額地代論における問題とその解決」を執筆した。

6 「歴史的法則」について

さて、向坂が戦後すぐに論じた政治問題のなかで、農地改革と民主革命論が当時の特殊な情勢に限ったテーマであったのに反し、以降も永く社会党内外の理論問題となっていくのは「平和革命」論であった。

向坂は、社会主義への権力の移行形態について、敗戦後の情勢の中で山川と話しあいながらまとめていったと、よく述べていた。それは「歴史的法則について—社会革命の展望—」として『世界文化』四六年九月号に一気に発表された。平和革命論としての基本はほぼこの論文に示されていた。これをもとにして以降二〇年間あまりかけて、世界情勢の分析と統一戦線論が補強されて、平和革命理論が豊富化されていく。

まず「政治革命が社会革命の土台をなしている。そして政治革命はマルクスのいわゆる『急激』に変化する革命に属する。…国家権力というものの性質上一定の時点において、一方から他方に決定的に移行することなくしては、権力として用をなさない」と述べる。その上で「社会革命は平和的におこなわれうるものであろうか」と問い、「私は可能であると思う」とする。そしてマルクス・エンゲルスの見解を検証する。マルクスの第一インタナショナル・アムステルダム支部集会での演説、エンゲルスの「エルフルト綱領草案評注」を根拠に、「国民代表が一切の権力をその手中にするような、また人々がその背後に国民の多数を有する場合はいつでも憲法にもとづいて思うままのことができるような諸国」においては平和的移行が可能であると説く。それでは日本において「このような諸条件が存するであろうか」。この論文執筆時にはなお新憲法は制定されていなかったが、ミリタリズムは再生させぬことは可能であり、官僚制度も崩壊させうる客観的条件が存在すると分析し「平和的移行」がなしうる国になる「可能性がある。それはまだ確固たる現実性とはなっていない。…しかしたしかにその可能性はある」と説く。独立の見通しがなお立たない中で、向坂の言い回しは慎重であった。

次にレーニンが一九一七年二月二七日から七月四日の間に平和的な権力移行の条件が存在したと主張したのを例に引き、この場合も平和的たりうるには、「強力を背後にもっている人民のソヴィエト」の存在があったことを喚起させる。そして旧支配階級の反動を抑止する「なんらのショックのない、なんらの強力的作用のない」様な平和的な移行は考えられないと述べる。そしてその「ショック」の程度は、民主主義の確立の程度によるという。

さらに平和革命と無産階級の独裁制とは「いかなる関係にたつか」を問題にする。まず「個人や徒党の独裁ではない、勤労大衆の独裁」は、「社会主義社会を、内外の旧社会に対して守るために必然的に成立するもの」と規定する。

ただそれは少数の資本家階級による支配とは反対に「圧倒的多数者」による支配であり、「旧支配階級の権利を制限するが、勤労大衆に対して政治的に経済的に不平等を撤去」するものである。「この意味では独裁は…旧社会におけるより、より広範な民主主義の支配形態である」。ブルジョア社会では「形式上広範なる民主主義が承認されているが、経済上実質的には奪い取られている」のであって、いかに民主主義でも「ブルジョア独裁であるといわなければならない」。そして、ワイデマイヤー宛の手紙や「ゴータ綱領批判」から、マルクスはプロレタリア独裁の思想は「政治思想の本質的部分をなすものと考えている」と「推測」する。

そうすると一方で「平和的移行」の可能を説き、他方で「独裁」を本質的なものと説くのは「調和」するのだろうか。向坂は「なんらの矛盾も存しない」と断言する。エンゲルスの「エルフルト綱領草案評注」に「民主主義的共和国は無産階級独裁のための特殊なる形態」だと規定したことを援用し、マルクスとエンゲルスは「独裁」を「固定して動かしがたい概念であると考えていない」し、民主主義の確立に応じて「幾多の形態がある」と考えていると説く。「搾取者から選挙権を取上げる問題は、純ロシア的な問題であって、プロレタリアートの独裁一般の問題ではない」というレーニンの見解も紹介する。

しかし「平和的な無産階級独裁とはどういう様相のものであろうか？このことを考察するのは不可能に近い。われわれは歴史上まだ民主主義の確立を前提条件として成立した『無産階級の革命的独裁』の例をもたないからである」と、向坂は慎重である。言い換えれば、ロシア革命によるプロレタリア独裁は「民主主義の確立を前提条件として成立した」ものではないのである。まだ実践例がない以上、「様相」を考察するのは不可能だと断言する。向坂がこう断言したころ、ソ連社会主義の優位性と発展を疑うものは、保守反動を除いてほとんどいなかった。それでも向坂はソ連に倣ってプロレタリア独裁の青写真を描こうとはしなかった。小生産者が圧倒的多数を占める中で必然であったロシア的独裁形態は、発達した資本主義には適応できないはずである。

ただ特殊ロシア的条件の下にあったとはいえ、そこから一般化できるものはある。そういう意味で、プロレタリア独裁の一般的な課題として、「旧支配階級にたいしてなんらかの程度の権利の制限」、「社会主義建設を妨害せんとする試みの破砕」、「旧支配階級の再起運動を抑制」などをあげた。そして、「旧社会の物質的土台と精神的残滓とを死滅せしめるまでには、権力の相当長期間にわたる活動が必要とされるであろう。このような事態を予想しない社会革命は、現在においてわれわれの考えうるところではない」。

これはブルジョア独裁の裏返しの状態である。ブルジョア民主主義国においても、争議権は私有財産権によって「制限」されているし、社会秩序を脅かすような行為には権力が発動されるし、言論・出版についても労働者階級は行使を実態的に「制限」されている。

ところで、向坂がともに平和革命論を考究した山川均は、「国家の本質は階級支配であって、この階級支配のことを階級独裁と呼ぶ…こういう意味に解釈するのが正しいと思うのだが、しかしこう意味にとるとカウツキーの解釈とかなり近いものになる。カウツキーの欠点はロシアのような型を除外したところにある」と、もっと直裁に語っていた（『日本の革命を語る』）。確かにレーニンも、特殊ロシア的な政治支配「形態」をプロレタリア独裁の一般的形態だとして、カウツキーに対置したのではない。ロシア的な条件の下ではあれ以外なかったことをカウツキーが認めずに、ロシアでもブルジョア革命にとどめ、労働者階級の成熟を待って民主主義的に権力を移行すべきだったと主張したことを批判したのである。

なお向坂は、レーニンが一七年ロシア革命の特殊な時期に権力の平和的移行の可能を探ったことも、平和革命の可能性の一根拠として示した。しかし、それはレーニンのきわめて特殊な条件の下での判断であって、平和革命の一般的根拠とするのは適当とは言えない。レーニンはイギリスなどでの平和革命の可能性を認めたとしても、それは自由主義段階のことであって、帝国主義段階になればどの国でも一般的に平和的移行はありえないと考えていた。向坂自身もマルクスのアムステルダム演説は帝国主義以前の条件において意味があると考えていたはずである（第五章二—4）。

そこで、帝国主義段階ではあっても、第二次大戦後の国際的条件が平和革命の条件をどうつくり出したのか、レーニンの時代とはなにがどう変化したのかは解明されなければならない。しかし向坂は、このときはまだこの問題に言及しなかった。そういう歴史的条件の推移をなお観察する必要もあってか、「歴史的法則」では平和革命の「可能性」と言う慎重な表現にとどめていて、「必然性」という表現はまだ使用していなかった。

ここにも「平和的な無産階級独裁」の様相を描こうとしなかったと同様に、現実との相互関係の中で柔軟に理論を磨いていく姿勢が示されていた。

7　平和革命をめぐる左右の混乱

さて、敗戦直後は共産党に限らず、社会党も労働組合指導部も「社会主義」という言葉を平気で使っていた。そこで、四六年二月の共産党第五回大会が「占領下平和革命方式」を打ち出し、社会党が国有化政策を何でも「社会主義」と宣伝したように、空想的な「平和革命論」も横行した。

向坂はそれらに批判を加えた。たとえば『改造』四七年一月号の巻頭論文「政治と妥協」である。

徳田書記長が「平和革命」を主張しながら、一方では「平和手段による革命はゼネスト以外にはない。議会などで平和革命ができるといふことは、そんなことは夢」と述べたのに対して、それは「国民の代表機関に権力が集中していないことを意味する」のであって、それなら平和革命などそもそもできないではないかと指摘した。

他方、西尾末広が、レーニンは民衆の多数によってではなく共産党だけで政権を奪取したと批評したのにたいし、「革命を『暴力的』にするのは、決して、革命を支持する勢力が少数であるからではない。いかなる革命も、国民の圧倒的支持なくしては成功しない」と反駁した。ボルシェビキはソビエトで多数の労働者・農民の支持を得られる確証があって武力蜂起にふみきったのである。

西尾たちは、「国有化政策と社会改良との堆積によって、社会革命を実現し得る」という考えから「産業の国有化政策その他を、社会主義政策と呼ぶ」。しかし「権力の移行が決定的に行われない限り、権力は依然として資本家階級の手にあり、資本家階級が支配階級たることに変りはない」。「国有化のプラン」は、「特殊の条件にない限り、極めて早急に資本家階級の最後の抵抗線にぶつかるだろう。…ドイツにおける『社会化委員会』の提案が、何等実現を見ずして、厖大な議事録を残していることは、この点から見て深い考慮の材料となっている」。イングランド銀行の国有化は株主に過去の配当と同じ公債を保障しなければならず、国有化政策も「炭鉱業、鉄鋼業等に進むと、その実施の困難が著しく増大する」と指摘して、社会党の「社会主義政策」の安売りを批判した。「民主主義的方策を…社会主義であると教えることは、国民を却って資本主義の内に永くとぢ込める方策となるのである。一見ラディカルであるごとくして、却って進歩性に乏しい方策である」というのが結論であった。

『前進』四七年八月創刊号の巻頭論文「社会党と社会主義」では、片山連立内閣の炭鉱国家管理方針を取りあげた。それは「経済上の民主主義を出来る限り確保しようといふ方法」であることを「明白にして方策が立てられないと、国民大衆を社会主義に失望させることにもなる…また資本主義の限度内で要求しうる以上のことを国営に要求をすることから、行きすぎた要求が提示されて、国営が失敗に帰することもあろう」と説いていた。しかし現実の炭鉱国家管理は、炭鉱資本家と連立与党の民主党まで反対したために入り口で頓挫した。

向坂は国有化政策の意義を否定したわけではない（後に具体的な課題として再度言及することは、第一二章三—6でふれる）。一一月革命後にレーニンが提唱した銀行国有化も、資本家には利潤を保障するものであって、「社会主義をただちに実行する」ものではなかった。しかしこの提案は「支配階級の政治に混乱があり、民衆の政治意識に昂揚がある」ような当時のロシアでは「革命的＝民主主義的」意義を有していた。しかるに、今日の日本における社会党が「何故に国有化政策を単に国有化政策と呼ばないで、社会主義政策と呼ばなければならないのであらうか？　…民主主義の拡充が社会主義への途であることは明瞭である。我々は、率直に民主主義の拡充をやっていると認めて何故悪いだろうか？」。これが向坂の考えであった。

さらに、理論的な混乱は共産党サイドにも拡大した。向坂が、「自称『コムニスト』が、充分の資料もない中欧東欧諸国の事態をいいかげんに憶測して、『マルクス・レーニンがかつて予測もしなかった』新国家理論を展開している」と批判した相手は、共産党では屈指の理論家とされた神山茂夫だ（向坂の「政治と妥協」が掲載された『改造』一月号には神山も「平和革命をめぐる諸問題」を寄せていた）。

神山は、「世界民主主義革命」の特質は、「より高い社会への発展を社会主義革命の遂行という形でなく、民主主義の徹底と強化という形のなかに社会主義政策を織りこみ」、もって社会主義が「日に日に実現しうるところにある」と主張した。さらに山川均たちは「世界史の新しい段階の主な特徴も見えないし見ようともしない」で、「今日の日本に『資本主義か社会主義か』という空疎な言葉を投げかけるのである」（『評論』四七年四月号）と批判した。

向坂はこれに西尾、松岡、片山の考えと「どうちがうのか」と反論した。神山にあっては「民主的共和国では階級闘争はなくなる」のだが、これでは、民主的共和制の下でこそ階級闘争は徹底的にたたかい抜かれると考えるマルクシズムではないと指摘する。ただ、その後東欧は「民主共和国」の形態で「社会主義政策をおりこみ」つつ「社会主義化」するのも事実だった。しかし、ブルジョアジーの一部にも民主主義的要素が存在していて、さらにソ連の占領と支援という特殊な条件下にあったからだった。それを「人民民主主義革命方式」として先進資本主義国に一般化するのは無理があった。慎重な向坂は、東欧の事態については「正確な知識を与えられていない。…したがって、そこに生起している事態について論評することは極めて危険であって、…殆ど不可能である」と断っていた。向坂の批判は、神山が「マルクス・レーニンがかつて予測もしなかった」という鳴り物入りの表現で、社会主義への特殊な移行形態を一般化したことに向けられたのである。

なお、この「国家と社会変革の形態」は四七年九月一八日に書きあげ、『改造』に載せられるばかりになっていたが、当時の事情がこれを許さなかった」(前掲『社会主義への意思』「まえがき」)。どういう事情かは述べていないが、当時神山ら共産党関係者も『改造』の常連執筆者だったから、編集部との間に何かあったと推測できる。インテリの嗜好が共産党流にあった当時は、営業政策上も配慮したとしてもおかしくない。向坂は四七年五月号の憲法をめぐる座談会を最後に、五一年までしばらく『改造』に寄稿しない。

敗戦直後の社会問題としては「二・一ゼネスト」をはじめとする産別会議などの労働攻勢がある。山川や荒畑、小堀などの労農派は当時の「ゼネスト」論議にはきわめて批判的だったが、向坂もほぼ同じスタンスだった。四六年の産別会議を中心とする「一〇月攻勢」については、「政治ストと革命」(「北海タイムス」 一九四六年一〇月一六日)でこう論じていた。

ゼネストという「重大な意味を持つ言葉」が「局部的なストライキに対しても濫用されるといふこと自体が、未発達な労働者運動における小児病的な欠陥を示してゐる」。「現在の政治経済情勢は、いはば慢性的な民主主義革命の時期にある…支配階級の間には、目下急性的革命を可能にするといふ意味においては、政治的経済的混乱がない。…国際的にも急性的革命の勃発を許す状態にはない。…労働者階級の前衛部分は、全無産階級をリードし得る程度において、政治的習熟を有ってゐない。そして労働者階級の政治的意識は急性的革命的情勢を導き得る程度に高揚してゐない」。こういう条件の時に「上から点火されたストライキは、散発的にもえ上がるには相違ないが真実に政治的危機を招来する真の意味のゼネストとはなり得ない」。それは「冒険であり、大衆を前衛分子から隔離し、分裂をもたらす」。民主主義革命は「忍耐強い強靭な、性急でない指導方法を要求している」。

経済要求としてのストライキは当然だが、それが盛りあがったとしても決して「政治的ゼネスト」とか「民主革命実現」のための性質をもったものではない。組合員大衆の意識とかけ離れた政治的な「看板」をかかげて、性急な引きまわしをすれば、かならず「分裂」をもたらすという警告は、四七年秋以降の産別会議の内紛と衰退として現実化する。

8　山川・向坂・高橋の鼎談

向坂より四歳後輩の高橋正雄は、向坂と同時に九大に復学し、やはり東京と福岡を往ったり来たりの生活をしていた。彼は、ほかの教授グループとは異なり、戦前は現役の九大助教授でありながらも『労農』同人に加わり、敗戦後も山川にしたがって実際運動にかかわっていた。彼の『社会主義の話』（黄土社刊）は分かりやすく、敗戦後のベストセラーの一つになった。

学者にはめずらしく、運動の事務作業も勤勉にこなすところがあった。旧労農派で同年代の教授クラスで実際運動にもかかわる人物は、向坂と高橋だけだったので、自然と山川をはさんで対をなすような位置になっていた。

九大に復職した当初は、二人はいい関係だった。ところがしばらくして、どうも冷たい関係となる。高橋も大変苦労して育った男で、頑固さにかけては向坂といい勝負だった。『わたしの造反』によれば、九大が招く外部講師の御礼にネクタイが適当か否か、労働者の学習会で会費をとることの是非など、さほど大きな問題とは思われないことで「一事が万事、なにごとでも向坂さんにタテついた」。そのうち、理論問題でも「一事が万事」向坂がAといえばBという具合になっていったらしい。

高橋はやや思考の柔軟さに欠けていて、AかBかの形式論理でどこまでも執拗に押してゆくのだ。民主主義と独裁の関係などの問題であれかこれかを求める議論は、弁証法的思考を尊ぶ向坂にはうるさかったであろう。

おそらく両人が微妙に不協和音をかもしだしたころの四八年四月に、山川、向坂、高橋が四回ほどあつまり鼎談をし、その速記が板垣書店から一〇月に『日本の革命を語る』と題して出版された。これは『山川均全集』にも収録されていない。今日では入手が困難な書であるので、くわしく見ておこう。

そこでは向坂と高橋の意見の違いがあらわれていた。高橋がしきりと向坂に食いつき、向坂が正面から応じ、山川が間に立ってとりなしている風な鼎談である。

資本主義社会ではいかに充実した民主主義であっても、実質的な民主主義は社会の多数派から奪われている。したがって実質的なブルジョア独裁の状態にあるということ。これに反し社会主義は社会の多数派の幸せのために、ブルジョア独裁の状態の復活をおさえるための制約を資本家階級に課する（制約の程度はブルジョア民主主義の発展の程度に応じて弱くなる）点で、なお労働者階級の独裁＝プロレタリア民主主義が一定期間必要となる。こういう原理的な問題では向坂と山川は一致していて、高橋も正面からは異を唱えない。

しかし当時すでに世間では「民主主義の西側」と「全体主義の東側」といった見方がつくりだされていた。また、同じ社会主義であっても、東側の「全体主義的社会主義」にたいするイギリス労働党政権流の「民主的な社会主義」が対案として持ち出されることが多かった。そして高橋がこういう論調をくりかえし持ちだすのにたいし、向坂は「民主主義のあるところ何と名づけようと独裁的性質のないところはない。二つの世界とか何とか言うように、独裁と民主主義を全く対立させて、その相互関係を忘れるのは誤りでしょう」。「非民主主義的ということばを高橋君が使ったが、社会主義を非民主主義的というふうに考えるのは、実際は間違っている。僕はやはり独裁というようなものでも民主主義の一つの内容を示しているものと思う」などとたしなめている。

高橋は、イギリス労働党政権を「民主主義的社会主義」の例証としてとりあげる。これにたいし向坂は「イギリスは社会主義になっているのではない。やはりブルジョア独裁の形であると思います」。「(イギリスの)労働階級の力の足りなさが…労働者階級と社会主義の利益になる政治をしようとしても、それが社会主義まではいけないという状態にある」、とはいえ「労働党が政権を取っていることが進歩的意義がないということは、けっしてないでしょう」と応えている。

高橋は、「(イギリスでは)政治権力が資本家階級から労働者階級のほうへ渡っている」のだから、「こういうものを社会主義政権ではないと言ってしまっていいことにはならないでしょう」となお食いさがる。向坂は「選挙のたびに社会主義になったり資本主義なったりする」のと「権力が階級的に移動」するのは「別に考えたほうがいい」と言う。さらに高橋は「イングランド銀行の国有、炭鉱の国有」などは部分的にせよ「社会主義の実現ではないか」、イギリス労働党の政治権力は「ロシア革命が起こった三、四年間よりも安定したものといえる」(だからロシア一〇月革命を社会主義革命というなら、イギリス労働党政権も社会主義政権と呼べる)と言う。向坂がイギリスの国有化は「資本家階級や株主に利潤や利子を国が補償している」と指摘すると、「資本家なり株主の利潤なり利子に手をつけるのは下手」で、「累進課税」で対応すれば「そう小児病的にやかましくいわなくてもいい」と反論する。

こんな具合に向坂があぁ言えばこう言うという議論である。だが高橋の構想する「社会主義社会」は、戦後の国家独占資本主義の「福祉国家」にも当てはまる性質のものであった。向坂も、国有化政策や、福祉の拡充、累進税制などについては否定するどころか、民主主義の最大限度の拡充として推奨していたのである。ただそういう民主主義的な経済要求も、あるレベルをこえれば階級間の力関係によってかならず壁にぶつかるだろう。それを忘れずに、話しあいや資本家階級の聡明さに期待するのでなく、労働者階級の組織力と階級意識の涵養にはげまねばならないと言うにすぎなかった。

向坂は議論の最後にこう述べている。「私が民主主義と社会主義をきれいに分けすぎるというが、一応きれいに概念上分けて、その上で現実の複雑さを見ないと、本質的な点を見失うおそれがあります。…むろん、ある日きれいに民主主義運動が終り、その翌日から社会主義運動へとなるように、現実を単純に考えていません」。

実際、この鼎談のころには片山内閣や炭鉱国有化法案の破綻はあきらかになっていた。高橋はイギリス労働党については饒舌だが、日本の現実については触れていない。向坂もあくまでイギリス労働党政権の性格の分析という土俵で対応していた。しかし、炭鉱国家管理を目玉にした片山内閣の政策の結末―それを社会党主流は「社会主義政策」として宣伝した―は、労働者階級の力が弱ければ、イギリス労働党の改良策のはるか手前で頓挫することを証明するものだった。

実は向坂は、ほかの論文では、片山内閣のふがいなさと対比させて、イギリス労働党政権の積極的側面を評価をしていた。たとえば、「西日本新聞」（一九四七年一二月一四日）では片山内閣の「炭鉱国有案は何故国管案になったのだろうか」とその後退を問い、「(国有化政策も) イギリス労働党政府からただ政策をまねてつくるのでなく、労働党がもつ力の源泉を学ばなければならぬ。政治的に判断する勤労大衆をつくることが何より重要である。これはあらゆる政策の原動力であるからである」。『実業の日本』（四八年一月）でもこう述べていた。「(炭鉱国有化のような) 企業の秘密を完全に掴まないで立てられた計画には必ず穴がある。そういう意味で私有財産制度が維持される限りは完全な計画経済はできない」。資本主義の動きに労働者階級が「影響を与えるのは労働組合の力しかない」。「イギリス労働党の政治が不十分であっても、とにかくあれだけの仕事をし、あれだけの政策を実行しえているのは、やはり組織的の勤労者大衆を背後にもっているから」だ、と。

山川は両人の論争のいわば裁定として、こう述べていた。「社会主義政策の『積み重ね』」の問題については「向坂君もこの積み重ねが無用とされているでもないし、高橋君もこの積み重ねが社会主義にならぬ場合もあることを認めているのだから、原則的には食い違っていない。ただ重点のおき方だと思う。私はある場合には、この積み重ねの必要を説くし、またある場合には、この積み重ねが必ずしも社会主義にならぬことを力説するのです。少なくとも現在日本社会党を念頭において言う場合には、この後のほうを極力強調する必要があると思います」。

とはいえこの鼎談で高橋がイギリス労働党流の「民主主義的な社会主義」に対置した「非民主主義的」な社会主義、すなわち「東側」の社会主義への評価は、向坂は明言を避けていた。それが多数派による少数派への独裁＝プロレタリア民主主義といえるかどうかは、高橋がチクリチクリと持ち出す問題であった。山川も、向坂のプロレタリア独裁論を原理的には承認しつつも、「事実上少数者の独裁政治というものが行われている社会主義というものは、矛盾したものでしょうね」と釘をさしていた。

ソ連・東欧の崩壊は、「事実上少数者の独裁政治」に堕さぬ真のプロレタリア民主主義はなお実現していなかったことを証明した。他方、社会主義体制の崩壊で資本の利潤追求衝動が解き放たれ、新自由主義として福祉国家を破砕していった事実、イギリス労働党政権が政権をとるたびにしだいに新自由主義の推進力となってしまった事実は、高橋流の「民主主義的な社会主義」の非有効性をも歴史的に証明した。要するに、民主主義の成熟した資本主義国における社会主義への移行を、まだ世界的にも経験していないので、向坂と高橋の立てた問題は未だ解決していない。向坂が「平和的な無産階級独裁」の「様相」を「考察するのは不可能に近い」（「歴史的法則について」）と述懐したことは、ソ連崩壊を経ていっそうリアルに感じられる。

なお、高橋が執拗に向坂に問いただしたもう一つのテーマは、例の『日本資本主義の諸問題』に言う「二段階的」見解だった。高橋はこの件について「私はおかしいと思うんですが。…ほうぼうで問題になっているようですから、ひとつ弁明をねがいます」と切り出した。向坂は「日本のおかれた国際的な条件」すなわちＧＨＱの占領下にある以上、社会主義革命はできないことを強調した。これにたいし高橋は「占領下」でも「プロレタリアートの政党が政治権力をとることは少しも禁じられていない」と反論する。これはすれちがいであった。向坂は「社会主義はできない」というのにたいし、高橋は「プロレタリアートの政党」（実際は日本社会党）も政権を取れると反論する。ＧＨＱが民主化政策を基調としている間は社会党中心の政権が実際にできた。しかしそれは、保守政党の分裂状態という特殊な条件のもとで社会党にころがりこんできたのであり、ＧＨＱの枠内の民主主義的政策を推進することができるだけであった、事実、片山内閣は労働階級の力が弱いために、それすらできずに崩壊した。そして資本主義的生産の復興と、資本家階級の権力復帰の下準備をやらされてしまったのである。

向坂はこの鼎談について二〇余年後にこう回想した。「今日、若い人びとに『高橋さんとあなたは、この本の時代からちがってますね』とよくきかれる。その通りです、と答える。同じ平和革命を称える者の間にも、はっきりとちがった所があった。ことに高橋君と私とは、対立した。山川さんは、この二人の意見の対立を、分裂までいかせない努力をされた。私もここで、ことに山川さんの生きていられるかぎり、高橋君と袂を分かとうとは考えていなかった。これは別にむつかしい理由ではないが、山川さんに心を労させることをしまいという、私の少し旧式なところである。しかし、いつかは、別々になると思ってそのつもりで対処してきた」（前掲「山川均」）。

一方、高橋もまた、同じころ『私の造反』（一九七〇年一〇月刊）の三分の一を費やしてこの鼎談を取りあげた。それによると高橋は、当時九大の大学院生か助手であった川口武彦、岡茂男、奥田八二（三人とも向坂門下生の筆頭格だった）に本書を渡して「向坂、高橋の対立が山川さんのとりなし発言にもかかわらず、浮き彫りにされている」ので「三人でぜひ討論してくれ…と大いにけしかけた」と言う。

三　『資本論』研究と寺子屋

1　多くの復刻、編著新刊

四七年初夏までは『資本論』第一分冊翻訳に集中していたが、各種論集や小編の刊行・復刊も活発だった。戦後最初の書きおろしの出版は、『科学の道　高野長英のこと』（一九四六年八月）である。わずか三一ページの小冊子だが、戦時下に自由をうばわれ、ひたすら高野長英や渡辺崋山などを読みふけり、思いを馳せたことについて筆にした佳品である。

本書のはじめで向坂は、「敗戦の不幸」は「物量の不足」からきたという、当時の識者の一般的な考えに疑問を呈する。「物量の不足」については戦争指導者は知っていたではないか。しかしかれらは「この不足分を『精神力』といふ要素で充填してしまったのだ」。「技術や自然科学の未発達によって敗北したのではなく、むしろ社会科学の非科学性、殊に歴史における科学性の欠如によって敗れたのである」と。そして死を賭して真実の追究をやめなかった高野長英の生涯を追いながら、「彼の辛苦の研学の道を教へて、学究たる者の心に惻々として迫る」と述懐した。

つづいて四七年七月に『日本資本主義の諸問題』を黄土社から復刊した。同年九月には『経済学研究』を生活社から出した。向坂の三〇代の経済学論文を集めたものである。収録論文は、「価値と生産価格」(『社会経済大系』一九二八年三、四、一〇月号の「マルクス経済学」改題)、「マルクスの価値論」(『中央公論』一九三一年一月号)、「労働価値説を支持する」(『大倉学会誌』一九三〇年一二月号)、「金の意義」(『改造』一九三二年五月号)、「資本主義経済学としての重商主義」(改造社経済学全集『月報』一九二九年一二月)、「マルクス経済学の諸問題」(小泉信三批判　『労農』一九三〇年三月、四月号　南名)、「失業の必然」(『労農』一九三〇年五月号　南名)、「マルクス・ダーヴィン・マルサス」(『会議』一九三二年一月号)、「貧乏と人口」(『社会科学』一九二九年三月)である。

同一一月には『歴史的法則と現実』が風樹書院から出された。敗戦直後の論文を集めた論集である。その「序」には、「二十数年来使用しているちびた万年筆を依然として用いている。思想のほうもやはり依然として変化を見ない。他人から見ると、よく飽きずに同じことばかり考えつづけているものだと、あきれられるかも知れない。本人は、これで人生に退屈を感じたことはない」とあった。

収録論文は、「奴隷の言葉」(『日本評論』一九四六年六月号)、「命を軽んずる思想」(『自由』同二月号)、「『家』の思想における封建制」(『新生』同四月号)、「日本経済における民主主義革命の課題」(『世界評論』同二月号)、「封建的残存勢力の経済的基礎」(『世界文化』同二月号)、「土地制度改革について」(『日本評論』同一月号)、「官僚政治崩壊の条件」(『創建』同四月号)、「歴史的法則について」(『世界文化』同九月号)、「政治と経済」(『世界』同一一月号)、「若き世代の思想」(『改造』同六月号)、「政治と妥協」(『改造』四七年一月号)、「なにを学ぶか　マルクシズム論争史論序説」(『評論』同一月号)である。

このうちの多くは本書で紹介してきたが、七〇年代以降に編まれた向坂の単行本(論集)にはあまり再録されていない。

四八年一月には『道を拓いた人々』が大月書店から出た。人物論集である。マルクスとエンゲルスについては、戦前に論じたものがほとんど収められている。「はしがき」にこう述べていた。「マルクスの伝記を書いて見ようかと思ったこともないではないが、いま書く気はない。マルクスについて研究をつづけて行けば行くほど彼の性格など、若いころ思っていたのとは、ずいぶんちがってくる。彼の

1948年春　『評論』３月号座談会「僕たちの経済学」（第１章二―１）　右から有沢広巳、宇野弘蔵、向坂

学説をのべることは、なんとかなると思うが、彼の性格を描くことなどはとうていできそうにない」。向坂といえども『マルクス伝』の筆を執るにはなお一〇年余の歳月が必要だった。

マルクス・エンゲルスのほかに、レーニン、レーニンとプレハノフ、ローザ、高野長英（「科学の道」）、櫛田民蔵、大森義太郎、小島伊佐美を語るものが再録されていた。

大森義太郎については二本入っている。

「大森義太郎　死に直面して」（『世界文化』一九四六年四月号）は、末期がんに侵された大森からの来信の紹介だ。「このごろは大森義太郎君のことを思ひ出す日が多い。生きてゐたらさぞ彼流に華かに新聞や雑誌の上に姿を現はしてゐることだらうと思ふからである。…そのうちに全集でも出したいと思って、ぽつぽつ彼の書いたものなど集めてゐる」。そして「くどくどと彼の伝記など書くより、この手紙の方が余程良く彼を語ってゐるやうに思へるので、私はこれを発表しやうと思ふ」とあった。

「大森義太郎の追憶」（『新世代』一九四六年六月号）では、「終戦の後には、殆んど一日として彼のことを忘れてゐる日はないやうに思ふ…。新聞や雑誌を見るにつけて、彼のことを思ひ出すのをどうすることも出来ない」とあった。

二年後に共著『闘うヒューマニスト』（学生書房一九四

八）に寄せた「大森義太郎のこと」でも「いつか…私の腹の中にある彼について書きたいと思っている。それにはモット時間が必要である。今の私には…私の最も敬愛した友人を失った悲しみが大きすぎる」と述懐した。過去をかえりみるよりも、未来を問題にする向坂の性格からすると、異例の思い入れだった。晩年になっても『全集』の編纂はならなかったが、ときおり大森を懐かしく回想する文章をものす。

四八年一月にはやはり大月書店から『マルクス・エンゲルス　唯物史観』が、向坂逸郎・岡崎次郎編訳で出た。「あとがき」に向坂は「本書の構想は、岡崎氏と私とが相談して出来上がったものであるが、実際に翻訳に当たったのは、岡崎氏である。岡崎氏の訳筆は…すでに定評のあるものである。したがって私は同氏の訳文に何等手を加えなかった」と記した。

翌二月には『地代論研究』が改造社から再刊された。「再刊のことば」（一九四七年一一月二二日記）には「当時問題となった中心の論点に関する限り、一応けりがついたように思う。私は、今日も本書で述べた見解をかえていない」とあった。伏字起こしと校正は鈴木鴻一郎に頼んだことも記されている。

三月には、東洋経済講座叢書の一つとして『マルクス経済学の基礎理論』が出た。東洋経済新報社主催の講演会の速記をもとに、マメ本のような小型パンフレットとして出版された。このときの講師料「八〇〇円だか九〇〇円だかを持って街に出たら、ある店で一升びん入りの蜂蜜が目についたんですね。八五〇円。そこで向坂は猛烈に悩んだんですって。買うべきか買わざるべきか。ハムレットどころではなかったようで、結局私の顔が浮んでグッとガマンして買わずに帰ってきた」（前掲　向坂ゆき回想）。

九月には『疑いうる精神』が高島屋出版部から出た。紙質は悪いが、小磯良平の装丁で向坂の単行本の中では抜群の瀟洒なできあがりだった。戦前から敗戦後にかけての随筆集である。随筆とはいえ、タイトルの「疑いうる精神」は紹介したように敗戦後しばらく向坂が事あるたびに説いていたものである。

なお戦後直ぐ、『共産党宣言』の翻訳に着手した。先にも触れたが、岩波文庫でマルクス・エンゲルスの著作のシリーズ刊行がくわだてられ、『資本論』も『宣言』もその一環だった。エンゲルスの『資本論綱要』も向坂訳で五三年に出た。大内とともに、シリーズの企画自体の相談にも向坂は乗ったらしく、岩波銘入り原稿用紙に向坂が残したメモがある。そこには戦前の改造社版『剰余価値学説史』を向坂が言葉を統一して再刊するとか、「芸術論集」、「第一インタナショナルに関する論集」、「労働組合論集」も向坂が編纂するように記されている。これらは実現しなかったが、メモに『経済学批判』は「宇野弘藏の指示で」とあった。実際に宇野の弟子たち（武田隆夫、遠藤湘吉、大内力、加藤俊彦）の訳で五六年になって刊行された。そのあとがきに「訳出することをすすめてくださったのは、大内兵衛・向坂逸郎両先生であった」、「向坂先生はたえず訳者らを鞭撻してくださった」と記されている。

さて、四八年が『共産党宣言』百年にあたるので、出版もこれに間にあうように当初は計画されていた。大内兵衛によれば、宮川実から大内に回され、大内が向坂にふって向坂訳の原稿が四八年夏には「百枚ちょっとの原稿になった」という（「『共産党宣言』をめぐって」『評論』一九四八年一一月号座談会）。しかし「いろいろな都合でのびのびになった。…はじめ私が山崎八郎とともに草稿をつくり、それを大内兵衛氏が訂正され、それをさらに私が見た」（岩波文庫版の向坂「あとがき」一九五一年一一月一二日記）。刊行されたのは訳稿ができてから三年もたってからだった。

なおこの『評論』の座談会は『共産党宣言』百年を記念して、野坂参三、志賀義雄、大内兵衛に向坂という顔ぶれで開かれた。野坂が、日本ではマルクス・レーニンの文献の量が「世界で三番目」だといい、「日本の労働運動は世界的に進んでいる」と評したのに反して、向坂が「実践はこれに比例して非常に進んでいるとはいえない。…知識階級が急進化する傾向が強い。理論はよく受け入れられても、実践のほうにもガタピシしているところがあった」と持論を開陳していた。

2　『資本論研究』―宇野と共鳴

敗戦で活気立ったマルクス経済学者たちの中における向坂の位置を示す重要な文献がある。『資本論研究』だ（上巻が一九四八年一一月、下巻が四九年二月　至誠堂）。

岡崎三郎の「あとがき」にはこうある。「一九四六年の夏、この本に名をつらねている合計一二人の間から、久しぶりで『資本論』の研究会をやろうではないか、という話がでてきた。…この話が河出書房に伝わった。河出では当時『評論』という総合雑誌を出していたが、それではその速記録を整理して毎回のせようということになった」。一二人とは、大内兵衛、高橋正雄、久留間鮫造、相原茂、向坂逸郎、岡崎三郎、宇野弘藏、鈴木鴻一郎、有沢広巳、末永茂喜、土屋喬雄、対馬忠行である。宇野と向坂が相談して発案した。岡崎によれば、四六年一〇月二八日に第一回が始まり毎月一回計九回、四七年夏から秋までの間までつづいた。速記録の整理は宇野、相原、鈴木、岡崎の四人でやったように記されているが、実際は宇野の指導下で岡崎が作業したらしい。第一巻第二編第四章（「貨幣の資本への転化」）が終わった時「くたびれたからしばらく休もうということに」なって終わった。

すでに向坂は、九大復帰が決まっていて、いつも在京というわけではなかったし、『資本論』翻訳で扉にこもることも多かったが、九回のうち二回をのぞきすべて出席していた。メンバーも戦後マルクス経済学を背負って立つ錚々たるものだった。向坂よりも年長なのは大内と久留間で、有沢、宇野、土屋、高橋がほぼ同期、そしてほかは若手だった。

さて、この研究会では『資本論』の理解をめぐって、その後も議論の対象になるような問題はほぼ俎上にのせられていた。とりわけいわゆる宇野学派として一家を成す宇野の独特の解釈の片鱗は随所にうかがえ、向坂が意識的に突っこみを入れる場面もあり、勉強した者が読めばまことにおもしろいものであろう。後年のように、大きく異なっている印象はない。むしろ共鳴しあっている場面が多い。

たとえば第一回研究会でのやりとりはこうだ。

宇野「『資本論』を多少研究した上で解説本を読むということになればレーニンの著作じゃないかといふ気がする…僕は弁証法の勉強にレーニンの政治論文が役立った様に思ふ。これが又『資本論』の理解にも役立った」。

向坂「レーニン程高い政治意識をもってゐるといふことが、それが直接『資本論』の解説になるならないは別として、大いに必要だといふ気がする」。

宇野「吾々の生活の中でもってゐる小ブルジョア的なイデオロギーを徹底的に批判して貰ふといふ事が必要だ。例の『ゲーゲン・デン・ストローム』を読んでもヂノヴィエフとは違ふ。あれの中から『資本論』の方法といふものが得られるやうな気がする。…直接にはいろいろな経済問題にぶつかった場合のレーニンの解釈は実に明快で、吾々『資本論』を理解する上からいふと、非常に有益なものだといふ気がする」。

向坂「どれを読んでも、マルクスのものとさうでないものが実にはっきり分けられてゐる」。

宇野「レーニン位マルクスの諸著作物を、苟も批評することのない人はないと思ふ。本当に批評しないでちゃんと掴んでゐる。…吾々が『資本論』に異論を挟むといふのは、あれを読んでゐては一寸どうかと思ふほどだ。つまり彼は非常に批判的に読んでゐて批評的ではないのですね」。

向坂「そういふ点がある、決して乱暴な批評をしない」。

宇野「一言一句をちゃんととって自分のものにしようといふ点は、実に忠実なものだと思ふ」。

向坂「しかも変な字句にはこだわらず、本質を掴んでゐる」。

宇野「それは方法の問題だと思ふ、方法を掴んでゐるといふ点」。

向坂「実に大胆に物がいへて、縦横に論じてしかも則を越えない、だからレーニンのものを読んでかういふ印象を受ける、一体レーニンはどこが独創的なのだろう、独創がないと感じさせるところは彼以外には不可能だから、そこがやはり彼の独創だ」。

宇野「さうだ、独創、それは例えば『唯物論と経験批判論』これなども全くエンゲルスの説をちゃんと説明しただけのものだが、しかしこれだけの説明の仕方は、決して亜流としての説明の仕方ぢゃない」。

向坂「彼自身考へてゐなければできない」。

宇野「亜流がああいふ風に解説することはできない」。

向坂「『国家と革命』もマルクスの引用以外には殆んどない、レーニン自身が国家といふのを解決してゐなければ、ああいふ引用はできない」。

向坂と宇野が意気投合している。このやりとりで、宇野が言う『ゲーゲン・デン・ストローム』（『流れに抗して』）は、向坂もドイツ留学中に読んで感銘を受けたレーニンの政治論文集である。ドイツでその感興を宇野と語りあっていたのではなかろうか。同じ『評論』に宇野がエッセイ（「私の読んだ『資本論』」）を寄せこう述べていた。

『資本論』への「レーニンの理解の程度」には「吾々の及びもつかない正しさ」を感じる。「向坂君は、それをレーニンの政治的立場によるもの」と言うが「自分もそれに反対ではないが、しかしその政治的立場というのが又なかなか大変である。…レーニンの政治的立場というのは…マルクスにも均しい程に偏見を止揚することに役立って居るのではないであろうか。それは単なる左翼思想に、支配せられたものとは思われないのである」。

向坂と同じようで同じでもない、微妙な文章だった。

同じころ向坂と、相原茂、鈴木鴻一郎、岡崎三郎の座談会「資本論…文献的考察」が『書評』（四七年一二月一日）に掲載されたが、そこでも向坂はこう述べていた。

「方法論としてマルクスを会得するためには、政治論文でも経済論文でもよいが、レーニンの論文を読むということが非常に重要なような気がする」。若いころドイツ語の「レーニン選集」を「忠実に初めから終りまで読んだ。それが何だかマルクスやエンゲルスの考え方というものを教わった一番重要なもののように思う。…なぜ時代が変ればこういう風に政策が変らなければならぬかということを、実によくレーニンは書いておるし、体得しておる。…弁証法がほんとうににじみ出ておると思う」。

さて、『資本論』の解釈といえば、劈頭の「資本主義的生産様式の支配的である社会の富は、『巨大なる商品集積』として現われ、個々の商品はこの富の成素形態として現われる」というフレーズの「個々の商品」（アインツェルネ・ワーレ）とは資本主義的な商品か、それとも単純なる商品かという問題にひっかかる。戦前の小泉信三、櫛田民蔵らの価値論争の際から問題とされ、論争はつきなかった。

第二回目の研究会は、この問題に終始した。

向坂も宇野も、「個々の商品」を「ばらばらに何千年来あった商品を意味してゐるといはない方が、いいのではないか」とし、「論理的であると同時に歴史的である」という方法でこれをとらえるべきだという点は一致していた。『資本論』劈頭だけを見れば、「個々の商品」は「資本主義的商品」であるが、しかしその後から、価値通りに交換される単純なる商品を想定した価値形態論が展開される。それは決して不整合なわけでなく、「資本主義的商品」を論理的に抽象してたどりついた限度が「単純なる商品」であり、その抽象化の限度は歴史的な「単純なる商品」の実在によって定められているという解釈である。

向坂が「僕や宇野君の解釈の仕方」といい、ほかの参加者も「宇野流乃至向坂流の解釈」などと呼んでいることからも、両人の認識の一致がうかがえる。

そして向坂は「今日吾々がそういふ議論を繰返す必要もないと思ふ。『資本論』全体を読んでみると分かることで、一巻と三巻とのあひだに矛盾があるといはれるが、その矛盾を今更取扱ふ必要はないと思ふ」と述べたのに、宇野が「その問題が片付けば、さう無理に取上げる必要はない、只、吾々がマルクスの方法を理解する程度にかかる問題だ」と応じている。

しかしなお、劈頭「商品」の理解に関する議論が延々とつづくので向坂はこんな苦言を呈している。

「どっちにしても、…字義的な解釈に囚はれ過ぎる様な気がする。…吾々がマルクスなり何なりを読む場合には読み方に警戒しなければならない点が多いと思ふ。私があなたがたに説教するのは失礼ですが、ドイツ人の間に於けるドイツ語の語感は、吾々が感じてゐるものと余程違ふと考えなければならない。吾々は頭の中で日本語に翻訳して感じてゐる。それで字義的な解釈をすると非常に違って来る。だからさういふ点に止まってゐる限り、吾々のマルクス研究は余り大きなことは言へない…」。

3 『資本論研究』—宇野と不協和

しかし「労働の二重性」がテーマになると、がぜん宇野の独自性が発揮される。このテーマの冒頭で進行役の向坂が「何か宇野君問題はありませんか」と宇野の意見開陳をうながすと、宇野は「僕は余り大きな問題を持ちすぎているからね」と躊躇。向坂が「いいぢゃないか」と再度うながして宇野がおもむろに展開をはじめるのである。宇野は、価値の実体が労働であることの証明について、『資本論』の叙述の順序では単なる思惟的な操作と誤解されかねないと感じていた。この宇野の問題意識を向坂は十分承知しその重要性も理解していたようだ。だからしきりと意見開陳をうながしたのだろう。そして概略こんなやりとりになった。

1946年『評論』の『資本論』研究会　右から二人置いて岡崎三郎、久留間鮫造、宇野、大内、向坂

同研究会参加の時

宇野「価値の実体をすぐ掴まへるとなると、幾何学の例や蒸溜法といはれるものによることになる。それが為に又思惟的にのみ抽象するやうな意味に誤解されるのじゃないか」。

向坂「あそこの抽象のやり方に何かまづいところがあるといふ意味になるかね、それともあれから後のほうを併せ考へないと、あれは意味をなさないといふのですか」。

宇野「使用価値を抽象するといふことで簡単に商品の価値の実体が掴めると云えるか」。

向坂「問題が叙述の方法だけだとすれば僕は宇野君の意見にも一理ありその方がよく分かるやうにも思ふ、どういふ叙述の方法としても、労働の二重性のところまで下って来て落着く。勿論、『資本論』に叙述されてゐる形、これは非常に緊密に出来てゐる物で、吾々が簡単に変えることは出来ない。しかし叙述の方法には、この一つしかないといふ様なことも考えられない、これは結局便宜の問題であるが、しかしどこから入っても最初の価値論に帰って来るといふことがなければ、叙述を根本的に一つの説明として結ぶことが出来ないと考へる。そこで多少変えて叙述する場合どこからはいるか。例へば商品の交換過程、交換といふものの性質を述べて、商品生産といふものを論理的に一応究明して、それから価値論に入っても分かり易い。…叙述の方法は僕は人によって幾通りにも考へられると思ふ、唯宇野君の場合は、何かそれ以外に大きな問題があるらしいので…」。

宇野はこれに応え、『資本論』でも第一章「商品」の最後の第四節「商品の物神的性格とその秘密」の叙述や、第五章「労働過程と価値増殖過程」までいくと納得できるが、「はじめの方だけ切離されると、価値論が非常に浅薄なものになる。…これは叙述の方法だけの問題かも知れないし、さうでないやうな気もするが、僕自身非常に疑問をもってゐる点だ」と、しだいに宇野理論―のちに価値形態論を実体としての労働の論証の場とはせずに流通形態として整備し、価値の実体規定は生産過程論で論証する―を語りはじめる。この開陳に対しては、向坂は「交換過程…から価値論に入っても分り易い」と述べており、後日、宇野が『経済原論』を「流通論」から開始する方法についても理解は示していた。あまたのマルクス批判派からの「価値法則は論理的概念にすぎない」（ゾンバルト、シュミット）とか「マルクスは予め労働生産物だけを取上げ、…共通物として、価値として労働が出てくる様にはじめから仕組んである」（バヴェルク）とかの批判にどう完璧に反論するかという問題だから、いい加減には扱えない。

だから向坂は抜群の思索力を持った旧友の問題意識をあ

えて引き出して俎上にあげたのであろう。

また宇野は「資本論第三巻補遺」で、エンゲルスは「単純な商品ということについていい過ぎている」と疑問を呈し、向坂は「これは面白い問題だ」としてさらに宇野の見解をうながした。そして向坂は、エンゲルスが単純なる商品の歴史的な存在の形態について、「もっと詳細に論じていれば非常に面白いものになったのではないか」と持論を述べて一応議論を締めくくっている。

これらのやりとりで、さらに向坂自身の見解も展開すれば有意義だったろうが、向坂はしかし「叙述の方法は…人によって幾通りにも考えられ」ていいではないかと淡白に述べた。宇野はそれでは「価値論が非常に浅薄なものになる」と深刻にこだわりつづけた。両人のキャラクターの差であった。

第五回研究会（『評論』一九四七年五月号）では、「価値法則が社会主義に存在するかどうか」という問題も取りあげられた。

戦時共産主義の時代から、ソ連の経済学者の間で、社会主義社会では商品も貨幣も直ちに消滅すべき存在であるかのような見解があったのにたいし、ソ連に商品・貨幣が残りつづけたことから社会主義にも一般的に価値法則は残るという見解も生じ論争となっていた。この問題は、ソ連の現実がマルクスの理論と合わないからマルクス理論の方の修正を求めるか、反対にソ連の現実がマルクスのいう社会主義社会ではないと断ずるか、この両極の間をさまよう混乱を生んだ。実際、四五年ころから、オストロヴィチャノフなどソ連の指導的経済学者の間で、マルクス説はこの点で修正の必要はないかと論じられはじめた。さらに「ニューヨーク・タイムス」までが「ソ連ではマルクス主義の根本的改訂をはじめた」と論じ、ドナエフスカヤらトロツキー派が「ソ連の堕落」として論難したり、日本では近代経済学者のホープ・都留重人が『世界』四六年一一月号で紹介するなど、にぎやかだった。

この問題は、社会的総労働の配分によって社会が成立するという超歴史的な法則が、生産関係の各段階でどのような形態をとるか、そもそも価値法則とは何であるのか、さらには現実の社会主義をどう評価するか、等々まことに多岐にわたる論点を含むものであった。それが五二年の「スターリン論文」によって一定の決着とされるのである。

『資本論』研究会は、「スターリン論文」が公表される前におこなわれたのであるが、錯綜した議論になった。

向坂はこう述べた。「労働そのものは人間の自然的な活動。…価値の実態たる労働になるかどうかということは、抽象的一般的な労働ということを考えただけではまだ分からないのであって、労働の抽象的一般的性質というだけなら、社会主義社会でも考えられる。…孤立せる個人の生産物を商品交換によって結びつけ、これをもって抽象的一般的労働をつくり上げ、これをもってこの労働に社会的性質を与える場合においてのみ、抽象的一般的労働は、社会的なものとして価値の実態であるということにならないかね。社会主義社会に価値法則が妥当するか、否かという問題の中で生じた理論的混乱は、どういう社会にどういう社会的な過程を経て、一般的労働に抽象されて、一般的労働の歴史的性質が形成されるか、という問題になるのじゃないか」。この見解に宇野は「(資本主義以前の社会と資本主義と社会主義社会とでは)抽象され方が違う、抽象された結果に於いては共通のものを実現しなければどの社会も社会にならない」と同感していた。

向坂も宇野も、社会主義社会でも一般的な経済原則が価値法則という形態で貫かれると理解するのは誤りで、価値法則というものは歴史的な形態として理解されねばならないということを強調していた。だから大内兵衛から「両君ともなかなか観念的だ」などと冷やかされる場面もあった。

ただし、あとで見るように、五二年のスターリン論文には、二人の評価は分かれることになる(第八章二—1)。

このように理論問題を同僚達と自由に討論しえたことは、向坂は大変幸せであったろう。もう一つの楽しみは、研究会終了後に河出書房のおごりで「豪勢なご馳走」がふるまわれたことだった。まだ食糧事情も改善されていない時期に、アルコールも含めてふんだんにありつけたのには、大先生方もありがたかった。ただ、下戸の向坂は、徳利に蜂蜜を入れてもらい、それをお猪口についでチビチビやってつきあった(前掲、向坂ゆき回想)。

この宴の席でのエピソードを鈴木鴻一郎が筆にしている。「いくぶんお酒の入った宇野先生が突然、隣に坐っていた向坂先生(酒は一滴も嗜まない)にこう話しかけた。…『ぼくはマルクスになるから、きみはエンゲルスになれヨ、ホント!』。それは事情を知らぬ第三者からみれば、長い窒息から漸くにして解放された高名な二人のマルクス学者の武者震いにも似た光景とも受けとられようが、傍らにいた私は思わずギクリとさせられた、だが向坂先生は瞬間やや目を伏せて(と思った)苦笑しただけで、あとはなにごともなかったように、二人のはなしは他の話題に移っていった。その応援をみて、私は向坂先生はさすがに大人だなアと思った」(前掲『一途の人』)。

なお後年、二人の亀裂を際立たせることになる「社会主義の必然性」については、当時は宇野はこう述べていた。「『資本論』は…資本主義が他の社会に転化せざるを得ないことを示すのである。而もそれは必然的なものとして論証される。所謂生産力と生産関係の矛盾を通してその根本的解決を要求せられる点にこれが認められるわけであるが、しかし『資本論』これを又単に機械的なる必然性としては取扱っていない。…その矛盾は現実的に解決され乍ら益々拡大するものとせられ、したがって又その根本的解決は社会運動に求めらるべきものとして居るのである」(「『資本論』による社会科学的方法の確立」『評論』一九四八年八月号)。このかぎりでは向坂との違いは見うけられなかった。

4　『物神性』から『資本論』の追跡を開始

向坂は、戦前すでに『資本論大系』などでマルクスの思想的な発展は簡単に紹介していたが、個々の発展局面については踏みこんでいなかった。そこで『資本論』第一分冊の翻訳が一段落すると、『資本論』にむけたマルクス・エンゲルスの思索を詳細に追い筆にする仕事にとりかかる。

まず、若きマルクスが「物神性」に着目したことから論じ始める。

終戦後すぐに講義のために九大機関誌に「『ライン新聞』に置けるマルクスの思想」を寄せた(マルクスが「物神性」のヒントを得たというドウ・ブロス原本を捜したが見当たらないので中断)。マルクスが『ライン新聞』に寄せた木材盗伐法に関する論文で「物神礼拝」を論じたことに着目したのである。まだ哲学的な抽象的な表現であれ、若いマルクスが、人が物に支配され人間性を喪失する状態を発見したことが、「成長して『資本論』になる論理を含むもの」だと指摘した。

余談になるが、向坂はこの論文を完成させるために、稀覯本であるドウ・ブロスの原本を各方面にも依頼して探しつづける。五一年春の林健太郎からのハガキには「ドウブロッスの本、宗教学研究者に問い合わせたが不明」とあった。五六年秋にはケルンにいた戸原四郎から、図書館で見つけたが「貴重書で長期にわたる保持はできない。写真は費用がかかる」がどうするかと聞いてきた。その後も数年間捜してモスクワでついに出会い、途中でやめていた論文を完成させる(第一二章一—2)。

第二弾は『思想』一九四七年五月号に寄せた「物神性の発見」である。「ライン新聞」時代のマルクスの着想の展開を追う。

向坂は「物神性の発見によって、『資本論』は不朽のものとなった」と言う。歴史的精神や労働の二重性の認識などによって、古典派経済学の限界を乗りこえ、経済学の課題を「物と物の関係の内に潜む人と人の関係」をあきらかにすることとしたマルクスの巨歩は、ここから始まったと説く。そして初期マルクスの『経済学哲学草稿』でこの問題は「疎外された労働」という「まだ極めて抽象的」な哲学的な認識でもって「すでに掴まれている」。「『資本論』までの距離はまだ近いとはいえない」が、「貨幣および資本における物神性の直観は、もはや資本主義経済の全的な理解に接近せることを意味するものである」と述べた。そして「直観」にとどまらず「物の関係の姿をとる現象から人間関係を掴み出すまでには…天才の永い辛苦の思索を必要とした」として、その思索を追ってゆく。

第三弾として「『ドイチェ・イデオロギー』における経済学の方法」(『経済学研究』第一集 一九四八年)が公にされた。唯物史観の確立に果たすこの論文の重要性には以前から言及していたが、それ自体を論じたのははじめてだった。

向坂は、古典派経済学とマルクス経済学の根本的な相違は、社会を歴史性—量的な変化だけではない質的な社会形態の変化—において把握するところにあり、『ドイチェ・イデオロギー』(「フォイエルバッハ・テーゼ」を含む)はその大きな一歩を踏み出しているととらえた。「フォイエルバッハ・テーゼ」にいう「社会生活は本質上実践的である」というフレーズに圧縮されているように、人間は実践=労働によって自然に働きかけ自然を変更するとともに、生産手段を発達させ人間自身を変え、「協働の仕方」を変化させて生産関係の「社会的段階」を生む。ここに唯物史観の梃子を見出すのである。

なお『ドイチェ・イデオロギー』以前の『経済学哲学草稿』などにおいては、マルクスは資本主義社会の物神的な性質の「根源を社会的分業に求め」、「資本主義的商品生産の理解を、分業の固結化からはじめている」。経済学の探求の道半ばであったマルクスが、資本「物神」に人間が振りまわされる根拠を、なお「分業」に求めたのはなぜか、その時代的制約を明らかにする。

マルクスとエンゲルスの共同労作である『ドイチェ・イデオロギー』あたりから向坂が強調しはじめたのは、マルクスの思想形成におけるエンゲルスの役割であった。『神聖家族』や『経済学哲学草稿』のころの初期のマルクスは、「資本主義社会における人間性からの抽象と、かかる生活からの解放の条件が具体的経済的分析と表現を具えていない。これに反してエンゲルスの『イギリスにおける労働階級の状態』は、極めて具体的なイギリス資本主義の分析であって、『非人間性』とそれからの解放の条件とが、驚くべき分析力と抽象力をもって、提示」されている。「この点で、マルクス・エンゲルスの思想的発展史上において、エンゲルスのこの書は決定的な意義をもっている」。エンゲルスは、ドイツより進んだ労働運動の存在したイギリスにいただけに、「人間疎外」を労働者階級の状態として示したと同時に、労働者階級がたんに疎外に苦しむだけの存在ではなく歴史をつくる主体としての資質を示しはじめた様をえがきだしていた。

マルクスが人間疎外からの克服を哲学的な論理として表現していたのは、労働者階級の自立が遅れた観念的なドイツで多くすごしたからであった。彼は『状態』を読んでイギリスの視察と研究旅行にでかけ、そこでエンゲルスに導かれてチャーチズムの代表や社会主義者たちと交友を深めた。「イギリス旅行の成果は『ドイチェ・イデオロギー』に反映」されている。未だ「価値の実態たる労働の特殊歴史的なる性質の問題や、価値法則と唯物史観等の問題に対する見解が、明瞭に示されているということは出来ない。しかし、…問題の解決に向って…飛躍的に近づいている」。「天才の未成熟な表現は、時として、彼等の成熟し終わった思想を却って鋭く示していることがある」。

これが向坂の『ドイチェ・イデオロギー』の位置付けだった。エンゲルスの役割の重視は、向坂のマルクス理解の一つの特徴をなしてゆく。

第四弾は、「『共産党宣言』の思想」(『唯物史観』４　一九四八年)である。

そこでは唯物史観の成熟が、「社会の歴史は階級闘争の歴史であった」と明確に政治的な表現をとったことに示されていると論じた。「『資本論』の最後は「諸階級」という章で終わっている。『共産党宣言』の最初の章の最初の文句は「階級闘争」をもってはじまっている。ここに分析の書である『資本論』と、いわば総合の書、行動の書である『共産党宣言』との性質の相違が表れている。…経済学者としての著者が、政治家としての著者につながっている。このつながりは、少しも機械的になされていない。きわめて客観的な分析家としての著者が、熱情的な政治家としての著者の中に包まれている」。「徹底的に真実を究明せんとする態度は、同時に政治家たらんとする努力と少しも矛盾するを要しない」。

社会の歴史を諸階級という現実から出発して上向し、資本主義の没落を説いた『共産党宣言』と、商品というもっとも抽象的なものから複雑な現実に下向して行って階級闘争にたどりつく『資本論』との関係を、政治家と経済学者の総合の関係として述べたのである。

ただ「政治的であればあるほど、高く学究である」というのは「マルクス・エンゲルス・レーニンにおいて、具体的に実現している」が、そして「われわれもまたそうなりうる」のだが、「しかし、現実にそうなっていると簡単に錯覚したら喜劇になる」と釘を刺すのも忘れない。政治と学問の関係は大変な努力を通じて総合されていくのであって、狐が獅子のまねをするような多くの政治主義的な「喜劇」を目の当りにしてきた向坂ならではの忠告であった。

5 「歴史的・論理的方法」を詳論

こうして「ライン新聞」の論説にはじまり、『経済学哲学草稿』、『ドイチェ・イデオロギー』、『共産党宣言』を論じながら、向坂は、「『資本論』における方法の一考察」(『唯物史観』1 一九四七年)で、はじめて「歴史的・論理的方法」自体をとりあげる。

マルクスは、向坂が「歴史的・論理的方法」と呼ぶ「方法」をまとめて記述してはいない。マルクスは『経済学批判』や同「序説」、『資本論』などのなかにちりばめて自らの方法を述べただけである。わかりやすい説明が得意なエンゲルスが、このちりばめられたものをまとめて、『経済学批判』の書評である「『経済学批判』について」や、『資本論』に加えられた批判や誤解を正すための「『資本論』第三巻への補遺」などを著した。向坂はこれらのエンゲルスの著作を重視した。なかでも「『資本論』第三巻への補遺」が、『資本論』をたんなる論理的な抽象の書と見なすことへの批判として、単純な商品生産の歴史的な態様も解明したことに、若いころから惹かれていた。向坂はこの論文では、主にエンゲルスに依拠しつつ、「価値と生産価格」の関係の理解はマルクスの方法の理解抜きにはないことを、はじめて本格的に説いたのである。

「価値法則は単純なる商品生産社会に妥当するかもしれないが、どうしてこれが資本主義的商品生産にも妥当すると主張しうるか」という問題は、「マルクスが自分の方法を歴史的であり、かつ理論的であるというのを理解しないところに起こる疑問である」と規定する。

ところでマルクスの「方法」の理解のキイワードは、『資本論』第一巻の劈頭「商品」であった。河出の資本論研究会でもにぎやかに論じられ、向坂も自説を開陳していたが、正面から自分の見解を筆にしたのはこの論文が初めてといってよい。

向坂は「『資本論』の論述に対して精密に現実の歴史的発展の順序を相応させようとするならば、それは誤り」と言う。「単純なる商品生産の社会は、一つの歴史的社会形態として一定時代をなして存したことはない。…単純なる商品生産社会を、一つの歴史的社会形態として時代的に取扱うことはできない」と言う。だからといって劈頭の「商品」は決して単なる理論的な仮説でもない。「劈頭『商品』は…いわば抽象的である。しかし、それは現実に歴史的に資本主義社会成立の前提をなした。…資本主義の成立以前に存在した」、つまり『資本論』は現実にたっているとまず説くのである。

マルクスは、経済学のもっとも端緒的・基本的な概念を抽出するにあたって、どの社会でも通用する「富」や「人口」や「道具」などではなく、資本主義を抽象化し、その抽象の限度を「商品」に定めた意味を向坂は強調する。

「『資本論』は、単純なる商品生産と資本主義的商品生産の歴史を書いているのではない。それは資本主義的商品生産を理論的に分析しているのである。その意味で、ここに行われるマルクスの方法は論理的である。しかし、その論理的な態度自身の中に歴史的なるものが含まれている。それは、別の言葉でいえば、富の社会的形態は何かという問いを発出することによって、社会発展を規定する根本法則との関係において、資本主義的商品生産という一定の歴史的段階を理論的に分析し、かかる根本法則の貫かれる形態を明らかにするからであるということである。簡単にいえば、富を分析しないで商品を分析した」。

ここに人類の経済への認識の方法に画期をなすマルクスの飛躍があると向坂は力説する。

そして劈頭「商品」については、こう結論した。「『資本主義的生産の最も単純なる要素としての商品』」であって、その意味ではいわば抽象的である。しかし、それは現実に歴史的に資本主義社会成立の前提をなした。その意味では『資本論』劈頭の商品の分析は、また歴史的なのである」。

劈頭商品問題だけ取りだすと、えらくむつかしく感じるが、向坂が「歴史的・論理的方法」を説くのも、もとはといえば『資本論』は思索の産物ないし政治的意図の産物であるという非難を厳密に正すためであった。『資本論』が世に出てから一世紀近く、世界中の反対陣営からこれを論難する方法が考えだされたものだから、いきおい反批判も易しくというわけにはいかなかった。

しかしペダンチックを排する向坂は、ある意味では事は簡単だとしてこの論文でもマルクスの「クーゲルマンへの手紙」を援用するのを忘れない。

「価値概念を証明する必要があるというような饒舌は…この科学の方法についても完全に無知であることによるにすぎない。一年とはいわない、数週間でもいい、その労働を休止したら、いかなる国民もくたばってしまうだろうということは、子供でも知っている。…自然法則は一般に止揚されうるものではない。歴史的に異なれる状態において変化しうるものは、ただ、先の法則が貫かれる形態だけである。そして社会的労働の連関が個人の労働生産物の私的交換として行われる社会状態において、労働のかかる比例配分が貫かれる形態は、正にかかる生産物の交換価値である」。

向坂は「発展の方法」を「最も簡単に説明したもの」としてこれをたびたび紹介した。労働の連関が社会を支えているという「自然法則」は誰も否定できないのであって、それは「証明」の問題ではない。「証明」すべきなのはこの法則が歴史段階によってどのように異なる形態をもって貫かれるのかだけである。けれどもそのように問題を立てられるのも「歴史的・論理的」方法のおかげだというわけであった。

6　寺子屋方式で本領発揮

向坂が、ほかの学者とは一味ちがうところは、大きな教室の講義だけでなく、小規模な研究会を、また労働組合主催の大きな労働講座だけでなく、労働組合内の意識的な活動分子をあつめた小規模の学習会を大事にしたことだった。「寺子屋」と呼ばれるようになる数多くの学習グループが周囲にできあがっていった。それも自分で労働者や学生や若手研究者を熱心にあつめた。

マルクシズムは生き方をも考えさせるものであるから、自分で学習会に誘い、相手に責任をもつ態度で接しなければならない。学習会に欠席しがちなメンバーがいたら、その原因はなにかまで考えるような姿勢で、自ら組織しなければならない。こう向坂は考えたと思われる。

「理論は人の心を掴むことによって、はじめて力になる」とは、向坂が常に言っていたことだった。寺子屋の時間の多くは、芸術を含む豊富な話題や時事問題にさかれていたし、参加者の多くはそのほうが記憶に残っていることが多い。向坂にとっては、どういう労働者や若手研究者と出あえるかが大事だったが、それも少人数で長期につづくつきあいでなければわからなかった。なかでも労働者との信頼関係を築くのは容易ではないことも承知していた。三池労組の実力者で長く運動をともにした塚元敦義─彼はインテリをあまり信用しなかった─は、つきあい始めてからかなりたって、向坂から「君は僕のことを信用しとらんだろう」とニヤリと言われて、冷や汗をかいたそうだ。

一方、こういう真剣さがあったから、不愉快な態度をとるインテリにはめちゃくちゃに怒ったらしい。何故怒られているかわからない相手にはまことに理不尽に聞こえたらしい。ガマンできずに去る者も少なくなかった。労働者で本人が理解できぬ怒られ方をしたという例は聞かない。

労働者との接触といえば、当時なら産別会議系統の労働組合はマルクス主義を広げるにはもってこいの舞台だった。ところが向坂はその急進主義には批判的だった。敗戦後すぐのころに労働組合で向坂を招いたのは主に職員などのインテリ層であった。そしてインテリの急進性は、戦後混乱期が収まり労働者の企業内統合がはじまると、次第に消えていった。

そういう中で一番向坂が仲良くなるのは、三井鉱山の三池炭鉱の労働者たちであった（炭坑ではホワイトカラーの職員組合と現業労働者の組合に分かれていた）。三池労組は四六年一月に結成された、二万名以上を擁する日本最大の炭鉱労働組合だった。しかし実態は産業報国会が労働組合に横滑りしたようなもので、結成大会の壇上には日の丸が掲揚されていた。産別会議の労働攻勢などの戦闘的な空気に共鳴していたのは三池の職員組合だった。そしてまず向坂を招いたのは三池でも彼らだった。

「敗戦後の大牟田で一番急進的な組合は、三池炭鉱の職員組合であった。私はしばしば、この職員組合の会合に出席して話をさせられた。そしてその急進的な有り様に驚いた。係長に間もなくなるような地位にある執行部の人々の顔を、そしてあの熱意に燃えた烈しい表情をいまも思い出すことができる。そのころ三池労組の方は、二万をこえる組合員をもちながら、炭鉱関係の組合では、最も弱い組合であった。しかし時とともに強くなって行った。他方職員組合は、戦後の資本主義が一応安定すると共に、おとなしくなって行った」（「社会変革の条件と行為」）。

終生、向坂が同志としてつきあう労働者は、職員組合ではなく現業の三池炭鉱労働組合（はじめは三鉱労組と称していた）に見出された。とはいえまずは、比較的インテリ的な労働者との接触から始まった。仲介したのは三池町に住む九大大学院生の湯村武人だった。湯村の父は八女中学で向坂と同級の旧知。湯村の指導教官は田中定という浅からぬ縁だった。

最初に向坂とつながったのは、のちに三鉱連事務局長、三池労組書記長、炭労事務局長などを歴任し、六〇年三池闘争をはじめとする炭労最盛期の諸闘争の指導部になる灰原茂雄だった。鉄道省の設計技術者だった灰原は招集され

1947年福岡メーデー　右から二人目向坂、松本治一郎、瀬戸口虎雄

た海軍を除隊されて、三池炭鉱の宮浦坑に入り、その技術を見こまれて三池炭鉱の本所に移った。支社（本社は東京）の事務現業部門といったところである。文学を志すようなインテリ青年で、三池炭鉱に就職する直前から三池政治文化研究会という民主主義的な啓蒙サークルを組織して、湯村を講師に招いていた。

四七年一月にこの研究会に湯村の斡旋で向坂を講師で招いたのが、灰原と向坂の出会いだった。その後、灰原が三池労組の本所支部内の意欲的なメンバーに働きかけ、向坂の勧めと思われるが『前進』の読者も増えていた。この本所支部はすでに海軍戦闘機乗りの切れ者の塚元敦義（一九四八年春に本所支部書記長、後に三池労組書記長）が支部の中枢に入っていて、三池労組の中でももっとも向坂に親しい拠点となる。

四八年秋には、本所支部だけでなく三川支部、宮浦支部の組合の若手活動家が久保田武巳（後の三池労組組合長）を中心に、向坂を招いて勉強会をもちはじめた。かれらは意欲的で、まだテキストも入手できない時だから「ゴータ綱領批判」などをガリ版刷りにして勉強した。いわゆる「同志会」という左派活動家の集団で、はじめのうちはまだ会社の眼を警戒して、湯村武人宅で毎週一回の学習会だった。次第に三池労組各支部の公認の研究会となり、そこから各支部の指導部が育っていく。

旧制中学はおろか小学校も卒業できなかったような労働者と勉強するときに、つねに説いたのは「根気」だった。「どんなことでも、何の苦労もなしに学べるものではない。パチンコだって、相当に金を使って、足が棒になるほど、パチンコ台の前に立たなければ、うまくはなれない。…『資本論』を理解することも、これと少しもちがわない。われわれが小学生や中学生の頃の気持ちになって、勉強すると、必ずこれらの知識がものになる」（新聞「社会主義・九州版」一九五五年六月一日）。

灰原は、上京したときは等々力の向坂宅に寄り、また向坂が在京中は相当な頻度で三池の現状を大牟田からこまごまと向坂に書き送った。また向坂もマメに返事を出した。これは灰原が六五年に炭労事務局長として上京し、東京に常駐するまでつづく。二百通を越える二人の往復書簡の多くは『三池と向坂教室』として八九年に社会主義協会から刊行された。

東京の若手研究者との寺子屋は、四六年晩秋に等々力で始まった『資本論』研究会が最初である。当時東大二年生の近江谷左馬之介（小牧近江の子）が勉強会をしたいと要請したのがきっかけとなって、向坂が九大の講義でいない時期をのぞき、春から夏に毎週土曜日におこなわれ、一〇

1951年10月等々力の『資本論』寺子屋　向坂の後ろは長坂聡、その左は塚本健か

年つづく。おもな出席者は多少の入れ替わりはあったが、長坂聡、吉田震太郎、近江谷左馬之介、佐藤進らで東大の助手が主だった。大島清も向坂の助手格で顔を出した。さらに五三年頃から加茂詮（当時専売公社）を中心に、新田俊三、鎌倉孝夫など東大や教育大の学生で週一回の研究会がはじまった。塚本健は両方に顔を出していた。塚本によれば「六畳位の狭い部屋で足をのばせない」状態での勉強会だった。

もう一つは九州大学の学生と院生などをあつめた研究会だった。こちらは五〇年秋に福岡市馬屋谷の石橋家に下宿を移してからは、そこで秋から冬にかけて開かれた。川口武彦、湯村武人、都留大治郎、奥田八二、岡茂男らからはじまり、次第に若手が加わっていった。テキストは五三年ころには『反デューリング論』と並行してフォアレンダーの『マルクス伝』（稀覯な原書なのでタイプに打ち直し謄写版で印刷した）、メーリングの『マルクス伝』（原書）を使った。

第七章　『前進』と『経済学方法論』のころ

一　『前進』時代

1　『前進』グループの中で

四七年八月に創刊された雑誌『前進』（山川均・向坂逸郎代表）は、戦後労農派の結集軸となっていた。向坂の政治的な関与は、主にこの『前進』同人の討議の中で深まっていった。

すでに、山川の示唆によって、民主人民連盟は解散してその実践部隊は社会党に合流していたが、社会党自体がきわめて流動的だった。山川、向坂をはじめ『前進』同人の中枢は社会党には参加しなかったが、一方、鈴木茂三郎ら社会党左派の中枢も「同人」には名前を出さなかった。「今から考えてみて、もうすこしわれわれが政治的であったら、鈴木茂三郎さんたちが中心になって作った社会党ともっと密接な関係をもつことができただろうし、もうすこしわれわれの運動もうまくいっていたと思う」（「現代の労働運動を語る」『現代と労働運動1』河出書房新社一九七二）。新たな情勢に的確に対応するには、山川と向坂も試行錯誤が必要だったのである。

四八年二月には片山内閣が、社会党左派（鈴木茂三郎の五月会）の補正予算案否決によって総辞職した。三月に芦田連立内閣が社会党も加わり発足したが、その予算案にも社会党左派（黒田寿男派と荒畑寒村）が造反した。一方、芦田内閣の官房長官だった西尾末広が昭電疑獄に連座して逮捕され、一〇月に芦田内閣は総辞職に追いこまれた。社会党の評判は地に落ち、黒田寿男らは四八年末に労働者農民党（労農党）を旗あげした。四九年一月の総選挙で、社会党が一四三議席から四八議席へ激減し、共産党が四議席から三五議席へと躍進した。吉田内閣は、ＧＨＱのレッドパージに支援され大量解雇と資本家の経営権回復を強行していく。日本の独占資本家階級は、五〇年六月からの朝鮮戦争と五一年九月の単独講和・日米安保条約調印で、体力を回復した。

四九年春、社会党は解体状態におちいり、共産党は極左路線に向かう。はやくもむかえた敗戦後の反動に対抗しうる社会主義政党をどうつくり出してゆくかが、山川らの最大の問題となった。その過程で、各分野で働いていた旧同人たちがある面では再結集し、他方では袂を分かった。労農派の再編が四八年から五一年にかけて、めまぐるしく展開する。

社会党の左派は鈴木茂三郎を中心にして五月会を形成していたが、雑多な顔ぶれで「口先左派」もすくなくなかった。芦田連立内閣に五月会と袂を分かって入閣した加藤勘十はその典型だった。一方、代議士だった荒畑寒村は、芦田連立内閣の醜態に怒って、四八年六月にあっさり社会党を離党してしまった。しかしほかの左派はそう簡単には離党できず、鈴木茂三郎は左派をまとめた。そして、山川とは敬して遠ざける関係を保ち、独自に鈴木研究所を設置し、伊藤好道が事務長格となって『社会主義』（のちの社会主義協会のものとは別）という月刊誌を発行していた。

黒田寿男は、支持団体に共産党系も多く、『前進』同人に名は出していたがつかず離れずで、社会党国会議員の「容共派」と呼ばれた隠れ共産党員も引きつれて七月には社会党を集団離党し、一二月に労農党を結成する。

社会党代議士で異色なのは稲村順三だった。彼は五月会の中枢にいながらも、生粋の労農派で、『前進』同人にも公然と参加して寄稿していた。

一方、社会党の動向と密接不可分なのが、労働組合の民主化運動だった。産別会議の民主化運動は産別民主化同盟（民同）として四八年六月に組織を旗あげし、国鉄、郵政など大単産でも民同が組織された。一方、総同盟では西尾など旧い戦前からの組合ボスにたいし不満が高まり、四八年一〇月には高野実が役員選挙で総主事に当選した。総同盟は左旋回をはじめた。

民主化運動の指導部には、国鉄の星加要のような右翼もいたが、共産党のフラク引きまわしと「職場離脱闘争」などの極左戦術を排し、正常な労働組合運動を再建しようとする者も多かった。彼らは社会党に不満で、労働者のための政党ができることを期待していた。労農党はその「容共」性から、民同の活動家に信用されなかった。

四八年七月、山川、荒畑、稲村らが「科学的社会主義の政党」を準備すべく水面下で協議をはじめた。その動きは民同活動家との連繋を意識していて、九月からは毎週土曜日に、山川を囲んで労働組合活動家の研究会（土曜研究会）がもたれるようになり、その主要課題は労働者政党の再建だった。

向坂がはじめて社会党の問題について公に発言したのは、

『前進』四八年八月号に掲載された座談会「危機に立つ社会党」だと思われる。参加者は山川、向坂、荒畑、稲村、小堀甚二、伊藤好道らで、ひととおり社会党の体たらくについて論じ合ったあとで、向坂はこう発言した。「お話を聞いていて…現在のままでは社会主義政党として主体性の確立が、出来そうにもないということになったと思う。そうすると、どういう形態で主体性が確立されなければならないか。…どこら辺でそういう主体性が確立した政党、はっきりいえば社会党が割れて、社会主義政党になるかということを山川先生から」。水を向けられた山川は、「…必要な場合には自分のほうからでも出るという覚悟を決めてかからないと運動はいつも失敗する」ときわどい応じ方をしていた。

一〇月には荒畑を委員長に「社会主義政党結成促進協議会実行委員会」が発足し、一一月には同協議会名の「われわれの手でわれわれの政党を　社会主義政党結成促進運動の発足にあたり」が公にされた、これは山川と小堀の筆になる。

この文書に「実行委員」のリストが付されていた。委員長は荒畑、実行委員として山川、小堀、今野賢三、石井安一、平林たい子、大倉旭らとならび向坂も名を連ねていた。

2　社会主義政党の綱領に関心

しかし向坂は労働者政党づくりの動きに表むきには関与せず、言及も客観的であった。「愛媛新聞」のインタビュー（四九年一月一六日）では、「今日共産党、社会党、労農党をも含めて弾力性を失っている」。「厳密に科学的な態度をとる正しい勤労者の政党を打って一丸とした大きな組織を作らねばならない。…すでに中央にはそういう動きがある」と語った。『前進』四九年一月号の巻頭言では「弾力性のあるタクトに富める実践的指導力をもった無産階級の政党が未だかつて成立しなかったことこそ、…無産階級運動の癌にも似た障碍であった」。「反戦、反ファッショ、平和のために、指導力ある新たなる科学的社会主義の政党が要望されつつある」と述べていた。

社会党が惨敗した四九年一月の総選挙には、社会党を離党した荒畑が社会主義政党結成促進協議会に支えられて無所属で立候補した（落選）。向坂はカンパをした。

この総選挙結果を受けて、産別民同や総同盟内に社会党にかわる労働者政党への気運が盛りあがった。二月には総同盟、産別民同、国鉄民同を中心に全労会議準備会が発足し、社会党、労農党、山川新党に「大衆的階級政党の結成」を申し入れた。

一方、社会党内では再建論争がおきた。森戸辰男―稲村順三の論争である。稲村は鈴木の指示で階級政党としての再建を主張した。この森戸・稲村論争について山川は「社会主義政党としての性格と革命の方式という、基本的原則的な問題をめぐる対立」まで「発展させえたことは…左翼の成功」だと評価した。この論争がおこなわれた党大会では対立選挙の結果、鈴木茂三郎が書記長になった。

この論争について向坂がその意義を論じるのはかなりあとになってからであって、このときは公には筆にしなかった。ただ、岡崎三郎によれば、四九年春に「社会党の路線について討論する集会」が各界識者四〇人ほどで開かれた際、森戸辰男が「『向坂君はどうしても階級闘争でなければならんと言われるのですか』と切りこんだのにたいし、向坂さんは『昔、講義の中で先生からそう教えられたので、今もってそのとおり考えているのです』と答え、会場は大爆笑であった」(『社会主義』一九八六年二月号)。

だが、レベルの高い論争が始まったとはいえ、山川たちはまだ社会党を信用できず、あらたな労働者政党の模索を継続した。

この間、向坂は『前進』の四九年七月号から九月号にかけて、ドイツ社会民主党の「エルフルト綱領研究」を連載した。

「エルフルト綱領研究(一)」(七月号)では「本誌上で時々ヨーロッパ社会主義政党の綱領研究を試みたい」とし、その第一弾であることを予告し、「(二)」(八月号)では、エンゲルスによる「『エルフルト綱領草案』批判」をとりあげた。その「プロレタリアの数と困窮とがいよいよ大きくなる。これは、絶対的にいうのは正当ではない。…確かに増大するものは生存の不安定性である」という示唆を援用して、社会主義政党の綱領の原則的な土台としての「窮乏化法則」の理解を正確にするものだった。小泉信三が「エルフルト綱領」に、「窮乏化によって革命が必然というなら、労働者状態を改善する現実政策諸要求をかかげるのは矛盾するではないか」と批判を加えていたことが念頭にあってのことである。向坂は「社会革命の政党は、貧乏化を手を拱いて傍観したり進んでこれを促進したりすることによって、革命的となるのではない。反対に労働者に対して、生活水準を高め、社会的な諸改良を行うことをすすめる」。そこで社会主義政党の綱領は理論的部分と「現実的政策諸要求」を合わせ持つのだと論じた。

そして「(三)」(九月号)では、エルフルト綱領では、原則的な理論部分と具体的諸政策をつなぐ「現段階論」が欠けていることを指摘した。それは当時のドイツでは「社会革命が、労働者階級にとって、真実の言葉の意味において は現実的でなかった」からだと解説した。社会主義が現実の日程に見通される時代にあっては、原則綱領と当面の政策諸要求をつなぐ、現段階の情勢分析と戦術の明示が必要だという。この辺りは山川均が五五年三月から『社会主義』に連載する「社会主義政党論」（のちに河出新書『社会主義への道』としてまとめられる）にもまったく同じ指摘がされている。

向坂が、社会主義政党綱領のあり方を論ずるのははじめてのことだった。あらたな社会主義政党結成の機運のなかで、社会主義政党の綱領はどうあるべきかを研究して、参考に供したのではないだろうか。

四九年春に、協議会は「日本の労働者階級の任務に関するテーゼ」の審議会を設置し、社会主義政党の綱領の検討を始める。小堀が草案を起草し、荒畑、対馬らによるテーゼ審議委員会で加筆修正し、一二月に機関誌『自由とパン』に公表されたが、この審議委員には向坂が加わり、その意見の多くが採りいれられた可能性が高い（『労農派マルクス主義』上巻三七六頁参照）。

3　社会主義労働党のてんまつ

協議会は、鈴木書記長の実現に期待して社会党に合同の申し入れもしたが、社会党側は乗らなかった。そこで協議会は四九年一〇月八日に「社会主義労働党準備会」（以下準備会）へと一歩進んだ。当日、荒畑、小堀をはじめ三〇人が出席したが、向坂も「傍聴者」として顔を出した。準備会は中央委員などの役員も決定したが、向坂の名前はない。国立大学教員の身分を配慮したものと思われる。

五〇年に入ると社会党は急速に左派がいきおいを増していった。四九年一二月に社会党中央執行委員会が、講和にたいし「平和三原則」を打ちだした。党内や労働組合の右派勢力は、これを骨抜きにしようと巻き返しに出たが、五〇年一月の第五回党大会で、労組内右翼と三田村四郎などが画策した「独立青年同盟」問題を左派が糾弾し、右派が退場。第一次分裂がおきた。準備会はさっそく、左派との無条件合同を表明したものの、社会党両派はボス交渉で一月余りで統一してしまった。そこで「準備会」は三月に「社会党再建は不可能、新党樹立をめざす」と声明した。

しかし、言葉は激しかったが、「準備会」は息切れをはじめていた。民同活動家は、あらたな労働者政党づくりという不慣れな政治からは身を引いていった。五〇年七月に総評を結成し、労働運動に集中し始めたのである。また高野実や産別民同の一部は社会党に入党して、中央執行委員会の一翼を占めていた。「準備会」に残ったのは、荒畑、小堀、対馬などの旧労農派の活動家の一部だけとなった。

山川は、五〇年四月二日付で、大牟田で四九年末から病臥していた向坂に次のような手紙をよこした。

「いろいろの問題についてお帰京を待ちわびてはおりますが、この際、お急ぎなく完全に治癒されますようお願いします。『左派』のグウタラに対しては盛んに非難がありますが、『左派』の性質は、われわれが百も承知していたはずなので、そういうものとしての『左派』を効果的に活かしてゆくのがわれわれの力量なので、この点では、『左派』と同じく、或は『左派』以上にわれわれの方がグウタラだったと思います。…『左派』の立場もわれわれの立場も一月大会とくらべものにならぬほど悪くなっているのですから、…根本的に検討する必要があるように思うのですが。準備会の方は…社会党内部に左派勢力を成長させることには見切りをつけ、左派的分子と党外の分子とを結びつけて新党を作る方向に進むのではないかという印象を受けました。…悪くすると自然消滅のおそれがあると懸念しています」。

山川は、もちまえの割りきりの速さから、鈴木ら社会党左派を批判するより、「準備会」も含めた左派全体の劣勢を直視して、進むべき道を「根本的に検討」しないと「自然消滅」してしまうと指摘したのである。

大牟田で療養中の向坂は、先の山川書簡を重く受けとめたであろうが、なお、新党に期待する大牟田の労働者たちの相談に乗っていた。彼は「三池染料労働組合・組合情報」（一九五〇年四月二五日）に「労働者階級は彼らの政党を最も必要とする時、これを失いつつあるのである。真に労働者階級の利益を衛り、彼らの歴史的使命を達成させるに足る科学的社会主義の政党は、これから作られる外はない」と記していたが、労働者たちにまともな労働者政党の必要性を訴えてきた責任感もあったであろう。

とくに、灰原茂雄をはじめとする三池労組内の社研グループを、労働者政党結成の核とする思いを込めていた。灰原茂雄の向坂宛書簡と手帳などに記録されているかぎりでは、まず四九年一二月に、向坂は三池に社会主義労働党準備会の説明にいったようだ。それを受け灰原は「我々のグループの集会を持ち大体入党出来る者は手続きをとる事にいたします。中央からも入党を急ぐとの通知が今日、届いております。上京されましたら本部の小堀、対馬さんによろしく御伝え下さい。…一月末か二月初旬に、社会主義労働党の大牟田における結党式でもやれれば好都合だと思われます」云々と向坂に書き送った。社会主義労働党準備会と連携していた労働組合のなかでは唯一と言っていいくらい、三池労働組合内には大量の政治意識のある活動家が組織されていた。当時は社会党はもとより労農党や準備会も、まずは国会議員や農民組合や労組の幹部が政党再編成

1950年頃　向坂の左が川口武彦

の要となっていた。そういうなかで三池は異色であった。

五〇年六月には、向坂の代理としてであろうが、川口武彦が三池の社会主義労働党準備会で講演、小堀のオルグ受け入れなどがつづいた。

向坂が東京から六月二二日に灰原に出した書簡には、向坂の真剣な姿勢が読みとれる。

「いま…我々の一統が社会党にはいることには、私は反対です。我々が社会党に合体するときは、準備会全体としてはいるべきで、個々の人々がはいるべきではないと存じます。…折角我々の一統が固まりつつある時これを解体してはいけないと存じます。我々が大牟田で社会党に対してにらみがきくのは、我々が社会党から独立した主体として、これを批判しうるからですが、圧倒的に右翼が強くて、我々を全体的に排斥しているとき、社会党の中では仕事が狭くなります。…今社会党ではあなたがたの入党は許すでせうが、山川、荒畑、小堀、さらに僕、その他有力な準備会のメンバーの入党は許しませんし、かりに入党しても右翼の統制に服する外仕方なくなります。…今月二十三日頃小堀甚二君が北九州から三池その他を回ります。…会って話合って下さい。政党に出たり入ったりすることを余り簡単にやってはいけないと存じます。その人の節操を組合員大衆に疑はれます。…我々の前には今後いろいろの不便や困難が起こりませう。極めて少数になることもありませう。これらの困難に耐える外ありません。……少々の不便を忍んで我々の準備会をもりたてるつもりでやってください。どうしても社会党にはいったがよいという意見が強い場合には、僕を呼ぶ電報をください、僕はすぐ大牟田に行き皆さんと話合いをします。その上でどうしても社会党にはいる外ないと判断したらさんせいします。…」。

この手紙のときは、向坂の手元にはすでに山川から「準備会自然消滅の危惧」の手紙（四月二日）が届いていたし、準備会はもう展望はなくなっていた。それでも向坂は、三池の労働者がつくりだした政治的な結束を維持し、できるかぎり有力な存在として次の展開に備えさせようとした。

なおこの書簡では、社会党の状態をかなりきびしく述べているが、それは特殊な事情があった。一月の第一次分裂からわずか一月余後に左派(鈴木茂三郎)は右派との統一を申しあわせ、四月にはヨリをもどしたのだが、その過程で左派は完全に後退してしまった。右派は「統一」の条件として「山川新党の排除」をとなえ、統一反対派の稲村順三は名ざしで党外放逐を求められていた。しかも人事では談合で鈴木書記長が身を引き、浅沼稲次郎にゆずった。向坂たちにとっては最悪の状態にあったのである。この状態は一年もたたぬうちに、大きく変化する。

一方、「準備会」の分解は急速に表面化する。発端は五〇年初からの再軍備をめぐる山川、向坂と、小堀、対馬の意見の相違だった。灰原宛の書簡でその心境は語られている。

「朝鮮事件、軍備のことその他については川口君に私の意見を簡単に述べておきました。きいて下さい。この点で私は労働党準備会の對馬君や小堀君と少しちがうかも知れませんが、私は譲歩する意志はありません」(一九五〇年九月一五日扉から)。

「朝鮮問題、軍備問題については、私は準ビ会の人々と必ずしも意見を同じくしません。殊に軍備問題については對馬君の意見に絶対反対です。…私が目下公務員である関係上、準備会の幹部ではありませんので、ここの決定に必ずしも公式的に参加はしていません。このことは何んとかしなければならないと存じ居ります。—これらの点大兄だけの話にしておいてください。ただ準備会の昨今の問題の決定には必ずしも常に私も同意であるわけではありません」(一〇月八日　等々力から)。

向坂は一一月から小堀、対馬と公然と論争を開始する。

こうした対立も影響して『前進』は五〇年九月をもって廃刊となり、五一年に入ると、「準備会」はもう有名無実の存在となった(五一年二月に解散)。一方で、社会党は五一年一月の大会で鈴木茂三郎が委員長に就任し、「平和四原則」を決定した。社会党と密接な関係にあった総評も三月の大会で「平和四原則」を決定し、国際自由労連一括加盟を否決し、高野実事務局長の下で「ニワトリからアヒルへ」と変身した。

山川も、二月には「準備会」からの脱会を通告し、向坂は山川とともに、社会党の強化へと方向転換する。その過程で、荒畑、小堀らと袂を分かつことになるのである。

なお向坂と高橋の考えはかなり異なっていたのは『日本の革命を語る』などからも周知のことであったろうが、そのあたりを周辺の面々がどうさばいたかは、板垣武男の向坂宛書簡（一九五〇年二月三日）からうかがえる。「高橋が『前進』三月号に『占領と社会主義』を書く予定でしたが、先生の『若きマルキストに與う』と完全に対立することになるので、遠慮していただきました。…私はこの問題では理論的には向坂派、政策論としては高橋派という折衷派」。まずは小堀一派と対抗することが主要で、向坂＝高橋関係は適当に対応していたらしい。

話はもどるが、四九年七月一三日に、社会主義研究会が約四〇名の出席のもとに発足した。山川が幹事長、荒畑、稲村、高橋、小堀らが幹事で、向坂は専任幹事となった。事実上の事務局長であった。この研究会は毎月二回の研究会を開催し、高橋正雄や有沢広巳、高野実、稲村順三など幅ひろい講師陣を招いた。山川も向坂も、これには熱心に参加した。これは荒畑、小堀は除いて社会主義協会に発展してゆく。

4　再軍備問題・ソ連社会論

社会主義研究会では、五〇年七月に対馬のスターリン主義についての報告を受けた。九月には「中立・安全保障」をテーマに「白熱的論議を重ねたが、十分な結論を得ず…討論続行」（「社会主義研究会報」三号）となった。これらに向坂は出席していたと思われる。一一月七日の研究会では向坂が、小堀、対馬の再軍備論とソ連社会論を全面的に批判する報告をした。これは衝撃を与えたらしい。小堀らは、高橋正雄は社民主義者とあなどっていただろうが、向坂には厳格なマルクス主義者として一目おいていたようだ。小堀も対馬も、向坂に気を許したような相談と報告の書簡を四八年から五〇年にかけて大量に寄こしている。高橋との意見の相違で小堀は向坂支援の「一斉射撃を辞しません」（五〇年五月六日）などと書き送っていた。だが、研究会内にとどまらず論争は公然化してゆく。

『労働者通信』17号（一九五〇年一二月一日）に小堀が「同志Sとの意見の相違点について」を寄せこう述べた。

一一月初に「同志Sは信州に旅行する直前に私と会ったさい…意見の相違のあることを告げ…それから数日後…社会主義研究会で…意見の相違点を公表した」と前置きし、向坂にたいして「本通信紙上での公開討論」を提議した。小堀はソ連を「官僚群によって労働者が搾取される国家資本主義」と規定した。朝鮮戦争については「ソ連圏拡大のための北鮮の侵略」として、向坂の見解は「侵略の時期をあやまっただけという半分肯定的な批判だ」とし、再軍備については「講和条約締結後、占領軍を日本人によって組織された民主主義的な軍隊におきかえる」べきだとした。

小堀は、向坂が「公務員の地位」にあり「迷惑」がかからぬように「S」と匿名を用いたのだが、向坂は配慮は不必要である旨の手紙を小堀に出した(『労働者通信』22号の小堀論文)。そして向坂は、五一年一月と推測されるが『労働者通信』に「小堀君との意見の相違について」を寄せた(掲載は23号　五一年三月)。さらに同時期に、社会主義研究会から『研究資料1　日本再軍備の問題』を実名で刊行した。ただし後者は論争相手を名ざしはしていない。

『労働者通信』での向坂の反論はこうだ。ソ連については、「多分に封建的な社会に、第一次大戦によって生じた特殊な国際関係のために、社会主義政権の樹立が成功した。そのために、この社会に生じた無産階級の独裁は、われわれが理論的に考えうるようなものでなく、或は民主主義の充分に発達した社会に成立し得るようなものと違って、特殊なロシア的な形態をとった」。だから「官僚主義や、秘密主義の弊」もあるが、「主要な生産手段については、私有財産制度が廃止されている」。三六年の「スターリン憲法」は「三権分立…に近い外観と、ソ連における独裁がヨリ民主主義的になったこと」を意味している。そして「官僚制度が極めて劣悪であっても、資本主義の政治がなしえないことをやっている」。「官僚の対内対外の諸政策には我等の疑惑を招くものがないではない」が、それからただちに「ソ連の社会主義を否認するのは性急にすぎる」。

朝鮮戦争については「北鮮軍の侵入そのものを容認しないが、しかし、それは民族統一の運動を含むものだと思う」。朝鮮を「二分したことはアメリカにもソ連にも責任がある。朝鮮民族が…南北の統一の要求を持ち、それが次第に強くなることは当然である」。四九年の南朝鮮の総選挙の結果は李承晩政権への南の民衆の不信を示した。「しかし北鮮が武力を用いて侵入したことは、統一をかえって危うくするものであった」し、「この行き過ぎた武力侵入は、世界各国を軍備拡張にかり、世界戦争の危機を一段と促進せしめた」。また、「社会主義の恐怖を宣伝する材料を供して、日本国民を決定的にアメリカ圏内に入れる作用をなした」。「マルクシズムの民族統一」の考えには「武力を以って実現さるべきでないという公式」も「武力をもってなさるべきであるという公式」もない。「一切はその時代と、その国の歴史的条件にかかっている」。現に中国共産党の蔣介石にたいする武力統一運動が「我々の非難の対象とならなかった」。しかし「北鮮の武力侵入は…左翼ラディカリズムの犯した誤謬として充分に批判さるべき性質のものである」。こう述べたあと、向坂は戦争にたいしては日本は「中立を厳守すべきである」と説いた。

再軍備問題について、向坂は『日本再軍備の問題』で非武装中立論を展開し、日本国憲法九条を擁護した。これにたいして小堀は、向坂が「国家資本主義的官僚国家としてのスターリン国家の『国教マルクス主義』の方へ一歩近づかれた」ものだと批判した。ソ連の「赤色帝国主義」を理解しないで非武装などを説くのは、民族自決権を放棄したに等しく、ソ連の日本への侵略を容易にする。したがって問題は再軍備か非武装かではなく、資本家階級を支える傭兵制か労働階級が主体の民兵制かだと言うのであった。

共産党も、憲法草案の国会審議（四六年六月）で、野坂参三が九条について「我が国の自衛権を放棄して民族の独立を危うくする危険がある。民族独立のために反対する」と演説したくらいだから、「非武装」への抵抗は左の方にも強かった。

ただ、ソ連社会主義については、他国への「武力侵略」までではないとしても、その官僚制や、東西対立の中で「ソ連圏」拡大をめざす「膨張主義」、さらにはマルクスが構想した社会とはかなりに異なった「国家資本主義的」様相など、多くの論点は残った。ソ連社会をどう認識するかは、当時は共産党系も含めてさまざまな議論がおきていた。ソ連の学者による、ソ連社会と価値法則についての議論もあった（第六章―三）。共産党系の学者には、ソ連社会がすでに社会主義の「第二段階への過渡期にある」との主張すらあった。対馬らの議論はこれと対極に立つものだった。

向坂は二〇世紀初頭のロシアのおかれた条件で開始された社会主義革命は当然ながらマルクスやエンゲルスは想定し得ないものであり、彼らの構想どおりになるべきだという方が無理だという前提から出発した。その点は山川もまったく同じ姿勢だった。しかし、向坂がソ連指導部は問題はあっても、歴史を正しく進めようとしていると想定したのにたいし、山川は相当な不信感を内心に抱いていた。

なお、向坂はトロツキーについて正面から論じなかったが、トロツキーの『ロシア革命史』の宣伝リーフレットに次のような推薦文を寄せた（五〇年秋）。「（本書は）スターリンを中心とする今日のロシアの政治に対して、極めて峻烈に批判的である。この批判が、そのまま正しいかどうかは、われわれにはそう簡単には、断言できない」。また『ベストセラー』という書評誌（一九五一年七月号）では、スターリンとトロツキーの争いは「西郷と大久保の対立のようなものである」。「あのような争闘」は「無い方がいいにきまっているが、時としてある」と語っていた。戦前の論文（「社会主義の理想と現実」『改造』一九三七年八月号）でも、スターリンを大久保利通に、トロツキーを西郷隆盛に例えたことがある。大激動期にはいろいろあるものだから深追いすることもないという感じだった。ソ連共産党二〇回大会のフルシチョフ秘密報告で粛清のおぞましい規模が公にされるまでは、向坂に限らずさほどの重大問題とは受けとめなかった。

なお当時の毛沢東については、こう評していた。

「我々は、抽象的な経済や国家理論や封建論争でならば、中国に一歩先んじているかもしれない。しかし、政治的実践でははるかに遅れている。わが国の運動はいつまでも公式論の中にいるのに、中国では実践され、偉大なる力に発展している」。だから、朝鮮戦争と台湾問題では「氏の政治家としての資質が、判断に過たしめることは、まずあるまいと考えられる」。「解放軍の日本上陸」が云々されたが「近代文化を一応身につけた民族を他国が武力的に解放することはできない」ことを「毛沢東氏は、彼自身の理論だけでなく、彼自身の実践態度をもってこのことを教えている」(「毛沢東主席におくる感想」)。

5　朝鮮戦争への認識を修正

『労働者通信』の論文にもうかがえるが、当時向坂は、朝鮮戦争の直接の原因をソ連をバックにした「北鮮軍の侵入」にありと見ていた。五一年一月号に執筆した「朝鮮動乱と再軍備の問題」では、中共による中国の武力統一は「日本のプロレタリアートが大体においてこれを是認していた」が、「北鮮の武力的侵入」は、「ソ連圏の拡大となるだけに、アメリカは戦いにかり立てられざるをえない事情にあった」と述べた。

そして、「日本の国民は、ソ連圏の平和政策に疑義をさしはさむ理由をもつに至った。かりにソ連圏の平和政策が、その言葉どおりに世界平和の確保を目指しているものとするならば、自らの発意によって、今日世界平和の撹乱となりうべき行動を起こすべきではない」と指摘したのである。「朝鮮の国民は、くりかえしくりかえし新鋭武器の破壊的作用の実験台となってしまった。彼らは民族統一のかわりに砲弾と爆弾を与えられた。…彼等を庇護するという力によって、徹底的に荒廃した国土を受取った。それが、社会主義の幸福を歌おうと、資本主義の自由を賞賛しようと、朝鮮の国民に与えられたものは惨澹たる戦禍であった」とも述べていた。「私は…ソ連や中共が日本に対して武力をもって『共産主義』を強制する侵入軍を送るとは考えない」と明言しながらも、ソ連圏の強引な拡張の意図も否定できないような言いまわしだった。

それが半年後の「社会主義と侵略」(『社会主義』一九五一年七月号)では趣がかわる。そこでは、朝鮮戦争の商業報道によって、「社会主義者すら、それらの記事のままに社会主義国を帝国主義の諸国以上に侵略と戦争の国として国民大衆を社会主義から離間する手伝いをする危険な状態」を正すことに重点が移されていた。小堀らとの論争も意識したと思われる。

「スターリンとそのロシアにおける政治的指導について批判がないではない。またレーニンやスターリンが、ロシアの社会的条件によって規定された革命の方式を、余りに一般化しはしなかったかに、疑問がないわけではない」。しかし、エンゲルスが武力で他国に社会主義を強いることはできないことを説き、この原則をレーニンは「民族自決権」「分離の自由」としてかかげたこと。そしてスターリンも「彼の著書論文に関する限り、マルクス・エンゲルスの理論を受けついでいる」と述べた。とはいえ慎重に次のように付言するのも忘れていない。「侵略から絶対安全だといいたいのではない」。「ソ連と日本とをかこむ国際関係とソ連自身の国力とから見て、今日侵略が起こるとは考えられない。さらに無防備のわが国に侵略が行われても、戦争の惨禍を避けながら抵抗の方法がある」。

ソ連社会主義についての山川の不信感を、向坂もある程度重く見ていたにちがいない。

なお、向坂の関連論文を収録した『マルクス主義と民族問題』の改訂版（一九五四　慶友社刊）には「朝鮮動乱と再軍備の問題」は再録されず、「あとがき」では「朝鮮動乱のきっかけとなった事実については、初版に述べたところが不正確であると考えたため、再版では断定をさけた」とし、「北鮮軍の南鮮への侵略」という表現はすべて「北鮮軍と南鮮軍の戦闘」に置きかえられ、「狂躁で性急な北鮮側の小児病的な態度」などといった表現も削除された。

6　ソ連をめぐる山川とのやりとり

柔軟な頭脳の持ち主であった山川は、いろいろな意見をむげに排せず耳を傾けた。小堀たちのソ連社会論についてもそうだった。もともとソ連に不信感の強かった山川には同感するところもあったのだろう。実際に五〇年一一月の社会主義研究会会報紙上でソ連「国家資本主義論」を提起した。

これについて向坂が福岡から疑問を書き送った。その手紙は見あたらないので、内容は不明であるが、山川が一二月一二日に向坂に宛てた返信にはこうあった。

「なお、あの問題についての私の考えですが、他の場所ならともかく『会報』にああ書いたのは問題を余計紛糾させる結果となり、まずかったと思っています。ソ連についてはアナタとの間にはあるいは多少の相異はあるかもしれませんが、国家資本主義という呼び名がその相異を大きくしているもので、内容的には相異は『多少』にすぎないと思っています」。

また、追いかけて一二月一六日に向坂に宛てた手紙ではもっとくわしく自分のソ連社会認識を展開していた。すなわち、現在のソ連を「社会主義を目指している国」という意味で「社会主義国と呼ぶなら異論はない」。しかし現在のソ連を「社会主義国から共産主義への過渡期にある」。「現在の欠陥は（社会主義から共産主義が実現されていないからではなくて）共産主義がまだ実現されていないからである」とするなら賛成できない。ソ連は「資本主義から社会主義への途中である」という意味で「国家資本主義」と自分は呼んだ、というのだった。

一〇年ほどあとの向坂の回想では、山川がソ連＝国家資本主義説をとった「時期はほんのちょっとであった。すぐ山川さんはソ連を社会主義国として正しく評価された。私の言葉の意味を直ちにそのまま採られたとは考えにくい点もあるが、次第に正しい評価に変えられたように思う」（「山川均」）と述べた。おそらくスターリン批判を受けて、山川のソ連認識が好意的になったこともあったかと思われる。

もっとも山川は、晩年の力作『社会主義への道』（一九五五）でも、ロシア革命で生まれた国家は「社会主義の実現を意識した目標としている国家」で、「今日のソ連も、資本主義から社会主義への変革の過程がなお続いている」と述べていた。向坂の意見を「そのまま採られたとは考えにくい」のも事実であった。

ただ、山川はソ連が「国家資本主義」であるからと言って打倒の対象としたり、西欧社会民主主義党のようにNATOを支持したりするのは論外であった。いかになじめくとも、社会主義への多様な移行形態の一つなのである。

それはさておき、先の山川書簡（一九五〇年一二月一二日）にはこうあった。向坂が小堀から（『労働者通信』）紙上回答を求められているなら「お答えになるほかないと思う」。「御帰京を待ってなるべく早く数人で話し合い、若し歩み寄れる余地があれば意見の対立の巾を狭くして御答えを願った方がよくはないかと思います。…高橋君もその方がよかろうとのことだったので、そういう手筈を打ち合わせておきました、集ってもらう人は高橋、荒畑、小堀、岡崎君で」、高橋が日程調整するというのである。「紙上回答」については山川のアドバイスにしたがったのは、紹介したとおりである。

こうして、一二月二九日に、山川、向坂、荒畑、小堀、岡崎三郎、板垣らがあつまって話しあいが持たれた。向坂は「小堀と向坂は、はっきり対立し、議論があった。そしていろいろのニュアンスはあったが、小堀君だけが孤立し、山川、岡崎、向坂はほぼ同意見として別の集団をつくることになり、荒畑は、小堀君だけを独り除いて、別の集団に属するにしのびない、として一人だけどの運動にも参加せず、という立場をとった」（前掲「山川均」）と回想した。

向坂はこの調整会議のあとすぐに、社会主義研究会を母体にあらたな月刊雑誌の発行の準備に入った。福岡にいることが多かったから、準備では高橋が山川の指示で事務的に働いたようだ。向坂のかかわり方は本人の証言もすくなくよくわからない。ただ大内兵衛を代表に担ぎだしたのは、向坂と思われる。

こうして五一年六月に『社会主義』が創刊された。その前、四月に山川を中心に向坂、高橋ら社会主義研究会の常連に、大内兵衛、高野実（三月に総評事務局長就任）らあらたな顔ぶれも加えて準備の相談がもたれ、そこで雑誌の同人組織名を「社会主義協会」とすることにした。雑誌も社会主義協会の発行で、同人代表は山川と大内の二人になった。

7　荒畑、小堀とのその後

袂を別ったとはいえ、荒畑と小堀の両名と向坂の関係は苦労をともにしてきただけに、それなりにつづいていく。とりわけ荒畑にたいしては敬意をもって接した。

荒畑は五一年四月に、小堀や対馬とともに「文化自由会議」の発足に加わった。それは高柳賢三が会長で、ソ連に対抗し西側の自由主義を擁護する団体だった。大内兵衛は「先日バーナムが東京に来て変な動き」をし、「小堀がバーナムを迎えて読売と資本家と共同で気焔を上げようと試みた」と向坂に手紙（一九五一年四月二四日）でご注進してきた（バーナムはトロツキストから変身して経営者革命論を説いていた）。

荒畑は四月にインドで開催された自由会議の国際大会に参加するなどしたが、居心地がよかったとは思われない。なおさらあちこちに突き当たった。岩波文化人で非武装論者の中野好夫もかみつかれて、中野はこうたしなめた。「またソ連の手先といわれるのだろうが、それもどうも仕方がない。…だが出来るなら応酬はこれで打切りたい。…正直言ってこれはまさに思わぬ背後から足を掬われたようなもので、荒畑氏の半世紀来の闘争歴、しかもその間節操において、僕などの心から恥ずかしい立派さは、僕として未だ辱知の機会こそないが、年来深く信頼し、尊敬するところであり…こんな文章で応酬するようなことは、心から心外なのである」（『世界』一九五二年三月号）。

荒畑は持病の胃潰瘍も悪化し、心身ともにすぐれない状態がつづいた。そのうち、向坂に荒畑から手紙が舞いこむようになった。戦時中に荒畑が蔵書の置き場に困って向坂宅に疎開させていたが、その中に歌舞伎の市川団十郎の写真集と、画家の富岡鉄斎の奉加帳があったらしい。それを返却してほしいという要請のハガキが五〇年九月ころからたびたび届くのである。それは五二年四月までつづいた。荒畑の手紙、ハガキをもとに事情を推測するとこういうことだ。

等々力の向坂家は数万冊の本でうまっていたであろう（ゆき夫人によれば、二年後に鷺宮に越す際には、本だけでトラック四台分になった）。しかも向坂は自宅に帰るのは年のうち三分の一くらいだった。とても本を捜す時間はなかったから、ゆき夫人が捜したが、なかなか見つからなかった。

1951年6月等々力　向坂夫妻

だが、荒畑の催促は執拗さをましてきた。九月二七日のハガキでは、本のことだけでなく、向坂に「自由人権協会の評議員」を引きうけてくれという打診が加わった。例の「文化自由会議」の関連組織で、向坂が乗れるはずもない話だ。次のハガキでは、この件について、小堀、対馬と一体だった「山内房吉同伴で話し合いたい」と打診してきた。

とりあわなかった向坂も、荒畑には自著は献呈していた。それへの礼状にまで返却の催促が付記されていた。

こんな調子で催促がつづき、五二年四月には「夫人のお手紙に外に出したことはないからかならず家内にある、探して知らせるとありましたが…万一紛失いたしても止むを得ません」と言って寄こした。無くしたのか向坂が手離さないのか、と疑われているようにも読める文面には向坂も心外だったろう。ゆき夫人の回想では向坂は「僕は歌舞伎の本などほしくない」とブツブツいいながらさがしていた。

しかし二年越しの騒ぎがやっと解決した。五二年五月の鷺宮転居の作業で見つかったのである。

五月二九日の荒畑のハガキに「サンザンご厄介をおかけ致しました本が有りました由、どうもいろいろお手数を煩わして実に恐縮です」とあるから、すぐに知らせたわけだ。七月一日には、胃潰瘍の術後の療養をしていた福島県土湯川上温泉から「先日はご夫妻でわざわざ御来訪の上、書籍ご持参下さいました由…その節頂戴のカステラは自宅より転送いたして参り賞玩いたしました」と礼状が来た。この手紙には、術後も経過がよく体力も回復したせいか、トゲトゲしさは感じられない。

引越し直後のあわただしい時だったが、向坂夫妻は揃って荒畑宅をたずねた。ゆき夫人によるとその日は雨の中、本をふろしきに包み、カステラ持参で行ったものだから、荒畑初枝夫人は大変恐縮したという。

たった二冊の本のことだが、荒畑の鬱屈した心境がなんとなくわかる経過だった。向坂に真情を打ちあけた手紙もあった。五一年五月二七日付のもので、故大森義太郎の千代夫人が病臥していることを向坂が伝えたことへの返信だ。そこには大森夫人に「同情に耐えません」とあり、見舞いに千円を為替送金するので「大森夫人へよろしく」とあった。そして文末にこうしたためられていた。「一度会いたいとの仰せを小生は非常に嬉しく感じ、御帰京後にぜひ一度おめにかかりたいと存じております。小生は意見の相違がただちに個人間の関係を左右する傾向を、苦々しく思っていましたが、どうも実際にはそうなり勝ちな傾向に非常な苦痛と失望とを感じていました。こういうものが人生なのか、それとも僕等の未熟の致す所か、思い惑うと共に深い失望を禁じえません」。

向坂は荒畑の気持ちを忖度し、以後も何かとつきあいを絶やさないよう努力してゆく。

小堀にたいしても同じだった。「文化自由会議」の雑誌発行などの資金面で頼りにしていた平林たい子と別れ、別の女性とその間にできた子供との生活にも窮して、蔵書を売り払うのを向坂に協力してもらったらしい。彼はそれから間もなく急逝（一九五九年一一月二九日）してしまった。

「九大新聞」に寄せた追悼文がある（「小堀君の死」）。小学校を出ただけの小堀が懸命にドイツ語を独習していた姿をなつかしく回想し、「彼と私は甚だしく意見が対立して、たもとをわかつことになった。それでも、私は彼の反逆精神は信じていた。その後はあうことはきわめてまれであった」。「離合集散は世のつねであろうが、永年の同志と道をことにするようになり、それが永遠の別れとなってしまった。身にしみる淋しさをいかんともしがたい」と述べた。

対馬忠行は、『日本資本主義の諸問題』を出した育成社社員の時から知りあいだった。戦後、政治的に離れたが、彼の連れ合いが働いていた丸ビルのウナギ屋（竹葉）には向坂はよくいった。しかし、向坂宅に保管されていた膨大な来信のわりには、彼に触れた回想はほとんどない。彼は戦後すぐは向坂と高橋正雄の間では強烈な向坂派で、高橋退治をもちかけていたが、向坂と対立すると今度は高橋と仲良くなり、宇野や大内力にも接近するなどし、最後は革マル派にかつがれるようになる。

8　9条擁護の覚悟を説く

講和条約と平和憲法をめぐる問題は論壇の重要テーマであった。講和条約については、ソ連・中国を敵にまわしたまま米国をはじめとする西側だけとの講和（単独講和）に踏み切ることの是非、さらに米国との軍事同盟（日米安保条約）を締結して再軍備をすることの是非が、政治上の一大問題だった。

平和憲法擁護の立場から「全面講和」を唱え、世論をリードしたのは丸山真男、安倍能成、都留重人ら『岩波』文化人（平和問題談話会）だった。彼らは九条擁護をかかげ、いかなる軍事同盟にも加担せず「裸一貫」で世界平和を実現する覚悟を説き、堂々たる論陣を『世界』、『中央公論』などで張っていた。

一方、社会党の右派には、単独講和・日米安保締結を唱える勢力があった。そのため、社会党は講和条約や日米安保条約締結への対応でゆれ動いた。五一年一月の党大会で、最右派からの「単独講和・自衛権確立」の修正案を大差で否決し、平和四原則を決定していたものの、国会での対応については一〇月の中央執行委員会で「単独講和賛成・日米安保反対」という折衷的な態度を決めた。

もっとも、山川も向坂もこの問題についてはもたついた。向坂はこう証言している。「はじめは山川さんも僕も、場合によっては単独講和もやむをえないじゃないかという意見に傾いていた。だけど社会党が四原則をはっきり打ち出したし、四原則でいかなきゃいかんというふうにはっきりしたと思う」（『社会主義』一九六七年一月号座談会）。

再軍備には明確に反対していたが、朝鮮戦争をはじめとするソ連の対外政策への不信感が、ソ連との講和にかなりの困難さを感じさせていたと思われる。だから「全面講和」を訴えた文化人たちからは、後れをとったのである。共産党も同じで、九条の「非武装」を評価せず、民兵制を選択肢とする考えはなお残っていた。五二年一〇月総選挙の最大の争点は再軍備の是非にあって、社会党両派とも「再軍備反対」を最重要公約としてかかげていた。しかし共産党は「再軍備傭兵化反対」という歯切れの悪いスローガンを、多くの項目の一つとしてかかげたにすぎなかった。

けれども、社会党が全面講和を方針化してからは、向坂と山川は「平和四原則擁護」の論陣を足並そろえて張ってゆく。当時の向坂の態度を良く示すのが、『改造』五一年九月号に寄稿した「人心の変化について」である。「新憲法二章（九条――引用者）はあまりにもことを明言している。それは…解釈をヨリ自由になしうる文句に改められるか、まったく除去されるか、いずれかの運命をもっているかのように思われる。…新憲法第二章が謀殺される日は、ふたたび日本国民の上に暗雲のたれさがる日となるであろう」。九条擁護の意味を、向坂はきわめて重視していた。そして同時に平和憲法擁護の困難さも説く。

「『中立政策』は、われわれに自主的精神がなくてはむつかしい。するとすぐ単純にこれを放棄しようとする。新憲法をわれわれの憲法としたとき、すでにこの困難を予想しなければならぬはずだったのだが。新憲法を深く自分のものと見なかったせいだろう」。

東西対立の中で、非武装によって毅然として中立を保持することは、現実政治の中では強力な「自主的精神」を必要とすると言う。「平和を愛する諸国民の公正と信義に信頼して、われらの安全と生存を保持しようと決意した」という「憲法前文」の精神は、確かにそう簡単には国民の身につくものではない。上から与えられた憲法であり、それを「深く自分のもの」とするには大変な努力が要る。向坂はこの論文の冒頭で「憲法制定当時のわれわれの『覚悟』のはかなさを思う」と述べている。それは、憲法制定からわずか五年にして、制定時には「『戦争の放棄』や『非武装』を…謳歌した」新聞社が「再軍備を否定するのは、子供じみた議論である」などと喧伝したからである。

だからこそ、「はかない覚悟」ではなく身につく覚悟をこれからどう固めるか。向坂は独特の観点からそれを説く。

「知識人や宗教家の間に、強い平和擁護のための運動が成長している。…このような思想的な運動は、純粋性を示している点で大きな役割を演じているが、それがきわめて広汎な生活の利害によって結合された大衆を把握しないかぎり、熱烈なようであっても、脆弱性をもつのをまぬかれない。これに反して、近代労働者階級の間には、まだ…平和憲法擁護の思想は充満していない。…知識人や宗教家連の意識の高さに達していない。しかし…彼らの最大の強みは、今日の生産組織の根幹にあって、生産関係を担っているということである。もしかりに五百万の組織労働者が労働することをやめるとすれば、…全生産機構は、その機能を停止してしまうだろう」。「組織された労働者階級は、…平和の最後の保障となることができる」。

先行し旗幟鮮明にした岩波文化人をはじめインテリの役割と労働者階級の立ち遅れを認めつつも、労働者階級による支えがないと、いつまた「はかない覚悟」に終らないとも限らないと言うのである。

第三章二で見たように、戦前に社会大衆党や労働組合のファッショ迎合にたいし、自由主義的知識人から批判された際も、無産階級とむすびつく必要を説いたが、そのときはやや苦しかった。しかし労働組合が積極的に反動とたたかいはじめた今度は説得力があった。「知識人」のはかなさは、のちに清水幾太郎らの言動で裏書きされることになるが、社会党は前進する。

「私は、この際日本社会党の重大な使命を考える。…不純な勢力があっても、社会党は近代労働者階級を主動勢力とする政党であることには間違いなく、またこのように成長するほかない」。実際、社会党内の「不純な勢力」はこの論文が執筆されてから二カ月ほどのち、右派社会党として脱落する。

9　日本共産党の極左方針批判

日本共産党は四九年一月の総選挙で社会党への批判票も取りこみ躍進した。勢いづいて徳田書記長は「九月革命」をアジり、民同派の伸張で労組の主導権を失うのと反比例するように、職場離脱運動などの極左的傾向を強めた。さらに五〇年一月のコミンフォルムによる日本共産党の「占領下平和革命論」批判を受けて混乱し、朝鮮戦争下の謀略事件とレッドパージで追いつめられて軍事路線に傾斜し、五一年一〇月に「五一年綱領」を採択。極左方針の頂点をむかえる。

向坂はこうした混迷に一貫してきびしい批判を加えつづけた。まず四九年総選挙での共産党の躍進については、「みじめにてん落した社会党の学ばねばならない多くのことがある」としながらも、「三十数名など大した数ではない。労働者階級にとっては、民自党二百六十数名は大変な意味を含んでいる。社会主義者が機械的独善的な態度でいたら、進歩的諸勢力は再び戦前戦中の如く衰亡するだろう」と指摘した（『前進』一九四九年三月号巻頭言）。

向坂は、共産党のブレには、民族主義的偏向が伏在すると考え、『前進』で四九年一〇月号からほとんど毎号、九回にわたって「マルクス主義と民族問題」を連載してゆく。ソ連や中国による日本の軍事的解放ないし侵攻という説が流布された事情も、民族問題を取りあげる一因だった。

同時に向坂は、「九月革命説」が流布するような風潮を批評した（「革命的ロマンティシズムの克服」『評論』一九五〇年一月号）。

「知識人の間に相当この（九月革命説）伝説の信者がいたという事実には、我国民が、いかに政治というものに不慣れであるかが現われている。…社会の歴史的な変革が、期日まで予言されるなどという馬鹿げたことは、歴史上あったかどうか」。「（戦争中）知識人は…非合理的なものの信仰によって、彼らが理論的に考えて落ちつかない心を、落着かせた。戦争中ほど、ロマンティシズムの華やかであったことはなかった」。「敗戦によって、…労働運動は風船玉のように膨れあがった。…他方では政治や経済の混乱が人の心を不安にした。インフレーションは人の行為を乱脈にする性質をもっている。戦乱とインフレで乱れた工場の生活が続いたのであるから、…労働運動に狂躁なロマンティシズムが栄えたとしても、いたし方はなかった」。

また、労働組合などで話をすると、かならず共産党員から「革命が成功するのでは」という質問を受けた。馘首された者は「まもなく再び革命軍の一人として、その工場に帰れると信じていたといわれる。…彼等はすべて、今秋、民自党政府は倒れてあとに民主人民政府が樹立されると、本気で考えていた」。こういう異常な心理をこそ正すべきだと説いたのである。

同じころ『前進』は共産党批判の座談会を連載した。五〇年二月号の座談会では、向坂はこんな経験を披露した。「四九年の春から夏にかけて」、組合の講演会でかならず「秋に中国共産党が天下をとれば、日本にどういう影響があるか」という質問が自分になされた。「はじめはまじめに答えた」が満足しない。そこで「秋になっても革命は起きない」と答えることにした。「それで引っ込んでくれるのだが、（そのかわり）ぼくは『反動』ということになる」。

共産党の学生運動についても手きびしい批評をした（「若きマルクシストに與うる書」『中央公論』一九四九年一一月号）。

東大の学生運動指導者への停学処分に反対する無期限ストを決議した学生大会には「経済学部総数の五分の一くらいに当たる二百余名」しか参加しなかった。しかし森戸事件では学生大会に「ほとんど経済学部の全学生が集り…最大の講堂で八百の座席を有するものが、立錐の余地ないほど」だったと、二百名たらずの参加者であまり大きなことを言うなとたしなめた。さらに、学生は、南原繁、矢内原忠雄、有沢広巳を「保守反動呼ばわり」するが、矢内原は「わが国でもっとも勇敢な自由主義者の一人」であり、南原は大内が教授グループ事件で起訴されたときには、引きうける弁護士もいないときに擁護の証言に立った。かれらを「保守反動」とするなら「進歩的な教授助教授諸君はどこにいるか」とたしなめた。矢内原とは自由が丘の古本屋でよく出会い、そのキャラクターに好感を持っていた。

そして「学生運動が冷静な判断のもとに、矯激な行動から冷静な運動に帰らんことを祈ってやまない。一つの運動がヒステリー状態を呈したとき、それはすでに敗退の徴候を示しているのである」と締めくくった。このとき処分された学生の指導者には、当時国際派共産党員だった高沢寅男がいた。高沢はその後、向坂と親しくなる。

なお本人は筆にはしていないがこんなこともあった。九大復学後間もないころ、「九大学生共産党細胞の主催で日本資本主義研究会を開くと、向坂氏は必ず顔を出した。…掲示板のポスターを見て出てきたのだ。…学生が半封建制論をぶつと、それを一つひとつ反論していった。学生が『山林』の未解放をもち出すと『日本中が山林なのか』と詰め寄られる。学生が太刀打ちできる相手ではなかった。こうして…共産党の分裂騒動を機に、これらの学生が向坂理論に導かれて社会党になびいていった」(「図書新聞」一九五九年一月一七日)。ややオーバーだろうが、のちに社会主義協会の指導部になる者には、九大生の共産党出身者がすくなくなかった。

「革命的ロマンチシズム」の極点は「五一年綱領」の武装闘争路線であったが、こうなってしまうと、向坂は軽く批評してすませた。

新宿駅前を通りかかりに見た火炎瓶闘争も「二、三百人が、わあっと騒いでいた」が「少し大きいお盆のお祭りに田舎でたく焔位のものであった。…しかし翌日各新聞紙が一斉に発表した当局者の話によると、『今回の新宿事件は火炎びんの戦いとしては従来にない大規模なものであった』ということである。とすると従来の『火炎びんの戦い』の規模が想像される。この火遊びが一体誰によってなされるものであるのか、私は知らない。…子供達の花火遊びは楽しいが、大人の社会運動における火遊びでは、それがどんなに勇敢に見えようと、運動そのものにとって危険である」(「日本を危うくする思想」『文芸春秋』一九五二年一〇月号)。

二 『経済学方法論』

1 『経済学方法論』にこめた思い

向坂の畢生の大著『経済学方法論』は、河出書房の「社会主義経済学叢書」の一つとして、三分冊にわけて四九年八月、一二月、五〇年五月に刊行された。九州大学に復帰してからの講義録が土台になったと言う。前に紹介したように(第六章三―4、5)、準備作業といえる諸論稿は四七～四八年にかけて発表した「『ライン新聞』におけるマルクスの思想」、「物神性の発見」、「『資本論』における方法の一考察」、「『ドイチェ・イデオロギー』における経済学の方法」、「『共産党宣言』の思想」などである。

さかのぼれば、三〇年前の二八年に著わした「マルクス経済学」(のちに「価値と生産価格」と改題)が、『経済学方法論』に至る思索の源流である。しかしそれは、プレハーノフ、ブハーリン、ヒルファディング、カウツキーなどの解説的な著作に依拠するところも大であった。向坂自身が、初期のマルクス・エンゲルスから思索の過程を原典に拠って追跡する作業は、『マルクス・エンゲルス全集』の編纂作業と「地代論論争」で飛躍的に進んだ。思索の成果は戦争で筆にはできなかったが、戦後堰を切ったように四七〜四八年の諸論稿に示され、そして『経済学方法論』として大成されたと考えられる。

まず向坂が本書について述べていることを見ておこう。

本書の標題は第一分冊から第三分冊まですべての分冊が、『経済学方法論　第一部資本論の方法』とされている。つまり方法論のまだ「第一部」であって、未完の書なのである。

第二分冊の「あとがき」に、「この著作をはじめるときの考えは、第一部で『資本論』の方法を説明し、第二部では古典学派、歴史学派、限界効用学派等のそれに対する批評をまとめるつもりでいた」とあり、第三分冊の「はしがき」（一九五〇年三月一四日記）では、「第二部は…『ブルジョア経済学』の方法の研究にあてたいと思っている。ただ、今日の著者の身辺の事情から、第二部の公刊はすこし遅れると思う」とあった。しかし「身辺の事情」は「すこし遅れる」ことも許さず、結局「第二部」は上梓されることはなかった。

「ブルジョア経済学の方法」自体の批判は、すでに戦前の『資本論大系』上下と地代論論争で示していた。戦後では小泉信三の『経済原論』批評（「経済現象の歴史性について」九大『経済学研究』）がある。古典派経済学の方法への批判は、「歴史的・論理的方法」や「労働の二重性」に関する向坂の論稿に尽くされている。限界効用学派に対しては、バヴェルク批判で勘所は突いていた。歴史学派については理論的に扱うには物足りない。そこで、いざ料理にとりかかっては見たが、多忙の中で意欲が薄れたのかも知れない。

それはさておき、向坂は第一分冊の「序」にむつかしいことを述べている。

「『資本論』を読むときの自分の心がけのようなものを書くつもりではじめた仕事」が本書だと言う。そして「『資本論』を書いてある通りに読みさえすれば、別に方法論など書かなくてもよくわかる。『資本論』の方法は、…『資本論』自身の中にあるわけであるから」とはじめる。子規の「鶏頭の十四五本もありぬべし」と言うような態度で『資本論』の文字の内容にごく自然にじかに接触するような気持で」読むべきだと説く。人は「雑多な既成の知識なくして『資本論』に接するわけではない。この既成のものは、『資本論』の理解の土台となると共に、その妨げとなる。殊に我国のように、『資本論』を読む代わりに礼拝する信者が沢山いて、いろいろと珍奇な説を立てる所では、この既成のものは、正しい理解の邪魔になる不必要なものを一杯含むことになる。近時、この傾向は強い。そこで、私は、子規のさきの句のように、さらっと読むつもりになって、独りよがりのもってまわった説明からなるべく脱却して、じかに『資本論』に触れたがよいと言ってみるわけである」。そこで「この本が、『資本論』を読む人のために既成の知識の中から、理解を妨げるゆがめられた部分を除く手伝いを」したいと願っていると言う。

第二分冊の「あとがき」（一九四九年一二月）にはこうあった。「ちょうどマルクス経済学における価値規定の歴史的性質について、いろいろの論争が起こったりしたので、できるだけ本格的にこれを論ずる必要を感じた。第三分冊は、殆ど単純商品と資本主義的商品との関係に終始してしまった。目下行われている価値論争については独立の小著述を必要とする」。

また「著述自伝記」（「図書新聞」一九五〇年一〇月二五日）でも「『経済学方法論』は三冊とも、論争的な形式を採ってはいないが、私にとっては一つの論争の書である。それは戦後日本共産党に媚をうる『小児病』学者の観念的傾向に抗議し、批判をむけているつもりである」と語っていた。

『資本論』をすなおに読みなさいと言う。しかし誰もが冒頭から困惑することはまちがいない。ある程度の予備知識がないとだめであるが、予備知識には「正しい理解の邪魔になる」ものが一杯ふくまれているから、それを「除く」必要があるとも言う。つまり正確な予備知識からまず必要なのである。なまかじりの知識を排すのである。そして「邪魔なもの」を「除く」ための例示として、「『小児病学者』の観念的傾向」との論争を展開する。

この大著は、下手な紹介はそれこそ「邪魔な」知識になりかねないから、直接お読みいただくことを願う（三分冊にわかたれた河出書房版と社会主義協会から一九七七年に復刻された一冊本）。

以下、向坂流がわかりやすい論争的な性格の分野にしぼって紹介しておこう。

2　「物神性」から出発―史的唯物論

第一分冊「『資本論』への道」の第一章も、例によって「『物神性』の発見」からはじめられ、冒頭にこう述べている。

「人類は二つの世界に住む、自然と社会である、という言葉で、私は、私の学究生活のはじめの論文を書きだしたことを覚えている。マルクスの全思想体系を想い浮かべるときほど、この言葉を切実に回想することはない」。「はじめの論文」とは三〇年前の「価値と生産価格」である。そして、「自然と社会を差別と統一において理解することに、史的唯物論の精髄は尽きるといってよい。人類の全思想史は、この理解のためになされた努力の痕跡であるといっても誇張でない」。

だがこう続ける。「といったからとて、『資本論』の方法は史的唯物論であるといって、悠々と眠っているわけにはいかぬ」。そして伊豆公夫が向坂と宇野にたいして、『資本論』の方法を「論理的であり歴史的であると」いうのは「カウツキーやブハーリンの理解と一致」しており「弁証法的ではない」、『資本論』の方法は「史的唯物論であると言わなければならない」云々と批判しているのをとりあげる。

共産党員の伊豆は本名赤木健介。文学や歴史畑の人間であって、批判の対象にとりあげるまでもない存在だが、二七年に九大の聴講生だったたから、福本イズムにかぶれて向坂に「実践」を説いた一人かもしれない。やはり『経済学方法論』でやり玉に挙げている副島種典も個人的に長く付きあい、面と向かって批判していた男だ（本章二―1）。向坂には独特の論争の美学があるようだ。

それはさておき、向坂は、どの学問でも「弁証法的、史的唯物論的」であるほかはないが、どういう方法を採れば「弁証法的、史的唯物論的」かは、研究の対象によって、たとえば理論経済学と史学とではまったくちがうのであって、理論経済学の場合は、「経済現象に即して歴史的・論理的であることによって、はじめて、何故に『資本論』は商品の分析にはじまり、何故に、その理解は唯物論的であるのかを知るのである」と言う。

伊豆への批判はとりあえずこれで終えて、「『物神性』の発見」を論じていく。主旨は四七年の同タイトルの論文に同じだが、「物神性の発見によって、『資本論』は、不朽のものとなった」と、熱を入れて詳細に論じている。

『ヘーゲル法哲学批判・序説』、『ユダヤ人問題』、『神聖家族』、『経済学哲学手稿』に示された「人間疎外」への着眼から出発して、労働の一般的抽象的性質を感得し、それを探求する中で労働の社会的歴史的性質を理解していく若きマルクスの天才的な着眼にほれこんだのである。

第二章「『史的唯物論』の成立」では、その思索過程の重要な道標として、『経済学哲学草稿』にくわえて『ドイツ・イデオロギー』を取りあげる。ここで「マルクスは言葉の正確なる意味において、マルクシスト」となった、と明言する。論旨は前掲の「『ドイチェ・イデオロギー』における経済学の方法」と同趣旨である。

次に向坂は「第三章　マルクス経済学のトルソ」と題して、『哲学の貧困』と『賃労働と資本』をとりあげる。この二書を本格的に論ずるのは本書がはじめてである。

『貧困』は「マルクスのはじめての経済学の書」だとして、『ドイツ・イデオロギー』ではなお哲学的に語られていたことが、経済学的に語られていることを評価する。しかしなお「リカードの労働価値説から完全に脱却してはいない」。それは「労働」と「労働力」を厳密に分けていないことに示されている。しかし、「剰余価値の成立」をすでに認識しており、急速にリカードを超える道を進んでいる。そしてマルクスはすでに「資本主義の理論的分析の大綱を頭に描いていた」と観察している。

また、プロレタリアートが充分に発達していない限り、社会主義者は「空想家」であるにすぎないが、「プロレタリアートの闘争がはっきりえがきだされてくるにつれて」「科学は説教的であることをやめ、革命的になってきた」というくだりを引き、ここに「何ゆえに空想的社会主義が、空想的という性質を脱却しえなかったか、そしてマルクシズムがなにゆえに科学的社会主義であるか」が述べられていると言う。

そして『貧困』の最後に「階級の階級に対する闘争は政治闘争である」。「階級と階級との対立がもはやなくなる事態においてのみ、社会進化は政治革命であることをやめるであろう」とあるのを引用し、「『哲学の貧困』という小冊子で、ほぼ、マルクスの世界観の全貌があきらかにされている」と総括した。

『賃労働と資本』ではなお、「労働の価格」という表現が採られていたり、「剰余価値」と「利潤」が明確には区別されていない未熟さはあるが、「資本」や「価値」というものの歴史的社会的性質をあきらかにする鍵が掴まれていると評した。そして「『資本論』第一巻の内容を、極めて荒筋だけではあるがしめしていないとはいえない」と、『貧困』にならび「マルクスの経済学の発展のうえで、画期的意義をもっている」と評価した。

第一分冊の最後の第四章は『共産党宣言』を取りあげる。基本的な内容は前掲「『共産党宣言』の思想」に同じである。この章も論争的性格が濃く、理論と政治的実践についての向坂の考えが強く展開されている。「全社会の運動を政治的変革の立場からみることは、マルクシズムにおいては、経済の本質をもっともよく理解することであって、一部の論者がいうように『資本論』の内容を政治的意図の下にゆがめることではないのである」。

ここで言う「一部の論者」とは誰であるかは示されていないが、おなじ文脈の中で「学者は政治家でなければならない」とまで言いきってもいる。こういう向坂流の物言いが、純理論的な書にも顔を出すところが、インテリには理解されにくかった。マルクス自身が革命的な民主主義者として出発し、「疑いうる精神」で社会の不正を究めつくしたからこそ、科学的な経済学を完成させたのだから、「政治的変革」の立場を宣明するのには何のはばかりもいらないのだが、しかし俗世間の人間がそう言う態度を貫くのがむつかしい。軽率な人には政治主義を生むことにもなるからである。けれどもそれは理論と実践の両面において中途半端だからであって、向坂の責任ではない。

3　マルクス主義の認識論

第二分冊「『発展の方法』について」の第一章は「自然と社会」と題されている。第一分冊は自身の四六〜四七年諸論稿を補強しつつ関連付けた風であったが、第二分冊以下は書きおろしと言ってよい。

第二分冊の「序」では『経済学哲学草稿』に立ちもどる。第一分冊第一章と同趣旨であるが、繰り返し言及したところに重視ぶりがうかがえる。同書が、「人間疎外」という現実から、人間にとって本質的な行動である労働が抽象化され商品として外化し、ひるがえって人間に対立するという着眼が、具体的な有用労働と一般的な抽象的労働の対立として論理的に展開する入口をなしたことを重視する。そして未熟ではあるが「労働の抽象的性質」と「具体的労働」、「価値」と「使用価値」という「資本主義社会の内包する矛盾とその発展の理解の源泉」をなしたことを説く。

次に「二　弁証法と唯物論」がおかれている。マルクス主義の「哲学」とは何かを詳論する。

『資本論』第一巻第二版のあとがきにある、ヘーゲル弁証法についての有名な言及を紹介し、「『資本論』はもっともよき弁証法的唯物論の教科書である」と言う。

さらに、レーニンの『哲学的遺稿』（『哲学ノート』）と『唯物論と経験批判論』、エンゲルスの『自然の弁証法』を主に援用しつつ、こう述べる。「弁証法が認識論たりうる所以は、自然と社会が、すなわち、存在の運動方式が弁証法的であるからである。…弁証法が存在のなかにあるがゆえに、意識もまた弁証法的でありうると考えるのである」。

自然と社会を理解しようとしてきた人類の長い知的営みのなかで、自然と社会自体の運動に内在する弁証法的運動を意識化し、逆にその意識化した方法をもって自然と社会の区別と関連をよりよく理解できると言う。そして「下向・上向の方法」が、認識を無限に発展させていく。それゆえマルクス主義の「哲学」は完結した体系を有すべきではなく、つねに発展しヨリ真理に接近していく認識の方法だと言うのである。

従来あまりまとめては文章にしてこなかったマルクスの認識論について、向坂が考えてきたことを一気に筆にした感のある節であった。そこでは観念論と唯物論、社会と自然、意識と存在の関係、それを正しく認識するにあたっての弁証法の意義が、さらに世界認識の諸科学がどう統一的に関連づけられるかが説かれる。そしてレーニンの哲学における重要な役割を強調して次のように述べている。

「第二インタナショナル時代に、マルクシズムは、ある意味においては唯物論を忘れようとしていた」。「この間にドイツ観念論の復活があって、それは新カント派として…学派を形成し」、マックス・アドラーなどのオーストロ・マルクス主義の哲学に浸透した。それを批判したのはプレハーノフであり、さらに「断乎として唯物論を宣言した」のはレーニンだった。

さて、「序」では「存在」と「意識」という概念を論じ、自然も社会も「存在」としてひとくくりにして扱ったが、「二　弁証法と唯物論」では「自然と社会」の関係について詳論する。自然においても社会においても意識の外に客観的な存在があり、その存在は固定したものではなく「それ自身の内的矛盾によって自己発展をなす」。それではその「自己発展」はどうなされるかが明らかにされねばならない。その際「自然と社会の発展の仕方の相異を理解」しなければ、労働を媒介する「両者の統一関係」も理解できない。「社会の発展」については、原始共同体から封建制に至る生産関係の変化は容易に理解できるのであるが、資本主義的な生産関係の運動を解明するには、史的唯物論一般ではなしえない。「資本の運動法則」として「特殊的に規定」しなければならない。このように向坂は、史的唯物論と、それを資本主義社会に「特殊的に規定」する方法、すなわち「歴史的・論理的方法」との関連を説く。

さらに第二分冊第二章「労働過程」では、『資本論』第三編第五章第一節の「労働過程」と、エンゲルスの「自然弁証法」などから、労働の意味について分かりやすく述べる。なかでもエンゲルスの「サルの人間化における労働の役割」で述べられていることについては格段の興味を魅かれたらしく、関連文献として戦前に刊行された動物心理や、蟻や、手、猿などについての専門的な諸著作を参考文献として一〇点も並べている。戦時下の蟄居の濫読が生きているようだ。

第三章は「社会の経済的構造」、第四章は「商品生産」である。この章では従来単独に取り出して論ずることのあまりなかった『経済学批判』とその「序文」および「序説」を主に取りあげている。第一章「自然と社会」、第二章「労働過程」までは、いかなる社会にもつねに存在する、人間と自然をむすぶ「物質代謝」として、「人間生活の永久の自然条件」を扱った。しかし、人は具体的な社会関係の中でしか、この「物質代謝」をおこなうことはできない。しかるに、古典派経済学も「社会関係」として、生産、交換、分配、消費を論じてきたが、これを人類の最初からある関係として「自然的な過程」として扱ってきた。そこには歴史は考えられていなかった。『経済学批判』こそ、その限界を全面的に超える意味を有する書であると言う。

従前も『経済学批判』については、「マルクスがこの書だけを書いて死んだとしても、彼の名は不朽だろう」と言うエンゲルスの言を紹介していたが、主要テーマに論じたことは少なかった。だが『経済学方法論』では紙数を多く割き、とくに、生産関係、生産力、生産、分配、交換、消費などの経済学の基本的な範疇について、「序説」やマルクス・エンゲルスの書簡類をもとにして全面的に考察した。

第四章は「商品生産」である。ここではエンゲルスの『資本論』第三巻補遺」を中心にして、単純なる商品と「物神性」について論じている。

4　歴史的・論理的方法

第三分冊は「歴史的・論理的」と題して、『資本論』自体を舞台に「歴史的・論理的方法」がどう駆使されているかを説く。論旨は「『資本論』における方法の一考察」に同じであるが、その後の諸論争を強く意識して、戦闘的な態度で多く補強されている。

第一章「史的唯物論と『資本論』の方法」の冒頭に、レーニンの「哲学ノート」の断片が引用されている。「端初―最も単純なる…最も直接的なる『有』。即ち、個々の商品（経済学における『有』）。一つの社会関係の分析としての商品の分析。二重の分析、演繹的分析と帰納的分析―論理的分析と歴史的分析（価値諸形態）。事実による、或は実践による統制は、この場合分析の一歩毎に行われる…」。そして「私がこの書で示そうとした『資本論』の方法の精髄は、レーニンのこの断片的な言葉に概括されている」と断言する。

レーニンが「論理的分析と歴史的分析」が常に「事実による…統制」（向坂はこれをコントロールとも表現した）をうけると述べた意味は、どのような社会形態であろうが、労働が社会的な必要に応じて配分されなければ成り立たないという「自然法則」が形態を異にしながらも「事実」としてコントロールしていると言うことである。

また、向坂が、価値論について論ずる際にかならず援用するのは「価値概念を証明する必要があるという饒舌」という大胆な言葉ではじまる、マルクスのクーゲルマン宛の手紙である。本章でも、レーニンの『哲学ノート』の断片と合わせ、この「手紙」をもとにこう断言する。

「率直にいえば交換を規定する法則の実体が労働でなければならぬということは、それが社会存続の不可欠の条件であり、交換が商品生産社会存続の不可欠の過程であるということによって、既に与えられているのである」。

また第三章でもこう述べる。

「価値が労働であるということは、『資本論』第一巻第一編のいわゆる価値分析をはじめる以前に考えらるべきものである。人間労働と総労働の配分が、商品生産社会なる一定の社会形態では、一般的抽象的な労働として、即ち価値という形態で行われるのである。この意味で価値は労働であらざるを得ない。『資本論』劈頭の価値論は、かかる労働が、如何にしていかなる形態で、価値であるかを規定したものである」。

ただ「価値の実体が労働である」というだけでは、マルクスがなぜ『資本論』の精緻な論理展開に心血を注いだかはわからない。その実体が何故価値形態をとるかをあきらかにしなければならない。そこで向坂は、「事実のコントロール」を受けているということは、「事実」そのものを、つまり商品経済の形成の歴史を、『資本論』が叙述しているということではないと、かみくだいて説明していく。

第三章の冒頭には「一　価値論における唯物論と観念論」と題して、本書ではもっとも論争的な節がおかれている。

「史的唯物論の主張を支持すると自ら称しながら、…観念論的偏向をしめす者がある。彼らも、マルクスの哲学的素養に対比して、エンゲルスの『俗学的誤謬』を指摘することがある」。ルカーチやコルシュは「エンゲルスの哲学論、ことに自然弁証法を卑俗と考えて、これを否定した」。「このような例に近いことが、時時起こる。これは多くのばあい、マルクスの消化不良に原因する。最近わが国でもマルクスの価値論について、エンゲルスの歴史的知識を高く評価するすべを知らず、理論的能力を過小評価する傾向があらわれている。エンゲルスの否定がはじまるとき、われわれは、そこに観念論的小児病の発生を警戒するのがいいようである」。

さてエンゲルスを軽く扱う「観念論的小児病」としてふたたび取りあげられたのは、副島種典であった。副島は単純商品生産を「一つの抽象にしかすぎない」と規定したが、それは「価値法則の観念化」であり「唯物論からの逸脱」

でしかないと批判した。そして「マルクス・エンゲルスとともに、喜んで私は俗論家たるであろう」と啖呵を切った。

二人目に俎上に乗せたのは遊部久蔵だ。こちらはマルクス経済学の専門学者だけに、副島よりは手が込んでいた。それだけに精査する値打ちはあった。遊部はこう向坂を批判した。

遊部は、エンゲルスの「補遺」を向坂がさかんに援用するのにたいして、「もっと周到な用意を以って読まるべきである」と批評し、「補遺」自体にも「行きすぎの感」を表明する。それは「補遺」でエンゲルスが、商品流通が発展していく経過を示しながら、「論理的展開」が「歴史的説明を、即ち、現実との不断の接触を必要とする」ことを強調していることへの違和感である。向坂はこういう遊部の態度を、「一種の流行らしいエンゲルスの否定の傾向である。小市民的観念論は、エンゲルスが、躊躇もなく、指摘する歴史的発展における唯物論的主張に恐怖を感じるらしい」と批評した。

むろん、エンゲルスも向坂も、単純商品生産が支配的な社会が歴史上も実在したとか、単純な商品生産が共同体の内部から次第に拡大していって、資本主義社会が生まれるなどと考えていたわけではない。けれども、まず共同体の間にはじまる交換が共同体内部に反作用し、共同体を分解し、商品生産は次第に強力になり封建社会を掘りくずし、他方で富が一部に蓄積されていくことなしに、原始的蓄積も労働力の商品化もありえない。だから向坂は遊部が「資本制成立の前提は商品生産及び流通のみではない」と述べるのを取りあげて、言われるまでもなく明らかであるが「逆に商品生産及び流通なくして、資本主義社会の成立がないことはもっと明白である」と指摘するのである。

また遊部が、「劈頭商品」と歴史上実在した商品が「近似的」ではあるが「一致しない」と述べてエンゲルスを補正した気になっていることも批判する。向坂は、単純なる商品であっても、個々の交換で価値通りに交換されることは一般的には考えられないのは当然であって、常に「近似的」である。しかし「補遺」がスケッチしたように、長期的・平均的には社会的な必要労働時間によって価値通りに交換されていたと言う。

向坂は、遊部の「劈頭商品」理解に対置して、あらためて自分の理解を示す。これは彼のこの問題への向坂の数ある説明の中では一番わかりやすいものである。

「『資本論』劈頭の商品は、個々の商品が価値どおりに交換される条件のないところ（資本制社会のこと―引用者）に、価値どおりの交換を想定している。この点において、かかる商品の単純なる性質は抽象的である。しかし、かかる抽象は、価値どおりの交換がおこなわれる諸条件を具えた商品なくしては、行われ得ない。すなわち、このような商品なくしては、生産価格を究極において支配すべき総価値を確定することができない。総価値及価値の確定なくして生産価格はみいだされえない。すなわち、価値はたんに歴史上だけでなく理論的にも生産価格に先行しなければならない」。

第三章では「二『資本論』における単純なる商品の意義」という節をおき、上記の問題をさらに論じている。従来、価値論についてはベーム・バヴェルク説を批判の対象としてきたが、本書では「その反批判としては…ヒルファディング『ベーム・バヴェルクのマルクス批判』が最も包括的で、大体つくしている」と言うにとどめた。そしてここでは、バヴェルク以前に、『資本論』を誤解したゾンバルトとシュミットの見解にたいしエンゲルスが『第三巻補遺』で批判したことをとりあげる。

ゾンバルトたちは、第一巻で展開された価値を論理的に前提しなければ、第三巻の生産価格も説明できないということは認める。しかしながら、価値通りに交換される単純商品は現実に存在したのではなく、生産価格を説明するための「科学的仮説」、「理論的擬制」でしかないと主張した。エンゲルスは『資本論』を支持するようで、しかし微妙に誤解する彼らの危うさを看過せず、『第三巻補遺』を著したのであった。向坂はエンゲルスのこの態度に共鳴したのだろう。エンゲルスがシュミットにあてた手紙も紹介し、それが「『資本論』劈頭の商品の論理性にとらわれて、単純商品生産を『一つの抽象でしかない』と考えはじめると、とうぜん陥らなければならぬ観念論の深淵」を指摘していると解説した。

「三　価値規定の歴史的抽象性」の節でも、「補遺」において単純な商品が共同体間の部分的交換にはじまり、どうひろがっていくか、商人資本の介在によって平均利潤の成立の端緒がどう形成されていくかを、歴史的にスケッチしていることを紹介する。そして「理論は中空に浮かんでいるものではなく、われわれの観念によって構成されているものではなく、歴史によって発見されるもの」であることを「補遺」はよく示しており、「単純商品における価値法則の展開が、如何にして生産価格の中に溶け込んでいくか」を歴史的に追求する「事業がうけつがるべきである」と論じた。

あとは「四　価値の実態たる労働の客観的存在」、「五　価値と生産価格」、「六　市場価値」とつづき、最後は「第四章　価値法則と地代」で本書は完結する。最後は端折った感じだが「六　市場価値」に関連しては、次に紹介する重要な補強的論文を別途に執筆する。

こうして本書のタイトルは『経済学方法論』ではあるが、『資本論』の伝記といってよいものである。

但し、『経済学方法論』では、『資本論』にいたるマルクスの準備草稿類については一部しか触れていない。「経済学批判序説」と「資本生産に先行する諸形態」以外の『経済学批判』のための膨大な準備草稿（いわゆる「グルントリッセ」）の全体が東独で公刊されるのは一九五三年からであったから致し方ない。話が先走るが、向坂は「グルントリッセ」については数年後に新潮社『マルクス・エンゲルス選集』の『経済学批判』の巻（一九五九）「解題」で次のように触れた。「この草稿を見ると、一八五九年には『資本論』でのべられた内容の全体が、大づかみには示されているのを知るのである。マルクスはいよいよ執筆する時は、これらの手稿をもとにして、全然新たに原稿を書いたものであるようである。だからこの Grundrisse によって、マルクスの『近代社会の経済的運動法則』を明らかにしようという意図は、ほぼ達成されているといってよい」。

さらに『資本論』完成のためのマルクスの膨大な準備草稿が遺されていた。こちらの重要なものは『剰余価値学説史』と「直接的生産過程の諸結果」として戦前に刊行され、ともに向坂が『マル・エン全集』に訳出していた（「諸結果」については戦後に岩波文庫で改訳した）。この両者については『経済学方法論』では「劈頭商品」問題で簡単に援用しただけだった。もし予定通り『経済学方法論』の第二部「ブルジョア経済学批判」が執筆されたら、『学説史』が大いに活用されたであろう。

5　長年の宿望―「市場価値論と相対的剰余価値論」

『経済学方法論』第三分冊第三章6「市場価値」の文中に、特別剰余価値について「別の論文で説明するはずである」という予告があった。

それは五〇年八月に脱稿した「市場価値論と相対的剰余価値論」（『マルクス経済学の研究　大内先生還暦記念論文集』岩波一九五三収録）である。執筆は扉にこもってなされたが、扉から三池の灰原に「剰余価値に関する論文は十数年来書きたいと思ってゐた事で、やっと書き上げてたいへん愉快です」と書き送っている。

「あとがき」にはこうある。「かつてマルクスの地代理論についてなされた批評に答えつつあったとき、ここにのべたようなことを書いてみたいと、漠然とではあったが考えはじめた。時の経つに従って頭の中では書こうと思うことの内容もだんだんハッキリしてきたが、今日まで書くおりはなかった。大内兵衛先生の還暦を祝う機会に、ともかくも、永年の宿望を果たすことができた」。

五万字弱の中篇であるが、向坂としてはもっとも難解な論文である。約二〇年間もの思索だから無理もない。ただ、意図したのは『資本論』の解釈学的なペダントリーではなく、マルクスの価値論は観念的なものではなく現実的基礎を有するものだという持論を別の角度から説くことにあった。

『資本論』にはよくわからない箇所がある。筆者などわからない箇所自体がわからないのだからあまり大きなことは言えないが、たとえば「個別的価値」と「社会的価値」と「市場価値」の関係、全産業部門における「相対的剰余価値」と個別の生産部門内部における「特別利潤」の関係などの問題である。社会的平均的な生産諸条件よりすぐれた条件で生産する労働は「強められた労働」とか「高い価値を創造する」というような記述にぶつかると、労働の強度の問題や複雑労働の問題と混同して首をひねったり当惑する。これらはひとえに『資本論』の壮大な記述に、ときおり前後すること、つまり後の方で説明されていることが初めにあらわれることがあるからである。

「個別的価値」についても、放置しておけばマルクス価値論の誤解につらなりかねないので、向坂は整理しておきたかったのであろう。地代論論争で「虚偽の社会的価値」が、マルクス批判派から揚げ足取りされたとき以来そう考えていたのではないか。

これも直接読んでいただきたいのだが、とりあえず何が問題とされていたかだけ紹介しておこう。

まず、『資本論』第一巻第四編第一〇章の「相対的剰余価値の概念」で、個別的価値と社会的価値が急にもちだされていることを問題にする。「本来価値が社会的性質であり、社会的に平均化されたものであるとされたものである」と、第一巻のはじめに前提して議論をすすめてきたのに、「個別的価値と社会的価値を区別して論ずることの意味はどこにあるか、ということが重要である」。

この問題を理解するにあたっては、先ず『資本論』の全体の中の第一巻であることを記憶せよと説く。『資本論』準備の草稿からわかるように、マルクスは第三巻で展開される市場価値論をすでに大成したあとに、第一巻の推敲に従事したことを紹介し、「ここにいう社会的価値は、第三巻第二編第一〇章でのべられる市場価値」であることに注意を喚起する。

第一巻では価値の実態としての労働の「社会的平均的性質」から説きおこすが、その性質がどのように現実となるかは「ある程度において無視している」。「第一巻の価値論は、商品生産における競争ということから一定の程度において抽象されている」が、それは「ヨリ単純なるものよりヨリ複雑なるものへと知識の体系を構成することによって、現実に接近していくマルクスの方法の当然のやり方」であって、第一巻で「労働の個別性から抽象される」のは「価値を純粋に論じる」ためである。

しかし第一巻でも「必要に応じて競争は表面に現れてくる。相対的剰余価値論の場合がまさにそれである」。相対的剰余価値の成立の説明には「個別的価値」と「社会的価値」を区別し、より有利な生産条件を競争しあうことによって特別利潤を追求できる根拠が理解されなければならない。そのメカニズムは第三巻で展開されるのであるが、第三巻でその際使われる「市場価値」とは第一巻の「社会的価値」と同義である。

そして、「市場価値論」によって「現実に、競争は、いかにして社会的平均的な人間労働を形成するか」を追究することが、問題である。それがまた「価値が本来社会的なものであるのに、何故に個別的価値なるものがありうるであろうか」という疑問への答えとなる。

また、「相対的剰余価値」については、『資本論』では主に消費財生産部門、間接的には生産財生産部門の生産性の向上によって労働力の再生産費用を低下させて総資本が獲得するものとして、絶対的剰余価値と対比させて展開されているが、向坂はこれを「継続的な相対的剰余価値」（消費財生産部門をはじめとし全生産部面の生産物の価値低下による）と「経過的な相対的剰余価値」（個別資本の競争による特別利潤）という表現で区別して、その関連を説明する。「経過的な相対的剰余価値を個別資本に与えつつ、労働力の価値を構成する諸生産物の価値低下となりながら、ヨリ継続的な相対的剰余価値をつくりだしていく」競争のメカニズムとして統一的にとらえるのである。

次に『資本論』第一巻の相対的剰余価値の項で「例外的な生産力を持つ労働は強められた労働として作用する。あるいは、等しい時間内に同一種の社会的平均労働よりも高い価値を創造する」とあるのを問題とする。これを「観念的に理解されてはならない。現実に行われた労働として理解され、客観的に存在しうる労働と考えなければならない」とし「この問題の解答も市場価値論で与えられている」として、こう説明する。

「ヨリ有利な諸条件の下で生産された商品は、ヨリ不利な条件の下で生産された商品よりも僅かな労働時間しか含んでいない。が、あたかも同一の労働時間を含んでいるかのように」市場ではあつかわれる。いわば「労働量の上で空虚な部分」が存在する。しかし「空虚な部分」は「平均価値の成立によって、ただちに同一部門内で充たされているのである…労働が強められる反面には、ヨリ低い生産力を持つ労働がいわば弱められているのである」。「最も劣悪な生産諸条件を持つ経営の生産物に含まれている濃すぎた労働、または余分にありすぎた労働は、すぐれた生産諸条件をもつ生産物のヨリ希薄な状態、または空虚となっている部分を濃くし、充足する」。同様に「高い価値を創造するのは、…ヨリ劣悪な生産力を持つ労働がヨリ低い価値をしか創造し得ないからである」。

だから「決して無から有が創造されたのではない。だから価値法則は、現実に歴史を動かす力なのである。それが唯物論なのである。史的唯物論における労働が、資本主義社会では、価値法則となる。現実の歴史を動かすメカニズムを頭において考察されなければならない」。

相対的剰余価値における「空虚」は「他部門の人間労働によって充たされる外ない」のだが、差額地代における「虚偽の社会的価値の成立」も同様である。地代の場合は自由なる競争が存在しないという点では基本的に異なるが、「差額地代の理論は、土地生産物における市場価値成立の機構の偏倚を通じて、かえって市場価値の本質を、明らかにしている。それは価値理論を逆の面から照らし出しているのである」と述べて筆をおいている。

人はここまで読んでやっと、なぜこのテーマが地代論論争と関係があるのかを、少しはわかる「落ち」になっているのである。また「地代論論争が価値論の理解に当たりとても勉強になった」と、いつも向坂が述べている意味もなんとはなしにわかるのである。

この論文は六三年に岩波から刊行される『マルクス経済学の基本問題』に再録される。同書について岡崎三郎から「論文集の中で『市場価値論と相対的剰余価値論』が際立ってむつかしい…これはどうにもやさしく書きようはないでしょう」と書き送ってきた。

三　論評活動――一九五〇年前後

1　「理論拘泥主義」への疑問、都留重人への手紙

『経済学方法論』を世に問うて一年もたたぬうちに、向坂は本書とは一見アンバランスな小論を執筆している。これは彼の後半生の生き方の軸足をどこにおくかという心境を偲ばせる興味深いものである。「日本政治の悲劇　そのオポチュニズムについて」(『改造』一九五一年一月号)である。

「わが国の知識人ほど『理論』を愛好する者もいないかもしれない。…マルクス経済学の主たる問題が、今日もな

お『価値論』であることも興味深いことである。大正時代にはじめられた価値論争が、今日までもなお断続的にではあるが、つづけられているのは、わが国だけかも知れない。…三十数年にわたってなお、マルクス経済学者の興味が価値論であり、しかも、これをよく理解しなかったというのはなかなかに日本的なのである」。

自分で「価値論」を焦点とする難解な大著を書いておいて、「マルクス経済学者の主たる問題」が「三十数年にわたって」価値論にあって、果たしていいのかと言うのである。現状分析の方法論に焦点をあてて日本資本主義論争に挑みながら、方法論的な問題にこれ以上かかわりあうのは時間の無駄だと言わんばかりの態度をとったことも想起させる。

さらにこう述べる。（オストロヴィチャノフらの）ソ連における価値法則をめぐる議論は、「実際に社会主義的な社会であるから、現実上の意味をもっている。…決して単なる研究屋的な問題ではない」。ところが日本の「あるロシア語経済学者」は、まだ社会主義でもないのに熱心に議論している。ソ連の学者が「価値法則はない」と言えば、日本の学者はそう言い、一年もたたぬうちにソ連で「価値法則はあるがコントロールされている」と言うと、この学者は「平然と」見解を変える。「価値に対する浅薄な理解しかしていないから、価値論というような『理論』に、いつまでも拝跪をつづけるのである。また、わが国に現実に社会主義社会がないから、社会主義社会における価値の問題が観念的な遊びごとになりやすい」。「理論は常に現実の社会の法則的理解である。十九世紀のイギリスのようにいわば典型的に資本主義が展開した所では、資本主義社会の法則的理解が、しっくりと当てはまる」。しかし日本のように資本主義が「変型しながら展開」すると「複雑な結合物」ができて「資本主義の理論ははなはだすわりの悪い現実から遠いものになる」。そこで一方で「現実主義者」が出るとともに、他方で「理論の遊戯」が生じる。

こうした「理論の遊戯」にふける「あるロシア語経済学者」とは、また副島種典である。彼は愛知大学教授として後にレーニンやソ連の理論家のものを多く訳出する人物である。しかし当時の彼は向坂にとっては「出来の悪い子ほどかわいい」の類だったのか、妙に親しかったらしい。三七年夏に宇野の招きで向坂が東北帝大に遊びに行ったとき経済学部生だった彼とはじめて知り合った。副島からたびたび個人的な相談事も寄せてきた。戦後すぐに、向坂も『世界文化』の水島治男に「小生の手元に『ソヴェート連邦における経済学研究の発展』といふロシア語からの反訳ものがあります。雑誌に載せるに適してゐると思ふが、見てみませんか。訳者は副島種典」云々と推薦している（一九四六年二月）。彼は『方法論』を執筆しているころたびたび等々力をたずね議論をしていったらしい。扉にまで追いかけてきたこともあった。『社会主義』の五二年九月、一一月の座談会にも野々村一雄らと参加していた。ゆき夫人の回想によれば「とてもお行儀が良くて」「最後まで抜き刷りを送ってくれた」（前掲）。副島種臣の孫だから育ちも良くて人は良かったのだろう。向坂にがんがん論破されても「お行儀よく」聞いていたらしい。

彼は『経済評論』（一九五三年八月号）の「価値法則と社会主義」でも追撃された。「永年の友人である副島氏に私情をのべることを許されたい。私がこのさい望みたいことは、『自己批判』は…ごまかしでなく、本気で徹底的にはだかになってやられることである。いい加減な研究でうぬぼれないで、もっと真理に対して謙譲であることである」。

それはさておき、向坂は、「日本政治の悲劇」において「理論と現実とが分離している所に、オポチュニズムが生ずる」のは、学者の場合だけでなく政治運動にも通じると述べた。

「現実と深い結びつきをもたぬ理論の遊戯は、いつでも右にでも左にでも転換しうる」。「ラディカリズムは、このような頭だけの転換の一種である。…現実の要求しない、または現実の中に生きて動き得ない『理論』をこれに強要する」。「終戦後今日までの社会主義的政治運動や組合運動を回顧するとよい。盛大に見えたのは、左右両翼のオポチュニズムの活動であって、それはしぼむために開いたようなものである。当分は、極左的オポチュニズムへの反動として、極右的オポチュニズムの繁栄があるだろう」。

諸外国では高度の社会主義理論家は多かれ少なかれすぐれたステーツマンとして政治にかかわった。堺利彦、山川均もそうだった。そういうことを見聞して育った向坂は、日本マルクス主義の観念性について早くから疑問を懐いていた。そして、たびたびマルクス派を自認する学者・理論家の「理論拘泥主義」を理論的に克服しようと理論的な大著を著したのだが、そういう悪しき「日本的なるもの」は「ああ言えばこう言う」の類であって、理屈だけでは克服できない。そこで向坂は、労働者階級総体の運動的な成長—それは日本的な悪弊を大衆的・社会的な力で克服する力となる—に期待する。

戦後の「左翼的オポチュニズム」は「退きつつある」が、それは「ブルジョアジーの反動政策」によってであって「正しい科学的な社会主義運動によって達成されたのではなかった。だから、このことは極左的オポチュニズムの真実の克服を意味しない」。「オポチュニズム、革命的ロマンチシズム」の「強大な雑草に埋もれた社会発展の根幹をつかみ出す能力を養成しえなければ、歴史はただ失敗を繰返すにすぎない」。そして向坂が「つかみ出す能力」を期待するのは「いかに未成熟の状態にあるにせよ…六百万にあまる組織された労働者階級」である。「問題は、『科学』がいかにしてその（六百万にあまる組織された労働者）中に根をおろすかにあるのみである」。

向坂は、「科学」が労働運動に根をおろし、実際運動を通じてまた「科学」も錬成されるという、相互浸透を期していたであろう。向坂は山川均の徒であったが、山川は「マルクス主義的政治意識は大衆運動の不断の努力を通じて成長し成熟する」という信念の持ち主であった。彼のいう「大衆運動」とは万や十万単位のそれではない。山川はよくプールと遊泳術の関係を例にとり、「三尺のプールで覚えた遊泳術は役に立たない。五十メートルのプールを何回かターンして身につけた遊泳術でなければならない」と述べていた。これはことさらの考えではなく、レーニンも『共産主義の「左翼」小児病』で説いたものであり、ブランキズムではないマルクス主義のイロハであった。

「日本政治の悲劇」で開陳したのと同じ問題意識を、ラフではあるがもっと大胆に表白した小文がある。「日本読書新聞」の五〇年八月二五日号に寄せた「拝跪される理論」である。近代経済学者・都留重人の書『経済学への反省』をめぐる、都留との「往復書簡」の形式をとったものである。

「われわれの学理が現実から遊離しているというお考えに同感です。実は、おはずかしい次第ながら、経済学の研究にたずさわること三十年のこの頃になって、やっと私自身『反省』する気持ちの余裕ができたようなわけです。と申しますと、これまではまっしぐらに『真理』の探究に没頭していたように聞こえますが、実は馬車馬のように、かけていただけなのです。…戦争の十年間は、この馬車馬にとって、『反省』のよき折でした。…われわれにには、芸術は博物館と展覧会場にあって、日常生活には、天皇の写真と元帥大将の書いた掛軸とがあっただけのようです。あなたの言葉を拝借すると、日常の生活の『岸のこちら側』にある必要はないので、遠い『彼岸』にあって、これを拝跪しているだけです。われわれが学問をしっくり自分のものにすれば、これを拝跪はしなくなりましょう。すべて身近なものには神秘はないから」。

こう切り出しながら日本の近代思想史のスケッチを示す。明治初には「西欧の文化に全身を投げかけて吸収する態度が」あったが、明治二〇年ころからは「政治家も学者も余りに実用主義者」となった。河上肇は「理論と実践の統一」を説いたが「行動は非現実的であり、理論は行動の『彼岸』」にあった。「そして新しい理論拝跪の時代」、「はげしい理論愛好の症状」があらわれた。向坂の言うこの「時代」とは、福本イズムから山田『分析』、そして戦後なお盛んな「価値論争」などをさすと思われる。「このようにわれわれは理論を本からだけ学ぶ癖」がつくられ、「理論は実際を見る目をつくるはずですが、わが国では理論は理論としてあり実際を見る目は別にあるようです。偉いといわれる哲学者に実際について意見をきくと、少数の例外をのぞいては、偉くないことしか答えません。経済学者にもそういう癖があります。理論が理論としてだけある間は実は理論家はいないのでしょう。単なる実際家は実はよき実際家ではありません」。

こう総括したうえで、都留に語りかける。「あなたが『もっと豊かな現実の泉や、生きいきとした実践の息吹のなかから、理論的分析のための基礎概念は、みがき直さなければならないような気がする』と言われていることに、私も賛成です。ただ私は、あなたの反対を招くかも知れませんが、現実的諸問題に対して、『政治的』に、極めて具体的に、立場を取り得なければならぬと存じます。動くものは常に『政治的』だからです。われわれには常に『政治性』が不足しています」。

最後の語りかけは含蓄の深いものであるが、これにたいして都留重人は「『現実を具体的につかむ』ということは政治的につかむことだ』という意味のことを先生が云われるとき、私はもっともだと思うのですが、そのことが、常識介入の余地をのこさないような権威と権威の鉢合わせになることを同時におそれるのです」と応えていた。党派的権威で「常識」も排されるような事態を克服するのは、まさに理論家が「政治的」立場をとり、いわば真剣勝負で挑んではじめてなせるのであるが、都留にそこまで求めるのは無理というものだった。ただ向坂の近くにいた人たちは、「先生は都留さんには好感をもっていた」と語っている。

このように『経済学方法論』をしあげた向坂は、同時に日本のマルクス主義のありように反省をめぐらせていた。論ずることよりも、変革することに重きを置いた向坂らしく、日本的マルクシズムの弱点を克服することを意識しながら、労働運動への援助に己の余生を捧げるのである。

2 『経済学方法論』余話

僚友・宇野弘蔵は「書評　経済学方法論」(『評論』一九四九年一一月号)で次のように簡明に第一分冊を評価した。「『資本論』の方法自体が、単に『資本論』にあらわれたものだけでは…十分に掴むことが出来ない」。「マルクス自身がその研究を如何なる道筋を通って完成して来たかを明らかにすること」が「非常に役立つ」。「向坂君を措いて外には、この点を扱い得る人はいない」。「四十年代のマルクスを単に思想的面で、或いは又単に実践的面で扱うだけでなく、かかる面を考慮しながら科学的面で、言い換えれば経済学的面で扱うということは、一寸他に適当な人がいないのではないであろうか」。

ただしこの高評は、あくまで第一分冊を対象としていた。彼は、第二分冊、第三分冊、とりわけ論争的性格濃厚な第三分冊についての批評は筆にしなかった。いわゆる宇野理論の問題意識からすれば、納得できない点もあったと推測できる。とくに、『資本論研究』での向坂と宇野のやりとりが緊張感をかいまみせた価値の実態としての労働の論証のしかたについては、『経済学方法論』では、『資本論』そのものの論述の素直な紹介と、「クーゲルマンへの手紙」の再三の引用による簡明な説明で終わらせていた。その淡白さはやはり消極的に宇野のコダワリを意識したからとも考えられる。

もう一つ宇野が納得できなかったであろう問題は、「単純な商品」の扱いである。『資本論研究』では、向坂と宇野はだいたい「歴史的・論理的方法」による説明で一致している風だった。周りも「向坂・宇野流解釈」と呼んでいた。だが、単純商品生産社会の存在を、どう価値論に於いて扱うかという問題は残されていた。宇野学派は、エンゲルスの『補遺』における単純商品の扱い方には疑問を呈するようになる。

もっとも、宇野弘蔵自身は、『経済学方法論』への賛辞で「思想的面」を「考慮しながら、科学的な面で、いいかえれば経済学的面で」マルクスを扱う向坂の態度を評価していたのだから、向坂方法論についても理解していたと思われる。だから御両人の間で論争が展開されたなら、この問題はさらに深められたかもしれない。

変わった批評では福本和夫が言及した。「向坂君の大著は…私の『経済学批判の方法論』よりは二十四、五年の後に作られたものであり、拙著なしに出来た仕事とは考えられないにもかかわらず、そのことについて一言だにされていない。…向坂君はまれにみる立派な人柄であり、それこそよろめくことのすくない美徳の人と一般に思われているようであるが、労農派党派心ゆえの…これは美徳のひずみとでもいうわけであろうか」（『革命運動家裸像』一九六二）。

この自信過剰な福本という人物は変人で、向坂宅に男性のシンボルに似た火山岩を持参した。向坂もまた物好きで大事にとっておいた。五六年二月に「三十数年ぶりにおめにかかりたい」という福本からの手紙がある。その節の土産が例の石だったのだろう。

さて向坂は『経済学方法論』でその方面の思索を完結したわけではない。「スターリン論文」をめぐる論評や、「市場価値論と相対的剰余価値論」(一九五三年二月『マルクス経済学の研究』)、「単純な商品について」(『経済評論』同七月号)、「マルクス経済学の方法」(一九五五年『経済学説全集』7)など、ときおりたちかえって論じていく。

『経済学方法論』は、マルクス・エンゲルスの経済学と哲学関係の文献は細大もらさず食いつくして生れた大著であるが、それ以外の重要な文献がマルクスのものだけでも、フランス三部作、『ゴータ綱領批判』などたくさんある。また膨大な書簡がある。これらも含めて、マルクスを全的に描きたいという思いは、一〇年以上たってからもう一つの書きおろしに結実する。

最後の大著『マルクス伝』である。

3　小泉信三批判ー「自由と必然」について

九歳年上の小泉信三が慶応義塾の塾長になるすこし前に、向坂は彼を論じたことがある。一つは筆名(南)で『労農』三〇年三、四月号に連載の「小泉教授の『マルクス批判』の批判」で、小泉の『マルクス死後五十年』を批評した。世間の話題となったのは実名で執筆した「小泉信三と高田保馬」(『中央公論』一九三一年一一月号)である。

「小泉氏はマルクス批評家の群を抜いている」、マルクスの批判も「ヨーロッパの一流の本を読んでかかってゐられる」。「利巧なのは、マルクシズムに対する批判をなすに当っては、すぐ之に真正面からする批判によるよりも、少し近いところからする批判」に拠ることだとして、マックス・アドラー、ケルゼン、クーノウなどを「引き合い」に出し、「レーニンやラデックだって読んでゐる」ことをほのめかすペダンティックを冷やかす。さらに、山川や櫛田をけなしておいて、高畠をほめるなど「育ちのいいお坊ちゃんだけではない」ずるさもそなえているとくすぐった。

ブルジョアイデオローグをあまり相手にしなかった向坂は、戦後も小泉信三への批判だけは力を入れた。小泉を批判するに値する人物と認めたのであろう。小泉もマルクス批判は執念深く、四九年に出版された『共産主義批判の常識』は戦前の『マルクス死後五十年』につづくベスト・セラーとなり、世間一般のマルクス批判に浸透していた。『共産主義批判の常識』が巷の話題となったとき、向坂は『朝日評論』(一九四九年九月号)にさっそく「マルクスと小泉信三」を寄せた。

小泉は、マルクスが「仮借なき論戦」をしたことを以って「辛辣毒悪、厭うべく憎むべき一面」があり、だから階級闘争説を唱えたと主張した。向坂の反論は辛らつだ。マルクスの「長所も欠点も、一生研究室でくらした人間のように、こじんまりとはしていなかったらしい」。マルクスは「友人同志であった者とも」、「エンゲルスと其の他極く少数の者」をのぞいて「仲違い」したと小泉はけなすが、「政治家だろうと学者だろうと、油断もすきもないいまの世の中に、たった一人でも、マルクスに対するエンゲルスのような友人があったら、私は充分に満足する」。だいたい「ベーベルやヴィルヘルム・リープクネヒトの例でも分かるが、マルクスの弟子ともいうべき人々は、決して、日本の学者や政治家のように、『偉い人』のいうことはなんでも御無理ごもっともにきくというような意気地なしではなかった。政治上の意見が異なれば、いくらでも自分の意見を主張した」。カウツキーも「エンゲルスのいうことに対して、堂々と自分の意見を主張」した。「マルクスの場合は離合集散した友も亦世界的に有名であるために、ばかにけんかばかりしていたように目立つ」だけだ。

向坂は、先生と弟子は終始べったりとした関係しか考えられぬ小泉の住む世界こそつまらぬと言ってのけた。

向坂は、小泉が満州事変勃発以後、自ら塾長をつとめる慶応義塾の学生に向かい、「ほんの少し戦争にならぬようになにかしては見たが、戦争ははじまってしまった」のだから「直ちに起って飛丸の下に進む」ことを勧めたことを取りあげる。

『共産主義批判の常識』には、「革命」の「唯一の機会はただ戦争に依ってのみ造り出されるとしたならば、ひそかに最も戦争を願わなければならぬものは革命家だ」とあった。これにたいし向坂は、マルクシストは戦争に反対したが「極めて微力言うに足りないし、…何故このように無力であったかについては、彼等自身きびしく反省しなければならぬところである」。しかしマルクシストは「飛丸の下に進め」と「学生にすすめる勇気はなかった」と批評したうえで、マルクス主義者の立場を積極的に述べる。「マルクシストにとっては、戦争とその惨禍のみが社会主義革命の機会なのではなく、…国民の圧倒的多数の信頼を完全に獲得することが、革命の機会なのである」。「いかなる場合でも、彼らが誠心誠意国民大衆の『現実の安寧と福祉』を『第一に大切なこととし』もっと、その信頼を得ることなくしては、社会主義革命は起こらない」。

最後はこうからかった。小泉は「秀才」で、「ある特殊な個性でなければやることのできない仕事」に「うつつをぬかす気の利かぬことはできない。そこら辺の学説を一応読んで手際もあざやかに批評して腕を見せる所でおしまいである。…この種の人は、多くはいわゆる洗練された気取りやである。…したがってまた『悪人』ではない。うんと善くも、うんと悪くもなれないのである」。

なお、この文章について、小泉本人は沈黙したが、社会党右派のイデオローグだった中村菊男が『朝日評論』一〇月号で「人身攻撃は如何か」と批評した。これにたいして、小泉批判の第二弾（同誌一一月号「自由と必然―小泉信三のマルクス批判を読む」）の「付記」で、「マルクスは悪人といわれても仕方ないが、小泉氏に対しては批判をゆるされないとお考えなのか。殊に、一端はじまった戦争ならばどんな戦争においても徹底的に協力しなければならぬという論理は…全力をあげて排除しなければならない危険な思想だ」と応じた。

さて「自由と必然―小泉信三のマルクス批判を読む」は、小泉が「マルクス主義者は歴史を必然というなら、彼らの行為は、太陽よのぼれと言うに等しいむなしいものだ」とし、「歴史は必然的ではなく、幾多の可能な道が開かれている」と論じたのを取りあげた。

「歴史的経過に『幾多の可能な道が開かれている』のであるならば、それは自由である。絶対的に自由である。人間は思うがままに歴史が作れるはずである。その代わり我々は一切の『経験科学』を否定しなければならぬ。絶対的に自由なるものに対しては、我々にはその動きを理解する方法がない」。それでは人間の「行動の自由」とは何か。自然には必然的な法則が存在することは、小泉も否定できない。だが、「自然現象に必然性の存在することは、決して人間が自然に対して意識的にはたらきかけることを排除するものではない。むしろ、自然必然性の存在が、意識的な人間のはたらきかけを可能にしているのである」。「必然と人間の意識行動の自由とは、決して矛盾するものではない」。「社会の運動を決定する必然性を理解しないで、社会の法則を意識的に利用することが出来ない場合には、自由に行動するように見える人間は、却って社会の法則に屈服しなければならない」。すなわち人は「必然性を認識し、必然性に沿ってのみ自由である」。

この「自由と必然」の論理は、向坂が繰りかえし説いてゆくことになるが、一年後に弘文堂の『社会科学講座』（五〇年一一月）に発表した「史的唯物論と社会科学」もその展開だった。そこでも小泉信三の「自由と必然」論に、トルストイの「各自が自分の好き勝手に活動することが出来るとしたら、歴史は何の脈絡もない事件の羅列に堕してしまう」という『戦争と平和』の一フレーズを対置させた。トルストイは「これ以上に歴史的発展から神秘をとり除くことはできなかった。『共通の法則』は彼の発見する所でなく、彼自身にも不明のままに残されてしまっている。ただ、絶対的に自由な人間は歴史を作りえないという、一見奇異な、しかし、実に当然な論理は、これまで、トルストイのように仮借なく追求されはしなかった」。

向坂は次に小泉の経済学体系そのものを俎上に乗せる。「経済現象の歴史性について―小泉信三氏の『経済原論』を読む」（前掲九大『経済学研究』）である。

「私の小泉氏に対する反批判も、いつかは、小泉氏の理論体系の批判にまで行きつかざるを得なかったのである。私は、この意味で、小泉氏の理論的体系をさぐる興味を、今日までもちつづけ、時間の許すときには、小泉氏のかかれたものを読んでいた」。しかし「あれこれと批評されるが」、「いろいろな思想が雑然と屑籠の中のようにたまっているとしか形容できない」。『原論』は「第一に方法論的に折衷的であり、おおいがたい動揺のあとを示している…第二に、…経済学の最も根本的な問題である価値について不動の態度を示していない」。

また、小泉は「経済生活」に、歴史的に変化するものと人間社会に超歴史に共通するものの二つの性質を認める。しかしこの「歴史的性質と非歴史的性質」は「興味にしたがって取捨出来」るようなもので「二つの性質が理論上如何なる統一関係にあるかについては何らの『興味』を感ぜられない」。小泉の「非歴史的性質」とは「人類は衣食の計を営むために常に最小の犠牲を以ってする」というようなものに過ぎないのであって、「動物にも人類にも…遊戯にも共通する事実を述べて、これを経済学と考えることに終わるのである」。

これに反してマルクスは、社会的労働の必要に応じた配分という自然法則（非歴史的なもの）が、どういうような歴史的形態をとるかこそを問題にした。「非歴史的な性質は、歴史的な形態においてある以外に発言の権利をもたない」のである。

「労働一般」、「経済一般」と言った抽象的な概念は頭脳の産物で、無用なものではない。しかし「科学は、このような抽象的なものから具体的なものを構成してゆく」。「われわれが抽象的な概念にとどまっている限りに於いては、現実の歴史的な経済現象を理解することはできない」。

小泉が尊敬する「リカードにとっては資本主義が経済生活一般であった。この点では、リカードは資本主義のメカニズムの理解に近づくことができた」。しかし小泉は「歴史性と非歴史性とを並置」し、両者の関係は問わない。そういう「考え方からは、知識の混乱しか生れない」。

この論文は「未完」とされている。続編は書かれなかったが、『文芸春秋』六六年一月号に「河上肇と小泉信三」と題して、両者の好対照な性格を論じた。そこでは「小泉さんのマルクス批判の装備がよかっただけに、私は私なりに、装備をよくすることを勧めたのであった。私は今日でも若い人々に、小泉さんのマルクス批判を読んで、これに完全に答えられるようになれ、とすすめる」と述べていた。この文の執筆にあたっても『小泉信三選集』をひもといたというから、常に小泉には気を緩めなかったようである。

4　評論活動と随筆の味

『経済学方法論』のほかに五〇年前後の著作は多くはない。

『マルクス・エンゲルス著作解題』（黄土社　一九四九年二月）は「向坂逸郎監修　歴史科学研究所編」とされている。マルクス・エンゲルスの主要著作の紹介書であるが、その「序　いかにマルクス・エンゲルスをまなぶか」で向坂がどういう本を初学者むけに勧めていたかがわかる。エンゲルス『フォイエルバッハ論』、『（空想から科学への）社会主義の発展』を冒頭におき、レーニン『カール・マルクス』、マルクス・エンゲルス『共産党宣言』、エンゲルス『反デューリング論』、エンゲルス『家族・私有財産・国家の起源』などをあげていた。エンゲルスが多い。

『経済五十年』（一九五〇時事通信）は向坂著となっているが、これも歴史科学研究所の共同著作だった。向坂の「序」によれば、椙西光速、加藤俊彦、武田隆夫、岡崎三郎、大島清、大内力、相原茂、兵頭次郎、鈴木鴻一郎、対馬忠行が執筆に参加した。椙西が総論を執筆しこれによって各自が執筆。「最後に、向坂は、その全部を通読して融合をはかる任に当り、全執筆者を代表している」とある。

この二冊の著者に、山川の病臥以降、向坂と岡崎三郎が中心になって『唯物史観』でつながりは維持していた歴史科学研究所のメンバーは、だいたい網羅されている。歴史科学研究所の名前が出版物に登場することはこれが最後と思われる。

『前進』に連載した論文集（一部書下ろし）ではあるが『マルクス主義と民族問題』は政治的な論争を意識した戦後初の書である（本章一—5）。

『社会主義への意志』（一九五二要書房）は敗戦後の政治論文集である。「歴史的法則」、「政治と妥協」、「『革命的』ロマンティシズムの克服」、「毛沢東主席におくる感想」、「社会主義と侵略」、「若きマルクシストに与うる書」など、すでに紹介した論文はほぼ網羅されている。この時期の評論はとても幅の広さを感じさせる。たとえば「現代日本の政治感覚」（『日本評論』四九年一二月）ではこうだ。

「近代政治家は世論、現にある世論、または起こりうべき世論をいち早くキャッチしえなければならぬ。…この意味では、彼は理論家であるだけでなく、詩人の心臓をもっていなければならぬ」。「一般の人間と共鳴りしない心臓から、国民の心をつかむ感覚などうまれるはずがない」。政治家としてのレーニンの「強靭さが最もよく現われるのは、彼の退却戦術にある」。「自分の弱さを知ることは、偉大なる政治家の最大の資質の一つである」。日本の軍人は退却が最も苦手だったが、大戦で「イギリスは大陸からの撤退を完遂した将軍に勲章を授与した」。

「ある若き社会党員に與うる書」（『改造』一九五一年一〇月号）も幅を感じさせる評論である。「社会党内にもジャーナリズムの上にも、イギリス労働党に模倣しようという空気が感ぜられる」なかにおかれている「若き社会党員」にこう語りかける。

「イギリス労働党の強みは、九十万の党員とその影響下にある数百万の組合員とが、一応イギリス式の社会変革のあり方について統一した考えを有っているところにありましょう」。それに「学ぶべきだとは思いますが、模倣すべきだとは考えません」。「イギリス労働運動が十九世紀を通じてつくり上げた彼ら流の社会主義的な考え方を、日本の社会主義運動のなかにそのまま移し植えることは不可能」です。「日本はイギリス労働党右派のような強力な右派をつくる社会的条件にはとぼしい。イギリスよりもヨリ容易に左派ののびる条件が日本にはある」。「現実性の欠けているところに、イギリスの現実主義をそのまま移し植えることは反って空想的です」。

とはいえイギリス労働党にも学ぶべきところはある。「左翼を強くする傾向」の日本では『資本論』がよく読まれるが、英米ではマルクシズムが発達しなかった。しかし「このごろラスキーとスイージーの諸著作を読んでみました。難点はあっても…彼等がマルクシズムをよくもあれほど理解したということに感心しています。…殊に英米に生れたということが、彼らの理解によき影響をもったということです。それは彼等の視野が広いということです。…それとともに、理解の仕方が政治的とでもいうべきものであることです。…その点から誤りも生じましょうが、最も正しい『資本論』の読み方はそうでなければなりますまい」。これに反し、日本での『資本論』の普及は日本の条件の特徴を「ある程度のゆがみをもってではあるが表しているのではないでしょうか」。

総合雑誌ではやはり専門外であっても味のある文章をときおり寄稿していた。

「青年の正義感」（『文芸春秋』一九五〇年六月号）では、共産党に集団入党して話題となった前進座の河原崎長十郎の論文「民族演劇への道」を批評した。河原崎は「助六」

に「武士に対する町人の階級対立がよく出ている」「これを見た大衆は…プロレタリアート的な要求を出してくる」などというが、「助六は本来萎縮した町人の反抗でしかない」。宗教改革や農民戦争、フランス革命などの「近代的な人間解放の運動のかけらもない」。「歌舞伎は歌舞伎として見せしめよ。その方がよほど徳川期の町人の武士に対する反抗がよく見える」と言うのであった。戦時下に荒畑らに歌舞伎、文楽鑑賞でしごかれた成果を、ちらりとのぞかせた一文である。

「小説読みの小説知らず」（『文学界』一九五〇年一一月号）は、向坂の濫読ぶりを表白したものである。向坂はときおり持病の腎臓結石か発熱で鬼の撹乱のように寝こむことがあったが、病臥中も決して無駄にしなかった。病気の時は「かねて読みたいと思っていた小説をかたっぱしから読む。高熱の時は、たいてい誰かに読んでもらって聞いている。この方法をとると、四十度を越える熱のときでも充分に小説がたのしめる。そのままねむりこんでしまうときもある。昨年の暮から今年はじめにかけて、三ヵ月ばかり、私としては生れてはじめての長い病気をした時は、小説をよく読んだ。…『暗夜行路』は、はじめ雑誌に出たとき読んでいたが、またていねいに読んで見た。年をとって読み返すと、むかしはいったい何を読んでいたのだろうと思う所もある。ふだん自分をおるすにして経済学だ政治学だと言っているわれわれには、志賀氏の小説は、個人的内省を痛烈に迫ってくる」。

やはり病臥中に中山義秀の「厚物咲」がおもしろくて、中山作品を片っ端から読み、病気がなおりかけたとき「自分で古本屋をさがして買ってきて読んだ」。「たちまち中山義秀通になって、見舞にくる人々を煙にまいてたのしんだ。氏の作品はほとんど読んでしまったのではないかと思う」。

「誰かに読んでもらって」の「誰か」とは、四九年末から五〇年初春にかけて大牟田で看護したゆき夫人であった。なおこの病臥でさすがに大牟田—福岡の通勤に無理はできないと思ったのか、五〇年秋に福岡市馬屋谷の石橋宅に下宿を変えた。

『中央公論』五二年二月号に掲載された「私のオプティミズム」は数ある随筆の中でも味わい深いものであろう。獄中での「私のとぼしい経験は、ゴルキーの『どん底』を読んだ後のように、人間てなかなかいいもんだということだった。…『善人なほもて往生をとぐ、いはんや悪人おや』という『歎異抄』の一節は、私の好きな文句だが、つきぬ味わいがあることを知ったような気がした。…私があまいのかもしれない。しかし、からいとかあまいとか言っても、人間のことで嵩が知れている。彼らは人をあざむく

1950年代初　福岡石橋宅の向坂用書斎で

ことはうまいし、平気だから、私があざむかれているのかもしれない。しかし、いい人間に思われようと人をあざむくことの中には、いい人間の方がいいのだということを知っており、いい人間への要求が含まれている。できるならいい人間の方がいいのだという心がひそんでいる。ただ、世の中に負けるのである。自分の中に住んでいる怠け者に負けるのである」。

この苦節の人生経験のなかから身についた人間変革への信念は、困難に面する人の心を解きほぐしていった。

当時、鳥取で病気の療養をしていた角尾隆信（のち弁護士・東京共同法律事務所の創設者）は読後感をこう寄こした（一九五二年三月）。「先生の『オプティミズム』非常にうれしく拝読しました。二十年近い歳月をよく、白い嵐に抗して来られた苦悩と隠忍の生活は小生にとっても無限の励ましとなるものです。…私の面する苦難は重くはないとさへ思いますと同時に当時私自身はいかに思い上がってゐたかを想像しじくじたる思いです」。

向坂のこの種の随筆類を集めて『歴史をつくるもの』という河出書房の新書が編まれた（一九五五年八月）。編者の岡崎三郎の「あとがき」にはこうある。

「自分では人に言えないような行いをしていて、人に道義を説いてみたり、自分ではロクに勉強もしなければ、たいした学問も身につけていないで、人に学問を勧めてみたり、傍から見てコッケイなことが多い。…お説教をしてもおかしくない人というものは、きわめて稀であることがわかる。向坂さんは、こういうきわめて稀な人の一人なのである。…本書に収められた文章が向坂さんのお説教だというのは、必ずしもあたっていないかもしれない。向坂さんはここで、ただ自分の経験と感想と信念を率直に語っているにすぎないからである。しかし若い、心掛けのよい人がこれらの文章をよく読むならば、この中から自然に非常に豊かな教訓を引出すことができるはずである」。

長い付き合いの岡崎ならではの文章である。

話はそれるが、扉から下った松本には多くの芸術家が滞在していた。画家の石井伯亭もその一人だ。五〇年夏と思われる百瀬嘉郎が向坂と伯亭の会食会を設けた。伯亭は大酒のみでドモリだが多弁。「そのうちロシアや社会主義の話になった…私はこのような席で社会主義の話を自分から持ち出すことはまずない。…なるべくかんべんしてほしかった」。しかし伯亭は「社会主義になったらパトロンもいなくなっていい絵はできない」とトウトウと弁じたてた。「私は、弱ったが…議論となると、自分でやることも、他人がやるのをきくことも好きな百瀬君が、にやにや笑っているので、仕方なく議論に応じた」。そして「幸い私の社会主義と文化に関するその晩の議論は、伯亭さんの気にいったらしく、その後こんなことがあった。松本在住の若い人が…伯亭さんのところにあそびに行って、社会主義の議論をはじめたら、伯亭さんは『君のような若僧には、社会主義はよく分からんから、さ、さ、さきさかのところへ行ってこい』といったというのである」(「伯亭さんの思い出」『石井伯亭の人と芸術　追悼三十人集』)。

この件以来、二人は親しくなった。そして追悼集の三〇人の一人になるくらいの仲になった。

な

は

た

さ

か

人名索引

「マルクス」、「マルクス・エンゲルス」、「マルクス・レーニン」、「マルクス・レーニン主義」という場合は索引から略した。「エンゲルス」、「レーニン」と単独で記載している場合は索引に入れた。

石河康国（いしこ　やすくに）

1945年生まれ　東京都大田区在
社会主義青年同盟、社会主義協会、新社会党などにたずさわる

主な著書、共著書、編著書
『日本労働者運動史①　日本マルクス主義運動の出発』（共著 1975 河出書房新社）
『政治的統一戦線へ！　山川均論文集』（編著 1975 社会主義青年同盟）
『三池と向坂教室　向坂逸郎・灰原茂雄往復書簡をめぐりて』（灰原茂雄述　往復書簡集と解題 1989 社会主義協会）
『戦後日本政治史』（共著 1992 社会主義協会）
『山川均・向坂逸郎外伝』（共著 上巻2002　下巻2004 社会主義協会）
「灰原茂雄さんの足跡」（『労働者には希望がある』所収 2005 早田昌二郎著　非売）
『労農派マルクス主義　理論・ひと・歴史』（上巻 下巻 2008　社会評論社）
『あのとき　このひと　社会主義二代』（塚本健述 2011 非売）
『マルクスを日本で育てた人　評伝・山川均』（Ⅰ2014 Ⅱ2015 社会評論社）

メールアドレス　ishiko@sinsyakai.or.jp

向坂逸郎評伝上巻 1897 ～ 1950
2018年1月15日　初版第1刷発行

著　者：石河康国
装　幀：右澤康之
発行人：松田健二
発行所：株式会社社会評論社
東京都文京区本郷2-3-10　☎ 03(3814)3861　FAX 03(3818)2808
http://www.shahyo.com
組版：スマイル企画
印刷・太平印刷